Management-Reihe Corporate Responsibility

Reihe herausgegeben von

Prof. Dr. René Schmidpeter, M3TRIX, Köln, Deutschland

Das Thema der gesellschaftlichen Verantwortung gewinnt in der Wirtschaft und Wissenschaft gleichermaßen an Bedeutung. Die Management-Reihe Corporate Social Responsibility geht davon aus, dass die Wettbewerbsfähigkeit eines jeden Unternehmens davon abhängen wird, wie es den gegenwärtigen ökonomischen, sozialen und ökologischen Herausforderungen in allen Geschäftsfeldern begegnet. Unternehmer und Manager sind im eigenen Interesse dazu aufgerufen, ihre Produkte und Märkte weiter zu entwickeln, die Wertschöpfung ihres Unternehmens den neuen Herausforderungen anzupassen sowie ihr Unternehmen strategisch in den neuen Themenfeldern CSR und Nachhaltigkeit zu positionieren. Dazu ist es notwendig, generelles Managementwissen zum Thema CSR mit einzelnen betriebswirtschaftlichen Spezialdisziplinen (z. B. Finanzen, HR, PR, Marketing etc.) zu verknüpfen. Die CSR-Reihe möchte genau hier ansetzen und Unternehmenslenker, Manager der verschiedenen Bereiche sowie zukünftige Fach- und Führungskräfte dabei unterstützen, ihr Wissen und ihre Kompetenz im immer wichtiger werdenden Themenfeld CSR zu erweitern. Denn nur, wenn Unternehmen in ihrem gesamten Handeln und allen Bereichen gesellschaftlichen Mehrwert generieren, können sie auch in Zukunft erfolgreich Geschäfte machen. Die Verknüpfung dieser aktuellen Managementdiskussion mit dem breiten Managementwissen der Betriebswirtschaftslehre ist Ziel dieser Reihe. Die Reihe hat somit den Anspruch, die bestehenden Managementansätze durch neue Ideen und Konzepte zu ergänzen, um so durch das Paradigma eines nachhaltigen Managements einen neuen Standard in der Managementliteratur zu setzen.

Weitere Bände in der Reihe http://www.springer.com/series/11764

Marina Schmitz
(Hrsg.)

CSR im Mittelstand

Unternehmerische Verantwortung als
Basis für langfristigen Erfolg

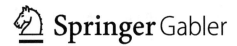

Springer Gabler

Hrsg.
Marina Schmitz
Center for Advanced Sustainable
Management (CASM)
CBS Cologne Business School GmbH
Köln, Deutschland

ISSN 2197-4322   ISSN 2197-4330   (electronic)
Management-Reihe Corporate Social Responsibility
ISBN 978-3-662-61956-8   ISBN 978-3-662-61957-5   (eBook)
https://doi.org/10.1007/978-3-662-61957-5

Die Deutsche Nationalbibliothek verzeichnet diese Publikation in der Deutschen Nationalbibliografie; detaillierte bibliografische Daten sind im Internet über http://dnb.d-nb.de abrufbar.

Einbandabbildung: Michael Bursik

Planung/Lektorat: Janina Tschech
Springer Gabler ist ein Imprint der eingetragenen Gesellschaft Springer-Verlag GmbH, DE und ist ein Teil von Springer Nature.
Die Anschrift der Gesellschaft ist: Heidelberger Platz 3, 14197 Berlin, Germany

Vorwort des Reihenherausgeber: Der deutsche Mittelstand – Basis einer nachhaltigen Marktwirtschaft?!

Weltweit befindet sich die Wirtschaft in einer großen Transformation. Internationale Wertschöpfungsketten wurden durch COVID-19 unterbrochen, globale Entwicklungen wie Klimawandel, Verlust der Artenvielfalt und Demografie machen es unabdingbar, unsere Wirtschaftssysteme sowie Geschäftsmodelle neu zu denken. Daher lohnt es sich ganz besonders, das eigene Wirtschaftssystem ganz genau anzuschauen und Vorreiter zu identifizieren, die bereits auf dem Weg sind, nachhaltiges Wirtschaften als die neue Normalität zu etablieren.

In Deutschland spielt dabei die mittelständisch geprägte Wirtschaft eine ganz besondere Rolle. Sie zeichnete sich über die letzten Jahrzehnte als Rückgrat der heimischen Wirtschaft aus und nimmt für sich in Anspruch, langfristig und über Generationen hinweg ihre Geschäfte zu entwickeln. Dabei spielt Nachhaltigkeit eine besondere Rolle, denn ökologisches und soziales Handeln ist in einer langfristigen Perspektive von besonderer Bedeutung.

Anders als Großunternehmen agieren diese Unternehmen oft im Verborgenen und sind daher in der Presse oft nicht zu finden. Somit wird dieses spezifisch mittelständische Wirtschaftsdenken nur wenig öffentlich diskutiert und findet auch nur selten Einzug in die Standardlehrbücher der Wirtschaftswissenschaften. Das ist bedauerlich, da insbesondere junge Führungskräfte und Managementstudierende viel von diesen Unternehmen lernen könnten. Denn es sind eben diese mittelständischen Unternehmen, die nachhaltig innerhalb globaler Wertschöpfungsketten agieren und konsequent an neuen ökologischen Lösungen und sozialen Innovationen für globale Märkte arbeiten.

Um wettbewerbsfähig zu bleiben, weisen sie einen hohen Grad an Zukunftsorientierung, Resilienz und Agilität auf. Mittelständische Unternehmen profitieren im Innovationsprozess oft vom hohen Vertrauen, dass sie bei Mitarbeitern, regionalen Umfeld und Geschäftspartnern genießen. Dieses soziale Kapital hilft dabei, neue Wertschöpfungsketten aufzubauen, neue regionale Märkte zu erschließen sowie global vertrauensvolle Geschäftsbeziehungen zu pflegen.

Insbesondere die Identifikation der Mitarbeiter hilft dem Mittelstand, die bevorstehenden schwierigen Transformationen zu meistern und dem gegenwärtigen technologischen Wandel positiv zu begegnen.

Daher gilt es im Bereich der Nachhaltigkeit, genau diese unternehmerischen Kräfte zu stärken. Wir können den Planten retten, ohne diese wichtigen mittelständischen Unternehmen durch Bürokratie und Überregulierung zu schwächen. Anders gesagt: Insbesondere durch die konsequente Weiterentwicklung der mittelständischen Unternehmen können wir die Welt nachhaltiger gestalten und zugleich unseren Wirtschaftsraum stärken.

Durch die Verbindung unternehmerischen Denkens und Eigenverantwortung mit nachhaltiger Entwicklung können wir neue Lösungen und dringend notwendige Innovationen für uns alle generieren. Insbesondere der hohe gesellschaftliche Impact des Mittelstands macht ihn zum entscheidenden Partner in der Nachhaltigkeitstransformation unserer Wirtschaft. Die über Jahrzehnte gesammelten Erfahrungen an nachhaltiger Wirtschafts- und Führungskompetenz in mittelständischen Unternehmen sind für Studierende, angehende Führungskräfte, aber auch für Manager und Entscheider in Konzernen hilfreich, um die eigenen Kompetenzen in Sachen nachhaltige Führung weiterzuentwickeln.

In der Management-Reihe Corporate Social Responsibility fokussiert die nun vorliegende Publikation mit dem Titel „CSR und Mittelstand" auf mittelständische Unternehmen und überwindet damit die oft einseitig auf Großunternehmen ausgerichtete Managementdiskussion rund um Nachhaltigkeit.

Es werden erfolgreiche mittelständische CSR-Konzepte dargestellt und mit konkreten Praxiserfahrungen vermittelt. Das Buch stellt damit eine Brücke zwischen der akademisch geführten Nachhaltigkeitsdiskussion und der gelebten Verantwortungsübernahme der mittelständischen Wirtschaft da.

Alle LeserInnen und insbesondere die UnternehmerInnen und ihre MitarbeiterInnen sind nunmehr herzlich eingeladen, die in der Publikation dargelegten Gedanken aufzugreifen und für die nachhaltige Entwicklung ihres eigenen Unternehmens zu nutzen. Ich möchte mich last, but not least sehr herzlich bei der Herausgeberin Marina Schmitz und bei allen AutorInnen für ihr großes Engagement, bei Christine Sheppard und Janina Tschech sowie Omika Mohan und Madhipriya Kumaran vom Springer Gabler Verlag für die gute Zusammenarbeit sowie bei allen Unterstützern der Reihe aufrichtig bedanken und wünsche Ihnen, werte Leserinnen und werter Leser, nun eine interessante Lektüre.

Prof. Dr. René Schmidpeter
Köln, Deutschland
E-Mail: schmidpeter@m3trix.de

Inhaltsverzeichnis

CSR im Mittelstand: Einführung in die Thematik und Beschreibung des Buchaufbaus

Marina Schmitz, Silvia Damme und Juliane Lohmann

1   Corporate Social Responsibility in Unternehmen

Corporate Social Responsibility (CSR) bedeutet eine Implementierung nachhaltiger Maßnahmen und die Übernahme von Verantwortung im Geschäftsverlauf, als auch entlang der eigenen Wertschöpfungskette (TÜV Rheinland 2010). Als gesellschaftliche, unternehmerische Verantwortung kann CSR als Bindeglied zwischen der Geschäftstätigkeit und einer Ausrichtung des Unternehmens am Gemeinwohl verstanden werden (TÜV Rheinland 2010). Dabei geht es darum, über die ursprüngliche wirtschaftliche Erwartung an Unternehmen hinauszugehen und sich sozial und ökologisch zu engagieren (Jenkins 2009). Angelehnt an die Definition nachhaltiger Entwicklung des Brundtland Berichtes von 1987 (Brundtland 1987), lässt sich das Konzept im wirtschaftlichen Kontext wie folgt definieren:

> „Nachhaltigkeit bedeutet, die Interessen und Chancen heutiger und künftiger Generationen in der Geschäftstätigkeit unmittelbar zu berücksichtigen. Heutige Interessen dürfen … nur insoweit wirtschaftlich umgesetzt werden, als sie die Chancen künftiger Generationen auf deren frei bestimmte Lebens- und Wirtschaftsweise nicht mindern" (TÜV Rheinland 2010, S. 7)

M. Schmitz (✉) · S. Damme · J. Lohmann
Köln, Deutschland
E-Mail: m.schmitz@cbs.de

S. Damme
E-Mail: s.damme@cbs.de

J. Lohmann
E-Mail: juliane.lohmann@outlook.com

© Springer-Verlag GmbH Deutschland, ein Teil von Springer Nature 2021
M. Schmitz (Hrsg.), *CSR im Mittelstand,* Management-Reihe Corporate Social Responsibility, https://doi.org/10.1007/978-3-662-61957-5_1

Entsprechende Maßnahmen erlauben es Unternehmen wettbewerbsfähig zu bleiben und sich von Markt und Konkurrenz abzusetzen (Jenkins 2009). Vorangetrieben wird diese Orientierung in Richtung Nachhaltigkeit besonders durch die immer mehr wahrzunehmende Ressourcenknappheit, während gleichermaßen der Druck seitens der Gesellschaft sowie politische Regularien sichtbar werden (TÜV Rheinland 2010). Die Fridays-for-Future-Bewegung hinter der schwedischen Schülerin Greta Thunberg, aber auch aktuelle Geschehnisse in der Wirtschaft, wie beispielsweise das öffentliche Bekenntnis von BlackRock-CEO Larry Fink (BlackRock 2020) hin zu einer nachhaltigen Unternehmens- und Investmentpraxis machen deutlich, dass ein Umdenken in Gesellschaft und Wirtschaft voranschreitet und Nachhaltigkeit längst kein Nischenthema mehr ist. In diesem geforderten Engagement liegen somit die neuen Anforderungen eines gesellschaftlichen Impacts unterschiedlicher Interessengruppen (Jenkins 2009). Der Blick der Unternehmen richtet sich heute auf die Interessen aller Stakeholdergruppen und orientiert sich nicht mehr allein an Shareholderinteressen.

Handlungsfelder, in denen ein Unternehmen soziale oder ökologische Verantwortung übernehmen kann, sind unter anderem Umwelt, Governance, Innovation, Beschäftigung oder Wertschöpfung. Auf welches Feld sich ein Unternehmen fokussiert, entscheidet über weiterführende Maßnahmen, die ein Unternehmen umsetzen kann (TÜV Rheinland 2010). Entscheidungshilfe und Orientierung können dabei die Ziele für nachhaltige Entwicklung (Sustainable Development Goals, SDGs) sein. Innerhalb der Agenda 2030 der Vereinten Nationen (UN) einigten sich ihre Mitgliedstaaten 2015 auf 17 gemeinsame Bestreben, um Frieden und Wohlstand für Mensch und Umwelt sicherzustellen. Als Handlungsaufruf fordern sie, besonders von Unternehmen, Strategien zu entwickeln, die Armut und andere Benachteiligungen beenden und gleichzeitig Gesundheits- und Bildungsfragen angehen, die Umwelt schützen, Ungleichheit verringern und das Wirtschaftswachstum ankurbeln (United Nations 2020).

Freiwillige Übernahme von gesellschaftlicher Verantwortung reicht in Deutschland bereits in die Jahre der Industrialisierung zurück. Erste Maßnahmen der gesellschaftlichen Verantwortungsübernahme (Arbeitszeitenbegrenzung, Krankenversicherung etc.) wurden nach und nach zu gesetzlich verbindlichen Regelungen umgewandelt. Entsprechend wurde dadurch „gesellschaftliche Verantwortung von Unternehmen formal verankert und damit ein fester Bestandteil des deutschen Wirtschaftsmodells" (Hiß 2009, S. 291). Auch das normative Leitbild des „ehrbaren Kaufmanns" hat im deutschen Handwerk- und Mittelstand bereits lange Tradition und ist bis heute insbesondere noch im Kontext der Industrie- und Handelskammern gebräuchlich (Bertelsmann Stiftung 2014b; Beschorner und Hajduk 2012). Diese traditionsgeprägte Vorstellung von unternehmerischer Verantwortung innerhalb der Gesellschaft wird heute vermehrt durch ein ebenfalls freiwilliges, aber globaler und zukunftsorientierter ausgerichtetes Engagement im Rahmen von Corporate Social Responsibility (CSR) abgelöst. Die CSR-Idee war zwar in den 1990er-Jahren noch kein bekannter Begriff, mittlerweile handelt es sich jedoch um ein Konzept, das im Stammvokabular der Unternehmenspraxis angekommen ist (Hiß 2009). CSR-Maßnahmen beschreiben entsprechende Aktivitäten, die über einen gesetzlich verpflichtenden Rahmen hinausgehen (Hiß 2009). Dabei kann CSR auf unterschiedliche Weise in Unternehmen sichtbar werden. Von der Gründung eigener CSR-Abteilungen über eine CSR-Berichterstellung und Entwicklung von CSR-Standards bis zur Gründung von interorganisationalen CSR-Allianzen (Hiß 2009). In Deutschland sind beispielsweise der B.A.U.M. e. V. oder UPJ bekannte Netzwerke, die Unternehmen (gerade auch KMU) eine gezielte Plattform des Austauschs, Wissenstransfers und der Vernetzung zu Nachhaltigkeitsthemen bieten.

2   Charakteristika des Mittelstands

Bisweilen kreist das Gespräch um CSR verstärkt um Großunternehmen. Kleine und mittelständische Unternehmen (KMU) werden jedoch innerhalb des Diskurses immer wichtiger. Als Zulieferer großer Unternehmen rücken sie insbesondere seit der 2014 von der EU verabschiedeten Richtlinie zur CSR-Berichtspflicht immer mehr ins Blickfeld (Rat für Nachhaltige Entwicklung 2017). In Deutschland wurde diese Richtlinie zum Geschäftsjahr 2017 gesetzlich verankert. Jedoch fordert sie nur von einer bestimmten Unternehmenszielgruppe eine Berichterstattung über Umwelt-, Sozial- und Arbeitnehmerbelange, die die folgenden drei Bedingungen erfüllt: Erstens, das Unternehmen ist eine große Kapitalgesellschaft (im Sinne von § 267 HGB), welches zweitens ein kapitalmarktorientiertes Unternehmen (im Sinne von § 264a HGB) ist, sowie drittens mehr als 500 Mitarbeiter im Jahresdurchschnitt beschäftigt (Bundesministerium für Arbeit und Soziales 2017; Haufe Online Redaktion 2017). Man geht hierbei allerdings von einer starken indirekten Wirkung aus – vergleichbar mit der Dynamik nach Einführung der Qualitätsmanagementsysteme – die KMU nicht unterschätzen sollten (Haufe 2018). Um dabei die Glaubwürdigkeit unternehmerischer CSR-Aktivitäten zu stärken und entsprechende Maßnahmen zu fördern, wird vom Bundesministerium für Arbeit und Soziales ein Ranking von Nachhaltigkeitsberichten durch das Institut für ökologische Wirtschaftsförderung (IÖW) und future e. V. unterstützt. Hierbei werden Berichte sowohl großer als auch mittelständischer Unternehmen geprüft und nach ausgewählten Kriterien bewertet (Bundesministerium für Arbeit und Soziales 2020b). Das Ranking zeigt, dass sich besonders kleine und mittlere Unternehmen kontinuierlich in ihren Nachhaltigkeitsbemühungen verbessern. KMU legen innerhalb ihrer unternehmerischen Verantwortung dabei einen Fokus auf die Bereiche des direkten gesellschaftlichen Umfelds sowie „Vision, Strategie und Management", „Produktverantwortung" und „Verantwortung in der Lieferkette". Zu erkennen ist außerdem, dass gerade Unternehmen, die kontinuierliche Verbesserung und Berichterstattung anstreben, deutliche Fortschritte zu verzeichnen haben (Institut für ökologische Wirtschaftsforschung und future e. V. – verantwortung unternehmen 2019).

Der Mittelstand als Rückgrat der nationalen Wirtschaft birgt beachtliches Nachhaltigkeitspotenzial (Bertelsmann Stiftung 2013b; Jamali et al. 2009). In der europäischen Wirtschaft nehmen KMU einen hohen Stellenwert ein (Jenkins 2009). Definitionen von

KMU variieren in verschiedenen Ländern (Ayyagari et al. 2007), werden aber meist durch „Beschäftigung, Umsatz oder Investitionen" bestimmt (Ayyagari et al. 2007). Innerhalb der Europäischen Union gilt laut der Europäischen Kommission ein Unternehmen als KMU, wenn die Zahl der Beschäftigten 249 Personen nicht übersteigt und der Jahresumsatz nicht mehr als 50 Mio. EUR oder die Bilanzsumme maximal 43 Mio. EUR beträgt (Europäische Union 2003). In Deutschland kommt dem Mittelstand darüber hinaus auch eine große gesellschaftliche Relevanz zu. Während die meisten Länder KMU lediglich als „statistisch definiertes Segment der Wirtschaft" bezeichnen, ist der Begriff Mittelstand in Deutschland Ausdruck eines Phänomens, welches sich nicht nur in Zahlen messen lässt, sondern bereits seit Ludwig Erhard „viel stärker ausgeprägt [ist] durch seine Gesinnung und eine Haltung im gesellschafts-wirtschaftlichen und politischen Prozess" (Dostert 2014). Das Eckpunktepapier zur deutschen Mittelstandsstrategie hebt seine Vielfalt hervor: „[Der Mittelstand] umfasst traditionsreiche große Familienunternehmen im ländlichen Raum, Handwerks-betriebe, Freiberufler und Selbständige, Start-ups und überproportional viele „Hidden Champions" – heimliche Weltmarktführer in Nischenmärkten" (BMWi 2019, S. 3). Das Deutsche Institut für Mittelstandsforschung (IfM) betrachtet „Mittelstand", „Familien-unternehmen", „Eigentümerunternehmen" und „familiengeführte Unternehmen" als Synonyme, die Unternehmen definieren, die durch qualitative Merkmale der Einheit von Eigentum und Leitung vereint sind (Institut für Mittelstandsforschung 2020). Da diese Unternehmensform eine hohe Relevanz in der deutschen Wirtschaftslandschaft und eine starke gesellschaftliche Bedeutung hat, weicht ihre Definition von der allgemeinen europäischen KMU-Definition ab. Sie kann hier auch auf größere Unternehmen zutreffen. Um der Tradition und Bedeutung des deutschen Mittelstandes Rechnung zu tragen, erweitert das IfM ebenso die offizielle Definition von KMU bis zu einer Mit-arbeiterzahl von 499. Nach dem Bundesverband mittelständische Wirtschaft (BVMW) sind in Deutschland aktuell 99,6 % der Unternehmungen KMU, wobei sie 58 % der sozialversicherungspflichtigen Beschäftigten anstellen, 58 % der Nettowertschöpfung ausmachen sowie 83 % der Lehrlinge in Deutschland ausbilden (Bundesverband mittel-ständische Wirtschaft Unternehmensverband Deutschlands e. V. 2020b).

3   CSR im Mittelstand

In vielerlei Hinsicht erkennen KMU ihre Verantwortung und erachten soziales Engagement als unumgänglich (Altenburger und Schmidpeter 2018). Laut dem KfW Wettbewerbsindikator von 2016, liegt der Anteil der Unternehmen, die sich in mindestens einem Bereich von CSR engagiert haben, in Deutschland bei 85,3 % (Abel-Koch 2017). Selten reflektieren sie dies jedoch und ordnen es nicht in einen größeren CSR Kontext ein, sondern engagieren sich beispielsweise aufgrund persönlicher Werte im Bereich gesellschaftlicher Belange (Jenkins 2009). „Gesellschaftliches Engagement ist im Mittelstand also fest verankert, der Begriff Corporate Social Responsibility (CSR) jedoch ist vielen Unternehmen nicht hinreichend bekannt und spielt im täglichen Handeln bisher kaum eine Rolle" (TÜV Rheinland 2010, S. 5). Eine Studie des Beratungsunternehmens Baker Tilly und der TU Dortmund kommt 2017 zu einem ähnlichen Ergebnis. Zwar haben sich 74 % der Befragten 229 Mittelständler mit dem Thema Nachhaltigkeit auseinandergesetzt, eine durchdachte Strategie zur Integration von CSR findet sich allerdings nur bei jedem zweiten Unternehmen (Dämon 2017).

So haben viele KMU also möglicherweise unwissend bereits Verantwortung und lokales Engagement als gleichwertiges Unternehmensziel zur Gewinnmaximierung gesetzt, ohne dieses mit CSR in Verbindung zu bringen. Sie praktizieren somit oftmals „silent/sunken CSR" (stille, versunkene CSR) ohne dass sie sich dessen bewusst sind (Jamali et al. 2009). Um jedoch erfolgreich ökonomisches, ökologisches und soziales Handeln zu vereinen, benötigt es einer konkreten Nachhaltigkeitsstrategie, die im Unternehmenskern verankert werden muss (Jenkins 2009). Auf diese soll in den Unterpunkten „Chancen" und „Messbarkeit und Implementierung" weiter eingegangen werden.

Durch einen sehr individuellen und persönlichkeitsbezogenen Stil der Unternehmensführung überträgt sich dieser auch auf die Herangehensweise bezüglich CSR-Maßnahmen und Implementierungsstrategien (Jamali et al. 2009; Jansen und Schreiber 2014). Persönliche Beziehungen zu Stakeholdern und zur lokalen Gemeinschaft/ Region spielen dabei eine tragende Rolle (Jamali et al. 2009). Dabei engagieren sie sich im Besonderen im Bereich des Sozialen und Gesellschaftlichen sowie im Umwelt- und Klimaschutz. Auch spielen Kunst, Kultur und Wissenschaft eine messbare Rolle (Steinert 2014). Während Nachhaltigkeit per se zwar schwer quantifizierbar ist, haben besonders KMU in unterschiedlichen Bereichen des Engagements bedeutsame Chancen. So leistet die Übernahme von Verantwortung nicht allein einen Beitrag zur Allgemeinheit, sondern es können auch Unternehmenskosten reduziert, -image gesteigert oder Mitarbeiterzufriedenheit gefördert werden (Meiners-Gefken 2014; Steinert 2014). Aufgrund ihrer Größe und ihres persönlichen Bezugs sind Werte des inhabergeführten Managements meist untrennbar mit denen der jeweiligen Unternehmen verbunden (Eichhorn und Wagner 2014; Jamali et al. 2009). Hier liegt gleichermaßen Chance und Risiko für die Implementierung von CSR-Maßnahmen.

Die Politik hebt vor allem die Potenziale in Bezug auf Umweltmanagement und Energieeffizienz in KMU hervor. Energie- und Klimapolitik finden neben Themen der Digitalisierung oder des demografischen Wandels Beachtung in der aktuellen Mittelstandsstrategie „Wertschätzung, Stärkung, Entlastung" des Bundesministeriums für Wirtschaft und Energie. Die Bereiche CO_2-Bepreisung, Senkung der Stromkosten durch Senkung der EEG-Umlage, Förderung des Umstiegs auf elektrifizierte Pkw sowie CO_2-arme Lkw und die energetische Gebäudesanierung werden hier konkret benannt (BMWi 2019). Auch in anderen Bereichen des Strategiepapiers lassen sich Schnittstellen zur Nachhaltigkeit finden, so beispielsweise in den Bereichen der Finanzierung oder der verstärkten Förderung von Frauen bei der Unternehmensgründung (BMWi 2019).

In der Deutschen Nachhaltigkeitsstrategie wird konkret das Vorantreiben der Digitalisierung im Mittelstand als wichtiger Beitrag zu mehr Nachhaltigkeit hervorgehoben (Die Bundesregierung 2018). Als abschließende Bemerkung ist noch zu erwähnen, dass CSR im Mittelstand auch regional unterschiedlich ausgeprägt sein kann (Bertelsmann Stiftung 2013a, b, 2014a, b).

4 Implementierung von CSR – Hindernisse für Mittelständler

Unternehmen sind in der Implementierung von CSR unterschiedlichen Hindernissen ausgesetzt. Neben der klaren Abwägung des realen, ökonomischen Nutzens stellen Opportunismus, der Zweifel an der Glaubwürdigkeit des Unternehmens und das Fehlverhalten anderer Marktteilnehmer solche Hürden dar (Icks et al. 2015). Es gibt unterschiedliche Wege, diesen entgegenzuwirken, wobei Icks et al. (2015) klar festhalten, dass auch KMU in der Lage sind, Hindernisse ohne staatliche Hilfe zu bewältigen. Das Eintreten in lokale Verbände oder das Eingehen von Kooperationen sichert beispielsweise den Zugang zu Ressourcen und eine reibungslose Zusammenarbeit entlang der Wertschöpfungskette. Auch können persönliche Kontakte zu Partnerunternehmen weitere Sicherheit bieten (Icks et al. 2015). Die Beteiligung und das Feedback der Mitarbeiter ist für eine erfolgreiche Umsetzung von CSR-Maßnahmen eine Grundvoraussetzung. Durch Mitarbeiterbefragungen, Ideenworkshops oder ähnliche Initiativen können diese in den Prozess integriert werden und einen Wandel mitgestalten (Icks et al. 2015; Schmidt und Meetz 2013). Dem Vorwurf, gewisse nachhaltige Maßnahmen aus reinen Imagegründen durchzuführen, also sogenanntes „Greenwashing" zu betreiben, können Unternehmen durch Zertifizierungen, Kooperationen und Transparenz entgegenwirken. Durch einen direkten Austausch mit Kunden und regionalen Kontakten können Beziehungen gestärkt und die Glaubwürdigkeit des Unternehmens gesteigert werden. Auch Ratings oder die Veröffentlichung eines sogenannten Code of Conduct können hierbei weiter unterstützend wirken (Icks et al. 2015). Bei KMU macht es sich besonders bemerkbar, dass diese ein Bewerben der eigenen Nachhaltigkeit zu kommerziellen Zwecken generell für unpassend halten. Vielmehr setzen sie darauf, CSR-Bemühungen zu teilen, um durch eigene Erfolge andere Unternehmen zu ähnlichen Zielen anzuregen (Jenkins 2009). Der Antrieb für eine Auseinandersetzung mit CSR-Grundsätzen sind bei KMU nicht etwa wirtschaftliche Erwartungen. Vielmehr beruht die Motivation auf moralischen und ethischen Glaubensgrundsätzen und wird eher durch interne als externe Treiber gefördert (Jenkins 2009). Um im sozialen Engagement nicht ausgenutzt zu werden, lohnt es sich daher, eng mit seinen Partnern zusammenzuarbeiten und ein ausgewähltes, überschaubares Netzwerk zu pflegen (Icks et al. 2015).

Eine Erstellung von allgemeingültigen Leitlinien zur Risikovermeidung oder einer generellen CSR-Implementierung gestaltet sich schwierig. Da es sich im Bereich der KMU um ein äußerst heterogenes Feld handelt, sind Unternehmenseigenschaften und -gewohnheiten individuell geprägt, wobei sich Management, Entscheidungsfindung und einzelne Persönlichkeiten stark unterscheiden können. Entsprechend spezifisch ist auch die Einstellung zu und Umsetzung von CSR-Maßnahmen (Jenkins 2009; Meiners-Gefken 2014).

5 Das Potenzial von Netzwerken

KMU fehlt es mitunter an personellen und zeitlichen Kapazitäten, sich dem bisweilen fremden Thema CSR anzunehmen. Um dies zu umgehen, bietet sich, wie bereits angesprochen, auch hier eine Kooperation mit NGOs, anderen Institutionen oder Unternehmen besonders an. Durch die Expertise von Partnern erlangen KMU unterschiedliche Vorteile (Schmidt 2013). Ein regelmäßiger Austausch bedeutet, dass Implementierungsschritte einer nachhaltigen Strategie kontinuierlich reflektiert werden können. Ein Abgleich und Austausch zwischen Unternehmen im selben Prozess, von dem beide Seiten profitieren, kann entstehen. So können Unternehmen ihr persönliches Knowhow erweitern und Informationen, Anpassungen sowie Bedarfe einfacher filtern und gewichten (Scheerer 2013a). Netzwerke in der Region zu bilden, sensibilisiert Unternehmen entsprechend für das Thema CSR und befähigt sie gleichermaßen, etwaige Schritte selbst umzusetzen (Schubert und Roethel 2014). Sich lokal zu vernetzen, trägt darüber hinaus dazu bei, die lokale Infrastruktur zu verbessern und so die Wettbewerbsfähigkeit der ansässigen Unternehmen zu erhalten (Placke et al. 2014).

Zusätzlich gibt es auf regionaler Ebene weitere Akteure, die Angebote zur Vernetzung und einem Kompetenzaustausch fördern. Die Industrie- und Handelskammern (IHK) möchten Unternehmen beispielsweise helfen, Wege zu steigender Energieeffizienz zu identifizieren. Aus diesem Grund stellen sie Angebote, wie den „IHK ecoFinder", die „IHK-Recyclingbörse" oder eine Energie- und Abfallberatung zur Verfügung (Deutscher Industrie- und Handelskammertag e. V. 2020). Einzelne IHKs klären darüber hinaus weiter über das Thema CSR auf und verweisen auf Angebote vor Ort, die ansässigen Unternehmen zur Verfügung stehen (IHK Bonn/Rhein-Sieg 2020; IHK Darmstadt Rhein Main Neckar 2020; IHK Frankfurt am Main 2020; IHK München und Oberbayern 2020; IHK Region Stuttgart 2020). Unter anderem hat beispielsweise die IHK Bonn/Rhein-Sieg 2016 ein CSR Kompetenzzentrum gegründet, durch das eine Vielzahl an spezifischen und kostenfreien CSR-Veranstaltungen angeboten werden kann (CSR Kompetenzzentrum Rhein-Kreis Neuss; CSR Kompetenzzentrum Rheinland). Auch hat der Rat für Nachhaltige Entwicklung (RNE) durch RENN (Regionale Netzstellen Nachhaltigkeitsstrategien) ein bundesweites Netzwerk geschaffen, das die Verbreitung und Vernetzung nachhaltiger Projekte und Akteure fördert. Dabei bündelt RENN „Impulse, Erfahrungen und Diskussionsergebnisse der Zielgruppen und bereitet diese für Nachhaltigkeitsaktivitäten und -strategien auf unterschiedlicher Ebene auf" (Regionale Netzstellen Nachhaltigkeitsstrategien 2020).

Besonders KMU sind aufgrund ihrer Größe auf Kooperationen angewiesen (Scheerer 2013a). Sie profitieren maßgeblich durch den Aufbau von oder Eintritt in ein (bestehendes) Netzwerk. Durch Anregungen und Maßnahmen anderer Unternehmen können sie auf diese Weise möglicherweise leichter Ideen entwickeln und einen Ansatzpunkt in die Thematik der Nachhaltigkeit finden (Scheerer 2013b).

6   Implementierung von CSR – Chancen für Mittelständler

Vor allen Dingen bietet CSR dem Mittelstand aber vielfältige Geschäftschancen, Wettbewerbsvorteile, Innovationspotenzial und die Möglichkeit, durch das genaue Kennen und Ausrichten seiner Wertschöpfungskette neue Geschäftsfelder zu erkennen und Marktpotenziale auszuschöpfen (Halfmann 2012; TÜV Rheinland 2010). Wettbewerbsvorteile, die Unternehmen durch die Implementierung von Nachhaltigkeitsmaßnahmen erreichen können, sind unter anderem das Anziehen und Halten von Talenten, eine verbesserte Kosteneffizienz oder der Aufbau und Schutz einer verantwortungsvollen Marke mit entsprechender Reputation (Steinert 2014). Eine weitere Maßnahme, die Unternehmen strategische Vorteile verschaffen kann, ist die Formulierung und Ausrichtung entlang nachhaltiger Werte, die der Geschäftstätigkeit in Kernprozessen und internen Abläufen Orientierung gibt. Dabei sind Vertrauen, Transparenz und Glaubwürdigkeit ausschlaggebende Werte, die verinnerlicht und im Unternehmen verankert werden müssen (TÜV Rheinland 2010). CSR-Strategien ermöglichen es dem Management eines Unternehmens außerdem auf neue Marktanforderungen und veränderte Ansprüche des Umfelds zu reagieren und effektive Lösungen nachhaltig in der unternehmerischen Praxis zu verankern (TÜV Rheinland 2010).

Besonders im Mittelstand ist Zukunftsfähigkeit ein Treiber für Wandlungsprozesse. Diese ermöglicht CSR nur dann, wenn sie im Kerngeschäft des Unternehmens angesiedelt wird und ökologische, soziale und wirtschaftliche Belange gleichermaßen stärkt (TÜV Rheinland 2010). Zur Umsetzung eines solchen wirksamen CSR-Managements sollten Unternehmen in einem ersten Schritt festhalten, welche konkreten Themen für sie relevant sind und welche Stakeholder dabei eine (tragende) Rolle spielen. Da (besonders kleine und mittelständische) Unternehmen unterschiedliche Fokusse in Bereichen wie Marktfaktoren, Kerngeschäft, Geschäftsmodell, Strategie oder Werten setzen, gilt es herauszuarbeiten, welche Nachhaltigkeitsthemen entsprechend von Bedeutung sind. Im zweiten Schritt sollte daraufhin eine Möglichkeit zur Verbindung von diesen angestrebten Nachhaltigkeitsthemen und -strategien zur Unternehmensstrategie hergestellt werden. Auf dieser Grundlage lassen sich weiterführende Rahmenkonzepte entwickeln (Steinert 2014). Hier gilt, dass das Rad nicht neu erfunden werden muss und Unternehmen derselben Branche oder Größe Orientierung für funktionierende Modelle bieten können (Steinert 2014). KMU sollten sich diese vorgefertigten Maßnahmen und Lösungen anschauen und sie dann für eine erfolgreiche Implementierung jedoch an ihren individuellen Umstand anpassen (TÜV Rheinland 2010).

Durch eine Formulierung neuer Werte oder einer nachhaltigen Unternehmens-strategie ist es wichtig, dass mit diesen strukturellen Veränderungen auch eine Neu-ausrichtung des Denkens einhergeht (TÜV Rheinland 2010). Da ein solcher Prozess vielerlei Gruppen betrifft, ist es wichtig, alle Stakeholder einzubinden, neue Profile zu entwickeln und sich einen realistischen zeitlichen Rahmen zu stecken (TÜV Rheinland 2010). CSR stellt eine langfristige (Neu-) Ausrichtung dar, die Managementwechsel oder andere Wandlungsprozesse überstehen können muss (TÜV Rheinland 2010).

Zwar werden bisherige CSR-Maßnahmen und Auswirkungen auf Großunternehmen und Konzerne bezogen, besonders für KMU bietet CSR jedoch ebenfalls einzigartige Chancen (Jenkins 2009). Durch ihre Größe sind sie meist flexibler, können sich somit schneller an Marktgegebenheiten anpassen und Entscheidungen zur Strategieanpassung oder Ergreifung neuer Marktchancen kurzfristig treffen (Jenkins 2009).

Vorteile von KMU in Zusammenhang einer CSR-Implementierung sollen die folgenden Punkte beispielhaft auflisten und begründen:

- Sie sind besonders flexibel und anpassungsfähig, sodass sie sich den wandelnden Umständen jederzeit und kurzfristig anpassen können.
- Sie sind meist kreativ und leben eine erfolgreiche Innovationskultur, sodass diese leicht auf Innovationen im Bereich CSR übertragen werden kann.
- Durch einen meist persönlichen Anreiz, sich dem Thema Nachhaltigkeit im Unter-nehmen zu nähern, stellt das Management eines KMU automatisch einen Motivator dar, der zusammenhangsbezogene Werte glaubwürdig vermittelt.
- Durch flache Hierarchien und meist kurze Kommunikationswege können Anpassungen leicht und besonders schnell im gesamten Unternehmen kommuniziert werden.
- Gleichzeitig ist durch diese Struktur auch die Beteiligung von Mitarbeitern deutlich höher und unterschiedliche Perspektiven werden eher gehört.
(Jenkins 2009)

Auswirkungen von CSR-Maßnahmen werden schneller und in allen Bereichen des Unternehmens spürbar. Am erfolgreichsten wird CSR erachtet, wenn Unternehmens-werte, Vision und Mission so erarbeitet werden, dass sie soziale, ökologische und öko-nomische Ziele einbeziehen, während sie das Unternehmen auf verantwortungsbewusste und ethische Geschäftspolitik und -praktiken ausrichten. CSR ist somit dann erfolgreich, wenn sie fest im Unternehmenskern verankert ist und als „praktische Umsetzung eines Unternehmensethos" aufgefasst wird (Jenkins 2009).

7   Messbarkeit und Implementierung von CSR

Haben KMU die Bedeutung und Vorteile von CSR erkannt, sehen sie meist den Start einer nachhaltigen Transformation als besondere Schwierigkeit. An dieser Stelle sollen beispielhaft Maßnahmen bzw. Hilfestellungen für einen erfolgreichen Beginn geschildert werden.

So gibt es zahlreiche Akteure und Institutionen, die KMU im Wandlungsprozess begleiten und anleiten können sowie eine Vielzahl an Initiativen und Förderprogrammen. Diese setzen besonders auf das Vernetzen der Unternehmen, sodass sie von gegenseitiger Expertise profitieren (Schubert und Roethel 2014). Initiativen bieten von Workshops, Sensibilisierungen bis hin zu Individuallösungen viele mögliche Ansatzpunkte, um als mittelständisches Unternehmen das Thema CSR und Nachhaltigkeit aufzugreifen (Schubert und Roethel 2014). Corporate Volunteering (CV) bietet unter anderem einen leichten Einstieg in die Thematik der CSR und für Mitarbeiter einen leichten und verständlichen Zugang (Brüggemann 2014). CV umfasst zum einen das Mitarbeiterengagement oder organisierte Tage, an denen gemeinschaftlich ehrenamtliche Projekte verfolgt werden. Zum anderen zählt man hierzu auch Angebote von Unternehmen, die im Gemeinwesen ansetzen und soziales Lernen fördern (Baumgarth und Kretz 2013).

Wenn sich Unternehmen aber weg von Corporate Volunteering und hin zu einem ganzheitlichen Nachhaltigkeitsansatz in Unternehmen entwickeln wollen, ist es ratsam, in einem ersten Schritt den Status quo im Unternehmen zu ermitteln. Hierzu stehen unterschiedliche Tools und (Self-)Checks zur Verfügung, auf die Unternehmen zugreifen können. Neben Leitlinien, Kodizes oder Standards, die bereits aufgeführt wurden oder im anschließenden Abschnitt der politischen Förderungen thematisiert werden, gibt es weiterführende Möglichkeiten einer Überprüfung und Feststellung des Ist-Zustands. Die Möglichkeit eines Nachhaltigkeitschecks bietet so zum Beispiel die Universität Bremen und RKW Bremen (Müller-Christ 2011). In einem Fragenportfolio über die Bereiche Soziales, Ökologie und Ökonomie soll Nachhaltigkeit überschaubar und nachvollziehbar als strategisches Managementinstrument überführt werden.[1] Auch bietet der CSR-Self-Check des Bundesministeriums für Arbeit und Soziales (BAMS) eine erst Orientierung, wie nachhaltig ein Unternehmen aufgestellt ist. Hier werden in den sieben Kategorien (Anerkennung gesellschaftlicher Verantwortung, Kommunikation mit Stakeholdern, Unternehmensführung, Markt, Arbeitsplatz, Umwelt und Gemeinwesen) eigenständig Fragen beantwortet und anschließend eine erste Auswertung berechnet (Bundesministerium für Arbeit und Soziales 2020d). Diese enthält darüber hinaus erste Empfehlungen zu weiterführenden Schritten.[2]

---

[1]Den Nachhaltigkeitscheck zum Ausfüllen finden Sie unter diesem Link: https://www.uni-bremen.de/fileadmin/user_upload/fachbereiche/fb7/nm/Dokumente/Nachhaltigkeitscheck.pdf.

[2]Den BAMS-Selbst-Check finden Sie unter diesem Link: https://www.csr-in-deutschland.de/DE/Unternehmen/CSR-Self-Check/CSR-Self-Check.html.

Da auch die SDGs der Vereinten Nationen Unternehmen in der Identifizierung von unternehmerischen Kernwerten und nachhaltigen Themenschwerpunkte helfen können, stellt der SDG-Action-Manager ein interessantes Tool dar (UN Global Compact 2020). Er soll Unternehmen darin unterstützen, mehr über einzelne Ziele zu lernen und eigene Ziele zu formulieren und zu managen, um die eigene Nachhaltigkeitsleistung langfristig zu verbessern. Dieses Instrument bietet die Möglichkeit, einen Einstieg in die Auseinandersetzung mit dem Thema Nachhaltigkeit zu finden und den eigenen, unternehmerischen Impact zu verstehen. Weiter sollen Ziele gesteckt und deren Entwicklung getrackt werden können.[3] In diesem Zusammenhang kann auch der SDG Compass (UN Global Compact et al. 2020) eine Anleitung bieten, wie Strategien entlang der einzelnen Ziele ausgerichtet und Realisierungen gemessen sowie verwaltet werden können.[4]

Unternehmen haben somit eine Vielzahl an Ansatzpunkten, sich unternehmerischer Verantwortung zu nähern (Bundesministerium für Arbeit und Soziales 2014). Neben zahlreichen Coaching-Angeboten und gemeinnützigen Initiativen oder Förderprogrammen von NGOs leistet auch die Politik von Bund und Ländern einen Beitrag zur Förderung von CSR-Implementierung. Dieser soll folgend aufgeführt werden.

8 Unterstützung von Mittelständlern – politische Förderung

Grundlegend beschreibt CSR, wie bereits angemerkt, ein freiwilliges Interesse der Unternehmen, sich neben wirtschaftlicher Gewinnerzielung ebenso sozialen und ökologischen Zielen zu verpflichten. Als politische Förderung können hier Maßnahmen gesehen werden, die für dieses Engagement der Akteure die entsprechenden Freiräume schaffen und Unternehmen auf diese Weise unterstützen. Ein Staat kann dabei durch vermittlungs-, nachfrageseitige oder angebotsseitige Ansätze Unternehmen als Unterstützung dienen und gleichzeitig eigene stabilisierungs-, humanisierungs- und allokationspolitische Ziele verfolgen (Maaß 2010).

In Deutschland übernimmt das Bundesministerium für Arbeit und Soziales (BMAS) die politische Führung für das Thema CSR. Dabei setzt das BMAS das Ziel, die Themen der Nachhaltigkeit und Unternehmensverantwortung aufzuarbeiten, um die nationale Wirtschaft durch unterschiedliche Maßnahmen für diese zu sensibilisieren. Es soll Unternehmen Orientierung und Sicherheit geben, ihre Unternehmenspraxis nachhaltig auszurichten und im Einklang unternehmerischer Verantwortung erfolgreich zu wirtschaften. In einer weiterführenden internationalen Ausrichtung einer deutschen CSR-Strategie ver-

---

[3]Den SDG-Action-Manager finden Sie unter diesem Link: https://www.unglobalcompact.org/take-action/sdg-action-manager.

[4]Den SDG Compass Guide finden Sie in verschiedenen Ausführungen unter diesem Link: https://sdgcompass.org/.

sucht die Bundesregierung, „CSR in Deutschland im Einklang mit den internationalen Entwicklungen voranzutreiben" (Bundesministerium für Arbeit und Soziales 2020a).

Um Unternehmen, die sich dauerhaft sozial, ökologisch und ökonomisch verantworten, hervorzuheben, verlieh die Bundesregierung beispielsweise seit 2013 dreimal (2013, 2014, 2017) einen Preis für Nachhaltigkeit. Die verantwortungsvoll gestaltete Geschäftstätigkeit von Unternehmen soll auf diese Weise honoriert und gefördert werden. Dabei besteht für Unternehmen jedweder Größe die Möglichkeit ausgezeichnet zu werden. Es werden Unternehmen in drei Größenkategorien (bis 249, von 205 bis 999, 1000+ Beschäftigte) sowie in den Sonderpreiskategorien *CSR und Digitalisierung* als auch *Verantwortungsvolles Lieferkettenmanagement* nominiert. Bei Letzteren handelt es sich laut Staatssekretär Björn Böhning um „zentrale Themen des aktuellen Nachhaltigkeitsdiskurses". Die Auswahl von 25 nominierten Unternehmen für den CSR-Preis 2020 wurden bereits am 21. Januar 2020 bekannt gegeben. Sie wurden unter 168 Bewerbungen ausgewählt (Bundesministerium für Arbeit und Soziales 2020c).

Neben bereits erwähnten Maßnahmen stellen der Berliner CSR-Konsens als Orientierung in der Implementierung sozialer, ökologischer sowie menschenrechtlicher Standards (Bundesministerium für Arbeit und Soziales 2018) oder die Initiative „Siegelklarheit"[5], die aus einer Kooperation mit der Deutschen Gesellschaft für Internationale Zusammenarbeit (GIZ) und des Bundesministeriums für wirtschaftliche Zusammenarbeit und Entwicklung (BMZ) entstanden ist (Siegelklarheit 2020), weitere Maßnahmen politischer Perspektiven dar. Auch eine Kooperation mit der Organisation für wirtschaftliche Zusammenarbeit und Entwicklung (OECD) bietet politisch unterstützte Leitsätze zu verantwortlichem, unternehmerischem Handeln in unterschiedlichen Bereichen (OECD 2020).

Aktuell wird weiter über ein Lieferkettengesetz diskutiert, das (deutsche) Unternehmen stärker für Arbeitspraktiken und Geschäftstätigkeiten entlang ihrer gesamten Wertschöpfungskette zur Verantwortung ziehen soll. Verstöße sollen entsprechend sanktioniert und Betroffenen von Menschenrechtsverletzungen die Möglichkeit geboten werden, vor deutschen Gerichten Entschädigungen von Unternehmen einzuklagen. Einen Entwurf legte dabei das BMZ vor, mit dem Ziel, weltweit faire und umweltverträgliche Wertschöpfung zu stärken. Eine gesetzliche Regelung in dieser Hinsicht würde bedeuten, dass im Unterschied zu einer Berichterstattung über soziale Umwelt- und Arbeitnehmerbelange für kapitalmarktorientierte Unternehmen auch kleine und mittelständische Unternehmen entsprechende Vorgaben einhalten und kontrollieren müssen. Inwiefern dies jedoch möglich erscheint und umsetzbar ist, wird aktuell durch Umfragen über die Einstellungen des Mittelstandes herausgearbeitet. Zwar scheint es ersichtlich, dass die Wahrung von Menschenrechten in weltweiten Geschäftsbeziehungen nur durch einen gesetzlichen Rahmen sicherzustellen ist, jedoch bietet

---

[5]https://www.siegelklarheit.de/.

das besonders im Mittelstand einige Herausforderungen. Aus personeller als auch finanzieller Perspektive bieten sich begrenzte Möglichkeiten, regelmäßige Auditierungen bei Lieferanten durchzuführen. Darüber hinaus beziehen diese ihre Produkte wiederum von zahlreichen anderen Unternehmen, sodass der Umfang einer vollständigen Prüfung herausfordernd erscheint. Bislang arbeiten KMU vor allem mit Verhaltenskodizes, die Lieferanten unterschreiben müssen. In diesen Codes-of-Conduct wird die Einhaltung von eigens formulierten Regeln, beispielsweise zu Gesundheitsschutz, Kinderarbeit, Arbeitsbedingungen oder Implementierung nachhaltiger Aspekte vereinbart. Das Einhalten der Regeln kann jedoch meist nur stichprobenartig geprüft werden. Meist fehlt es KMU im Ausland an Marktmacht und Reputation, um Verstöße zu ahnden. Unternehmen entwerfen mittlerweile vermehrt eigene Codes of Conduct, sodass die Zusammenarbeit mit mehreren Unternehmen für Zulieferer deutlich komplexer wird. Sie müssen die unterschiedlichen Anforderungen einhalten und dabei den Überblick behalten. Es besteht somit durchaus der Wunsch nach einheitlichen Standards, die für alle Unternehmen entsprechend ihrer Branche verbindlich gelten. Gerade auch in diesem Bereich beschäftigen sich einige Start-ups mit technologischen Möglichkeiten, wie etwa Blockchain, um Transparenz in der Lieferkette abbilden zu können. Die Schaffung von Transparenz und Standards sieht der Mittelstand als Aufgabe der (internationalen) Politik, wobei auch durch diese die Umsetzung und Kontrolle überwacht werden sollte. Nur so könne sich international auf einheitliche Standards und Zertifizierungen verlassen werden. Ein Lieferkettengesetz scheint somit im Mittelstand vor einigen Hürden zu stehen, es sind jedoch alternative Lösungen denkbar, die nachhaltig engagierten Unternehmen entgegenkommen würden (Bundesverband mittelständische Wirtschaft Unternehmensverband Deutschlands e. V. 2020a; Markt und Mittelstand 2020; Mittelstands- und Wirtschaftsunion 2020; Ohoven 2020; Siems 2020). Trotzdem gibt es aber bereits Beispiele wie das faire Modelabel Armedangels, das die Schaffung einer komplett transparenten und umweltverträglichen Lieferkette verfolgt. Dies stellt gerade auch in Covid-19-Krisenzeiten ein Geschäftsmodell dar, in dem soziale Komponenten, wie zum Beispiel die Situation der Näher*innen, berücksichtigt werden (Gode 2020; Kruse und Muth 2020; Wahnbaeck und Korte 2020). Solche nachhaltig ausgerichteten Geschäftsmodelle zeichnen sich durch mehr Resilienz aus, die ihnen für die Zukunft Wettbewerbsvorteile verschafft.

9 Über den vorliegenden Sammelband

1. Impulse und Fallbeispiele aus Wissenschaft, Forschung und Beratung
Im Rahmen eines Unternehmens, das nach gleich gewichteten ökonomischen, ökologischen und sozialen Zielen strebt, belegen Herr Dr. Gregor Weber und Frau Miriam Weber in ihrer Studie über Nachhaltigkeit im Mittelstand, dass dem Thema Nachhaltigkeitsberichterstattung aus unternehmerischer Perspektive besondere Bedeutung

zugeschrieben wird. Aus Rückmeldungen von 896 Unternehmensvertretern arbeiten sie in den Bereichen der Nachhaltigkeit und Energieeffizienz heraus, inwieweit KMU einen Bezug zu den Themen aufgebaut haben und worin weiter Bedarfe der Förderung und Unterstützung liegen. Sie geben Aussicht über Kernthemen für zukunftsorientiertes Wirtschaften in Unternehmen und Organisationen. Am Beispiel eines Hockers begründen Herr Dr. Gregor Weber und Frau Elsa Pieper einleuchtend die Zukunftsfähigkeit von Unternehmen über eine nachhaltige Ausrichtung. Indem sie die drei Säulen der Nachhaltigkeit (People, Planet, Profit) als Beine des Hockers um ein weiteres P für Person (= Individuum, Mensch) erweitern, erläutern der Autor und die Autorin die Stabilität von Unternehmen in der Krise durch eine gleichgewichtete Ausrichtung unternehmerischer Belange. Dabei stellen sie die Unternehmens- und Führungskultur einer Unternehmung ins Zentrum ihrer Überlegungen und geben Ausführungen über eine stabile Formulierung und Implementierung einer solchen. Um auch zukünftig in einer nachhaltigen Unternehmensführung „niemanden zurückzulassen", widmet sich Herr Wolfgang Keck der Untersuchung der „kleinsten" und „schwächsten" Marktteilnehmer innerhalb des deutschen Mittelstands. Dabei bezieht er sich auf den Grundsatz des Nachhaltigkeitsprinzips, „Leaving no one behind", das im Rahmen der 2015 formulierten Nachhaltigkeitsziele (Sustainable Development Goals, SDGs) auch in Deutschland als Maßstab für nachhaltiges Handeln von Unternehmen gesehen wird. Auf diese Weise deckt er versteckte Potenziale auf, die eine Erreichung der SDGs erst möglich machen. Dass Frauen eine erfolgreichere Verankerung von CSR in Unternehmen erreichen, zeigen Frau Claudia Rankers, Frau Prof. Dr. Nadine Kammerlander und Frau Prof. Dr. Katrin Keller. Sie führen zusammen, dass Frauen besonders im Mittelstand in den Bereichen Diversität, Vereinbarkeit von Familie und Beruf sowie Nachhaltigkeit federführend sind und widmen sich Best-Practice-Ansätzen von Frauen in Führungspositionen. Die Autorinnen möchten dabei erfolgreiche, nachhaltige Lösungsansätze aufzeigen, die weibliche Führungskräfte im deutschen Mittelstand umgesetzt haben.

Neben höheren Erfolgschancen durch Frauen an der Spitze sollte man Nachhaltigkeit im Unternehmen fest verankern. Dazu ist es wichtig, Nachhaltigkeit als Teil der übergeordneten Kommunikationsstrategie zu begreifen. Davon ist Frau Désirée Schubert überzeugt. Mittelständler haben jedoch ohnehin in nur 30 % der Fälle eine professionell aufgesetzte, strategisch festgelegte Unternehmenskommunikation. Des Weiteren wird CSR nicht als eigenständiger Bereich in der Unternehmensstruktur angesiedelt, sondern von Abteilungen, wie Marketing oder Personalmanagement, nebenbei bearbeitet. Aus diesem Grund bietet die Autorin eine Anleitung zu erfolgreicher Nachhaltigkeitskommunikation, durch die KMU die vollen Potenziale ihrer Bemühungen ausnutzen können. Der nächste Beitrag stellt ebenfalls das Thema Kommunikation in den Mittelpunkt. Frau Sabrina Rückwardt stellt die These auf, dass kleine und mittelständische Unternehmen langfristig, bei erfolgreicher Implementierung nachhaltiger Strategien, nicht um eine Nachhaltigkeitsberichterstattung herumkommen werden. Sie unterstreicht aus diesem Grund die Bedeutung des Deutschen Nachhaltigkeitskodex (DNK) für den Mittelstand. Der 2010 entwickelte Standard beschreibt Leitlinien für eine transparente

Darstellung unternehmerischer Nachhaltigkeitsaktivitäten. Zwar bedeutet eine Bericht-erstattung Mehraufwand, bietet jedoch nach Frau Rückwardt besonders für KMU auch erhebliche Vorteile. Auch im anschließenden Artikel von Frau Dr. Esther Heidbüchel werden Maßnahmen erläutert, um eine Nachhaltigkeitsstrategie zu entwickeln. Auch sie rät Unternehmen in diesem Zusammenhang dazu, Nachhaltigkeitsberichte zu nutzen. Sie beschreibt in ihrem Beitrag den Weg zu einem Nachhaltigkeitsbericht von der Themen-findung über die Definition von Zielen bis zu einer fertigen Strategie. Der Autorin zufolge kann eine solche Strategie nur dann erfolgreich werden, wenn Mitarbeiter des Unternehmens frühzeitig in Prozesse integriert werden und eine implementierte Strategie glaubwürdig leben. Im Verlauf ihrer Erläuterung verdeutlicht sie abermals, dass die zu bedenkenden Komponenten einer Nachhaltigkeitsstrategie auch Elemente einer kon-ventionellen Unternehmensstrategie sind, diese allerdings komplexer und funktionsüber-greifend agieren.

Inwieweit Nachhaltigkeit bei der Finanzierung von mittelständischen Unternehmen eine Rolle spielt, behandeln Frau Meike Frese, Herr Rolf Häßler, Herr Dr. Matthias Kannegiesser, Frau Nicola Stefan Koch und Herr Thilo Marenbach in ihrem Beitrag. Sie arbeiten relevante Instrumente heraus, die Finanzierung und Nachhaltigkeit verbinden. Dabei werden Trends und Entwicklungsrichtungen deutlich, die das Ableiten konkreter, praktischer Implikationen innerhalb des Mittelstands ermöglichen.

2. Impulse Stimmen und Fallbeispiele aus der Unternehmenspraxis

Das Unterkapitel der Fallbeispiele aus der Unternehmenspraxis leiten Herr Christoph Teusch und Frau Marion Lichti mit der Verbindung von Nachhaltigkeit und Digitalisierung ein. Sie zeigen, wie das gemeinnützige IT-Unternehmen AfB gGmbH anderen Unternehmen durch Partnerschaften hilft, ihren ökologischen Fußabdruck zu verringern. Dass auch IT-Geräte grün und sozial sein können, beweisen sie durch das Aufbereiten („Refurbishen") von Altgeräten und die gleichzeitige Schaffung von Arbeitsplätzen für Menschen mit Behinderung in der Region. Um das Thema Ressourceneffizienz geht es auch im Beitrag von Herrn Aiko Müller-Buchzik, der das Thema aus einer anderen Perspektive beleuchtet. Er argumentiert, dass durch lang-fristige Investitionen beispielsweise eine effiziente Nutzung der eingekauften Ressourcen bewirkt werden kann. Während Langfristigkeit im Kern der Nachhaltigkeit liegt, steht sie durch ein erhöhtes Risiko oftmals im Gegensatz zum Grundprinzip der Börse. In seinem Beitrag beschreibt der Autor die Chancen einer nachhaltig ausgerichteten Corporate Identity (CI) eines Unternehmens, die auf der Grundlage von Effizienz langfristige CSR-Ziele erreichen kann. Dabei führt er die Nutzung des PDCA-Zyklus oder ISO-Normen auf, die im Rahmen einer Nachhaltigkeitskaskade dargestellt werden können.

Herr Martin Müller und Frau Prof. Dr. Katrin Keller beschäftigen sich auf einer Werteebene mit dem Thema CSR. Im Gespräch mit Christiane Underberg diskutieren sie die Verantwortung von Unternehmen im Sinne der „Enkelfähigkeit". Obwohl sich KMU teilweise ihres CSR-Engagements nicht im begrifflichen Sinne bewusst sind, engagieren sie sich dennoch seit Generationen für Belange von Markt, Politik und

Gesellschaft. Frau Underberg ist dabei der Überzeugung, dass die Integration von CSR in die Strategie von Unternehmen dazu beiträgt, dass diese zukunfts- und krisensicher werden. Sie beschreibt Wege, wie die Underberg AG durch die Implementierung von CSR eine enkelfähige Zukunft für nachfolgende Generationen sichert. CSR-Grundsätze im Unternehmenskern zu verankern, biete also neben der Bedienung von Kunden-anforderungen ein starkes Gerüst in Krisenzeiten und ermöglicht die Schonung der Ressourcen, ohne dabei die Chancen nachfolgender Generationen einzuschränken. Auch im Handelsalltag ist Corporate Social Responsibility bereits fest verankert. Frau Laura Cremer, CR-Managerin der KM Mahnke GmbH & Co. KG, beschreibt diesbezüglich die Herausforderungen der Implementierung eines CR-Managements im Unternehmen. Sie unterstreicht, dass nachhaltige Bemühungen in der Mahnke-Gruppe über gesetzliche Mindeststandards hinausgehen und verdeutlicht, dass eine CSR-Abteilung als Impuls-geber für die Erschließung neuer grüner Möglichkeiten gesehen werden muss. Dabei beschreibt sie, dass es nicht darum geht, als Pionierunternehmen der Nachhaltigkeit zu gelten, sondern vorbereitet zu sein und die Zukunftsfähigkeit der Unternehmensgruppe zu sichern. Vergleichsweise spricht Frau Rebecca Jacob im sich anschließenden Bei-trag von der CSR-Implementierung im mittelständischen Hightech-Unternehmen Raith GmbH. In einer nachhaltigen Neuausrichtung stand dabei im Fokus, Standards im Sinne des Deutschen Nachhaltigkeitskodex umzusetzen, während gleichzeitig die Organisation weder finanziell noch personell überfordert wird. Zwei unterschiedliche Sichtweisen desselben Unternehmens auf das Thema Nachhaltigkeit schließen das Unterkapitel ab. Geschäftsführer des Maschinen- und Anlagenbauunternehmens Temafa GmbH, Herr Dr. Jörg Morgner, versteht Nachhaltigkeit als Verpflichtung, einen Beitrag zu leisten, der die Welt besser macht, als sie vorgefunden wurde. Durch ein solches Verständnis müssen sich alle Bereiche eines Unternehmens entsprechend ausrichten. Herr Jens Boldt, Leiter des Qualitätsmanagements der Temafa GmbH, zeigt weiterführend Möglichkeiten zur Umsetzung dieser Sicht in der Praxis auf.

3. Impulse und Fallbeispiele von Netzwerkakteuren und Verbänden

Frau Klara Marquardt zeigt einleitend im dritten Abschnitt des Sammelbandes, dass auch das Geschäftsmodell einer Genossenschaft viele nachhaltige Aspekte aufweist. Zwar seien soziale und wirtschaftliche Verantwortung verankerte Strukturen, dem Thema der nachhaltigen Entwicklung müssen sich Genossenschaften dennoch stellen. Beim Bauverein der Elbgemeinden (BVE) widmet sie sich dem Aufbau eines Nach-haltigkeitsmanagements und erörtert schrittweise Implementierungsstrategien, während Herausforderungen und Chancen nicht außer Acht gelassen werden. Besonders hebt sie in diesem Kontext die Bedeutung von Gremien hervor und führt die Vereinbarkeit traditioneller Werte und moderner (Arbeits-)Ansprüche zusammen. Herr Dr. Sascha Genders zeigt weiterführend auf, inwieweit CSR in der Region Mainfranken bis dato implementiert wurde. Die Industrie- und Handelskammer (IHK) nimmt es sich laut IHK-Gesetz zum Grundsatz, unternehmerische Verantwortung wahrzunehmen. CSR kann dabei angesichts aktueller Herausforderungen Abhilfe schaffen. In seinem Beitrag erläutert der Autor diesbezüglich Maßnahmen und Initiativen im Rahmen einer fünfteiligen strategischen Zielsetzung, die seit 2009 den Standort der IHK Würzburg-Schweinfurt und seine Unternehmen stärken. Abschließend stellen Frau Julia-Marie Degenhardt, Herr Dr. Arne Elias, Herr Peter Kromminga, Herr Detlev Lachmann, Herr Michel Neuhaus und Frau Caroline Zamor das CSR-Kompetenzzentrum Ruhr vor. Dieses macht es sich zur Aufgabe, Unternehmen in einer Ausrichtung hin zu mehr Nachhaltigkeit und der Übernahme gesellschaftlicher Verantwortung zu unterstützen. Durch seinen Projektansatz unterstützt das Kompetenzzentrum die systematische Einführung von CSR. Anhand von ausgewählten Quartiersprojekten stellt der Beitrag sektorenübergreifende Stadtteilprojekte des Ruhrgebiets und seiner Partnerregionen vor. Das Projekt setzt sich zum Ziel, dort zu wirken, wo Menschen leben.

Die vorliegende Sammlung an Beiträgen zu CSR im deutschen Mittelstand zeigen, dass die soziale und ökologische Verantwortung von Unternehmen nicht allein medial oder gesellschaftlich in den Fokus rückt. Auf unterschiedliche Weise unterstreichen die Artikel des Sammelbandes die Verankerung von Nachhaltigkeit in der täglichen Unternehmenspraxis. Der Mittelstand als immenser Wirtschaftsfaktor in Deutschland befindet sich inmitten eines Wandlungsprozesses, der seine Unternehmenskultur (wieder) nach bestimmten Werten ausrichtet. Einschlägig ist dabei die Meinung darüber, dass Nachhaltigkeit und die verantwortungsvolle Ausrichtung eines Unternehmens in dessen Kern beginnen muss. Es müssen grundlegende, strategische Weichen gestellt werden, die dann im Rahmen ihrer Implementierung einen langfristigen Erfolg ermöglichen. Die Autor*innen sprechen CSR-Maßnahmen, werden sie in entsprechendem Umfang umgesetzt, die Voraussetzung (zukünftiger) Krisenbewältigung zu.

Die Beiträge lassen erkennen, dass es besonders für Mittelständler eine Vielzahl an Möglichkeiten gibt, sich einem nachhaltigen Wandel zu nähern. Die Heterogenität, die besonders unter KMU vorliegt, sollten diese als Chance nutzen, individuelle Lösungen zu formulieren. Besonders unter diesen Akteuren treibt der Netzwerkgedanke CSR voran. Der Austausch von unternehmerischer Expertise, Erfahrungen und Best Practices ermöglicht das Erreichen gemeinsamer Ziele. Unternehmerische Ziele auf der einen sowie politische Stakeholder- und gesellschaftliche Ziele auf der anderen Seite. Dieser Sammelband soll aus diesem Grund nicht ausschließlich einen Einblick in die bisherigen Erfolge und Schwerpunkte der Nachhaltigkeit im deutschen Mittelstand bieten, sondern darüber hinaus dazu anleiten, sich mit der Thematik auseinanderzusetzen und mehr noch, dazu anregen, in den Dialog zu treten. Nur durch eine solche Zusammenarbeit (aller Akteure) kann CSR in allen Unternehmen jedweder Branche erfolgreich Einzug finden.

Literatur

Abel-Koch J (2017) Fokus Volkswirtschaft. Weltweit machen sich Mittelständler für gesellschaftliche Interessen stark. KfW Res 159:1–6

Altenburger R, Schmidpeter R (Hrsg) (2018) CSR und Familienunternehmen. Gesellschaftliche Verantwortung im Spannungsfeld von Tradition und Innovation (Management-Reihe Corporate Social Responsibility). Springer Gabler, Berlin

Ayyagari M, Beck T, Demirguc-Kunt A (2007) Small and medium enterprises across the globe. Small Bus Econ 29(4):415–434

Baumgarth R, Kretz B (2013) Corporate Volunteering als Teil einer CSR-Strategie. „Ein Tag, an dem wir uns alle ausnahmslos gut fühlen". In: Bertelsmann Stiftung (Hrsg), Gesellschaftliche Verantwortung im Mittelstand. Expertinnen und Experten aus Süddeutschland stellen sich vor (S 16–19). Bertelsmann Stiftung, Gütersloh

Bertelsmann Stiftung (Hrsg) (2013a) Gesellschaftliche Verantwortung im Mittelstand. Expertinnen und Experten aus Norddeutschland stellen sich vor

Bertelsmann Stiftung (Hrsg) (2013b) Gesellschaftliche Verantwortung im Mittelstand. Expertinnen und Experten aus Süddeutschland stellen sich vor

Bertelsmann Stiftung (Hrsg) (2014a) Gesellschaftliche Verantwortung im Mittelstand. Eine Auswahl an Expertinnen und Experten stellt sich vor

Bertelsmann Stiftung (Hrsg) (2014b) Gesellschaftliche Verantwortung im Mittelstand. Expertinnen und Experten aus Nordrhein-Westfalen stellen sich vor

Beschorner T, Hajduk T (2012) Vom ehrbaren Kaufmann zur Unternehmensverantwortung, 2. Aufl. Forum Wirtschaftsethik Ausgabe 2/2012

BlackRock (2020) Larry Fink's Letter to CEOs. https://www.blackrock.com/corporate/investor-relations/larry-fink-ceo-letter. Zugegriffen: 21. Juni 2020

BMWi (2019) Wertschätzung – stärkung – entlastung: Mittelstandsstrategie. https://www.bmwi.de/Redaktion/DE/Publikationen/Mittelstand/mittelstandsstrategie.pdf?__blob=publicationFile&v=16. Zugegriffen: 21. Juni 2020

Brüggemann I (2014) Mitarbeiterinnen und Mitarbeiter bevorzugen Arbeitgeber, die sich sozial engagieren. In: Bertelsmann Stiftung (Hrsg) Gesellschaftliche Verantwortung im Mittelstand. Eine Auswahl an Expertinnen und Experten stellt sich vor, S 28–31. Bertelsmann Stiftung, Gütersloh

Brundtland HG (1987) Report of the world commission on environment and development: our common future

Bundesministerium für Arbeit und Soziales (2014) Corporate Social Responsibility im Mittelstand regional voranbringen. Toolbox für Multiplikatoren. Berlin: UPJ e. V.

Bundesministerium für Arbeit und Soziales (2017) Aktivitäten der Bundesregierung. Neue CSR-Berichtspflicht für Unternehmen ab 2017. https://www.csr-in-deutschland.de/DE/Politik/CSR-national/Aktivitaeten-der-Bundesregierung/CSR-Berichtspflichten/richtlinie-zur-berichterstattung.html. Zugegriffen: 14. Januar 2019

Bundesministerium für Arbeit und Soziales (2018) Berliner CSR-Konsens zur Unternehmensverantwortung in Liefer- und Wertschöpfungsketten. www.bmas.de/SharedDocs/Downloads/DE/Thema-Arbeitsrecht/csr-konsens-liefer-wertschoepfungsketten.pdf?__blob=publicationFile&v=2. Zugegriffen: 21. Juni 2020

Bundesministerium für Arbeit und Soziales (2020a, 21. Juni) CSR-Politik in Deutschland. https://www.csr-in-deutschland.de/DE/Politik/CSR-national/csr-politik-in-deutschland-artikel.html#:~:text=Verantwortungsvolles%20Wirtschaften%20f%C3%B6rdern,ihre%20%22%20CSR%20%2DPolitik%22.&text=Das%20Forum%20hat%20die%20Bundesregierung,Nationalen%20CSR%20%2DStrategie%20ma%C3%9Fgeblich%20unterst%C3%BCtzt. Zugegriffen: 21. Juni 2020

Bundesministerium für Arbeit und Soziales (2020b, 21. Juni) IÖW-future-Ranking der Nachhaltig-keitsberichte. https://www.csr-in-deutschland.de/DE/Politik/CSR-national/Aktivitaeten-der-Bundesregierung/IOeW-future-Ranking/ioew-future-ranking.html. Zugegriffen: 21. Juni 2020

Bundesministerium für Arbeit und Soziales (2020c, 21. Juni) Nominierte für CSR-Preis der Bundesregierung stehen fest. https://www.csr-in-deutschland.de/DE/Aktuelles/Meldungen/2020/nominierte-fuer-csr-preis-der-bundesregierung-stehen-fest.html. Zugegriffen: 21. Juni 2020

Bundesministerium für Arbeit und Soziales (2020d, 5. Juli) CSR-Self-Check. https://www.csr-in-deutschland.de/DE/Unternehmen/CSR-Self-Check/CSR-Self-Check.html. Zugegriffen: 5. Juli 2020

Die Bundesregierung (2018) Deutsche Nachhaltigkeitsstrategie. Aktualisierung

Bundesverband mittelständische Wirtschaft Unternehmensverband Deutschlands e. V. (2020a). Teuer und aufwendig – das neue EU-Lieferkettengesetz für Rohstoffe. https://www.bvmw.de/news/5768/teuer-und-aufwendig-das-neue-eu-lieferkettengesetz-fuer-rohstoffe/. Zugegriffen: 21. Juni 2020

Bundesverband mittelständische Wirtschaft Unternehmensverband Deutschlands e. V. (2020b, 21. Juni) Zahlen & Fakten. Der Mittelstand ist Garant für Stabilität und Fortschritt. https://www.bvmw.de/themen/mittelstand/zahlen-fakten/. Zugegriffen: 21. Juni 2020

CSR Kompetenzzentrum Rhein-Kreis Neuss. CSR Kompetenzzentrum Rhein-Kreis Neuss. https://www.csr-mehrwert-region.de. Zugegriffen: 14. Jan. 2019

CSR Kompetenzzentrum Rheinland. CSR Kompetenzzentrum Rheinland. http://csr-kompetenzzentrum.de. Zugegriffen: 14. Jan. 2019

Dämon K (2017) CSR im Mittelstand: „Die Unternehmen wollen – können aber nicht". https://www.wiwo.de/erfolg/management/nachhaltigkeit-im-mittelstand-die-unternehmen-wollen-koennen-aber-nicht/20254610.html. Zugegriffen: 21. Juni 2020

Deutscher Industrie- und Handelskammertag e. V. (2020, 5. Juli) Umwelt und Energie. https://www.ihk.de/umwelt-und-energie. Zugegriffen: 5. Juli 2020

Dostert E (2014) Erfolgreicher Mittelstand. Ein deutsches Phänomen. https://www.sueddeutsche.de/wirtschaft/erfolgreicher-mittelstand-ein-deutsches-phaenomen-1.1900145. Zugegriffen: 21. Juni 2020

Eichhorn M, Wagner R (2014) Wertemanagement als Basis für CSR. In: Bertelsmann Stiftung (Hrsg) Gesellschaftliche Verantwortung im Mittelstand. Expertinnen und Experten aus Nord-rhein-Westfalen stellen sich vor, S 20–23. Bertelsmann Stiftung, Gütersloh

Europäische Union (2003) Empfehlung der Kommission vom 6. Mai 2003 betreffend die Definition der Kleinstunternehmen sowie der kleinen und mittleren Unternehmen. https://op.europa.eu/de/publication-detail/-/publication/6ca8d655-126b-4a42-ada4-e9058fa45155

UN Global Compact (2020, 5. Juli) SDG action manager. https://www.unglobalcompact.org/take-action/sdg-action-manager. Zugegriffen: 5. Juli 2020

UN Global Compact, WBCSD, GRI (2020, 5. Juli) SDG compass – a guide for business action to advance the sustainable development goals. https://sdgcompass.org/. Zugegriffen: 5. Juli 2020

Gode, S. (2020). Wie Armedangels mit nachhaltiger Mode 35 Millionen Euro Umsatz macht — und was „nachhaltige Mode" eigentlich ist. https://www.businessinsider.de/wirtschaft/wie-armedangels-mit-nachhaltiger-mode-35-millionen-euro-umsatz-macht-und-was-nach-haltige-mode-eigentlich-ist/. Zugegriffen: 28. Juli 2020

Halfmann A (2012) Mittelstand: Nachhaltigkeit ist erfolgsentscheidend. CSR Magazin 4:31–35

Haufe (2018) Mittelstand verkennt die Chancen durch CSR-Maßnahmen. Zugegriffen: 21. Juni 2020

Haufe Online Redaktion (2017) CSR-Berichtspflicht - wer muss was berichten? https://www.haufe.de/compliance/csr-berichtspflicht-wer-muss-was-berichten_230128_407310.html. Zugegriffen: 24. Juli 2020

Hiß S (2009) Corporate Social Responsibility – Innovation oder Tradition? Zum Wandel der gesellschaftlichen Verantwortung von Unternehmen in Deutschland. Zeitschrift für Wirtschafts- und Unternehmensethik 10(3):287–303. https://www.ssoar.info/ssoar/bitstream/document/34905/1/ssoar-zfwu-2010-3-hi-Corporate_Social_Responsibility_-_Innovation.pdf

Icks A, Levering B, Maaß F, Werner A (2015) IfM-Materialien Nr. 236. Chancen und Risiken von CSR im Mittelstand

IHK Bonn, Rhein-Sieg. (2020, 5. Juli). Auf dem Weg zu einem Nachhaltigkeitsbericht der IHK. https://www.ihk-bonn.de/ueber-uns/profil-leitbild-und-geschichte/nachhaltigkeit-in-der-ihk. Zugegriffen: 5. Juli 2020

IHK Darmstadt Rhein Main Neckar (2020, 5. Juli) Corporate Social Responsibility – das Konzept im Detail! https://www.darmstadt.ihk.de/produktmarken/beraten-und-informieren/festigung-wachstum/unternehmensethik/soziale-verantwortung/was-ist-csr-und-was-verbirgt-sich-dahinter/csr-2553072. Zugegriffen: 5. Juli 2020

IHK Frankfurt am Main (2020, 5. Juli) Was ist CSR? https://www.frankfurt-main.ihk.de/csr/vorstellung/. Zugegriffen: 5. Juli 2020

IHK München, Oberbayern (2020, 5. Juli) Der Ehrbare Kaufmann und CSR. https://www.ihk-muenchen.de/de/Wirtschaftsstandort/CSR/. Zugegriffen: 5. Juli 2020

IHK Region Stuttgart (2020, 5. Juli) Was ist Corporate Social Responsibility? https://www.stuttgart.ihk24.de/fuer-unternehmen/foerderung-und-unternehmensfuehrung/corporate-social-responsibility-csr/100722-text-definition-csr-677960. Zugegriffen: 5. Juli 2020

Institut für Mittelstandsforschung (2020, 21. Juni) Mittelstand im Überblick. https://www.ifm-bonn.org/statistiken/mittelstand-im-ueberblick/#accordion=0&tab=0. Zugegriffen: 21. Juni 2020

Institut für ökologische Wirtschaftsforschung & future e. V. – verantwortung unternehmen (Hrsg) (2019) CSR-Reporting von Großunternehmen und KMU in Deutschland. Ergebnisse und Trends im Ranking der Nachhaltigkeitsberichte 2018. Bundesministerium für Arbeit und Soziales, Berlin

Jamali D, Zanhour M, Keshishian T (2009) Peculiar strengths and relational attributes of SMEs in the context of CSR. J Bus Ethics 87(3):355–377

Jansen K, Schreiber H (2014) Typisch Handwerk? Der Versuch einer Typisierung von CSR-Maßnahmen bei kleinen und mittleren Betrieben. In: Bertelsmann Stiftung (Hrsg) Gesellschaftliche Verantwortung im Mittelstand. Expertinnen und Experten aus Nordrhein-Westfalen stellen sich vor, S 58–61. Bertelsmann Stiftung, Gütersloh

Jenkins H (2009) A ‚business opportunity' model of corporate social responsibility for small-and medium-sized enterprises. Business Ethics A Europ Rev 18(1):21–36

Kruse K, Muth L (2020) ARMEDANGELS – eine Fair Fashion Brand migriert zu Shopware 6. https://www.shopware.com/de/news/armedangels-eine-fair-fashion-brand-migriert-zu-shopware-6/. Zugegriffen: 28. Juli 2020

Maaß F (2010) Wirtschaftspolitische Ansätze zur Unterstützung von Corporate Social Responsibility-Aktivitäten. IfM-Materialien No. 194

Markt und Mittelstand (2020, 21. Juni) Personal. Ethische Standards im Einkauf. CSR: Lieferkettengesetz für Mittelstand wackelt. https://www.marktundmittelstand.de/personal/csr-wie-sich-unternehmen-fuer-die-gesellschaft-einsetzen/csr-lieferkettengesetz-fuer-mittelstand-wackelt-1291711/. Zugegriffen: 21. Juni 2020

Meiners-Gefken M (2014) Soziale Pflege Steinburg (SPS): mitarbeiter- und gemeinwohlorientierte Unternehmen in der Altenpflege. Der Kampf um die besten Talente hat längst begonnen. In: Bertelsmann Stiftung (Hrsg) Gesellschaftliche Verantwortung im Mittelstand. Eine Auswahl an Expertinnen und Experten stellt sich vor, S 6–8. Bertelsmann Stiftung, Gütersloh

Mittelstands- und Wirtschaftsunion (2020) Keine Wettbewerbsnachteile für deutsche Unternehmen durch Lieferkettengesetz. https://www.mit-bund.de/content/keine-wettbewerbsnachteile-fuer-deutsche-unternehmen-durch-lieferkettengesetz. Zugegriffen: 21. Juni 2020

Müller-Christ G (2011) Der Nachhaltigkeits-Check. Die Sicherung des langfristigen Unternehmensbestandes durch Corporate Social Responsibility. https://www.uni-bremen.de/fileadmin/user_upload/fachbereiche/fb7/nm/Dokumente/Nachhaltigkeitscheck.pdf. Zugegriffen: 7. Mai 2020

OECD (2020, 19. Juni) Organisation für wirtschaftliche Zusammenarbeit und Entwicklung (OECD). https://www.oecd.org/berlin/dieoecd/. Zugegriffen: 21. Juni 2020

Ohoven M (2020) Mittelständler nicht an die Lieferkette legen!/The European. https://www.theeuropean.de/mario-ohoven/mittelstaendler-nicht-an-die-lieferkette-legen/. Zugegriffen: 21. Juni 2020

Placke G, Osterhoff F, Lüth A (2014) Die Verantwortungspartner-Methode. In: Bertelsmann Stiftung (Hrsg) Gesellschaftliche Verantwortung im Mittelstand. Eine Auswahl an Expertinnen und Experten stellt sich vor, S 10–13. Bertelsmann Stiftung, Gütersloh

Rat für nachhaltige Entwicklung (2017) Bundestag verabschiedet Gesetz zur CSR-Berichtspflicht – Rat für Nachhaltige Entwicklung. Zugegriffen: 21. Juni 2020

Regionale Netzstellen Nachhaltigkeitsstrategien (2020, 21. Juni) RENN – Regionale Netzstellen Nachhaltigkeitsstrategien. https://www.renn-netzwerk.de/. Zugegriffen: 21. Juni 2020

Scheerer J (2013a) Gesellschaftliche Verantwortung kann nur in Netzwerken ausgearbeitet werden. In: Bertelsmann Stiftung (Hrsg) Gesellschaftliche Verantwortung im Mittelstand. Expertinnen und Experten aus Süddeutschland stellen sich vor, S 31–33. Bertelsmann Stiftung, Gütersloh

Scheerer J (2013b) Interview Thomas Becker, Atelier für Schmuck. Gewinner CSR-Preis der Bundesregierung. Im Gespräch mit Julia Scheerer. In: Bertelsmann Stiftung (Hrsg) Gesellschaftliche Verantwortung im Mittelstand. Expertinnen und Experten aus Norddeutschland stellen sich vor, S 8–10. Bertelsmann Stiftung, Gütersloh

Schmidt J (2013) Nachhaltige Gestaltung der Lieferkette. Warum lohnt sich eine Kooperation mit Fairtrade für kleine und mittlere Unternehmen? In: Bertelsmann Stiftung (Hrsg) Gesellschaftliche Verantwortung im Mittelstand. Expertinnen und Experten aus Süddeutschland stellen sich vor, S 20–23. Bertelsmann Stiftung, Gütersloh

Schmidt T, Meetz M (2013) Mitarbeitermotivation und sozial verantwortliche Unternehmensführung. In: Bertelsmann Stiftung (Hrsg) Gesellschaftliche Verantwortung im Mittelstand. Expertinnen und Experten aus Süddeutschland stellen sich vor, S 12–15. Bertelsmann Stiftung, Gütersloh

Schubert D, Roethel M (2014) CSRegio – nordbayern durch unternehmerische Verantwortung stärken. In: Bertelsmann Stiftung (Hrsg) Gesellschaftliche Verantwortung im Mittelstand. Eine Auswahl an Expertinnen und Experten stellt sich vor, S 18–21

Siegelklarheit (2020, 21. Juni) Nachhaltige Textilien und andere Produkte einkaufen. Siegel verstehen. Über uns. https://www.siegelklarheit.de/ueber-uns/. Zugegriffen: 21. Juni 2020

Siems D (2020) Lieferkettengesetz vor dem Aus. https://www.welt.de/print/die_welt/wirtschaft/article206506655/Lieferkettengesetz-vor-dem-Aus.html. Zugegriffen: 21. Juni 2020

Steinert A (2014) CSR im Mittelstand – klares Bekenntnis, unklarer Nutzen. Wie kmu zu einem wirksamen CSR-management kommen

TÜV Rheinland (2010) Corporate Social Responsibility im Mittelstand. Chancen und unternehmerische Verantwortung im Kerngeschäft

United Nations (2020) Sustainable Development Goals Knowledge Platform. Sustainable Development Goals. https://sustainabledevelopment.un.org/sdgs. Zugegriffen: 7. Mai 2020

Wahnbaeck C, Korte N (2020) Fair Fashion in der Coronakrise. Mode für den Müll – oder fürs nächste Jahr. Konzerne wie C&A oder Primark setzen auf den schnellen Wechsel billiger Mode. Kleine Labels wie Armedangels versprechen, dass ihre teurere Ware lange hält. Das könnte ihnen in der Coronakrise helfen. https://www.spiegel.de/wirtschaft/unternehmen/corona-und-armed-angels-fair-fashion-hat-einen-vorteil-in-der-krise-a-ce48db62-0b80-4400-b25f-87a386665519. Zugegriffen: 28. Juli 2020

Marina Schmitz arbeitet als wissenschaftliche Mitarbeiterin und Dozentin am Center for Advanced Sustainable Management (CASM) der CBS International Business School in Köln. Sie lehrt in den Bereichen Sustainable Management, Asian Business und Intercultural Management. Ihre Forschungsschwerpunkte liegen in den Bereichen CSR in Schwellenländern, Implementierung von CSR sowie Nachhaltigkeit in der Hochschulbildung. Nach ihrem Studium der Betriebswirtschaftslehre und Sinologie an der Universität Trier arbeitete sie als wissenschaftliche Mitarbeiterin am Lehrstuhl für Personalmanagement mit Schwerpunkt China/Asien an der Universität Göttingen. Sie ist an verschiedenen praxisorientierten Forschungsprojekten beteiligt und engagiert sich in Netzwerken wie PRME, ESSSR und NBS, um verantwortungsvolles Management zu fördern. Darüber hinaus hat sie Erfahrung in Beratungsprojekten, die sich mit der Transformation von Geschäftsmodellen hin zu mehr Nachhaltigkeit beschäftigen.

Silvia Damme arbeitet als Projektmanagerin und wissenschaftliche Mitarbeiterin am Center for Advanced Sustainable Management (CASM) der CBS International Business School in Köln. Hier fokussiert sich ihre Arbeit momentan auf die Entwicklung innovativer Lehrformate im Kontext der Integration von Nachhaltigkeit in die Managementlehre. Zudem betreut sie interne Projekte zur Implementierung von Nachhaltigkeit in der Hochschule und lehrt in den Bereichen CSR und Interkulturelles Management. Sie verfügt zudem über umfangreiche Erfahrung in der Konzeption und Organisation von Konferenz- und Dialogformaten im Bereich Nachhaltigkeit und Klimaschutz sowie in der Nachhaltigkeitsberatung und -kommunikation und dem Management von Veränderungsprozessen in KMU. Sie hat einen Masterabschluss in „International Business and Sustainability" der Universität Hamburg und absolvierte ihr Bachelorstudium „Kultur und Wirtschaft: Anglistik/BWL" an der Universität Mannheim.

Juliane Lohmann absolvierte an der CBS International Business School ihren Master des General Managements. Ihren Schwerpunkt legte sie dabei auf den Bereich des Marketings und untersuchte innerhalb ihrer Masterarbeit auch die Darstellung und Wahrnehmung von Gender in der Modebranche. Sie arbeitete als studentische Hilfskraft für Frau Marina Schmitz am Center for Advanced Sustainable Management (CASM). Ihren Bachelor absolvierte sie in Vergleichender Kulturwissenschaft und Medienwissenschaft an der Universität Regensburg. Ein besonderer Fokus lag dabei auf der Untersuchung und Entwicklung von Unternehmenskulturen.

Impulse und Fallbeispiele aus Wissenschaft, Forschung und Beratung

Nachhaltigkeit im deutschen Mittelstand – Ergebnisse einer Studie

Gregor Weber und Miriam Weber

Den Unternehmen kommt eine zentrale gesellschaftliche Bedeutung zu, die „das Übliche", wie Produkte und Dienstleistungen, Einhaltung der Gesetze und Vorschriften oder ihren Beitrag zur Volkswirtschaft über ihr Engagement am Arbeitsmarkt oder über Steuern und Abgaben, übersteigt. Unternehmerisches Handeln hat vielfältige Auswirkungen auf Umwelt und Gesellschaft: Klimawandel, Feinstaubbelastung, Kultur, Werte, Integration und Infrastruktur, um nur einige zu nennen. Unternehmen nehmen folglich eine zentrale Rolle in unserer Gesellschaft ein. Zusätzlich wirken allgemeine Trends wie Digitalisierung und Globalisierung auf die Gesellschaft und Unternehmen ein. Dies alles geschieht mit einer hohen Dynamik und führt zu einer zunehmenden Komplexität der Herausforderungen für alle Beteiligten. Um diese Herausforderungen als Staatengemeinschaft der Erde gemeinsam anzugehen, haben die United Nations (UN) im Jahre 2015 die sogenannten Sustainable Development Goals (SDGs), in Deutschland auch die „17 Ziele" genannt, vereinbart.

Daraus resultieren die Themen Nachhaltigkeit und Effizienz (u. a. Energie-, Material- und Prozesseffizienz) zusammen mit einer zukunftsorientierten Führungs- und Unternehmenskultur als Kernthemen für zukunftsorientiertes Wirtschaften in Unternehmen und Organisationen. Recherchiert man in den Medien, dann scheinen diese Herausforderungen jedoch noch nicht von allen Unternehmen vollständig realisiert zu werden. Ob das tatsächlich so ist und, falls ja, in welchem Ausmaß, wurde bislang noch nicht kombiniert untersucht.

G. Weber (✉) · M. Weber
Breunigweiler, Deutschland
E-Mail: gregor.weber@ecoistics.institute

M. Weber
E-Mail: info@ecoistics.institute

© Springer-Verlag GmbH Deutschland, ein Teil von Springer Nature 2021
M. Schmitz (Hrsg.), *CSR im Mittelstand,* Management-Reihe Corporate Social
Responsibility, https://doi.org/10.1007/978-3-662-61957-5_2

Um auf diese Fragen Antworten zu finden und diese den Behörden wie der Öffentlichkeit zur Verfügung zu stellen, initiierten wir diese Studie.

Wer ist „wir"? Die Durchführung dieser Studie wäre ohne die Unterstützung wichtiger und kompetenter Partner nicht möglich gewesen. Bei diesen darf ich mich an dieser Stelle herzlich bedanken:

Zum einen bei allen Mitwirkenden und dem wissenschaftlichen Beirat.

Zum anderen bei den Unterstützern der Entwicklung angemessener und zielführender Fragen sowie der Fokussierung auf die Kernthemen.

Um die Reichweite der Umfrage über unseren eigenen Verteiler hinaus zu erhöhen, haben uns ausgewählte Organisationen bei Kommunikation, Verteilung und Unternehmensansprache unterstützt.

Details zu den vorgenannten Gruppen finden Sie detailliert in der Gesamtstudie, die für alle Interessierten kostenfrei auf www.ecoistics.institute zur Verfügung steht.

Für den Beitrag in diesem Buch haben wir uns themenbezogen auf die auszugsweise Darstellung der Studie zum Thema Nachhaltigkeit/CSR fokussiert.

Executive Summary

In Zeiten des Klimawandels und anderen Herausforderungen rücken die Themen Energieeffizienz und Nachhaltigkeit immer stärker in den Fokus von Unternehmen und Gesellschaft. In der vorliegenden Studie wurden die Rückmeldungen von 869 Unternehmensvertretern analysiert. Der Großteil der Teilnehmer kam aus dem Kreis der kleinen und mittleren Unternehmen und stufte die untersuchten Bereiche Energieeffizienz, Ressourceneffizienz, Klimamanagement und Nachhaltigkeit als wichtig bis sehr wichtig ein.

Die Ergebnisse weisen stark darauf hin, dass aktuell ein großes Bewusstsein für die KMU in Bezug auf die Umfrage-Stellungen (im weiteren Sinne Nachhaltigkeit) entsteht. Viele Unternehmen sind bereit hier zu investieren, sind aber zurückhaltend, weil Kenntnisse zum Thema noch nicht weit genug durchdrungen sind und Beratungsstellen/ Möglichkeiten zum Kompetenzerwerb weitgehend unbekannt sind. Hinzu kommt eine Unsicherheit bzw. Unkenntnis über Förderprogramme.

Eine Steigerung der Energieeffizienzbestrebungen kann durch verbesserte Transparenz und Information/Kommunikation zu Beratungs- und Förderungsprogrammen stark unterstützt werden.

Sichtbar werden Unterschiede in den einzelnen Bereichen. So kann das aktuell überall diskutierte Thema Energieeffizienz als Hebel für alle Bereiche der Nachhaltigkeit dienen. Einige Branchen wie Industrie bzw. Handel nehmen dabei unterschiedliche Blickwinkel ein.

Das Thema Nachhaltigkeitsberichterstattung wird vom Großteil der Unternehmensvertreter als wichtig eingestuft. Insbesondere liegen die Potenziale für die Unternehmen darin, deutlich als Innovationstreiber wahrgenommen zu werden, sich attraktiv am

Arbeitsmarkt zu positionieren und von Wettbewerbsvorteilen zu profitieren. Nachhaltigkeit wird demnach als wichtiges Element zur Zukunftssicherung verstanden. Allerdings steht das Thema Nachhaltigkeit noch „am Anfang".

1   Einleitung

Bereits 1713 wurde der Begriff der Nachhaltigkeit durch Carl von Carlowitz[1] in seiner Schrift *Sylvicultura oeconomica* erstmals schriftlich erwähnt; er beschreibt darin seine Erfahrungen und die Erkenntnisse aus der naturgemäßen Baumzucht. Kurz könnte man es so formulieren: Schlage nie mehr Bäume als wieder nachwachsen können, sonst zerstörst du deine Ressourcengrundlage. Einige Jahrzehnte später (1987) definierte die Brundtland-Kommission[2] das Thema Nachhaltigkeit als Generationenprinzip: „Nicht heute auf Kosten von morgen und den zukünftigen Generationen leben." Nachhaltige Entwicklung wurde im Folgenden ein Synonym für die Vereinbarkeit von Umweltschutz, sozialer Stabilität sowie wirtschaftlicher Prosperität und 1992 durch die Vereinten Nationen im Rahmen der sog. Agenda 21 in ein gesellschaftspolitisches Leitbild überführt.

1997 führte Elkington das Drei-Säulen- oder „3-P"-Modell[3] ein: Ökonomie (Profit), Ökologie (Planet), Gesellschaft (People), das Weber[4] um ein viertes P (Person) ergänzte. Webers Ansatz der Zukunftsfähigkeit basiert darauf, dass letztendlich jede einzelne Person eine Verantwortung für sich selbst, dem Planeten und seinem Umfeld gegenüber hat. Nimmt diese Person (also jeder von uns) diese Verantwortung bewusst wahr, dann ist allen vorgenannten Definitionen Rechnung getragen; schließlich bestehen Gesellschaft und Unternehmen aus Personen, also Individuen, Charakteren, Menschen. Wichtige Elemente dieser Verantwortung liegen im Bereich Ressourceneffizienz (Material, Energie etc.), aber auch in den gesellschaftlichen Fragestellungen der Zukunftsfähigkeit.

Parallel zum fortschreitenden Einzug auf die internationale Tagesordnung wurde Nachhaltigkeit als Begriff, Konzept, Leitbild und Zielsystem auch Schritt für Schritt in den wirtschaftlichen Diskurs übertragen. Mit den SDGs wurde dabei ein neues Kapitel aufgeschlagen. Während Nachhaltigkeit bislang von Unternehmen überwiegend als Risiko- und Reputationsfaktor betrachtet wurde, nehmen Vorreiter das Thema vermehrt auch als Chancen- und Innovationstreiber wahr. Auf dieser Basis hat die Weltgemeinschaft 2015 eine neue Agenda bis 2030 beschlossen, mit 17 übergeordneten nachhaltigen Entwicklungszielen und insgesamt 169 Unterzielen – den Sustainable Development Goals (SDGs).

---

[1]Carlowitz-Gesellschaft (2019).

[2]BMZ (2019).

[3]Lexikon der Nachhaltigkeit (2019).

[4]Weber (2018).

Die jährliche Berichterstattung zu solchen Nachhaltigkeitsthemen ist mit der Einführung des CSR-RUG (Corporate Social Responsibility-Richtlinie-Umsetzungsgesetz)[5] in Deutschland seit 2017 für bestimmte Großunternehmen gesetzliche Pflicht, bei Nichterfüllung drohen empfindliche Bußgelder. Aber auch für durch das Gesetz nicht direkt betroffene Unternehmen ist das Thema Nachhaltigkeit damit Programm geworden, sind sie doch meist Teil der Lieferkette eines berichtspflichtigen Unternehmens, welches entsprechende Angaben von ihnen fordert.

Mit Blick auf den viel diskutierten Klimawandel kommt dem Thema Energieeffizienz eine besonders tragende Rolle zu. Auf der 18. Jahreskonferenz des Rates für Nachhaltige Entwicklung (RNE) der Bundesregierung am 04. Juni 2018 in Berlin wurde dies nochmals mehr als deutlich. Helen Clark (Leiterin der internationalen Expertengruppe, ehemalige neuseeländische Premierministerin und frühere Leiterin des UN-Entwicklungsprogramms UNDP) überreichte dort den Bericht des internationalen Expertengutachtens (peer review 2018) zur deutschen Nachhaltigkeitspolitik an Frau Bundeskanzlerin Dr. Angela Merkel. In ihrer Rede hob sie den Handlungsbedarf deutscher Unternehmen im Bereich Energieeffizienz hervor[6] und unterstrich denselben in ihrer Video-Neujahrsansprache zum Jahreswechsel 2019/2020.

In unserer Studie haben wir daher beide Bereiche untersucht: Nachhaltigkeit und Energieeffizienz. Teil 1 der Studie berichtet über die allgemeinen strukturellen Daten der teilnehmenden Unternehmen (Größe, Alter, Umsatz, Bundesland etc.). Teil 2 enthält allgemeine Fragen zu den Bereichen Energie- und Ressourceneffizienz, Klimamanagement, Nachhaltigkeit etc. Die Themen Energieeffizienz und -audits (nicht in diesem Beitrag enthalten) sowie Nachhaltigkeit/CSR werden in den Teilen 3 respektive 4 zusätzlich detailliert untersucht. Im letzten Kapitel werden mögliche Lösungsansätze zu diversen Fragestellungen der Unternehmen in Kontext des *ecoistics.EffNaNet*-Projektes aufgezeigt. Die Studie und weitere Details können sich Interessierte unter www.ecoistics. institute kostenfrei herunterladen.

Für den Beitrag in diesem Buch haben wir uns themenbezogen auf die auszugsweise Darstellung zum Thema Nachhaltigkeit/CSR fokussiert.

2   Ergebnisse der Studie

2.1   Strukturen der teilnehmenden Unternehmen

Die Aufteilung der 869 Antworten in die einzelnen Branchen ist in Abb. 1 dargestellt. Während die Sektoren Handel und Bau mit je knapp 4 % der teilnehmenden Unternehmen repräsentiert sind, ist die Industrie mit 17 % vertreten. Die Dienst-

---

[5]Bundestag (2018).
[6]RNE (2018).

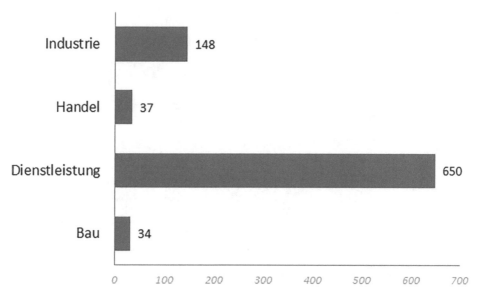

Abb. 1 Branchenverteilung der teilnehmenden Unternehmen

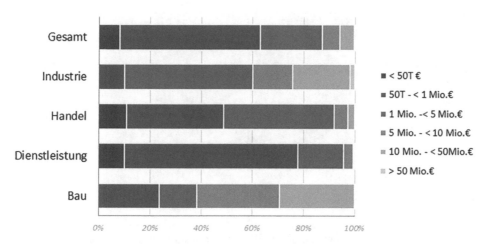

Abb. 2 Branchenverteilung und Umsatz der teilnehmenden Unternehmen

leistungsbranche dominiert mit knapp 75 % die Gruppe der teilnehmenden Unternehmen.

Über 90 % der Unternehmen geben einen Umsatz von kleiner als 50 Mio. EUR im Jahr an, fallen also bezüglich Umsatz in die vorgenannte Definition der Europäischen Union eines KMU, die restlichen knapp 10 % sind demnach Nicht-KMU (Abb. 2). In den Branchen Bau und Industrie sind diese Anteile mit je etwa 75 % geringer, als bei Handels- und Dienstleitungsbranchen mit je fast 100 %. Während der Anteil von

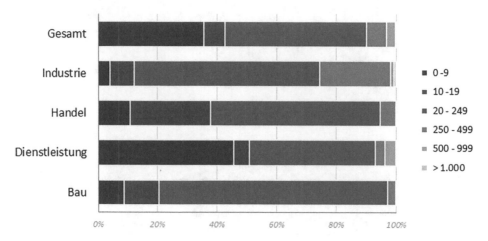

Abb. 3 Branchenverteilung und Mitarbeiterzahl der teilnehmenden Unternehmen

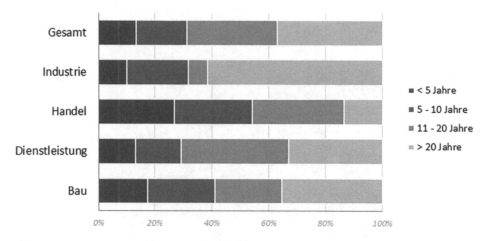

Abb. 4 Branchenverteilung und Alter der teilnehmenden Unternehmen

Kleinstunternehmen (kleiner 50.000 EUR Jahresumsatz) in den Branchen Industrie und Bau nicht vorhanden ist, sind diese bei Handel und Dienstleistung mit je gut 10 % repräsentiert. Den größten Anteil stellen, dominiert von der Dienstleistungsbranche, Unternehmen mit einem Jahresumsatz zwischen 50.000 und 1 Mio. EUR dar.

Mit Blick auf die Unternehmensgröße nach Mitarbeiterzahl entsprechen etwa 90 % der teilnehmenden Unternehmen der KMU-Definition für kleine und mittlere Unternehmen der EU (Abb. 3). Hierbei dominieren Mitarbeiterzahlen von „0–9" (knapp 40 %) und „20–249" mit etwa 50 % der teilnehmenden Unternehmen.

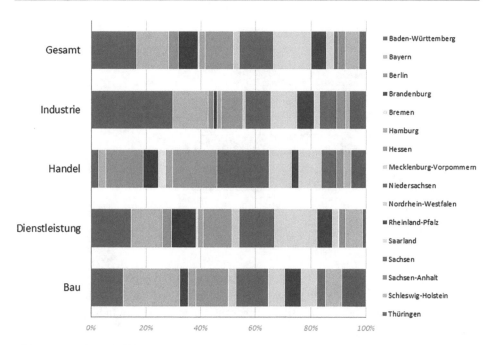

Abb. 5 Branchenverteilung nach Bundesland

Während Mitarbeiterzahlen von „20–249" die Branchen Bau, Handel und Industrie dominieren, ist diese Gruppe beim Dienstleistungsbereich in etwa gleich groß wie die Gruppe „0–9" Mitarbeiter.

Fassen wir die Kriterien Jahresumsatz und Mitarbeiterzahl zusammen, stellen wir abschließend fest, dass die an der Umfrage teilnehmenden Unternehmen zu 90 % die Gruppe der KMU repräsentieren.

Fast 40 % der teilnehmenden Unternehmen existieren bereits über 20 Jahre, weitere fast 30 % sind zwischen 11 und 20 Jahre, etwa 20 % sind 5 bis 10 Jahre alt (Abb. 4).

Damit sind etwa 85 % der teilnehmenden Unternehmen über das sogenannte „kritische Gründungsalter" von fünf Jahren hinaus.[7] Industrieunternehmen weisen hierbei ein deutlich höheres Alter auf als Bau- und Dienstleistungsunternehmen. Beim Handel liegt der größte Anteil (über 25 %) bei jungen Unternehmen (jünger als fünf Jahre).

---

[7]Dier ersten fünf Jahre nach Gründung sind die sogenannten „kritischen Jahre" für Unternehmen, danach können sie als „gefestigt" und „im Markt etabliert" bezeichnet werden; die Gefahr der Insolvenz ist meist gebannt; siehe auch https://www.destatis.de/DE/Publikationen/WirtschaftStatistik/UnternehmenGewerbeanzeigen/Unternehmensdemografie_62013.pdf?__blob=publicationFile, Zugriff am 29.07.2018.

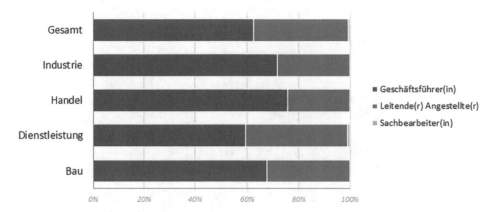

Abb. 6 Funktion der Antwortenden nach Branche

Blickt man auf die Herkunft der teilnehmenden Unternehmen, stellt man Konzentrationen in Baden-Württemberg, Bayern, Hessen, Niedersachen und Nordrhein-Westfalen fest (Abb. 5). Hierbei sind Branchenschwerpunkte bei Industrie, Bau und Dienstleistung bei teilnehmenden Unternehmen in Baden-Württemberg und Bayern festzustellen, während der Handelssektor unter den teilnehmenden Unternehmen aus Berlin, Hamburg und Hessen stärker repräsentiert ist.

Die antwortenden Personen haben sich zu mehr als 60 % als Geschäftsführer und über 35 % als leitender Angestellter eingeordnet (Abb. 6). Der Anteil an Sachbearbeitern lag absolut bei sechs Personen, ist prozentual also vernachlässigbar.

In den Branchen Handel und Industrie lag der Anteil der Geschäftsführer deutlich, im Bereich Bau leicht über den oben genannten Durchschnittswerten. Im Dienstleistungssektor lag der Anteil der Geschäftsführer leicht unter dem Durchschnitt.

Zusammenfassend ist festzustellen, dass etwa 90 % der teilnehmenden Unternehmen KMU (nach der Definition der Europäischen Union) und zu 85 % älter als fünf Jahre sind. Unternehmen aus den Bundesländern Baden-Württemberg, Bayern, Hessen, Niedersachsen und Nordrhein-Westfalen sind verhältnismäßig stärker repräsentiert als aus den übrigen Bundesländern. Die Umfrage wurde nahezu ausschließlich (über 95 %) von Geschäftsführern und leitenden Angestellten beantwortet.

2.2   Allgemeine Fragen zu den Bereichen Energie- und Ressourceneffizienz, Klimamanagement, Nachhaltigkeit etc.

Dieser Teil der Umfrage umfasst Fragen zu den Bereichen Energieeffizienz, Ressourceneffizienz (mit Bezug auf Nutzung von Material, Wasser etc.), CSR/Nachhaltigkeit, Ökologie- und Umweltstandards sowie der Emissionen von Treibhausgasen.

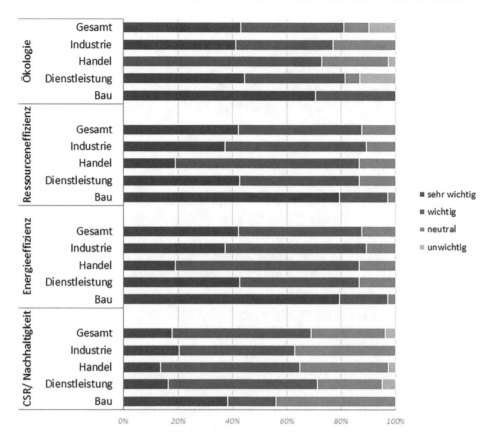

Abb. 7 Wichtigkeit verschiedener Bereiche nach Branche

Gefragt nach der Wichtigkeit dieser Sektoren für die Unternehmen wurde Energie-effizienz von fast 90 % der Teilnehmer als am wichtigsten bewertet (sehr wichtig, wichtig), gefolgt von Ökologie mit 80 % und Ressourceneffizienz und Nachhaltigkeit mit je 70 % bis sehr wichtig (Abb. 7). Auffällig ist im Vergleich der Sektoren der hohe Anteil der „Sehr-wichtig"-Bewertung von Energieeffizienz (80 %) und Ökologie (70 %) im Bausektor; dies ist nachvollziehbar, da der Gesetzgeber die Themen Energieeffizienz und Ökologie im Bausektor maßgeblich definiert. Der Bereich Handel stuft den Ein-fluss aller vier Sektoren am schwächsten ein, beim Thema Ökologie hat hier kein Unter-nehmen mit „sehr wichtig" gewertet. Zusammengefasst wurden alle vier Sektoren von den teilnehmenden Unternehmen mit 70 % bis fast 90 % mehrheitlich als wichtig bis sehr wichtig eingeschätzt.

Betrachtet man nun die Ausgaben, welche die teilnehmenden Unternehmen für die vorgenannten Bereiche tätigen, überwiegen Jahresausgaben bis zu 10.000 EUR, gefolgt von einem Budget von bis zu 50.000 EUR (Abb. 8). Im Handelssektor sind die Auf-wendungen insgesamt auffallend gering – bei Ressourceneffizienz dominieren fast 60 %

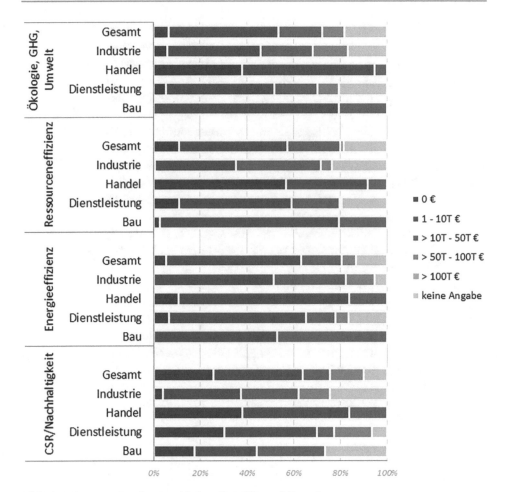

Abb. 8 Jahresausgaben für verschiedene Bereiche nach Branche

und je fast 40 % bei Ökologie und Nachhaltigkeit keinerlei Ausgaben. Festzuhalten ist noch, dass einige Unternehmen keine Angaben zu ihren Ausgaben in verschiedenen Bereichen gemacht haben.

Die Unternehmen wurden ebenso nach dem Einsatz verschiedener themenrelevanter Managementsysteme befragt. Darunter waren Systeme für das Energiemanagement, Ressourcenmanagement, Umweltmanagement, Nachhaltigkeitsmanagement, Klimamanagement sowie integrierte Managementsysteme sowie Klimamanagement (Abb. 9). Auffallend ist, dass über 50 % der teilnehmenden Unternehmen Systeme dieser Art nicht kennen oder nicht nutzen bzw. deren Einsatz planen.

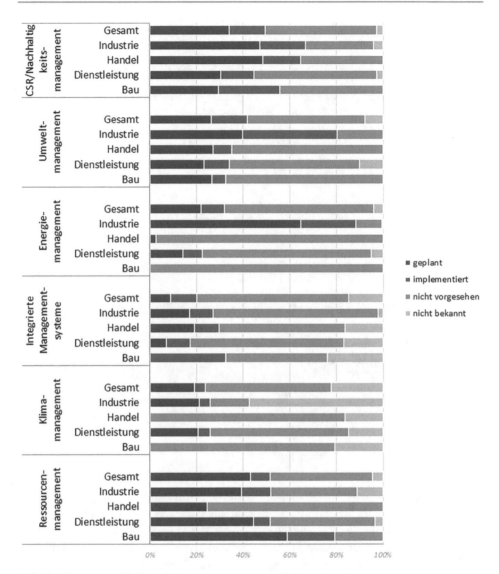

Abb. 9 Einsatz verschiedener Managementsysteme nach Branche

Mit Blick auf den Umstand, dass der Großteil der Unternehmen der KMU-Gruppe zuzuordnen ist, verwundert dieses Ergebnis jedoch nicht. Für diese Gruppe wird berichtet, dass sie im Einsatz solcher Systeme mehrheitlich keinen erkennbaren Nutzen, jedoch hohe Kosten sehen[8], was wissenschaftlich noch zu belegen ist.

---

[8]Erkenntnisse aus den Erfahrungen der Mitgliedern des Deutschen Energieberater Netzwerks (DEN) e. V.

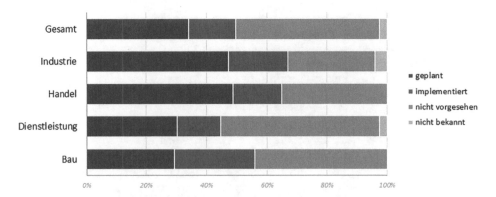

Abb. 10 Einsatz von Energieaudits/Energieberatung Mittelstand nach Branche

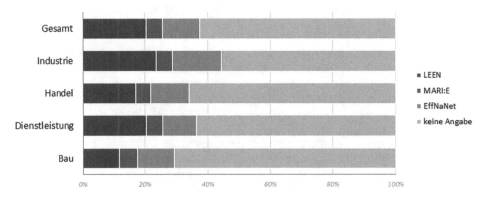

Abb. 11 Bekanntheit verschiedener Netzwerke nach Branche

Energiemanagement ist hauptsächlich im Industriesektor im Einsatz. Erklären lässt sich dies dadurch, dass hier überwiegend verarbeitendes Gewerbe mit hohen Energie-verbräuchen (und -kosten) zu finden ist, die mittels Energiemanagementsystemen identifiziert und reduziert werden können. Zum anderen ist der zertifizierte Einsatz von Energiemanagement eine Voraussetzung, um in den Genuss von Steuereinsparungen zu kommen.[9] Im Bereich des Umweltmanagements finden sich die meisten Planungen ebenfalls im Industriesektor.

Über alle Branchen hinweg ist erkennbar, dass die meisten der betrachteten Managementsysteme bei einem hohen Prozentsatz der Betriebe in Planung sind. Im Gesamtbild zeigen integrierte Managementsysteme und Klimamanagement im Vergleich Nachholbedarf, beide mit einem hohen Grad an „nicht bekannt" oder „nicht vorgesehen".

---

[9]Vgl. u. a. Stromsteuergesetz, https://www.gesetze-im-internet.de/stromstg/BJNR037810999.html.

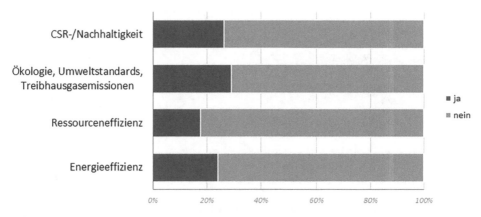

Abb. 12 Verfügbarkeit von nach Bereich geschultem Personal

Blickt man auf den Einsatz von Energieaudits/Energieberatungen (etwa 25 %) in Abb. 10, ist ein ähnliches Bild erkennbar wie beim Einsatz von Energiemanagementsystemen. Zudem bestätigen die Daten die Angaben des vorgenannten Grünbuchs Energieeffizienz des Bundesministeriums für Wirtschaft und Energie, nach dem etwa 75 % der kleinen und mittleren Unternehmen die mit bis zu 80 % der Beratungskosten geförderte Energieberatung Mittelstand nicht in Anspruch nehmen. Die Industriebranche ist hier den anderen Branchen weit voraus. Warum dies so ist, haben wir mit einer späteren Frage untersucht.

Lernerfolge in Gruppen sind schneller und höher zu erreichen als im Alleingang. Ein Grund hierfür sind Gruppendynamik und Gruppendruck, die zum einen die Motivation fördern, sich selbst höhere Ziele zu setzen (man will ja mithalten), zum anderen lernt man zusätzlich von den anderen Gruppenteilnehmern; dieses Konzept verfolgen auch Effizienznetzwerke.[10] Gefragt, ob sie die Netzwerke LEEN, MARI:E und EffNaNet kennen, haben im Durchschnitt 20 % der teilnehmenden Unternehmen das LEEN-Netzwerk genannt, gefolgt von EffNaNet (15 %) und MARI:E (5 %), wobei der Industriesektor auch hier wieder leicht vorne liegt (Abb. 11). Erläuterungen zu den Netzwerken finden Sie in einem folgenden Kapitel.

Auf die Frage nach vorhandenem geschultem Personal für die Bereiche Nachhaltigkeit, Ökologie, Ressourcen- und Energieeffizienz gaben zwischen 18 und 27 % der teilnehmenden Unternehmen an, über in den entsprechenden Bereichen geschultes Personal zu verfügen (Abb. 12).

Mit Blick auf die vorgenannten Angaben zur Wichtigkeit dieser Themen in den Unternehmen weist dieses Ergebnis auf einen erhöhten Schulungs- und Fachkräftebedarf hin (siehe ergänzend auch die Folgefrage im nächsten Kapitel).

---

[10]Vgl. Initiative Energieeffizienznetzwerke, http://www.effizienznetzwerke.org/.

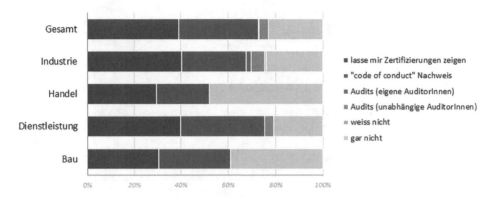

Abb. 13 Durchführung von Lieferantenprüfung zu Nachhaltigkeit nach Branche

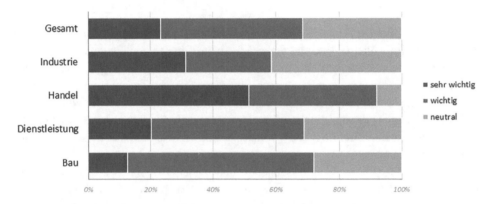

Abb. 14 Wichtigkeit von Nachhaltigkeitssiegeln nach Branche

Zusammenfassend ist festzustellen, dass die Unternehmen die Bereiche Energie-effizienz, Ressourceneffizienz (mit Bezug auf Nutzung von Material, Wasser etc.), CSR/Nachhaltigkeit, Ökologie- und Umweltstandards sowie der Emissionen von Treibhaus-gasen durchwegs als wichtig bis sehr wichtig einstufen. Auffallend ist in diesem Kontext, dass die Ausgaben für Aktivitäten in diesen Bereichen trotz der angegebenen Wichtigkeit eher moderat bleiben.

2.3   Fokusfragen zu Nachhaltigkeit und CSR

Wie zuvor festgestellt, gaben fast 70 % der teilnehmenden Unternehmen an, dass ihnen das Thema CSR/Nachhaltigkeit wichtig bis sehr wichtig ist. Ein wichtiger Bestandteil einer unternehmerischen Nachhaltigkeitsstrategie ist die Lieferkette, die Supply Chain. Um als Unternehmen authentisch über seine Nachhaltigkeitsaktivitäten berichten zu

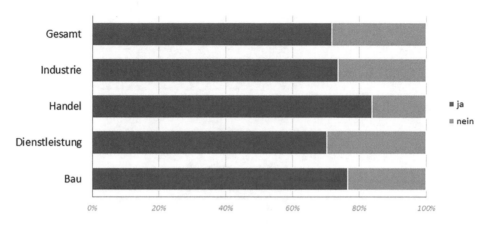

Abb. 15 Positiver Einfluss von Nachhaltigkeitsaktivitäten auf monetären Erfolg des Unternehmens nach Branche

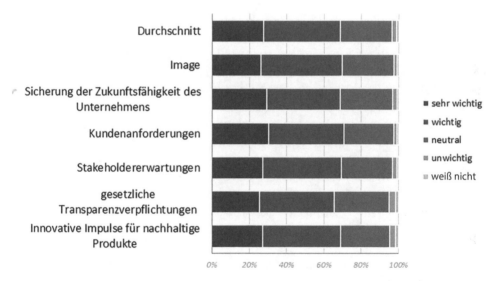

Abb. 16 Einschätzung der Wichtigkeit verschiedener Motivatoren für Nachhaltigkeitsaktivitäten

können, ist die Lieferkette zwingend einzuschließen. Die Unternehmen gehen bei der Überprüfung der Lieferantenangaben dabei unterschiedlich vor (Abb. 13). Fast 40 % der teilnehmenden Unternehmen lassen sich entsprechende Zertifizierungen ihrer Lieferanten vorlegen. Die Sektoren Handel und Bau liegen mit je etwa 30 % leicht darunter. Über 35 % berufen sich auf den „Code of Conduct" ihrer Lieferanten. Etwa 4 % gaben an, Audits durch unabhängige Auditoren durchführen zu lassen; dies geschieht hauptsächlich in den Sektoren Industrie und Dienstleistung. 23 % der Unter-

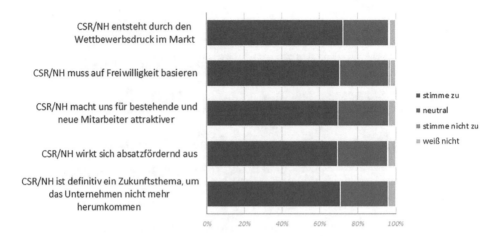

Abb. 17   Bewertung verschiedener Aussagen zu CSR/Nachhaltigkeit

nehmen überprüfen ihre Lieferanten gar nicht, dominiert von den Sektoren Handel (fast 50 %) und Bau (knapp 40 %).

Nachhaltigkeitssiegel halten knapp 60 % der Unternehmen für wichtig bis sehr wichtig; mit über 90 % liegt der Handel hier weit über dem Durchschnitt, was durch die zunehmende Präsenz und Wichtigkeit solcher Siegel für den Verbraucher erklärt werden kann.

32 % sehen die Bedeutung von Nachhaltigkeitssiegeln neutral und 18 % messen ihnen keine Bedeutung bei (Abb. 14). Vom positiven Einfluss von Nachhaltigkeitsaktivitäten auf den monetären Erfolg des Unternehmens sind 72 % der befragten Unternehmen überzeugt (Abb. 15). In der Handelsbranche sind es sogar 84 %.

Die Unternehmen wurden auch um ihre Einschätzung bezüglich der Wichtigkeit diverser Motivatoren für Nachhaltigkeitsaktivitäten befragt, diese waren:

- Image
- Sicherung der Zukunftsfähigkeit des Unternehmens
- Kundenanforderungen
- Stakeholder-Erwartungen
- Gesetzliche Transparenzverpflichtungen
- Innovative Impulse für nachhaltige Produkte

Die Auswertung ergibt ein fast einheitliches Bild (Abb. 16). Durchschnittlich knapp 27 % gaben für alle Faktoren eine sehr hohe Wichtigkeit an.

Bei leichter Dominanz der Faktoren Kundenanforderungen und Sicherung der Zukunftsfähigkeit des Unternehmens, etwa 40 % der Unternehmen, stufen alle Faktoren noch als wichtig. Das zeigt eine hohe Motivation in den genannten Bereichen. Lediglich 2 % bewerten die genannten Motivatoren als unwichtig.

Bei der letzten Frage wurden die Unternehmen um ihre Einschätzung verschiedener Aussagen zu CSR/Nachhaltigkeit gebeten, die durchschnittlich von 70 % der Unternehmen bejaht wurden (Abb. 17).

Demnach sollte Nachhaltigkeit auf Freiwilligkeit beruhen und durch Eigenkräfte im Markt entstehen. Unterstützt werden diese Punkte durch die absatzfördernde Wirkung und Attraktivitätssteigerung für Mitarbeiter; Letzteres ist sicher ein Pluspunkt im Kontext der aktuellen Diskussion um den Fachkräftemangel. Zusammengefasst wird dies bestätigt durch die Aussage, dass CSR/Nachhaltigkeit ein Thema ist, um das Unternehmen künftig nicht mehr herumkommen werden.

Insgesamt wurde festgestellt, dass Zertifizierungen und Siegel in den Branchen aus unterschiedlichen Blickwinkeln betrachtet werden. Hier sticht der Handel hervor, der sich selbst weniger in einer aktiven Rolle sieht; die von ihm vertriebenen Produkte sollen aber durchaus die Anforderungen erfüllen – hier sieht der Handel demnach die Hersteller der Verkaufsprodukte in der Pflicht. Die zukünftige Bedeutung von Nachhaltigkeit wurde für den (monetären) Erfolg der Unternehmen als wichtig bis sehr wichtig bewertet. Es sind Hinweise sichtbar, dass Nachhaltigkeit (mit Belegen und Siegeln) ein „Marktargument" bzw. ein „Erfolgsfaktor" wird. Potenziale zeigen sich aus der Nachhaltigkeit für die Innovations- und Zukunftsfähigkeit, wobei dann die gesetzlichen Rahmenbedingungen und Markt- bzw. Investorenanforderungen zu erfüllen sind. Klar wird, dass CSR und Nachhaltigkeit auf freien Marktmechanismen beruhen sollten. Die Treiber sind dann Absatzsteigerung/Wettbewerbsfähigkeit und Attraktivitätssteigerung für Mitarbeiter (Stichwort Fachkräfte, Mitarbeiterloyalität).

3 Energieeffizienz- und Nachhaltigkeitsnetzwerke

Ein Energieeffizienznetzwerk ist ein systematischer, zielgerichteter und unbürokratischer Erfahrungs- und Ideenaustausch von in der Regel 8 bis 15, mindestens jedoch fünf Unternehmen oder Unternehmensstandorten über, in der Regel, zwei bis drei Jahre zur gemeinsamen Steigerung der Energieeffizienz. Ziel der Netzwerke ist es, dass die Unternehmen dauerhaft eine deutliche Steigerung der Energieeffizienz und damit potenziell eine spürbare Senkung der Energiekosten erreichen. Erfahrungen aus bisherigen Netzwerken zeigen, dass die teilnehmenden Unternehmen ihre Effizienz meist doppelt so schnell steigern konnten wie nicht in Netzwerken organisierte Organisationen.

Beispiel für Energieeffizienznetzwerke sind die Lernenden Energieeffizienz-Netzwerke (LEEN), die sich für größere Unternehmen eignen oder auch die Mari:e-Netzwerke, ein LEEN-Kompakt-System für kleinere Betriebe (bis zu 500.000 EUR Energiekosten pro Jahr).

Ein weiteres Beispiel ist das EffNaNet-Konzept, bei dem zu den oben genannten Komponenten zusätzlich u. a. Nachhaltigkeitsthemen und Schulungsmaßnahmen integriert sind.

Zum Konzept solcher Netzwerke und wie Unternehmen davon profitieren, finden Sie in diesem Buch einen weiteren Beitrag mit konkreten Praxisberichten.

Links:

- www.leen.de
- www.machts-effizent.de
- www.EffNaNet.de (Details und Erklärvideo)
- Fachbeitrag im Entscheider Magazin „forum – nachhaltig wirtschaften" https://www.forum-csr.net/downloads/FNW_2018_02-03_EffNaNet.pdf

4   Schlussfolgerungen und Fazit

Etwa 90 % der teilnehmenden Unternehmen fällt in die Gruppe der KMU (Definition der Europäischen Union) und ist mit 85 % zum Großteil älter als fünf Jahre. Die teilnehmenden Unternehmen kommen im Durchschnitt verstärkt aus den Bundesländern Baden-Württemberg, Bayern, Hessen, Niedersachsen und Nordrhein-Westfalen. Es ist an der Anzahl und der Struktur der Rückmeldungen zu sehen, dass dem Umfragethema eine signifikante Bedeutung zugemessen wird und die Entscheidungsträger bzw. Eigentümer bei den KMU für das Thema sensibilisiert sind.

Die Unternehmen schätzen alle vier Bereiche Energieeffizienz, Ressourceneffizienz, Klimamanagement und Nachhaltigkeit als wichtig bis sehr wichtig ein.

Obwohl die vorherigen Schlussfolgerungen die Wichtigkeit der Umfragethemen für die teilnehmenden Unternehmen hervorheben, sind die Ausgaben für die entsprechenden Themen eher moderat. Der Handelssektor sticht insbesondere oft mit der Summe „null" Euro hervor. Teilweise (25 %) werden hier auch keine Angaben zu den Aufwänden gemacht.

Effizienz- und Nachhaltigkeitsnetzwerke sind den meisten Unternehmen nicht bekannt.

Einhergehend mit den vorherigen Ergebnissen zeigt die Verfügbarkeit von geschultem Personal logisch konsequent eine hohe Korrelation. Daraus ist der Hinweis aus erhöhtem Schulungs- und Fachkräftebedarf sichtbar.

Das Thema CSR/Nachhaltigkeit ist etwa 70 % der teilnehmenden Unternehmen wichtig bis sehr wichtig, was sich auch im hohen Anteil von Lieferantenüberprüfungen widerspiegelt. Auch sind fast 60 % der Unternehmen davon überzeugt, dass Nachhaltigkeitssiegel wichtig bis sehr wichtig sind, besonders ausgeprägt ist dies im Handelssektor.

Dass Nachhaltigkeit auch ökonomische Vorteile bringt und sich positiv auf den monetären Erfolg auswirkt, glaubt der Großteil der Unternehmen. Weitere Motivatoren, wie Imageverbesserung, Zukunftsfähigkeit des Unternehmens und andere werden von 67 % der Unternehmen als wichtig bis sehr wichtig eingestuft.

Aus den Einschätzungen zur Zertifizierung und zum Siegel sind die unterschiedlichen Blickwinkel der Branchen ersichtlich. Hier sticht der Handel hervor, der sich selbst weniger in einer aktiven Rolle sieht; die von ihm vertriebenen Produkte sollen aber durchaus die Anforderungen erfüllen – hier sieht der Handel demnach die Hersteller der Verkaufsprodukte in der Pflicht.

Demnach sollte Nachhaltigkeit auf Freiwilligkeit beruhen und durch Eigenkräfte im Markt entstehen. Die zunehmende Nachfrage nach nachhaltigen Produkten und Unternehmen wird so das Angebot im Markt mitbestimmen und mit Blick auf die aktuelle Diskussion um den Fachkräftemangel sind nachhaltige Arbeitgeber deutlich attraktiver im Arbeitsmarkt. Nachhaltigkeit wird demnach als klarer Wettbewerbsvorteil bewertet, bekräftigt durch die Einschätzung, dass CSR/Nachhaltigkeit ein Thema ist, das für Unternehmen künftig unvermeidbar ist.

Fazit 1: Die Ergebnisse weisen stark darauf hin, dass ein großes Bewusstsein für die KMU in Bezug auf Nachhaltigkeit entsteht. Viele Unternehmen zeigen Interesse, hier zu investieren, sind aber zurückhaltend, weil Kenntnisse zum Thema noch nicht weit genug durchdrungen sind und Beratungsstellen sowie Möglichkeiten zum Kompetenzerwerb weitgehend unbekannt sind. Hinzu kommt eine Unsicherheit bzw. Unkenntnis über Förderprogramme.

Fazit 2: Das Thema Nachhaltigkeitsberichterstattung wird vom Großteil der Unternehmensvertreter als wichtig eingestuft. Insbesondere liegen die Potenziale für die Unternehmen darin, deutlich als Innovationstreiber wahrgenommen zu werden, sich attraktiv am Arbeitsmarkt zu positionieren und von Wettbewerbsvorteilen zu profitieren. Nachhaltigkeit wird demnach als wichtiges Element zur Zukunftssicherung verstanden. Allerdings steht das Thema Nachhaltigkeit noch „am Anfang".

Literatur

Bundestag (2018) https://www.bundestag.de/dokumente/textarchiv/2017/kw10-de-berichtspflichten-unternehmen-csr/493972. Zugegriffen: 23. Juli 2018

BMZ (2019) https://www.bmz.de/de/ministerium/ziele/2030_agenda/historie/rio_plus20/index.html. Zugegriffen: 9. Jan. 2019

Carlowitz-Gesellschaft (2019) http://carlowitz-gesellschaft.de/. Zugegriffen: 9. Jan. 2019

Lexikon der Nachhaltigkeit (2019) https://www.nachhaltigkeit.info/artikel/1_3_b_triple_bottom_line_und_triple_top_line_1532.htm. Zugegriffen: 9. Jan. 2019

RNE (2018) https://www.nachhaltigkeitsrat.de/projekte/peer-review/. Zugegriffen: 23. Juli 2018

Weber (2018) Sustainability and energy management: research on innovative and responsible business practices for sustainable energy strategies of enterprises in relation with corporate social responsibility. In: Weber, Bodemann, Schmidpeter, research-series: Sustainable Management, Wertschöpfung und Effizienz, Spinger-Gabler, [ISBN 978-3-658-20221-7]

Dr. Gregor Weber berät, schult und begleitet Unternehmen in Sachen Zukunftsfähigkeit, das Thema, in dem er auch promoviert hat. Der Diplom-Wirtschaftsingenieur und Master of Science leitet die Forschungsstelle „Zukunftsfähigkeit" der *Diploma Hochschule* und ist als Senator im Vorsitz der Kommission „Sustainable Economy" des *Senats der Wirtschaft*. Er ist u. a. zertifizierter Cultural Transformation Tools Practitioner (Barrett Values Centre), zertifizierter Systemischer Coach und Organisationsentwickler, Prozessbegleiter und Auditor für zukunftsfähige Unternehmens-kultur (INQA) sowie Herausgeber der *Management-Reihe Organisationskompetenz Zukunftsfähigkeit* bei Springer Gabler. Als Gründer und Inhaber des *ecoistics.institute – the sustainability scouts* ist er weltweit im Einsatz. www.ecoistics.institute

Miriam Weber leitet die Nachhaltigkeitsinitiative *act-orange ... save our planet*, die u. a. Nachhaltigkeitsinitiativen und Ver-anstaltungen an Schulen entwickelt und durchführt. In ihrer Funktion im Vorstand der *Landesschüler*innenvertretung Rhein-land-Pfalz* arbeitet sie eng mit dem Landesbildungsministerium in Sachen Zukunftsfähigkeit an Schulen zusammen. Aktuell kandidiert sie für den Bundesvorstand des SV-Bildungswerks e.V., der sich für Demokraebildung, Schüler*innenvertretung, Nachhalgkeit und Umweltschutz einsetzt.

Ihre Schwerpunktthemen liegen im Bereich der gesellschaft-lichen/sozialen Säule der Nachhaltigkeit. In diesem Kontext unter-stützt sie das Team des *ecoistics.institute* bei wissenschaftlichen Studien und Veröffentlichungen.

Zukunftsorientierte Unternehmenskultur im Mittelstand

Elsa Pieper und Gregor Weber

1   Bedeutung und Notwendigkeit der Unternehmenskultur

Nachhaltigkeit ist ein Begriff, der inzwischen viele Interpretationen hat, daher möchten wir das Thema einmal etwas pragmatischer angehen, am Beispiel eines Hockers. Ein Hocker mit drei Beinen steht sehr stabil und man kann relativ bequem darauf sitzen, wenn er einigermaßen waagerecht steht. Sind die Beine unterschiedlich lang, so wird es unbequem, man rutscht sogar ab, wenn man sich nicht abstützt.

Was hat das nun mit Nachhaltigkeit bzw. Zukunftsfähigkeit in Unternehmen zu tun? Den Beinen sind die drei Säulen der Nachhaltigkeit zugeordnet (Abb. 1): Ökologie, Ökonomie und Gesellschaft/Soziales (die berühmten 3 „P" der Nachhaltigkeit: People, Planet, Profit). Bei unserem Hocker kommt nun ein viertes „P" dazu: P wie Person (= Individuum, Mensch). Es ist die Person (oder die Personengruppe), die auf der Sitzfläche sitzt. Sie repräsentiert beispielsweise die Belegschaft eines Unternehmens. Sind die drei Hockerbeine, also die drei ersten „P" im Ungleichgewicht, dann fühlt sie oder fühlen sich sogar alle auf der Sitzfläche unwohl – dem Unternehmen geht es schlecht. Stichworte wie innere Kündigung oder mangelnde Loyalität, Mitarbeiterabwanderung etc. erinnern in diesem Kontext an die Engagement-Index-Studie[1], die ausweist, dass der deutschen Wirtschaft 2018 ein volkswirtschaftlicher Schaden von bis zu 103 Mrd. EUR

---

[1] Siehe unter: https://www.gallup.de/183104/engagement-index-deutschland.aspx.

E. Pieper Dipl. Kffr, MBA (✉) · G. Weber
Breunigweiler, Deutschland
E-Mail: ep@faehrmannschaft.de

G. Weber
E-Mail: gregor.weber@ecoistics.institute

© Springer-Verlag GmbH Deutschland, ein Teil von Springer Nature 2021
M. Schmitz (Hrsg.), *CSR im Mittelstand,* Management-Reihe Corporate Social Responsibility, https://doi.org/10.1007/978-3-662-61957-5_3

Abb. 1 Hocker der Zukunftsfähigkeit©

entstanden ist. Wird der Längenunterschied zu groß, dann wird selbst der sonst so stabile dreibeinige Hocker (also das Unternehmen) umfallen.

Wo also ansetzen, um genau das zu vermeiden? Essenziell ist, dass die Unternehmens- und Führungskultur stimmt, ist das nicht der Fall, laufen Unternehmen genau in das oben skizzierte Dilemma.

Das ist in „normalen" Zeiten recht sinnvoll, wenn man im „War of Talent" die Mangelware Fachkraft halten oder neue Mitarbeiter gewinnen will – Unternehmensattraktivität eben.

Gerade in Zeiten der Krise ist eine gesunde Unternehmens- und Führungskultur einmal mehr das Fundament für Stabilität und Nachhaltigkeit/Zukunftsfähigkeit, denn wie sagt das Sprichwort: In der Krise lernst du deine wahren Freunde kennen. Fühlt man sich in seinem „Kultur- und Führungsumfeld" wohl, dann trotzt man (die Belegschaft, die Führungscrew etc.) gemeinsam auch so manchen Turbulenzen. Aber auch in „ruhigen" Zeiten sollten Unternehmens- und Führungskultur „im grünen Bereich" sein. Denn Kulturmaßnahmen greifen mittel- bis langfristig – in Krisenzeiten sind Entscheider auf die Sicherung des Überlebens der Unternehmen fokussiert. Erst wenn der Sturm vorbei ist, wendet man sich wieder Themen wie Kultur zu.

In Organisationen unterwerfen die betrieblichen Akteure, wie Management, Belegschaft und Betriebsrat ihre Aktivitäten und Handlungsmuster bestimmten Verhaltensweisen (Oechsler 2001). Es entstehen einzelne Teilkulturen in den Funktionen,

Abteilungen, Standorten, die sich als gemeinsames Muster in der Unternehmenskultur[2] abbilden. Krulis-Randa (1990) hat Unternehmenskultur als „die Gesamtheit der tradierten, wandelbaren, zeitspezifischen, jedoch nur über Symbole erfahrbaren und erlernbaren Wertvorstellungen, Denkhaltungen und Normen, die das Verhalten aller Mitarbeiter und das Erscheinungsbild der Unternehmen prägen" sehr treffend und heute immer noch anwendbar beschrieben.

Der Unternehmenskultur kommt damit eine zentrale Bedeutung für den Erfolg von Unternehmen zu. In einer Studie zu den Top-HR-Themen wurde von 47 % der befragten Vertretern der Geschäftsführung die Weiterentwicklung der Unternehmenskultur auf Rang eins gewählt; bei den Führungskräften aus den Fachabteilungen mit 36 % auf Rang zwei (Hays 2017). Eine Studienreihe von Deloitte bringt sogar noch deutlichere Ergebnisse. So zeigte sich 2016, dass insbesondere in Zeiten der Transformation die Unternehmenskultur als System von Werten, Überzeugungen und Verhaltensweisen über den Erfolg des Wandels entscheidet (Deloitte 2016). In Deutschland zählte die Unternehmenskultur für 82 % der Unternehmen zu den Top-5-Trends. Trotz der großen Bedeutung der Kultur gibt hier es klaren Nachholbedarf, denn lediglich 21 % der Befragten gaben an, dass sie ihre Unternehmenskultur vollständig verstehen; nur 23 % sehen sich in der Lage, die gewünschte Unternehmenskultur nachhaltig zu etablieren und nur 19 % nehmen an, dass ihr Unternehmen die richtige Unternehmenskultur besitzt. Es wird klar, dass Unternehmenskultur Chefsache sein muss; zu weit liegen Wichtigkeit und Umsetzung in den Unternehmen auseinander. Bekräftigt wird diese Erkenntnis in der Folgestudie 2019, in der u. a. die Gründe für neue Anforderungen an Führungskräfte untersucht wurden (Deloitte 2019). Das Thema Wandel wird hier als treibender Faktor bekräftigt. So werden die Geschwindigkeit von Veränderungen sowie die Führung komplexer und vielschichtiger Strukturen für Deutschland mit 75 % und 77 % mit am höchsten bewertet. Es gilt also, die Führung von innen heraus zu verbessern, neue Führungskompetenzen zu identifizieren und die passende Unternehmenskultur zu etablieren, um eine effektive Führungsstrategie zu entwickeln. Es wird klar, ohne die passende Kultur geht es nicht und die geht nicht ohne kulturbildende Führung.

Eine bekannte Studie zu Arbeitsumfeld und Führung in Deutschland bringt es noch deutlicher auf den Punkt (Gallup 2018). So zeigen nur etwa 15 % der Beschäftigten in Deutschland eine hohe emotionale Bindung an ihren Arbeitgeber, 71 % eine geringe und 14 % keinerlei emotionale Bindung.

Von den Mitarbeitern ohne emotionale Bindung beabsichtigen hierbei nur 55 %, in einem Jahr noch im Unternehmen zu arbeiten, 79 % jene mit geringer Bindung, aber 95 % jene mit hoher Bindung. Nur 10 % der Gruppe ohne emotionale Bindung würde Produkte des eigenen Unternehmens und nur 7 % das Unternehmen als hervorragenden Arbeitgeber weiterempfehlen. Bei Mitarbeitern mit geringer emotionaler Bindung sind dies 32 % bzw. 30 % und bei KollegInnen mit hoher emotionaler Bindung 82 % bzw.

---

[2]Wir verwenden hier die Begriffe Organisationskultur und Unternehmenskultur analog.

62 %. In Zeiten von Strukturtransformation, demografischem Wandel und Fachkräfte-mangel nicht zu unterschätzende Faktoren.

Die Studie hat weiterhin ermittelt, dass den deutschen Unternehmen durch dieses Phänomen der „inneren Kündigung" 2018 ein wirtschaftlicher Schaden von bis zu 103 Mrd. EUR entstanden ist.

Diese Ergebnisse wurden durch eine Studie des Bundesministeriums für Arbeit und Soziales (BMAS) 2018 bestätigt (BMAS 2018), wonach etwa 77 % der Befragten angaben, mit ihrer Arbeit im Großen und Ganzen zufrieden zu sein, völlig zufrieden sind hier 6 %. Auch hier kommt man zu dem Schluss, dass es „[…] hinsichtlich der Ausprägung der Unternehmenskultur in Deutschland – und hier speziell der Mitarbeiterorientierung bzw. der Arbeitsqualität – [….]" im „Vergleich mit sehr guten Arbeitgebern" […], „hier noch erhebliche, greifbare Verbesserungspotenziale bestehen" (BMAS 2018, S. 23). Das klingt nach Führungskrise in deutschen Unternehmen, denn Mitarbeiterorientierung und Arbeitsqualität hängen, wie wir vorhin schon festgestellt haben, maßgeblich von der im Unternehmen vorherrschenden Führungskultur ab (s. a. Pieper und Bokler 2018).

2 Was versteht man unter Unternehmenskultur und wie wirkt sie auf den Erfolg?

Was ist nun Unternehmenskultur? In der Betriebswirtschaft finden sich ergänzend zur vorgenannten Beschreibung z. B. folgende Definitionen:

- „Unter Unternehmenskultur (Organisationskultur, Corporate Culture) versteht man die Gesamtheit aller Normen, Wertvorstellungen und Denkhaltungen, welche als kollektives Orientierungsmuster das Verhalten der Mitarbeitenden und des Unter-nehmens bestimmen" (Thommen 2008, S. 669).
- „Grundgesamtheit gemeinsamer Werte, Normen und Einstellungen, welche die Entscheidungen, die Handlungen und das Verhalten der Organisationsmitglieder prägen" (Lies 2017).

Die Begriffe „Normen" und „Werte" sind ein zentrales Element in beiden Definitionen. Ebenso beeinflusst die Unternehmenskultur in beiden Varianten das Verhalten der Akteure im Unternehmen, was wiederum Rückschlüsse auf die Führungskultur zulässt.

Eine weit bekannte Beschreibung hat Schein in seinem Drei-Ebenen-Model ent-wickelt (Abb. 2). An der Oberfläche befindet sich die Artefakte-Ebene, welche sich auf sichtbare Verhaltensmuster und Symbole bezieht. Hier ordnet sich alles sinnlich Wahr-nehmbare ein. Dies können Abzeichen, Logos, Uniformen, Büroarrangements, Unter-nehmensslogans, Sprachregelungen etc. sein. Auf der mittleren Ebene finden sich Werte und Normen. Sie prägen die Unternehmenskultur durch Einordnen von Grundannahmen in Wahr oder Falsch. Hier geht es um Handlungsmaxime, Verhaltensrichtlinien etc., die teilweise sichtbar, aber auch unsichtbar sein können. Die Basisebene wird definiert durch

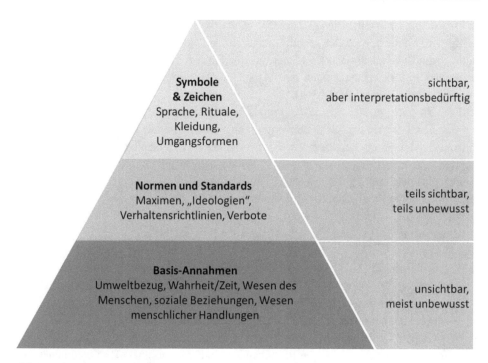

Abb. 2 Drei-Ebenen-Modell nach Schein, eigene Darstellung

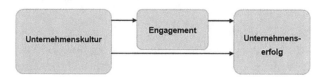

Abb. 3 Arbeitsmodell des Forschungsprojektes. (BMAS 2018)

festgelegte Grundprämissen im gesellschaftlichen/sozialen Kontext, zu Umwelt und der menschlichen Natur. Als Beispiele können hier etwa Fragen zu Menschenbildern oder sozialen Beziehungen genannt werden. Diese sind unsichtbar und meist unbewusst.

Dieses Model von Schein wird oft auch als Eisbergmodell bezeichnet. Hierbei stellen die sichtbaren Artefakte nur „die Spitze des Eisbergs" dar. Der Großteil der treibenden Faktoren befindet sich „unter der Wasseroberfläche" und ist unsichtbar (Oechsler, W.A. und Paul, C. 2019).

Das grundlegende Arbeitsmodell der vorgenannten BMAS-Studie untersuchte hierbei auch den Zusammenhang zwischen Unternehmenskultur, Engagement und Unternehmenserfolg (Abb. 3).

Im Fazit konnte belegt werden, dass „eine mitarbeiterorientierte Unternehmenskultur bzw. die Arbeitsqualität und das damit eng verbundene Engagement der Mitarbeiter" ein sehr wichtiges Potenzial für den Erfolg und die Wettbewerbsfähigkeit der Unternehmen in Deutschland darstellt. Dies gilt für Unternehmen aller Größen und Branchen. Gleichzeitig wird deutlich, dass das grundsätzlich vorhandene Potenzial in den meisten Unternehmen und Organisationen noch nicht ausreichend genutzt wird – eine Situation, die angesichts des weiter steigenden internationalen Wettbewerbsdrucks besonders kritisch bewertet werden muss" (BMAS 2018, S. 237).

Es wird auch gezeigt, dass „das grundsätzliche Bewusstsein für die Bedeutung des Engagements der Mitarbeiter in den Unternehmen häufig bereits stark ausgeprägt ist. Zur entscheidenden Frage wird damit, wie die vorhandenen Potenziale besser genutzt werden können und insbesondere wie das Engagement der Mitarbeiter in den Unternehmen weiter gefördert und gepflegt werden kann. Die Antwort lautet: durch die Entwicklung einer mitarbeiterorientierten Unternehmenskultur mit einer ausgeprägten Qualität der Arbeit".

Unternehmen stehen damit u. a. vor folgenden Fragestellungen:

- Wie sollte unsere Unternehmenskultur ausgeprägt sein, um den künftigen Herausforderungen Herr zu werden, also zukunftsfähig zu sein?
- Wie können wir unsere derzeitige Unternehmenskultur messen und gestalten?
- Wie beziehen wir unsere Belegschaft in diese Aktivitäten mit ein?
- Wie können wir die bereits vorhandenen Potenziale identifizieren und nutzen?
- Sofern eine Lücke zwischen bestehender und gewünschter Unternehmenskultur besteht, wie können wir diese schließen?
- Wie stellen wir sicher, dass wir unsere Kultur darüber hinaus kontinuierlich weiterentwickeln?

Um eine Hilfestellung zu diesen Fragen zu geben, stellen wir im Folgenden zwei etablierte Methoden vor, die Unternehmen pragmatisch und zielführend bei der Entwicklung ihrer Unternehmenskultur unterstützen können.

3   Wie versteht man die eigene Unternehmenskultur?

Eine Transformation beginnt idealerweise mit eine besserem Verständnis dessen, was „ist". Organisationen sind jedoch soziale Systeme, die von Vielschichtigkeit und hoher Komplexität bestimmt sind. Kulturschaffende und Prozessbegleiter greifen daher auf heuristische Modelle zurück, um Organisationskulturen greifbar und besprechbar zu machen.

Im Folgenden stellen wir zwei anerkannte Ansätze aus der Unternehmenspraxis vor, anhand derer Organisationskulturen „sichtbar" gemacht werden können.

3.1 Das INQA-Audit „Zukunftsfähige Unternehmenskultur"

INQA steht für Initiative Qualität der Arbeit, eine Initiative, die u. a. vom Bundesministerium für Arbeit und Soziales (BMAS) und weiteren Akteuren wie Bertelsmann Stiftung, Arbeitgeberverbänden und Gewerkschaften ins Leben gerufen wurde. INQA bietet das Audit „Zukunftsfähige Unternehmenskultur" an, um Beschäftigte wie Arbeitgeber in Unternehmen und der öffentlichen Verwaltung dabei zu unterstützen, ein besseres Arbeitsumfeld zu entwickeln (INQA 2020). Im Zuge eines von akkreditierten Prozessbegleitern professionell moderierten Prozesses werden individuelle und betriebsspezifische Aktivitäten mit der Belegschaft erarbeitet und in Sozialpartnerschaft von Arbeitgeber und Gewerkschaft umgesetzt.

Das INQA-Audit ist insbesondere in Zeiten von Fachkräftemangel und permanentem Wandel in Gesellschaft und Wirtschaft ein wichtiges Tool, um für Unternehmen bei den immer anspruchsvolleren Anstrengungen qualifiziertes Personal zu gewinnen und zu binden. Hohe Gehälter sind heutzutage nicht mehr das alles entscheidende Argument. Vor allem die Unternehmenskultur, einhergehend mit familienfreundlichen Arbeitszeit- und Beschäftigungsmodellen, attraktive Weiterbildungsangebote, gesundheitsförderliche Arbeitsbedingungen sowie nachhaltiges Unternehmensimage werden immer wichtiger, wie auch die vorgenannten Studien klar belegen.

Genau hier setzt das Audit an und bietet Unterstützung an, die Unternehmenskultur in einem Betrieb gesamtheitlich zu analysieren und zu verbessern. Hierzu fokussiert sich der Prozess auf zwölf relevante Bereiche in vier personalpolitischen Handlungsfeldern: Personalführung, Chancengleichheit und Diversity, Gesundheit sowie Wissen und Kompetenz (Abb. 4).

Mithilfe des Audits „Zukunftsfähige Unternehmenskultur" sollen Unternehmen auf die Herausforderungen der Arbeitswelt von morgen vorbereitet werden, um auch künftig innovativ, attraktiv und wettbewerbsfähig zu bleiben. Nach dem Motto „Tue Gutes und berichte darüber" ist die Kommunikation auch hier ein entscheidendes Element, um qualifizierte Fachkräfte zu erreichen und zu binden. Daher erhalten zertifizierte Unternehmen eine entsprechende Urkunde und Auszeichnung vom BMAS (Abb. 5).

Die Vorteile des Audits sind selbstredend (INQA 2020):

„Das Audit Zukunftsfähige Unternehmenskultur bringt Betriebe weiter, weil es …

- ganzheitlich, mitarbeiterorientiert und maßgeschneidert ist,
- die Innovations- und Wettbewerbsfähigkeit erhöht,
- als qualitätsgesichertes Verfahren von den Sozialpartnern und Kammern getragen wird,
- eine objektive Standortbestimmung für die Unternehmenskultur darstellt,
- eine öffentlichkeitswirksame Auszeichnung ist.

Abb. 4 INQA-Haus der Zukunftsfähigen Unternehmenskultur. (INQA 2020)

Abb. 5 Ablauf INQA-Audit „Zukunftsfähige Unternehmenskultur". (INQA 2020)

Das Audit Zukunftsfähige Unternehmenskultur bringt Beschäftigte, Betriebs- und Personalräte weiter, weil es …

- Potenziale für Verbesserungen aufzeigt und zu praxisbezogenen Verbesserungsvorschlägen führt,
- Feedback zur Betriebsattraktivität und zu Personalmaßnahmen ermöglicht,
- dazu motiviert, die Unternehmenskultur aktiv mitzugestalten."

Dank klarer und erprobter Prozessschritte ist das INQA-Audit flexibel, qualitätsgesichert und dauerhaft wirksam.

3.2 Cultural Transformation Tools, Barrett Values Centre

Mithilfe der Cultural Transformation Tools® (CTT) des Barrett Values Centre werden die Wertvorstellungen aller Führungskräfte und Mitarbeitenden im Unternehmen gemessen und auf dieser Basis die aktuell gelebte Kultur abgebildet. Alle nachfolgenden Ausführungen bzgl. CTT in Anlehnung an Barrett (2016), Bokler und Dipper (2015), Pieper und Bokler (2018), sofern keine anderen Quellen angegeben werden.

Die CTT bieten Anwendern einen internetbasierten Werkzeugkasten mit wirksamen Diagnose- und Gestaltungs-Tools. Sie sind in über 50 Sprachen verfügbar und wurden in den letzten 20 Jahren in über 6000 Organisationen weltweit eingesetzt: in mittelständischen Unternehmen, Konzernen, großen Beratungsfirmen, Universitäten ebenso wie in öffentlichen Verwaltungen.

Die CTT sind auf einem soliden theoretischen Fundament verankert, dem sogenannten Sieben-Ebenen-Wertemodell von Richard Barrett, das u. a. durch seine hohe Verständlichkeit und Greifbarkeit besticht.

Das Sieben-Ebenen-Wertemodell
Das Modell bildet die Entwicklung menschlicher Werte entlang von Bewusstseinsebenen ab. Unsere Bedürfnisse bestimmen, welche Werte uns zu einem bestimmten Zeitpunkt am Herzen liegen und aus welcher Bewusstseinsebene heraus wir handeln. Werte sind also der Spiegel unserer Bedürfnisse: „Wir wertschätzen das, was wir am meisten benötigen." Das drückt sich auch in unserem Handeln aus. Dieses bedürfnisorientierte Verständnis impliziert, dass zumindest ein Teil unserer Werte sich im Verlauf des Lebens verändern können (Abb. 6).

- Auf den Ebenen 1–3 finden sich selbstbezogene Werte zu Sicherheit, Beziehungen und Leistungsfähigkeit.
- Auf Ebene 4 finden sich Werte der Transformation und des persönlichen Wachstums.
- Auf Ebenen 5–7 wird das Gemeinschaftliche betont mit Werten rund um Authentizität, Engagement für andere und Sinn.

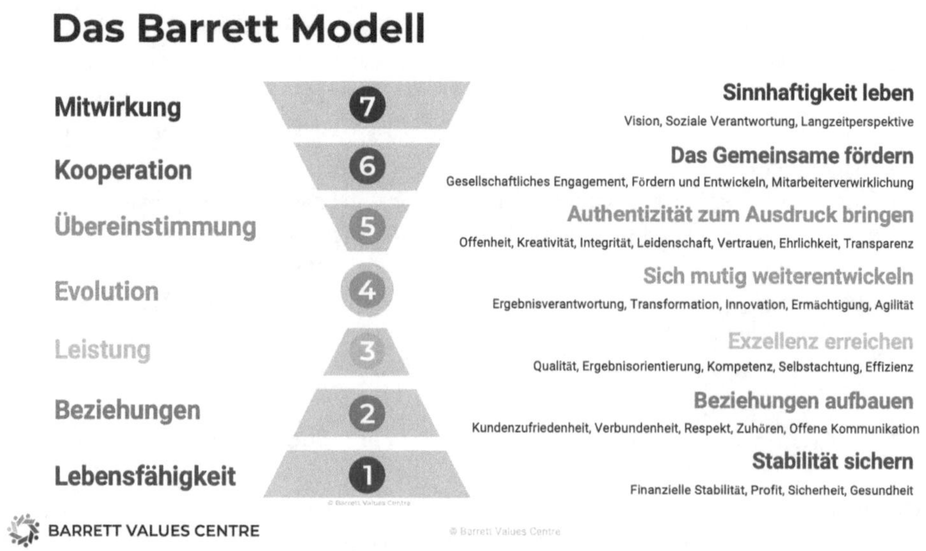

Das Barrett Modell

Mitwirkung	⑦	**Sinnhaftigkeit leben** Vision, Soziale Verantwortung, Langzeitperspektive
Kooperation	⑥	**Das Gemeinsame fördern** Gesellschaftliches Engagement, Fördern und Entwickeln, Mitarbeiterverwirklichung
Übereinstimmung	⑤	**Authentizität zum Ausdruck bringen** Offenheit, Kreativität, Integrität, Leidenschaft, Vertrauen, Ehrlichkeit, Transparenz
Evolution	④	**Sich mutig weiterentwickeln** Ergebnisverantwortung, Transformation, Innovation, Ermächtigung, Agilität
Leistung	③	**Exzellenz erreichen** Qualität, Ergebnisorientierung, Kompetenz, Selbstachtung, Effizienz
Beziehungen	②	**Beziehungen aufbauen** Kundenzufriedenheit, Verbundenheit, Respekt, Zuhören, Offene Kommunikation
Lebensfähigkeit	①	**Stabilität sichern** Finanzielle Stabilität, Profit, Sicherheit, Gesundheit

BARRETT VALUES CENTRE

© Barrett Values Centre

Abb. 6 Das Sieben-Ebenen-Wertemodell von Richard Barrett

Wir folgen unseren Werten, um unserem Selbstbild zu entsprechen, zufrieden zu leben oder um Defizite zu reduzieren. Viele Menschen verbinden mit Werten spontan „Gutes" wie Freundschaft oder Ethik. Bei Barrett sind Werte vom Prinzip her neutral. Allerdings werden neben positiven Werten auch „potenziell limitierende" Werte erfasst, z. B. Harmonie, Vorsicht, Status oder Macht. Sie werden als solche bezeichnet, weil sie je nach Kontext einschränkend wirken können. Betrachten wir beispielsweise den Wert „Harmonie": Menschen, die ein ausgeprägtes Harmoniebedürfnis besitzen, sind oft übermäßig kompromissbereit, passen sich stark an oder schränken sich in ihren eigenen Möglichkeiten ein, um Konflikten aus dem Weg zu gehen.

Wie lässt sich das Modell auf Organisationen übertragen?

Das Sieben-Ebenen Modell eignet sich nicht nur zur Verortung der persönlichen Werte eines Mitarbeiters oder einer Führungskraft. Auch die Wertekultur von Teams oder Organisationen lässt sich messen und den sieben Ebenen zuordnen. Wir hatten beschrieben, dass Werte Motivationsfaktoren menschlichen Verhaltens sind. Sie kennzeichnen Bedürfnisse, die uns als Einzelnem oder auch als Gruppe wirklich wichtig sind.

In Unternehmen wirken positive Werte, wie z. B. Effizienz, Vertrauen, Kreativität, Ergebnis- und Kundenorientierung, möglicherweise aber auch „potenziell limitierende" Werte, wie Bürokratie, Kontrolle, interner Wettbewerb, Macht. Die Summe der gemessenen potenziell limitierenden Werte bezeichnet Richard Barrett als „kulturelle Entropie". Das ist der Anteil an destruktiver Energie, die im unternehmerischen Alltag Frustration, Angst, Reibungen und Funktionsstörungen hervorruft. Die Höhe der

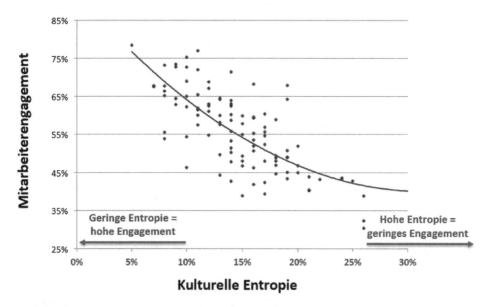

Abb. 7 Kulturelle Entropie und Mitarbeiterengagement. Barrett, R. (2016): Werteorientierte Unternehmensführung,Springer

kulturellen Entropie hängt stark mit möglicherweise unerfüllten Bedürfnissen der Führungskräfte auf den ersten drei Ebenen zusammen.

In seiner Studie ‚Future of Jobs Report' zeigt das Weltwirtschaftsforum die Top 10 der beruflichen Fähigkeiten im Jahr 2020 auf (World Economic Forum 2016):

1. Lösen komplexer Probleme
2. Kritisches Denken
3. Kreativität
4. Personalmanagement
5. Abstimmung mit anderen
6. Emotionale Intelligenz
7. Urteilsvermögen und Entscheidungsfindung
8. Serviceorientierung
9. Verhandeln
10. Kognitive Flexibilität

Die kulturelle Entropie behindert die Entwicklung dieser kritischen Fähigkeiten, und steht darüber hinaus in direktem Widerspruch zum Konzept der psychologischen Sicherheit (Edmonson 2020). Letztere ist im dynamischen und hochkomplexen Umfeld von heute unabdingbar, wo Mitarbeitende Neues ausprobieren und ihren Standpunkt offen und angstfrei äußern sollen.

Entropie stellt demzufolge einen hohen Risikofaktor für Organisationen dar und kann sie sogar an den Rand des Ruins treiben. Beispiele: Die „Abgasproblematik" der Automobilindustrie oder der Zusammenbruch des Weltkonzerns Enron.

In 2008 untersuchte das Barrett Values Centre in Zusammenarbeit mit Hewitt Associates die Wirkung von kultureller Entropie 163 Organisationen in Australien (Abb. 7). Die Ergebnisse belegen eindrücklich: Eine steigende kulturelle Entropie führt zu einem geringeren Mitarbeiterengagement – und umgekehrt. Dies bestätigt erneut: Die Führungskultur ist ein entscheidender Faktor für den Unternehmenserfolg. Eine der Top-Prioritäten eines Kulturtransformationsprozesses ist daher stets die Reduzierung der kulturellen Entropie; dementsprechend steht die Weiterentwicklung der Führungskräfte ganz am Anfang dieses Prozesses.

Die Vorzüge der CTT werden bei der praktischen Anwendung sichtbar

Die Wertemessung anhand der Cultural Transformation Tools® ist denkbar einfach. Sie erfolgt online in drei Schritten:

1. Die Teilnehmer wählen anonym aus einem Katalog von 100 persönlichen Werten 10 aus, die ihnen besonders wichtig sind.
2. Außerdem wählen sie aus 100 organisationalen Werten jeweils 10 aus, die nach ihrem Empfinden im Unternehmen gelebt werden (aktuelle Kultur).
3. Und weitere 10 organisationale Werte, die aus ihrer Sicht für die Zukunft des Unternehmens bedeutsam sind (gewünschte Kultur).

Auf diese Weise wird die Kultur über die wahrgenommenen organisationalen Werte im Unternehmen greifbar. Die CTT machen das nebulose Konstrukt „Kultur" besprechbar, sie wirken also als Dialogbefähiger.

Im nächsten Schritt gilt es, die Übereinstimmungen („Alignments") zu analysieren:

- Persönliches Alignment: Inwieweit die persönlichen Werte der Menschen in der gelebten Kultur zum Tragen kommen, d. h. inwieweit sie sich selbst authentisch einbringen können.
- Mission Alignment: Inwieweit die gelebten organisationalen Werte mit den gewünschten Werten übereinstimmen, d. h. inwieweit das Unternehmen für die Zukunft aufgestellt ist – oder was es noch braucht.
- Mission Alignment: Inwieweit die persönlichen Werte der Menschen sich in der gewünschten Kultur wiederfinden, d. h. inwieweit sie sich in Zukunft einbringen möchten.

Ziel eines Kulturtransformationsprozesses ist es, die Anzahl der Übereinstimmungen zu steigern.

4 Wie kann man zukunftsfähige Unternehmenskulturen gestalten

Wie fühlt es sich wohl an, in einem Unternehmen zu arbeiten, in dem Teams sich vernetzen, gemeinsam nach vorn denken, und Neues gestalten? Wo Mitarbeitende sich wertgeschätzt fühlen, einander unterstützen, und systematisch mit- und voneinander lernen. Wo Führungskräfte ihre Rolle authentisch und mitarbeiterzugewandt ausfüllen und die Unternehmensleitung eine positive Zukunftsvision und Kultur glaubhaft vorlebt. Die Kunden dieser Unternehmen erleben, dass wirklich alles für sie getan wird; sie lieben die herausragenden Produkte und Services und empfehlen sie oft weiter. Neben Kunden und Anteilseignern behält das Unternehmen alle Stakeholder, also auch die Familien der Mitarbeiter, Menschen in weltweiten Lieferketten sowie zukünftige Generationen, die Umwelt und das Klima im Blick.

Kritische Leser mögen denken: „Zu schön, um wahr zu sein." Keinesfalls, denn es gibt viele „Unternehmensperlen" mit diesen sogenannten Hochleistungskulturen. Sie sind nicht nur beliebte Arbeitgeber, sondern auch attraktive Investments, denn sie liefern zuverlässig exzellente Ergebnisse, wie Prof. Raj Sisodia und seine Kollegen in jahrelangen Studien in den Vereinigten Staaten belegen konnten. Er stellte fest, dass sich der kumulierte Unternehmenswert sogenannter „Firms of Endearment" in einem Zeitraum von 15 Jahren (1998–2013) 15-mal so stark entwickelte wie der breit gestreute Aktienindex S&P 500 (Sisodia 2014).

Hochleistungskulturen lassen sich mithilfe der Cultural Transformation Tools klar identifizieren: Ihre Werte ergeben ein typisches „Full-Spectrum"-Muster. Die Messung zeigt Werte auf allen Ebenen und die Verteilung ist relativ ausgewogen. Hier zeigt sich der starke Zusammenhang zu nachhaltig wirtschaftenden Unternehmen, wie wir sie am Anfang des Beitrags mit der Hocker-Metapher beschrieben haben.

In den seltensten Fällen entwickeln sich solche „Full-Spectrum"-Hochleistungskulturen spontan und wenn, dann aufgrund einer werteorientierten Unternehmensleitung, wie man sie öfter bei Familienunternehmen findet. Hier wirken zuweilen sogar die persönlichen Werte von Unternehmenseignern für viele Jahre nach, auch wenn sie längst das Heft in die Hände nachfolgender Generationen gelegt haben.

In den meisten anderen Fällen sind Full-Spectrum-Kulturen das Ergebnis jahrelanger Arbeit im Rahmen eines bewusst gestalteten Lern- und Veränderungsprozesses auf allen Ebenen der Organisationen. Ein solches Unterfangen kann nur gelingen, wenn die Unternehmensleitung und die Führungskräfte auf allen Ebenen dieses glaubwürdig und mit hoher Konstanz fördern und begleiten.

Schritt für Schritt zur Hochleistungskultur
Der Kulturwandel erfolgt in einem iterativen Prozess, der idealtypisch in sechs Schritten durchlaufen wird (Abb. 8):

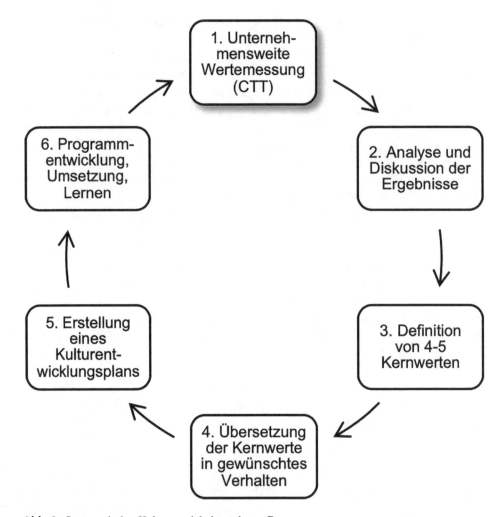

Abb. 8 Systematischer Kulturwandel als geplanter Prozess

Jeder Praktiker weiß: Was gemessen wird, das erhält Aufmerksamkeit und verbessert sich tendenziell. Der Fortschritt auf dem Weg zur gewünschten Unternehmenskultur sollte daher regelmäßig alle 12 bis 18 Monate dokumentiert und bewertet werden.

Voraussetzungen für gelingenden Kulturwandel
„Organisationen ändern sich nicht, Menschen ändern sich" – so ein bekannter Ausspruch von Richard Barrett. Allerdings sind Menschen Gewohnheitstiere, die oft in Routinen und Gewohnheiten gefangen bleiben und rasch in alte Muster zurückfallen. Daher erfordert eine gelingende Kulturtransformation einen Kulturplan, kontinuierliche Kommunikation durch die Unternehmensleitung sowie konsequentes Training und

Coaching zu gewünschten Kommunikations-, Führungs- und Verhaltensstandards, und das über mehrere Jahre hinweg.

Die neuen Standards müssen zudem unterstützt werden durch entsprechende Richtlinien, Prozesse, KPI und Belohnungssysteme (Thoren 1017). Wenn beispielsweise „Teamwork" als Kernwert hohe Priorität erfahren soll, dieser Wert aber durch die Weiterführung individueller Boni torpediert wird, werden die Bemühungen zur Förderung offener Zusammenarbeit verpuffen.

Hier zusammenfassend die wesentliche **Kriterien für gelingenden wertebasierten Kulturwandel:**

- Das Thema Kultur erhält über mehrere Jahre hinweg die ununterbrochene Aufmerksamkeit der Unternehmensleitung.
- Nach der Messung der aktuell gelebten wie auch der gewünschten Werte wirkt die Führung kulturgestaltend. Daher sollten sich das Vorstandsteam und die Führungskräfte selbst der Reflexion ihrer Werte widmen und eine klare Vorstellung haben von der Kultur, die es zu gestalten gilt.
- Nach der unternehmensweiten Messung sollen einige wenige Kernwerte in den Fokus rücken, auf die man sich in den ersten ein bis zwei Jahren konzentriert.
- Es bedarf neuer Rituale und viel Zeit zur Diskussion dieser Kernwerte auf allen Ebenen und in allen Bereichen des Unternehmens.
- Alle 12 bis 18 Monate sollte eine neue Messung durchgeführt werden, um den Fortschritt zu dokumentieren bzw. Werteverschiebungen zu entdecken.
- Persönliche wie organisationale Werte und die ihnen zugrunde liegenden Bedürfnisse sollten regelmäßig diskutiert und eingeordnet werden. Wenn etwa Werte wie Wertschätzung oder Respekt gemessen werden, kann dies auf einen Entwicklungsbedarf bei der Führungskultur hinweisen. Der Grund liegt darin, dass diese Werte in der Regel nur dann von vielen genannt werden, wenn sie im unternehmerischen Alltag wenig ausgeprägt sind oder fehlen.
- Erwünschte Verhaltensstandards müssen gestützt werden durch neue Routinen, Prozesse und Belohnungssysteme.
- Wirksame, unternehmensweite Change Kommunikation und gemeinsames „Zelebrieren" von Erreichtem.

Literatur

Barrett R (2016) Werteorientierte Unternehmensführung. Springer Gabler, Berlin/Heidelberg

BMAS (2018) Unternehmenskultur, Arbeitsqualität und Mitarbeiterengagement in den Unternehmen in Deutschland. https://www.bmas.de/SharedDocs/Downloads/DE/PDF-Publikationen/forschungsbericht-f371.pdf;jsessionid=7DCCA6264DFAA462A54950BDEE30BF68?__blob=publicationFile&v=2. Zugegriffen: 8. März 2020

Bokler A, Dipper M (2015) Changemanagement mit Cultural Transformation Tools: Unternehmenskultur über Werte entwickeln. Springer Essentials, Wiesbaden

Deloitte (2016) Global Human Capital Trends 2016. https://www2.deloitte.com/content/dam/Deloitte/de/Documents/human-capital/HC_Trends2016_InteraktivesPDF_deutsche%20Ergebnisse.pdf. Zugegriffen: 8. März 2020

Deloitte (2019) Global Human Capital Trendstudie 2019. https://www2.deloitte.com/de/de/pages/human-capital/articles/human-capital-trends-deutschland-2019.html. Zugegriffen: 8. März 2020

Edmonson A (2020) Die angstfreie Organisation: Wie Sie psychologische Sicherheit am Arbeitsplatz für mehr Entwicklung, Lernen und Innovationen schaffen. Vahlen, München

Eneroth T, Munday A (2010) Kulturwandel in großen Organisationen. https://www.valuescentre.com/wp-content/uploads/PDF_Resources/Transform_Culture_Larger_Orgs/BVC_TransformingCulture_German_WEB-1.pdf

Fink F, Moeller M (2018) Purpose Driven Organizations: sinn Selbstorganisation Agilität. Schäffer Poeschel, Stuttgart

Gallup (2018) Engagement Index Deutschland 2018. https://www.gallup.de/183104/engagement-index-deutschland.aspx. Zugegriffen: 8. März 2020

Hays: HR-Report (2017) Schwerpunkt Kompetenzen für eine digitale Welt. Herausgegeben von Hays AG und Institut für Beschäftigung und Employability IBE, 2017. https://www.hays.de/documents/10192/118775/Hays-Studie-HR-Report-2017.pdf/. Zugegriffen: 8. März 2020

Hofert S, Thonet C (2019) Der agile Kulturwandel. SpringerGabler, Wiesbaden

INQA 2020, Das Audit für Zukunftsfähige Unternehmenskultur. https://www.inqa-audit.de/. Zugegriffen: 8. März 2020

Kegan R, Laskow Lahey L (2016) An everyone culture. Harvard Business School Publishing, Boston

Kruli-Randa JS (1990) Einführung in die Unternehmenskultur. In: Lattmann C (Hrsg) Die Unternehmenskultur, S 1–20, Heidelberg

Lies J (2017) Gabler Wirtschaftslexikon – das Wissen der Experten, Springer Gabler. https://wirtschaftslexikon.gabler.de/definition/unternehmenskultur-49642/version-173119. Zugegriffen: 8. März 2020

Mackey J, Sisodia R (2013) Conscious capitalism. Harvard Business School Publishing, Boston

Oechsler WA, Paul C (2019) Personal und Arbeit, Einführung in das Personalmanagement. de Gryter Oldenbourg, Berlin/München/Boston

Pieper E, Bokler A (2018) Wertebasierte Unternehmensführung und Nachhaltigkeit. Umweltdialog v. 8.2.2018. https://www.umweltdialog.de/de/management/unternehmenskultur/2018/Wertebasierte-Unternehmensfuehrung-und-Nachhaltigkeit.php

Oechsler WA (2001) Unternehmenskultur und Human Ressource Management. In: Bertelsmann Stiftung, Hans Böckler Stiftung (Hrsg) Praxis Unternehmenskultur, Bd 1, S 81–101, Gütersloh

Schein EH (1984) Coming to a new awareness of organizational culture. Sloan Management Review, 2(1984):3–16, Cambridge, Mass., USA

Sisodia RS et al (2014) Firms of endearment: how world-class companies profit from passion and purpose. Wharton School of Publishing, Upper Saddle River, USA

Thoren P-M (2017) Agile people: a radical approach for HR & Managers (That Leads to Motivated Employees). Lioncrest Publishing, Austin, USA

Van Tol W (2016) PwC's Values and Purpose Journey. Vortrag bei der Internationalen CTT Konferenz, Barrett Values Centre, Toronto 28–30. Sept. 2016 https://www.youtube.com/watch?v=gXvjAkNuIMA. Zugegriffen: 27. Febr. 2020

Thommen JP (2008) Lexikon der Betriebswirtschaft – managementkompetenz von A bis Z. Versus, Zürich

World Economic Forum (2016) Future of jobs report. http://www3.weforum.org/docs/WEF_FOJ_Executive_Summary_Jobs.pdf. Zugegriffen: 22. Febr. 2020

Elsa Pieper berät und begleitet Unternehmen zu Kulturwandel und Nachhaltigkeit. Die studierte Betriebswirtin hält einen MBA Sustainability Management und ist zertifizierte Cultural Transformation Tools Practitioner (Barrett Values Centre), Executive & Team Coach (ACC ICF). Als geschäftsführende Gesellschafterin der Fährmann Unternehmensberatung GmbH mit Sitz in München ist sie europaweit in Unternehmen im Einsatz. www.faehrmannschaft.de.

Dr. Gregor Weber berät, schult und begleitet Unternehmen in Sachen Zukunftsfähigkeit, das Thema, in dem er auch promoviert hat. Der Diplom-Wirtschaftsingenieur und Master of Science leitet die Forschungsstelle „Zukunftsfähigkeit" der *Diploma-Hochschule* und ist als Senator im Vorsitz der Kommission „Sustainable Economy" des *Senats der Wirtschaft*. Er ist u. a. zertifizierter Cultural Transformation Tools Practitioner (Barrett Values Centre), zertifizierter Systemischer Coach und Organisationsentwickler, Prozessbegleiter und Auditor für zukunftsfähige Unternehmenskultur (INQA) sowie Herausgeber der *Management-Reihe Organisationskompetenz Zukunftsfähigkeit* bei Springer Gabler. Als Gründer und Inhaber des *ecoistics.institute – the sustainability scouts* ist er weltweit im Einsatz. www.ecoistics.institute.

„Leaving no one behind" heißt CSR an der Basis stärken!

Wolfgang Keck

1 Einführung

Das Nachhaltigkeitsprinzip „Leaving no one behind" bedeutet, niemand soll zurückgelassen werden. Seit Inkrafttreten der „Sustainable Development Goals (SDGs)" als Zielkatalog der „Agenda 2030 für nachhaltige Entwicklung" der Vereinten Nationen gilt es als Maßstab für nationale Nachhaltigkeitspolitiken rund um den Erdball. Der vorliegende Artikel beleuchtet dieses Prinzip mit Blick auf die derzeit in Deutschland vorherrschende Diskussion um Corporate Social Responsibility (CSR) im Mittelstand, also um positive und negative gesellschaftliche Auswirkungen, für welche kleinste, kleine und mittlere Unternehmen hinsichtlich einer nachhaltigen Entwicklung verantwortlich sind.

Das Nachhaltigkeitsprinzip „Leaving no one behind" wird dabei auf eine Lesart behandelt, die „kleinste" und „schwächste" Wirtschaftsteilnehmer in den Blick nimmt. Dementsprechend beleuchtet der Artikel aus volkswirtschaftlicher Perspektive heraus Kleinstunternehmen und hier insbesondere Ein-Personen-Unternehmen. Aus betriebswirtschaftlicher Perspektive wird analog auf einzelne Beschäftigte eingegangen, welche üblicherweise als „kleinstes" oder „schwächstes" Glied im Unternehmen gelten oder sich häufig selbst so wahrnehmen

Der Mainstream des derzeitigen CSR-Diskurses lässt Kleinstunternehmen immer noch weitgehend außer Acht. Dies vollzieht sich oft selbst im Wissen darüber, dass Kleinstunternehmen in Deutschland und in den Volkswirtschaffen weltweit den überwiegenden Teil aller Unternehmen abbilden. Auf ähnliche Weise wird schon aus betriebswissenschaftlicher Logik heraus die operative Ebene der einzelnen Beschäftigten

W. Keck (✉)
Berlin, Deutschland
E-Mail: keck@keck-kommuniziert.de

© Springer-Verlag GmbH Deutschland, ein Teil von Springer Nature 2021
M. Schmitz (Hrsg.), *CSR im Mittelstand,* Management-Reihe Corporate Social
Responsibility, https://doi.org/10.1007/978-3-662-61957-5_4

den strategischen Führungsebenen untergeordnet. Mit Blick auf CSR- und Nachhaltigkeitsmanagement wird den einzelnen Mitarbeitern dabei sehr selten hohes Augenmerk
zuteil.

Berechtigterweise muss sich die Debatte um CSR auch weiterhin mit strategischen
Themen rund um Global Player, Konzerne und Topmanagement auseinandersetzen.
Unberechtigt ist es allerdings, das UN-Nachhaltigkeitsprinzip „Leaving no one behind"
dem eigenen Selbstanspruch voranzustellen und dabei weiterhin kleinste und schwächste
Wirtschaftsteilnehmer zu übersehen. Einige der hier zutage tretenden blinden Flecken
im CSR- und Nachhaltigkeitsdiskurs sollen im vorliegenden Artikel näher beleuchtet
werden. Dies soll Potenziale aufzeigen, die sich auf volkswirtschaftlicher und betriebswirtschaftlicher Ebene nutzbar machen lassen, um die Erreichung der globalen Nachhaltigkeitsziele (SDGs) von der Basis aus zu unterstützen.

2   Das Nachhaltigkeitsprinzip „Leaving no one behind"

„Leaving no one behind" ist eine Aufforderung, allen Menschen wirtschaftliche und
soziale Teilhabe zu ermöglichen und dabei die ökologischen Belastungsgrenzen der Erde
einzuhalten. Es ist der Leitgedanke der „Agenda 2030 für nachhaltige Entwicklung". Die
Agenda mit 17 globalen Nachhaltigkeitszielen (Sustainable Development Goals/SDGs)
wurde von allen Staats- und Regierungschefs der Weltgemeinschaft verabschiedet und ist
seit Inkrafttreten am 01.01.2016 mit einer Laufzeit von 15 Jahren bis 2030 gültig. Die 17
SDGs stehen als übergeordnete Ziele 169 Unterpunkten voran, die entlang sozialer, ökologischer und wirtschaftlicher Dimensionen konzipiert sind und Volkswirtschaften hin
zu einer nachhaltigeren und inklusiveren Entwicklung vorantreiben sollen. Dies betrifft
beispielsweise Entwicklungen von Armut, Hunger, Ungleichheiten, Klimawandel, Verlust von Biodiversität und ein häufig mit hohem Ressourcenverbrauch verbundenes
Wirtschaften und Konsumverhalten. In der UN-Resolution zur „Agenda 2030" sind die
„Global Goals" wie folgt ausformuliert:[1]

SDG 1: Armut in all ihren Formen und überall beenden
SDG 2: Den Hunger beenden, Ernährungssicherheit und eine bessere Ernährung
    erreichen und eine nachhaltige Landwirtschaft fördern
SDG 3: Ein gesundes Leben für alle Menschen jeden Alters gewährleisten und ihr Wohl-
    ergehen fördern
SDG 4: Inklusive, gerechte und hochwertige Bildung gewährleisten und Möglichkeiten
    des lebenslangen Lernens für alle fördern

---

[1]Vereinte Nationen (2015): Transformation unserer Welt: die Agenda 2030 für nachhaltige Entwicklung, S. 15.

SDG 5: Geschlechtergleichstellung erreichen und alle Frauen und Mädchen zur Selbstbestimmung befähigen

SDG 6: Verfügbarkeit und nachhaltige Bewirtschaftung von Wasser und Sanitärversorgung für alle gewährleisten

SDG 7: Zugang zu bezahlbarer, verlässlicher, nachhaltiger und zeitgemäßer Energie für alle sichern

SDG 8: Dauerhaftes, breitenwirksames und nachhaltiges Wirtschaftswachstum, produktive Vollbeschäftigung und menschenwürdige Arbeit für alle fördern

SDG 9: Eine widerstandsfähige Infrastruktur aufbauen, breitenwirksame und nachhaltige Industrialisierung fördern und Innovationen unterstützen

SDG 10: Ungleichheit in und zwischen Ländern verringern

SDG 11: Städte und Siedlungen inklusiv, sicher, widerstandsfähig und nachhaltig gestalten

SDG 12: Nachhaltige Konsum- und Produktionsmuster sicherstellen

SDG 13: Sofortmaßnahmen ergreifen, um den Klimawandel und seine Auswirkungen zu bekämpfen

SDG 14: Bewahrung und nachhaltige Nutzung der Ozeane, Meere und Meeresressourcen

SDG 15: Landökosysteme schützen, wiederherstellen und ihre nachhaltige Nutzung fördern, Wälder nachhaltig bewirtschaften, Wüstenbildung bekämpfen, Bodendegradation beenden und umkehren und dem Verlust der biologischen Vielfalt ein Ende setzen

SDG 16: Friedliche und inklusive Gesellschaften für eine nachhaltige Entwicklung fördern, allen Menschen Zugang zum Recht ermöglichen und leistungsfähige, rechenschaftspflichtige und inklusive Institutionen auf allen Ebenen aufbauen

SDG 17: Umsetzungsmittel stärken und die globale Partnerschaft für nachhaltige Entwicklung mit neuem Leben füllen

Zum Nachhaltigkeitsprinzip „Leaving no one behind" heißt es in der UN-Resolution wörtlich: „Wir verpflichten uns, auf dieser großen gemeinsamen Reise, die wir heute antreten, niemanden zurückzulassen. Im Bewusstsein der grundlegenden Bedeutung der Würde des Menschen ist es unser Wunsch, dass alle Ziele und Zielvorgaben für alle Nationen und Völker und für alle Teile der Gesellschaft erfüllt werden, und wir werden uns bemühen, diejenigen zuerst zu erreichen, die am weitesten zurückliegen."[2]

Bei diesem Nachhaltigkeitsleitsatz wird in Industrienationen seitens einiger Stakeholder jedoch gern sehr eilig auf Entwicklungs- und Schwellenländer verwiesen, anstatt sich gleichzeitig um einen tieferen und selbstkritischen Blick in die eigenen Reihen zu bemühen. Das Bundesumweltministerium beschreibt das Prinzip „Leaving no one behind" als „Grundsatz, auch die Schwächsten und Verwundbarsten der Welt mitzu-

---

[2]Vereinte Nationen (2015): Transformation unserer Welt: die Agenda 2030 für nachhaltige Entwicklung, S. 3.

nehmen"[3]. Liegt in dieser Ausdrucksweise bereits ein Fokus auf das unzweifelhaft stark ausgeprägte Elend von Menschen in den instabilsten Ländern der Welt oder findet sich darin zugleich die eigene innenpolitische Verpflichtung zum Prinzip „Leaving no one behind" aus der UN-Resolution verankert?

3   „Left Behinds" aus den eigenen Reihen

Im politischen Kontext von Nachhaltigkeit sind alle Länder der Erde Entwicklungsländer mit einer Vielzahl unterschiedlicher „Left Behinds". Zugleich ist im unternehmerischen Kontext von CSR kein Unternehmen 100 Prozent nachhaltig. Diese Ausgangslage annehmend, benötigt eine Annäherung an die 17 globalen Nachhaltigkeitsziele eine politische sowie zivilgesellschaftliche Nachhaltigkeitsorientierung. Gleichzeitig ist eine werteorientierte Unternehmensführung im Sinne von CSR in der Breite der Wirtschaft vonnöten. Dabei ergeben sich Partnerschaften unter allen gesellschaftlichen Akteuren, deren Stärkung die „Agenda 2030" mit dem SDG 17 beabsichtigt.

„Left Behinds" aus den eigenen Reihen aufzufinden und adäquat zu adressieren, gehört zu den zentralen Aufgaben eines integrierten Stakeholdermanagements. Dazu eignen sich zunächst praktische Tools, wie etwa eine Stakeholder- und Relevanzanalyse, um darauf aufbauend individuelle Strategien und Managementsysteme einzusetzen. Bei zahlreichen Unternehmen jeglicher Größe und bei einigen anderen Akteuren aus dem politischen und gesellschaftlichen Umfeld sind hierfür bereits geeignete CSR-Methoden vorhanden und lassen sich auf eine Anwendung des Nachhaltigkeitsprinzips „Leaving no one behind" hin ausrichten.

Die nachfolgende Kurzbetrachtung soll anhand rein beispielhafter SDGs einige „(Mehrfach-)Left-Behinds" inmitten unserer Gesellschaft in Deutschland fragmentarisch beleuchten. Dies kann und soll jedoch die umfassenden Analysen nicht ersetzen, die als Bewertungsgrundlage hierzu im Einzelfall benötigt werden.

Symbolisch mit dem SDG 1 zur Bekämpfung von Armut beginnend, zeigt sich in Deutschland hierzu folgendes Bild: Laut Statischem Bundesamt lag die Armutsgefährdungsquote im Jahr 2016 unter Alleinerziehenden bei 43,6 %. Mit zu berücksichtigen sind per definitionem die Kinder, die mitsamt ihrem Elternteils von Armutsgefährdung betroffen sind. Selbst wenn beide Elternteile für das Heranwachsen ihrer Kinder finanziell gemeinsam aufkommen, sind sie in Deutschland dann besonders armutsgefährdet, wenn sie für drei oder mehr Kinder sorgen. Die Armutsgefährdungsquote lag hier bei jedem vierten entsprechenden Haushalt (27,4 %). Letztlich bestand

---

[3]Vgl.   https://www.bmu.de/themen/nachhaltigkeit-internationales/nachhaltige-entwicklung/2030-agenda/.

auch bei allein lebenden Menschen ohne Kinder in beachtlichem Ausmaß eine Armuts-gefährdung und entsprach mit 26,3 % jedem vierten Einpersonenhaushalt.[4]

Aus unterschiedlichen Perspektiven heraus, wie beispielsweise aus gesellschaftlicher, volkswirtschaftlicher und einzelbetrieblicher Sicht, besteht eine hohe Relevanz in der Beziehung zwischen Armutsgefährdung und Unternehmertum. Denn die im Mittelstand am weitaus häufigsten anzutreffenden Unternehmen sind sogenannte Ein-Personen-Unternehmen und die Gruppe von Kleinstunternehmen insgesamt. Erwerbsarmut (auch als „Working Poor" bekannt) bedeutet, dass eine Person trotz Erwerbstätigkeit als Angestellter oder Selbstständiger arm oder von Armut bedroht ist.

Zieht man dem SDG 1 zur Bekämpfung von Armut das SDG 5 „Gleichheit der Geschlechter" hinzu, zeigt sich bei frauengeführten Unternehmen im Verhältnis zu männergeführten Unternehmen ein deutlich ungleiches Bild: Frauen verdienen mit ihrer Selbstständigkeit bis zu 44 % weniger als Männer und bewegen sich häufiger mit ihrem Solounternehmen am Rande des Existenzminimums. Neben schlechterer Absicherung steht Frauen bereits bei der Unternehmensgründung statistisch gesehen weniger Geld zur Verfügung. Nachweislich erfahren Frauen weniger Unterstützung aus dem familiären Umfeld als ihre männlichen Counterparts und schultern häufig neben der Gründung oder Unternehmensführung auch die Familienarbeit. Selbst wenn Care-Arbeit in Kleinst-unternehmen oft flexibler organisiert werden kann, droht häufig eine Flexibilisierungs-falle durch das Risiko der Entgrenzung von Arbeit und Privatleben. Dennoch gründen Frauen nachhaltiger, denken langfristiger und verantwortlicher und haben weniger den monetären als den gesamtgesellschaftlichen Nutzen ihres Wirtschaftens im Blick. Setzt man hier den Nachhaltigkeitsgrundsatz „Leaving no one behind" an, macht dies ein breites Unterstützungsprogramm für diese Vorreiter eines nachhaltigen Wirtschaftens oder einer grünen und sozial gerechten Ökonomie erforderlich.[5]

Nachhaltige Entwicklungen können in heutigen Gesellschaften nicht mehr ohne die sich ständig verändernden Rahmenbedingungen von Digitalisierung bewertet werden. Denn Informations- und Kommunikationstechnologien (IKT) und die damit verbundene digitale Vernetzung gelten in nahezu allen Lebens- und Arbeitswelten als „New Normal". Digitalisierung im gesamtgesellschaftlichen Umfang und unternehmerische Digital-strategien seitens der Wirtschaft werden zunehmend als Schlüsselfaktor im Erwerbsleben wahrgenommen, ob in Beschäftigungsverhältnissen oder in beruflicher Selbstständigkeit.

Der Angst von abhängig Beschäftigten, im Zuge weiterer Digitalisierung in den Unternehmen durch Maschinen, Roboter und zukünftige Formen künstlicher Intelligenz als Arbeitnehmer ersetzt (und somit zu „Left Behinds") zu werden, stehen neue Karriere-

---

[4]Vgl. Giesenbauer, B. und Müller-Christ, C. (2018): Die Sustainable Development Goals für und durch KMU. Ein Leitfaden für kleine und mittlere Unternehmen, S. 20.
[5]Vgl. von der Bey, K. und Röhr, U. (2016): Innovationen vom Tellerrand: Die Rolle von Unter-nehmensgründern in der Ökonomie nachhaltigen Wirtschaftens: in: Keck, W.: CSR und Kleinst-unternehmen.

und Verdienstmöglichkeiten vor allem im IKT-Sektor gegenüber. Ein ähnliches und oft extrem ausgeprägtes Spannungsfeld ist derzeit im Entstehen, was Verdienstmöglichkeiten und nachhaltige Auftragsverhältnisse unter Ein-Personen-Unternehmen betrifft. Es erstreckt sich von prekären „Clickworkern" („Left Behinds" in sozialer und finanzieller Hinsicht) hin zu international positionierten und projektbezogen tätigen „High Tech High Potenzials". Aus dem Katalog der 17 globalen Nachhaltigkeitsziele trifft für diese Spannungsfelder das SDG 10 mit dem Anspruch eines „Abbaus von Ungleichheiten" zu. Fehlen hierzu klare Zielsetzungen und Maßnahmen einer an Nachhaltigkeit ausgerichteten Digitalpolitik, um klassisch abhängig Beschäftigten genauso wie „Clickworkern" zugutezukommen, muss mit einer mitunter rasch anwachsenden Gruppe von „Left Behinds" der Zukunft gerechnet werden, was entsprechend gesellschaftlich und wirtschaftlich problematische Konsequenzen nach sich zieht.

4   CSR und Kleinstunternehmen

Corporate Social Responsibility (CSR) wird durch die Europäische Kommission als „Verantwortung von Unternehmen für ihre Auswirkungen auf die Gesellschaft" ausgelegt.[6] Folgerichtig ergibt sich ein unternehmensrelevanter Zusammenhang mit der „Agenda 2030 für nachhaltige Entwicklung" der Vereinten Nationen, indem aus CSR-Perspektive heraus die Verantwortung von Unternehmen für ihre positiven und negativen Auswirkungen auf die 17 SDGs betrachtet werden kann.

Der Gedanke liegt nahe und ist philosophisch begründbar, hohe Verantwortung vor allem Akteuren mit großer Macht und hohem Einfluss und Freiheitsgraden zuzusprechen. Dies sollte jedoch nicht davon ablenken, dass Verantwortung im Sinne von CSR auch jenseits von Global Playern und Konzernen auf alle Unternehmen zutrifft, und zwar unabhängig von Unternehmensgröße und anderen ökonomischen Kennzahlen.

Die volkswirtschaftliche Bedeutung von kleinsten, kleinen und mittleren Unternehmen zeigte sich in Deutschland im Jahr 2016 folgendermaßen: Am kleinsten ist die Gruppe der Großunternehmen. Zu dieser zählten 14.630 Unternehmen mit 250 und mehr sozialversicherungspflichtig Beschäftigten. Mit einer Anzahl von 62.355 Unternehmen bestand die zweitgrößte Gruppe aus den sogenannten mittleren Unternehmen mit einer Unternehmensgröße von 50 bis 249 Mitarbeitern. Die nächste Ebene von 10 bis 49 Mitarbeitern verzeichnete 287.493 sogenannte kleine Unternehmen. Deutlich sprunghaft vergrößert im Vergleich dazu die letzte Gruppe an Unternehmen um mehr als das zehnfache: 3.111.753 Kleinstunternehmen mit 0 bis 9 Angestellten bildeten in Deutsch-

---

[6]Vgl. https://eur-lex.europa.eu/legal-content/DE/TXT/?uri=celex%3A52011DC0681.

land die absolute Mehrheit aller Unternehmen (Gesamtzahl der Unternehmen in 2016: 3.476.193).[7]

In der Europäischen Union sind im Durchschnitt neun von zehn Unternehmen Kleinstunternehmen mit weniger als zehn Beschäftigten. Dennoch wurde das Potenzial von Kleinstunternehmen für eine nachhaltige gesellschaftliche Entwicklung im Sinne von CSR in vielerlei Hinsicht schlichtweg übersehen. Kleinstunternehmen und unter ihnen wiederum die Mehrzahl der Ein-Personen-Unternehmen sind oft die ökonomischen „Left Behinds" der Wirtschafts- und Nachhaltigkeitspolitik.

Dabei bieten Kleinstunternehmen Lebensperspektive. Dies gilt in Deutschland, der EU, aber auch in Afghanistan, Bangladesch, Chile oder der Zentralafrikanischen Republik. Sie sind Teil regionaler Identität und haben in Summe erhebliche Macht, Einfluss und Freiheitsgrade. In den meisten Fällen sind Kleinstunternehmen eigentümergeprägt und in der Teilgruppe der Ein-Personen-Unternehmen ohne Eigentümerin oder Eigentümer per definitionem nicht denkbar. Persönliche und familiäre Werte in Kleinstunternehmen, wie beispielsweise Fürsorge, Gleichheit und Gerechtigkeit sowie Regeln im zwischenmenschlichen Umgang stehen allgemeinen wirtschaftswissenschaftlichen Standpunkten bezüglich Management und Führung mitunter kontrovers gegenüber. Umso mehr sind aber oft bei Kleinstunternehmen Verantwortung und Nachhaltigkeit als praktizierte CSR feststellbar. Dennoch oder gerade auch deshalb passen die individuellen Ausprägungen von CSR in Ein-Personen-Unternehmen und Kleinstunternehmen nicht so recht ins Muster, sie sind eher Unikate. Dies mag einer der Gründe sein, weshalb die kleinsten Wirtschaftseinheiten oft aus dem ökonomischen Blickwinkel geraten sind. Darin liegt aber auch eine Chance, dass Kleinstunternehmen dem ansonsten im ökonomischen Mainstream oft weitgehend gebilligten Raubbau an Ressourcen andere Modelle eines lebensdienlichen Wirtschaftens und einer Postwachstumsökonomie entgegensetzen. Eine nachhaltigkeitsorientierte Wirtschaftspolitik und eine auch an Kleinstunternehmen ausgerichtete Nachhaltigkeitspolitik könnte hier Potenziale zur Geltung bringen und unter hochgehaltener Flagge des Leitprinzips „Leaving no one behind" einigen Wind für die Annäherung an die 17 globalen Nachhaltigkeitsziele bewirken.

Doch der CSR-Mainstream blockiert dies mit folgendem Denkmuster: Kleinstunternehmen seien zu klein für strategisches CSR-Management oder gar SDGs. Strategien und Organisationsstrukturen aus den meisten BWL-Lehrbüchern können aus vorab aufgezeigten Gründen nicht eins zu eins auf Kleinstunternehmen oder gar Ein-Personen-Unternehmen übertragen werden. Allerdings gibt es keine Logik, die aus diesem Einwand heraus besagt, dass nicht auch Ein-Personen- und Kleinstunternehmen imstande sind, ihre Geschäftätigkeit strategisch zu managen. Der Maßstab für strategische CSR ist schließlich immer die Integration von Verantwortung für

---

[7]https://de.statista.com/statistik/daten/studie/1929/umfrage/unternehmen-nach-beschaeftigtengroessenklassen/

gesellschaftliche Auswirkungen im Kerngeschäft. Weshalb sollte dies im Kleinsten nicht denkbar und machbar sein?

Die beiden folgenden Beispiele geben einen kurzen Einblick in Kleinstunternehmen, die ihre Verantwortung für Auswirkungen auf die Gesellschaft nicht hinter oder neben sich lassen, sondern strategisch in ihr Kerngeschäft verankern und sich damit auch im Marktumfeld positionieren.[8]

Beispiel eines Kleinstunternehmens im Immobilienmarkt

Eine Immobilienmaklerin hat schon bei ihrer Gründung Wohnungen und Immobilien für Menschen mit Handicaps und für gemeinnützige Organisationen vermittelt. Das sind für viele Immobilienunternehmen nicht immer Premiumkunden, aber so hat die ehemals Solo-Selbstständige ein Alleinstellungsmerkmal, durch das ihr Unternehmen wächst und wächst.

Beispiel eines Kleinstunternehmens im Gastronomiegewerbe

Ein Cateringunternehmen engagiert sich für Menschen mit Fluchthintergrund und schwer vermittelbare Jugendliche und wird so attraktiv für in der Branche nur schwer zu findende Fachkräfte. Das CSR-Engagement sorgt so für engagierte Auszubildende, die im Unternehmen eine zweite Heimat finden. Engagierte Mitarbeiter versprechen aber auch wirtschaftlichen Erfolg und in der Gastronomie- und Cateringbranche ist der persönliche Einsatz angesichts nicht einfacher Arbeitszeiten etwas unheimlich Wertvolles.

5   CSR und Mitarbeiter im Mittelstand

Die Bedeutung von Verantwortung der Unternehmen im Sinne von CSR und SDGs stellt sich im Mittelstand bei kleinen und mittleren Unternehmen gleichermaßen dar, wie eingangs in Kap. 4 mit Blick auf Kleinstunternehmen und Ein-Personen-Unternehmen beschrieben.

Daher umreißt die folgende Kurzbetrachtung direkt die zentrale Frage des Nachhaltigkeitsprinzips „Leaving no one behind" in mittelständischen Unternehmen: Gibt es „Left Behinds" im Mittelstand und wenn ja, wer sind sie und wie viele sind es?

Auf der Suche nach „Left Behinds" im Mittelstand sind nicht ausschließlich Kennzahlen, wie beispielsweise zu Einkommenshöhe und Arbeitszeitregelungen maßgeblich. Ergänzend dazu lassen sich auch Indikatoren heranziehen, die unter den Schlagworten „innere Kündigung" und „Dienst nach Vorschrift" diskutiert werden. Nicht zuletzt können erhebliche Fluktuation im Unternehmen und fehlende Attraktivität für künftige

---

[8]Vgl. https://www.forum-wirtschaftsethik.de/erfahrungen-mit-csr-bei-kleinstunternehmen-aus-der-ihk-bonn-rein-sieg/.

Auszubildende, Fach- und Führungskräfte bewirken, dass Unternehmen selbst als „Left Behinds" auf der Strecke bleiben.

In Deutschland verrichten rund 20 % der Beschäftigten ihren Job ohne jegliche Motivation, was für sie selbst, ihre Kollegen und das Unternehmen entsprechende Einbußen an Produktivität, Qualität, Innovation, Nachhaltigkeit, Gesundheit, Wettbewerbsfähigkeit etc. nach sich zieht.[9] Zahlreiche Studien lassen sich dem hinzufügen und kommen teils zu weitaus drastischeren Ergebnissen, etwa dass gerade einmal 19 % der Angestellten motiviert bei der Arbeit sind.[10]

Mit Blick auf Mitarbeiter als Humankapital sind „Left Behinds" also auch im Mittelstand keine Randerscheinung, sondern vielmehr ein beachtlicher Teil der Beschäftigten bis hin zu deren Mehrheit. Doch womit kann ein Mittelständler zum Nutzen des Unternehmens und seiner Beschäftigten gegensteuern? Was motiviert Mitarbeiter auch jenseits von (mehr) Bezahlung und Karriere? Ein hohes Maß an Einsatzbereitschaft entfalten Menschen, wenn sie dauerhaft Sinn im eigenen Tun erfahren. Darin liegt einer der größten Hebel von CSR. Denn gesellschaftliche und ökologische Verantwortung im Berufsleben nicht abzulegen, ist Kern einer im gesamten Unternehmen verankerten Corporate Social Responsibility. Unternehmen jeglicher Größeneinstufung, die CSR im Kerngeschäft integrieren, können „Left Behinds" aus den eigenen Reihen für aktive Verantwortungsübernahme (zurück)gewinnen und als engagierte Mitarbeiter binden. Dafür müssen aber die Voraussetzungen geschaffen und erhalten werden, dass Nachhaltigkeitsorientierung und ein diesem zugrunde gelegtes ethisches (Mit- und Be-)Denken nicht die eigene Karriere oder den „Fortschritt" ausbremsen, sondern durch Kollegen und Vorgesetzte gleichermaßen Anerkennung finden und als wichtiges Merkmal von Führung auf allen Ebenen im Unternehmen vorgelebt werden.

6   CSR an der Basis stärken

Spricht man offen mit Nachhaltigkeitsbeauftragten und Führungskräften aus CSR-Steuerungskreisen im Mittelstand über ihre Herausforderungen, erfolgreich Nachhaltigkeit im Unternehmen umzusetzen, dann droht ein Scheitern weniger infolge hoher Komplexität globaler Verantwortungs- und Nachhaltigkeitsthemen, sondern eher aufgrund einer fehlenden Verbindung zwischen CSR-Management (oft auch inklusive CSR-Bericht) und operativen Ebenen im Unternehmen. CSR und Nachhaltigkeitsorientierung drohen zu einem „Management neben dem Management" zu werden. In der Innenwirkung des Unternehmens deutet dies auf blinde Flecken an der Basis der Mitarbeiter

---

[9]Vgl. Scheibner, N. et al. (2016): iga.Report 33. Engagement erhalten – innere Kündigung vermeiden. Wie steht es um das Thema innere Kündigung in der betrieblichen Praxis?

[10]Vgl.   http://www.factsverlag.de/aktuelles-dialog/aktuelles-dialog-sub/aktuelle-ausgabe/item/studie-motivation-6-2017/535.

hin und ist für eine ernst gemeinte und glaubwürdige Unternehmensverantwortung aus Sicht der Belegschaft früher oder später der Knock-out.

Sicherlich bleibt es eine zentrale Anforderung an Nachhaltigkeitsbeauftragte, die hohe Komplexität von CSR- und Nachhaltigkeitsthemen zu managen und sich dafür mit Querschnittskompetenzen und bereichsübergreifendem Fachwissen innerhalb ihres Unternehmens und ihrer Branche zu qualifizieren. Entsprechend sind erfolgreiche Nachhaltigkeitsprofessionals in der Regel Generalisten, die Fachkompetenzen einzelner Mitarbeiter und Führungskräfte über regelmäßigen Dialog und Kommunikationsstrukturen im Unternehmen und mit weiteren Stakeholdern im Umfeld koordinieren. Gute Vernetzung ist das A und O. Doch wie lassen sich Brücken zu allen operativen Ebenen im Unternehmen bauen und wie kommt CSR zu den einzelnen Beschäftigten und von der Basis aus wieder zurück an das Management?

Gerade einige Pioniere unter den CSR-orientierten Mittelständlern überraschen hier mit durchaus simpel anmutenden Methoden. Um möglichst alle Mitarbeiter in Nachhaltigkeitsprozesse zu bringen, organisieren sie beispielsweise einen vierteljährlichen CSR-Stammtisch im Unternehmen. Oder sie bringen CSR-bezogene Fragestellungen und Themen in ihre Mitarbeiterbefragungen ein. Darüber hinaus sehen gerade Mittelständler ihre Mitarbeiter oft als beste Markenbotschafter und setzen sie auch für Verantwortungs- und Nachhaltigkeitsthemen im Marketing ein. Einfache und überaus wirksame Methoden dafür können betriebsinterne oder auch extern veröffentlichte Statements von Mitarbeitern sein, die den Satz vervollständigen: „Nachhaltigkeit heißt für mich …". Nimmt man erst einmal ernst, dass Verantwortung und Nachhaltigkeit auch im Unternehmenskontext auf ein sehr vielschichtiges Wertegerüst bauen können, bei dem Menschen unterschiedlich geprägt und orientiert sind, dann ist die Ansicht nicht mehr haltbar, dass die oder der Einzelne als „kleinstes" oder „schwächstes" Glied im Unternehmen doch kaum zu mehr Nachhaltigkeit beitragen könne.

Die hier skizzierte Basis für CSR auf betrieblicher Ebene von Mittelständlern soll abschließend um einige Aspekte aus überbetrieblicher Sicht ergänzt werden. Das Nachhaltigkeitsprinzip „Leaving no one behind" legt es nahe, hier nochmals auf Kleinst- und Ein-Personen-Unternehmen einzugehen, die der CSR-Mainstream bislang noch oft vernachlässigt.

Wer erreicht diese zahllosen „Unikate" und kleinsten Wirtschaftseinheiten, die oder der zugleich in der Lage ist, Instrumente und Methoden des CSR- und Nachhaltigkeitsmanagements auf individuelle Bedarfe der Kleinstunternehmen herunterzubrechen? Zahlreiche gelungene Beispiele von Initiativen, Netzwerken und Genossenschaften zeigen auf, wie sich Kleinstunternehmen gezielt selbst organisieren und damit Kompetenzen und Möglichkeiten auch im Bereich Nachhaltigkeitsorientierung bündeln. Einige Projekte zu CSR wurden und werden auch von Handwerkskammern und Industrie- und Handelskammern sowie einigen Wirtschaftsförderungsgesellschaften vorangebracht. Immer wieder gelangen sogar Beispiele von nachhaltigkeitsorientierten Kleinst- und Ein-Personen-Unternehmen in Broschüren, Nachhaltigkeitsleitfäden oder auf entsprechende Online-Plattformen. Neuere Strömungen und Bewegungen im Nachhaltigkeitsbereich, wie etwa die Gemeinwohlökonomie oder auch die Postwachstumsökonomie bilden einen oft passenden Nährboden gerade für die Unternehmensgröße der Kleinsten.

Doch wenn es hart auf hart kommt, fehlt es Kleinstunternehmen in der Regel an politischer Lobby. Die Mainstreamökonomie scheint kein passendes Terrain zu sein, um sich auf „Left Behinds" einzulassen. Das Nachhaltigkeitsprinzip „Leaving no one behind" könnte hier der Schlüssel zu einem Umdenken auch außerhalb der Nische sein.

Literatur

Bundesministerium für Umwelt, Naturschutz und nukleare Sicherheit (2015) (Hrsg) Die 2030-Agenda für Nachhaltige Entwicklung. https://www.bmu.de/themen/nachhaltigkeit-internationales/nachhaltige-entwicklung/2030-agenda/. Zugegriffen: 22. Jan. 2019

Deutsches Netzwerk Wirtschaftsethik (Hrsg) Forum Wirtschaftsethik. https://www.forum-wirtschaftsethik.de/erfahrungen-mit-csr-bei-kleinstunternehmen-aus-der-ihk-bonn-rein-sieg/. Zugegriffen: 22. Jan. 2019

Europäische Kommission (Hrsg) Eine neue EU-Strategie (2011-14) für die soziale Verantwortung der Unternehmen (CSR). https://eur-lex.europa.eu/legal-content/DE/TXT/?uri=celex%3A52011DC0681. Zugegriffen: 22. Jan. 2019.

FACTS Test- und Wirtschaftsmagazin (2017) (Hrsg) Studie Motivation am Arbeitsplatz 6/2017. www.factsverlag.de/aktuelles-dialog/aktuelles-dialog-sub/aktuelle-ausgabe/item/studie-motivation-6-2017/535. Zugegriffen: 22. Jan. 2019

Giesenbauer B, Müller-Christ C (2018) Die Sustainable Development Goals für und durch KMU. Ein Leitfaden für kleine und mittlere Unternehmen. Universität Bremen, Bremen

Scheibner N, Hapkemeyer J, Banko L (2016) iga.Report 33. Engagement erhalten – innere Kündigung vermeiden. Wie steht es um das Thema innere Kündigung in der betrieblichen Praxis? iga, Dresden

Statista (Hrsg) Anzahl der Unternehmen in Deutschland nach Beschäftigtengrößenklassen im Jahr 2016 (Stand September 2017). https://de.statista.com/statistik/daten/studie/1929/umfrage/unternehmen-nach-beschaeftigtengroessenklassen/. Zugegriffen: 22. Jan. 2019

Vereinte Nationen (2015) „Transformation unserer Welt: die Agenda 2030 für nachhaltige Entwicklung", Resolution der Generalversammlung, verabschiedet am 25.09.2015, New York: A/RES/70/1

von der Bey K, Röhr U (2016) Innovationen vom Tellerrand: Die Rolle von Unternehmensgründerinnen in der Ökonomie nachhaltigen Wirtschaftens. In: Keck W (Hrsg) CSR und Kleinstunternehmen. Die Basis bewegt sich! SpringerGabler, Wiesbaden

Wolfgang Keck (Jahrgang 1976) kam nach seiner kaufmännischen Ausbildung und Mitarbeit im Ulmer Familienbetrieb ab 2004 als Leiter eines EU-Pilotprojekts in Wien zum Thema CSR. Mit dem „CSR Trainingshandbuch" legte er 2006 eine Pionierarbeit in der Fachliteratur zur beruflichen Qualifizierung in CSR und Nachhaltigkeit vor. In Folge entwickelte Keck als Projektleiter bei der GILDE-Wirtschaftsförderung der Stadt Detmold die Wissensplattform „www.csr-training.eu" mit und unterstützte bundesweit kleine und mittlere Unternehmen bei der Erarbeitung eigener CSR-Strategien. Seit 2015 engagiert er sich mit der GILDE im regionalen „CSR-Kompetenzzentrum OWL". Den Deutschen Industrie- und Handelskammertag begleitete Keck bei der Konzeption und Einführung des Lehrgangs „CSR-Manager/in (IHK)". Er ist Dozent und Prüfer bei verschiedenen Bildungsträgern. Der Verlag Springer Gabler veröffentlichte 2016 seinen Herausgeberband „CSR und Kleinstunternehmen. Die Basis bewegt sich!"

Erfolgreiche Frauen führen verantwortungsbewusst?! Nachhaltige Best Practices aus dem Mittelstand

Claudia Rankers, Nadine Kammerlander und Katrin Keller

1   Einleitung

In über 98 % des industriellen Mittelstands wird mindestens ein Instrument der CSR Bereiche Personal, Bürgergesellschaft, Umwelt und Markt eingesetzt (Hoffmann und Maaß 2008). Die KfW stellt 2011 in einer Studie fest, dass sich 95 % aller Unternehmen im sozialen und gesellschaftlichen Bereich engagieren und 26 % im ökologischen Bereich. Außerdem engagieren sich 18 % für Kunst und Kultur sowie 9 % für die Förderung der Wissenschaft. Kumuliert investieren Unternehmen jährlich mehrere Milliarden Euro in diese Maßnahmen (KfW Bankengruppe 2011).

Damit ist das Thema Nachhaltigkeit in und von Unternehmen in aller Munde. Doch wissen wir nur wenig darüber, wie dieses umgesetzt wird. Auch die Konsequenz der Umsetzung sowie der Nutzen bzw. die Erfolgsmessung bleiben häufig intransparent. Während eine aktuelle Umfrage unter mehr als 7000 Unternehmerinnen ergab, dass 90 % der Meinung waren, Unternehmerinnen sollten Verantwortung für die Gesellschaft übernehmen und Vorbilder sein (CSR News 2018), so war dieses Engagement häufig nicht professionalisiert, wurde selten evaluiert und meist in Einzelprojekten statt in kooperativen Gemeinschaftsprojekten durchgeführt.

C. Rankers
Flörsheim, Deutschland
E-Mail: c.rankers@rankers-cie.de

N. Kammerlander
Vallendar, Deutschland
E-Mail: Nadine.kammerlander@whu.edu

K. Keller (✉)
Koblenz, Deutschland

Für große, börsennotierte Unternehmen sollen seit 2017 verpflichtende CSR-Berichte Abhilfe schaffen. Während dies ein guter erster Schritt ist, bleibt zu bedenken, dass das wahre Rückgrat der deutschen Wirtschaft der Mittelstand ist. Definiert als Unternehmen mit weniger als 500 Beschäftigten stellen sie das Gros der Betriebe in Deutschland dar. Dennoch wissen wir wenig über deren CSR. Das ist umso bedeutender, als dass auch mittelständische Unternehmen indirekt von den neuen CSR-Berichterstattungsvorschriften betroffen sind. So sagte Lutz Goebel, ehemaliger Präsident des Verbandes Die Familienunternehmer im Interview mit dem Handelsblatt: „Auch kleine und mittlere Betriebe werden über ihre Geschäftsbeziehungen mittelbar verpflichtet, Nachhaltigkeitsaussagen zu treffen" (Neuerer 2017).

Internationale Studien an großen Unternehmen belegen, dass der CSR-Erfolg eines Unternehmens steigt, wenn mehr Frauen wichtige Positionen im Topmanagement besetzen (Byron und Post 2016). Eine Studie des Verbandes deutscher Unternehmer und der Deutschen Bank zeigte zudem auf, dass Frauen vielfältige Maßnahmen in ihren Unternehmen implementieren, um die Vereinbarkeit von Familie und Beruf zu erhöhen (Bschorr et al. 2016). Dennoch wissen wir wenig über die Rolle von Frauen in Bezug auf CSR in mittelständischen Unternehmen und ihre konkreten Maßnahmen. Im deutschen Mittelstand belegen Frauen etwa 29 % (Statista 2019) der Führungspositionen. Während diese Zahl auf der einen Seite erschreckend gering erscheint aufgrund der obig erwähnten positiven Effekte von Diversität, so ist sie doch höher als in großen deutschen Unternehmen (Die Deutsche Wirtschaft 2018).

Wie wirksam und erfolgreich die deutschen Mittelständler mit dem Thema der Corporate Social Responsibility (CSR) sind und wo es noch Defizite gibt, haben die Beratungsgesellschaft Baker Tilly und die Technische Universität Dortmund untersucht. Dazu haben sie 229 mittelständische Unternehmen zu ihrem Nachhaltigkeitsengagement befragt. Die Resultate besagen, dass sich 74 % der Befragten bereits mit Nachhaltigkeit auseinandergesetzt haben und 80 % glauben, dass es sehr wichtig ist, diesen Aspekt der Unternehmensführung in die Unternehmensstrategie zu integrieren (Dämon 2017). Dennoch hat erst jedes zweite Unternehmen eine Strategie, wie es Nachhaltigkeit definiert und wie diese sich in die Unternehmensführung integrieren lässt.

Gesellschaftliche Verantwortung von Unternehmen wird demnach mehr und mehr ein gegenwärtiges Thema, mit dem auch unmittelbar ein Konzept zur nachhaltigen Entwicklung verbunden werden wird. Corporate Social Responsibility (CSR) wird für eine nachhaltige Unternehmensführung im Kerngeschäft zunehmend bedeutsam, die in der Geschäftsstrategie des Unternehmens verankert werden sollte.

Corporate Social Responsibility beschreibt ausschließlich die über eine gesetzliche Regulierung hinausgehenden Beiträge von Unternehmen, die sich jedoch ebenfalls an diesem Leitbild/Vision orientieren (Hentze und Thies 2012). Nachhaltigkeit stellt letztlich eine breite normative, weltgesellschaftliche, politische, aber eben auch wirtschaftliche Leitidee dar nach der sich Unternehmensverantwortung ausrichtet und in ihr strategisches und operatives Handeln miteinbezieht (Hentze und Thies 2012).

Das Nachhaltigkeitskonzept prägt somit sämtliche Aktivitäten gesellschaftlicher Unternehmensverantwortung.

Aus diesem Grund beschäftigt sich dieses Buchkapitel mit der Frage nach Best-Practice-Ansätzen von Frauen in Führungspositionen, die nachhaltige Strategien implementiert haben. Das Buchkapitel verfolgt insofern zwei wesentliche Ziele: Zum einen möchten wir die Erkenntnisse bestehender, praxisorientierter Studien zusammenfassen und ordnen. Zum anderen möchten wir konkrete Beispiele und Lösungsansätze aufzeigen, wie weibliche Führungskräfte im deutschen Mittelstand nachhaltige Strategien erfolgreich umgesetzt haben. Dies soll als (Rollen-)Vorbild dienen und Inspiration für jüngere Talente bringen.

2 Einordnung in bestehende Theorien

Die konkrete Umsetzung von Nachhaltigkeit in Unternehmen lässt sich zufolge durch vier Leitprinzipien charakterisieren:

- Verantwortungsprinzip,
- Kreislaufprinzip,
- Kooperationsprinzip und
- Anspruchsgruppenprinzip (S. 16–21).

Unter das Verantwortungsprinzip werden alle ethisch-moralischen Aspekte nachhaltigen Wirtschaftens bei Unternehmen und Konsumenten sowie dessen Konsequenzen auf Mensch und Natur subsumiert (ebd., S. 16 f.). Das Kreislaufprinzip gilt als Schlüssel ökologisch verantwortungsvollen Handelns in Unternehmen, zielt es doch auf die Schaffung und Aufrechterhaltung geschlossener Stoffkreisläufe entlang der gesamten Wertschöpfungskette und damit auf die Reduzierung des Rohstoffverbrauchs und steigender Schadstoffemission, kurzum auf die ökologische Effizienz der Unternehmenstätigkeit ab. Recycling stellt das Bindeglied zum Schließen dieser Stoffkreisläufe dar, indem Rohstoffe, die bei Produktions- und Konsumabfällen anfallen, zurückgewonnen und wiederverwertet werden (ebd., S. 18 f.). Eine globale Zusammenarbeit zur Förderung nachhaltiger Entwicklung auf gesamtgesellschaftlicher, politischer und wirtschaftlicher Ebene im Sinne einer gemeinsamen Anstrengung Wertschöpfung zu betreiben und dabei Stoffkreisläufe zu schließen, bildet die Grundlage des Kooperationsprinzips. Kooperationen können zum Beispiel innerhalb einer Branche dazu beitragen, gemeinsame Standards zu etablieren. Während eine Zusammenarbeit mit staatlichen Einrichtungen ebenfalls dazu beitragen kann, umweltrelevante Normen zu entwickeln und einem regulierenden Eingriff vorzubeugen, kann eine Kooperation mit gemeinnützigen Organisationen beziehungsweise NGOs die Glaubwürdigkeit und Reputation eines Unternehmens steigern (ebd., S. 19 f.). Gerade Glaubwürdigkeit und Zuverlässigkeit erweisen sich auch für das Anspruchsgruppenprinzip von besonderer Bedeutung.

Da Unternehmen in wechselseitiger Beziehung zu ihren Stakeholdern stehen und ihre Geschäftstätigkeit und Rolle im Zuge der Digitalisierung transparenter wird, nehmen sie Erwartungen und Forderungen ihrer Umwelt auf und integrieren diese in ihre Aktivitäten sowie Entscheidungen, um somit ihrer (auferlegten) gesellschaftlichen Verantwortung gerecht zu werden. Andernfalls droht ihnen durch Imageschäden und Sanktionen der Entzug beziehungsweise der Verlust ihrer „License to Operate" (ebd., S. 20 f.).

Zusammenfassend ist es für ein auf Nachhaltigkeit ausgerichtetes Konzept von Corporate Social Responsibility unerlässlich, die Dimensionen Ökonomie, Ökologie und Soziales in sich aufzunehmen und zu einer ganzheitlichen Unternehmensverantwortung zu etablieren und konsequent zu verankern (Zirnig 2009). Nur so können Unternehmen in die Lage versetzt werden, einen wirksamen und nachhaltigen Beitrag zum Gemeinwohl zu leisten.

2.1   Motivation für CSR-Initiativen

Generell lassen sich verschiedene Ebenen der Motivation für CSR-Engagement von (mittelständischen) Unternehmen unterscheiden (Stiftung Familienunternehmen und Bertelsmann Stiftung 2007). Zuunterst liegt das Bestreben, gesetzliche Anforderungen zu erfüllen, um mögliche Strafzahlungen oder andere Strafmaßnahmen zu vermeiden. Für viele Unternehmen sind neue gesetzliche Regelungen und Vorschriften (leider) der Hauptgrund dafür, ökologische Standards einzuhalten, auf angemessene Arbeitsbedingungen zu achten oder für Gleichberechtigung bezüglich Positionen und Gehältern zu sorgen.

Oft erkennen Unternehmerinnen jedoch auch, dass Engagement in CSR langfristig die wirtschaftlichen Belange des Unternehmens unterstützt. So gehen „Go-Green"-Kampagnen häufig mit monetären Einsparungen einher. Die Optimierung der Logistikrouten verringert nicht nur den Carbon Footprint des Unternehmens, sondern reduziert auch die Logistikkosten. Ein weiteres viel zitiertes Beispiel ist der Umgang des Unternehmens Starbucks mit heißen Getränken: In früheren Jahren wurden, um Verbrennungen zu vermeiden, den Kunden die Heißgetränke häufig nicht in einem, sondern zwei übereinandergestülpten Pappbechern serviert. Das war nicht nur schlecht für die Umwelt, sondern sorgte auch für hohe Materialzusatzkosten bei der Kaffeekette. Abhilfe schuf die Innovation eines Papprings, der die Wärme zwischen Becher und Kunde isoliert. Auf diese Art wurden zwei Ziele zugleich erfüllt: Die Kostensenkung für Starbucks (ökonomisches Ziel) sowie die Vermeidung von Abfall und Ressourcenschonung (ökologisches Ziel). Der amerikanische Wirtschaftswissenschaftler Michael Porter spricht hier vom Konzept des „Shared Value" (Kramer und Porter 2011). Unter diesem Konzept versteht man Innovationen im engeren Sinne oder gar neue Geschäftsmodelle, die zugleich sozialen und ökonomischen Wert schaffen. Diese gehen in ihrer Komplexität über das, was gemeinhin als CSR bezeichnet wird, hinaus. Kritiker merken jedoch an, dass das Konzept des Shared Value nicht für alle Firmen gleichermaßen umsetzbar sei (ebd.).

Während der ökologische Nutzen durch Senkung von Emissionen und Verbrauch sowie Reduzierung von Energie- und Materialkosten oft messbar ist, ist der ökonomische Nutzen von CSR-Aktivitäten oft nicht kurzfristig erzielbar, sondern mittel- bis langfristig. So geben einige mittelständische Firmen an, ihre Hauptmotivation für CSR-Engagement sei die Verbesserung des eigenen Images, mit der Hoffnung, damit langfristig den Wert des Unternehmens zu erhöhen. In der Tat tragen neue gesetzliche Regelungen dazu bei, dass langfristig gesehen der Wert von Unternehmen mit gutem sozialem und ökologischem Fußabdruck erhöht wird. Wenngleich der Faktor des Unternehmenswertes für Mittelständler im operativen Betrieb von eher geringerer Bedeutung ist, so kommt diesem im Falle der (externen) Nachfolge bzw. des Verkaufs sowie bei der Notwendigkeit größerer Investitionen, bspw. durch Private-Equity-Firmen, plötzlich eine hohe Bedeutung zu (Schickinger et al. 2018). Eine weitere, primär ökonomisch getriebene Motivation, in CSR aktiv zu werden, liegt in der möglichen Risikominimierung für das Unternehmen (Leitterstorf et al. 2018). Zudem erhöht ein Fokus auf die Stakeholder-Komponente des CSR-Ansatzes die Zufriedenheit von Mitarbeitern, Kunden und Lieferanten und kann durch die erhöhte Arbeitsproduktivität und Kreativität zu besserem wirtschaftlichen Erfolg führen. In der Tat ist es der Ansatz vieler erfolgreicher mittelständischer Familienunternehmen, eine offene und vertrauensbasierte „Community" der Mitarbeiter zu schaffen – quasi eine Unternehmensfamilie – was sich langfristig auch positiv auf das Unternehmen auswirkt. So weisen Studien darauf hin, dass Mitarbeiter in Familienunternehmen besonders offen dafür sind, ihre Ideen zu teilen und zu einem effektiven und nachhaltig erfolgreichen Innovationsprozess beizutragen (Kammerlander und Van Essen 2017).

Eine dritte Motivationsebene für CSR-Aktivitäten, die vor allem von Unternehmerinnen genannt wird, ist die ethische Dimension bzw. die intrinsische Motivation, ein „gutes Unternehmen" zu leiten. Dieser Ansatz ist eng mit dem Konzept des „ehrbaren Kaufmanns" bzw. der „ehrbaren Kauffrau" verknüpft, die wertgetrieben agiert. Häufig findet sich eine derartige Motivation bei religiösen Unternehmerinnen sowie bei solchen mit generationsübergreifendem Denken. Dazu passend erwähnte Papst Franziskus in seiner Enzyklika: „Die Unternehmertätigkeit, die eine edle Berufung darstellt und darauf ausgerichtet ist, Wohlstand zu erzeugen und die Welt für alle zu verbessern, kann eine sehr fruchtbringende Art und Weise sein, die Region zu fördern, in der sie ihre Betriebe errichtet" (Papst Franziskus 2015). Bisweilen ist die scheinbar intrinsische Motivation in CSR aktiv zu werden jedoch in der Tat extrinsisch getrieben. So führen gesellschaftlich tief verankerte Normen dazu, genau zu beobachten, was vergleichbare Unternehmerinnen machen und dieses Verhalten zu imitieren. Ein Beispiel solchen Handelns ist die initial große Spendenbereitschaft französischer Unternehmerfamilien nach dem Brand der Kirche Notre Dame.

2.2   CSR-Aktivitäten und Konsequenzen

Mittelständische Unternehmen sind aktiv, was CSR-Aktivitäten anbetrifft. In der Tat zeigen Studien, dass der Großteil mittelständischer Unternehmen mindestens eine entsprechende Maßnahme ergriffen hat – allerdings in vielen Fällen auch tatsächlich nur eine. Gesamtheitliche Konzepte und Strategien fehlen Mittelständlern häufig bei ihren CSR-Aktivitäten (Hoffmann und Maaß 2008).

Als Konsequenz der eher unkonzertierten Einzelmaßnahmen bleibt der Effekt der CSR-Maßnahmen häufig unklar (Steinert 2014). Insgesamt zeigt sich, dass sich die Messung des CSR-Erfolgs aufgrund verschiedener Aspekte typischerweise schwierig gestaltet und viele Mittelständler den Erfolg daher nicht systematisch messen. Erstens verwenden viele Unternehmen sogenannte Input- oder Prozesskennzahlen, um den CSR-Erfolg zu messen. Das heißt, sie messen, wie viele Ressourcen (z. B. in Form von Geld oder Arbeitskraft) für die Lösung des Problems aufgewendet wurden. Oder sie berichten, wie standardisiert die CSR-Prozesse abliefen. Über das Ergebnis der CSR-Aktivitäten sagen solche Kennziffern jedoch leider nichts aus. Statt Input- und Prozess- sind Output- oder Outcome-Kennziffern gefragt. Was ist das tatsächliche Ergebnis der ergriffenen Maßnahmen? Es wird dem Leser bzw. der Leserin nicht schwerfallen zu erkennen, dass solche Kennziffern bei Weitem schwieriger zu definieren oder sogar zu messen sind. Eine weitere Schwierigkeit liegt in der Gefahr möglicher negativer Externalitäten. Damit ist gemeint, dass augenscheinlich positive CSR-Maßnahmen trotz positiven Effekts beim anvisierten Problem negative Effekte in einem anderen Bereich auslösen können. So ist ein typisches Geschäftsmodell im CSR-Bereich das „Buy one, Donate one". Das heißt, für jedes gekaufte Teil (bspw. Kleidungsstück, Schuhe, Brillen) spendet das Unternehmen ein identisches Paar für Menschen in Not. Die Gefahr hierbei ist jedoch, dass – im Falle undurchdachter Umsetzung – hiermit die lokale Industrie zerstört werden kann. Um Externalitäten dieser Art zu vermeiden, könnte man bspw. die verschenkten Güter vor Ort produzieren lassen und damit sogar noch eine „Erhöhung der Erwerbsquote" als weiteres positives Ergebnis mitnehmen.

Des Weiteren macht die „Was-wäre-wenn"-Frage die Messung des Erfolgs von CSR-Aktivitäten schwer. Denn um die Wirksamkeit und den Erfolg einer CSR-Maßnahme zu messen, müsste man eigentlich berücksichtigten, was ohne die CSR-Maßnahme geschehen wäre. So könnte man fälschlicherweise annehmen, dass eine CSR-Maßnahme zur Bekämpfung der Jugendarbeitslosigkeit wirksam war, wenn in den Jahren nach ihrer Einführung die Anzahl der jugendlichen Arbeitslosen in der Region zurückgeht. In Wirklichkeit kann es jedoch auch sein, dass die Maßnahme wirkungslos war und bspw. eine verbesserte wirtschaftliche Lage zur Senkung der Arbeitslosigkeit beigetragen hat. So lösen sich glücklicherweise ab und an Probleme (fast) ganz von alleine – während andere leider verstärkt werden. Der kürzlich verstorbene schwedische Wissenschaftler Hans Rosling hat in seiner Forschung eine ganze Reihe weltweiter, positiver Trends herausgearbeitet. Diese Effekte dürfen natürlich nicht mit denen der CSR-Aktivitäten vermischt werden, sondern müssen säuberlich separiert werden. Um den Erfolg von CSR-Maßnahmen zu beurteilen, muss man also ganz genau hinschauen, welche Wirkung tatsächlich auf die CSR-Maßnahme zurückzuführen ist, und bei welchen Beobachtungen es sich nur um Koinzidenz handelt. Und zu guter Letzt muss sich jede Unternehmerin und jeder Unternehmer natürlich stets die Frage stellen: Ist mein Geld in den ausgewählten CSR-Maßnahmen gut, das heißt effizient, investiert? Oder könnte die gleiche Summe, wenn sie in ein anderes Projekt (mit anderer Governance, anderen Prozessen, anderen Geschäftsmodellen, anderem Team) gesteckt würde, mehr Impact erzielen?

3　　Datengrundlage

Die nachfolgenden Best Practices beruhen auf den folgenden Datenquellen: a) Beobachtungen aus dem 2018 stattgefundenen, bundesweiten Wettbewerb „Erfolgreiche Frauen im Mittelstand" und b) Interviews mit Inhabern von Familienunternehmen und Headhuntern.

Der Wettbewerb „Erfolgreiche Frauen im Mittelstand" fand erstmals im Jahr 2018 auf Initiative des Landesfrauenrats Rheinland-Pfalz und des Instituts für Familienunternehmen der WHU – Otto Beisheim School of Management statt (www.frauen-im-mittelstand. de). Er richtete sich an Inhaber und Geschäftsführer von bundesweiten, mittelständischen Unternehmen zwischen 50 und 500 Beschäftigten. Auswahlkriterien waren die nachhaltige und zukunftssichernde Aufstellung des Unternehmens sowie getroffene Maßnahmen zur Erhöhung der Vereinbarkeit von Familie und Beruf. Die angeschriebene Grundgesamtheit betrug mehr als 15 Mio. Individuen. Der Bewerberpool umfasste Unternehmen aus zehn Bundesländern mit durchschnittlich 190 Beschäftigten, die teils international aktiv agieren und durchaus als „Hidden Champions" bezeichnet werden können. Dabei war große Varianz bezüglich Branche und Rechtsform festzustellen.

Zudem wurden im Jahr 2019 acht Interviews mit Headhuntern und Unternehmerinnen geführt. Diese basierten auf einem semistrukturierten Interviewleitfaden mit den Themenblöcken Unternehmensführung, Rolle der Frau, Nachhaltigkeit und Digitalisierung. Die Ergebnisse dieser Interviews wurden teilweise in einem Kamingespräch des internationalen Prestel Family Office Forums präsentiert und weiterer Input wurde in Gesprächen aufgenommen.

4　　Best Practices

Die Auswertung der Bewerbungen des im Jahr 2018 stattgefundenen Wettbewerbs „Erfolgreiche Frauen im Mittelstand" zeigt, dass den Themen Aus- und Weiterbildung von Beschäftigten, nachhaltiger Ressourceneinsatz und Rohstoffproduktivität sowie Innovation und Digitalisierung von Frauen in Führungsrollen in den Unternehmen besondere Aufmerksamkeit gewidmet wird. Doch auch die Themen Unternehmensklima, soziale Leistungen, Unternehmenskommunikation, Kooperationen und Qualität spielen für die befragten Unternehmerinnen eine große Rolle. Gleichberechtigung und adäquate Vergütung gehören zur Unternehmensphilosophie. Viele Unternehmerinnen leben diese Werte nicht nur innerhalb des Unternehmens, sondern zeigen die Erfolge auch nach außen. Dies kann bspw. durch Zertifizierungen, Gütesiegel, wie das für familienfreundliche Unternehmen der Hertie-Stiftung, oder Auszeichnung in Wettbewerben (z. B. Best Place to Work) geschehen. Alle am Wettbewerb teilnehmenden Unternehmen zeichneten sich durch eine stabile wirtschaftliche Lage und Profitabilität, kurz gesagt, also wirtschaftlichen Erfolg, aus. Dennoch steht Profitmaximierung oft nicht im Vordergrund. So berichtete Eva Reiter, Geschäftsführerin der ITEX Gaebler-Industrie-Textilpflege GmbH & Co. KG, von ihrer bewussten Entscheidung gegen das profitträchtigere Dreischichten- und für das familienfreundlichere Zweischichtenmodell.

> „Generell vertreten wir die Auffassung, dass ein Dreischichtensystem sehr kräfteraubend und daher langfristig ungesund und krankmachend ist. Aufgrund dessen stellen wir auch die vermeintlichen wirtschaftlichen Vorteile infrage. Wir sind überzeugt, dass unsere Produktivität in zwei Schichten mindestens genauso hoch, wenn nicht besser ist, dadurch, dass wir einen nachhaltigeren Umgang mit der Ressource „Mensch" pflegen. Abgesehen davon erschwert ein Dreischichtensystem ein gesundes Familienleben sowie ein intaktes, soziales Beziehungsgeflecht ungemein stärker."

In diesem Unternehmen gilt der Grundsatz „Mensch geht vor Maschine" auch dann, wenn der Einsatz von menschlicher Arbeitskraft zu höheren Kosten führt als eine mögliche Automatisierung.

4.1   Mitarbeitende

Eine Hauptmotivation für das CSR-Engagement der befragten Unternehmerinnen ist, im Arbeitsmarkt und in dem immer stärker werdenden „War of Talent" als attraktiver Arbeitgeber wahrgenommen zu werden. Diese Einschätzung der Wettbewerbsteilnehmer passt zu einer internationalen Befragung von 200.000 Jobsuchenden in 189 Ländern, welche die für die junge Generation wichtigsten Aspekte bei der Wahl ihres Arbeitgebers aufzeigt: Wertschätzung der eigenen Arbeit und gute Beziehungen zu Kolleginnen (Strack et al. 2014). Allein das Gehalt ist für diese Generation nicht mehr ausschlaggebend, auch Partizipation, Vereinbarkeit von Familie und Beruf sowie soziales und gesellschaftliches Engagement zählen bei der Wahl des Arbeitgebers. Norma Demuro, Gründerin und Inhaberin der keeunit GmbH, einem Mainzer Unternehmen für digitale Lernlösungen, beschreibt den Zusammenhang zwischen Weiterbildungsmaßnahmen und Nachhaltigkeit wie folgt: „Lebenslanges Lernen und die Partizipation von Mitarbeitern zu verbinden, stehen bei uns an erster Stelle. Wir werden in den nächsten Monaten in der keelearning-App noch viele weitere Programme aufsetzen, damit Mitarbeiter mit Spaß lernen und Unternehmen einen Mehrwert bieten – sei es, um ihre Mitarbeiter zu stärken und besser zu machen, ihrer Unternehmensverantwortung nachzukommen oder um ihre Arbeitgeberattraktivität zu stärken."

Die Kreativität der befragten Unternehmerinnen zur Förderung ihrer Beschäftigten zeigte kaum Grenzen: So berichtete eine Unternehmerin von Austausch- und Lernmöglichkeiten durch interdisziplinäre Projekt- und Arbeitsgruppen. Manche Unternehmerinnen setzten stark auf das Gesundheitsmanagement und implementierten Maßnahmen wie die Einstellung eines Personal Trainers im betriebseigenen Trainingsraum oder die Installation einer gesunden Kantine. Wieder andere Unternehmen zeigten sich bei finanziellen und persönlichen Notlagen als flexibel und unterstützend. Auch Mentoring-Programme wurden eingesetzt, um junge Nachwuchskräfte und insbesondere weibliche Talente bei der Karriereentwicklung zu unterstützen. Dabei steht die Philosophie im Vordergrund, dass Kommunikation zwischen unterschiedlichen Generationen „geübt" werden muss, um gegenseitiges Verständnis aufzubauen und voneinander zu lernen. Außerhalb des Unternehmens wurden nationale und internationale Netzwerke wie BPW International, Die Familienunternehmer, European Women Management Development, Frauen in die Aufsichtsräte (FidAR) e. V., Verband deutscher Unternehmer e. V., Working Moms und Zonta sowie Vernetzungen innerhalb der Region als hilfreich beschrieben.

Die mittelständischen Unternehmen zeigen auch, dass Führung in Teilzeit nachhaltig erfolgreich funktionieren kann. Dies ist insbesondere dann der Fall, wenn das Unternehmen in Teambuildingmaßnahmen investiert und damit die Unternehmenskultur entsprechend gestärkt hat. Dabei stehen nicht zwingend kostenintensive „Team-Adventure"-Maßnahmen im Fokus, sondern auch ein gemeinsames Kochen und Mittagessen kann bereits einen ähnlichen positiven Effekt bewirken.

Frauen haben mit den vielen Best Practices gezeigt, dass sie eine besondere Gabe für das Steuern von Veränderungsprozessen und für die Förderung von nachhaltigem Unternehmenserfolg haben. Dr. Stefanie Schmickler, geschäftsführende Gesellschafterin der Augen-Zentrum-Nordwest MVZ GbR, hat beispielsweise beobachtet, dass Frauen vieles sensibler beobachten, was für die Durchsetzung von Entscheidungen wichtig sein kann: Meines Erachtens haben wir Frauen mehr den Blick für das Umfeld und somit, was Entscheidungen ‚anrichten' können.

4.2   Familien

Nachhaltig erfolgreiche Unternehmerinnen haben erkannt, dass die Vereinbarkeit von Familie und Beruf eine Grundvoraussetzung für zufriedene und damit auch kreative und produktive Beschäftigte ist. Insofern tragen Maßnahmen zur Verbesserung der Vereinbarkeit schlussendlich auch zum Unternehmenserfolg bei. Zu den implementierten Maßnahmen gehörten unter anderem solche, welche die Arbeit mit der individuellen Lebenssituation, wie beispielsweise Kinderbetreuung oder Pflege von Angehörigen in

Einklang bringen – vor allem für Familien mit nur einem Elternteil wie alleinerziehende Mütter oder Väter: flexible Arbeitszeiten, flexible Arbeitsorte, Vertrauensarbeitszeit sowie die Einrichtung von Kinderbetreuungsmöglichkeiten. „Familienfreundliche Arbeit treibt uns an", so äußerte sich Katja Hillenbrand, Vorstandsvorsitzende der MICAS AG: „Eine prämierte Kindertagesstätte mit Hort, eine Kantine sowie flexible Arbeitszeiten sind für die MICAS wichtiger Bestandteil für eine erfolgreiche Arbeit. Denn nur, wenn es unseren Mitarbeitern gut geht, können sie für die Firma eine gute Leistung bringen." Die Aktivitäten der Kandidaten zeigten insgesamt, dass das gängige Vorurteil solche Maßnahmen seien nur für sehr große Konzerne überhaupt machbar, keine Substanz hat. In der Tat schafften es die erfolgreichen Unternehmerinnen ihre Arbeitsmannschaft so zu planen, dass Ausfälle durch Teilzeit oder Betreuung kompensiert wurden, ohne dem Unternehmen zu schaden. Auch zeigte sich, dass aufgrund des Vertrauensvorschusses die Beschäftigten ein hohes Maß an Eigenverantwortung zeigten und somit aufkommende Probleme proaktiv lösten. Bezüglich der Kinderbetreuung blickten Unternehmerinnen sogar über den Tellerrand hinaus und boten nicht genutzte Kinderbetreuungsplätze auch unternehmensexternen Familien an. Manche Unternehmerinnen fanden auch andere, kreative Lösungen für das Betreuungsproblem. So hat Stefanie Schmickler ein Modell entwickelt, in dem zum einen eine im Betrieb angestellte Tagesmutter die Kinder von Beschäftigten betreut und zum anderen an externen Standorten die Kosten für externe Tagesmütter übernommen werden. Frau Schmickler ist es gelungen, zum einen ihre Mitarbeiterinnen nach den Familienzeiten wieder schnell und erfolgreich ins Unternehmen zu integrieren und zum anderen eine Quote von 70 % Frauen in Führungspositionen zu erreichen. Andere Unternehmerinnen berichten von ähnlichen Erfahrungen. Es hat sich auch eine flexible Rückkehr nach der Elternzeit bewährt, die den Eltern die Möglichkeit gibt, auf die neue Situation schnell und familiengerecht zu reagieren und das gewählte Modell gegebenenfalls anzupassen (z. B. schrittweise von 30 bis 100 %). In die „Rückkehrgespräche" wird dabei immer auch der Ehepartner bzw. die Ehepartnerin miteinbezogen.

Bewährt hat sich ebenfalls die Einrichtung einer „Doppelspitze" für alle im Unternehmen wichtigen Funktionen – ein Modell, das in anderen Ländern seit Langem etabliert ist. Dabei wird sichergestellt, dass es im Unternehmen jeweils (mindestens) zwei Personen gibt, die eine Aufgabe kompetent erfüllen können. Dies ist nicht nur bei Ausfällen aufgrund von Elternzeiten oder Pflege von Nutzen, sondern auch bei unvorhergesehenen Ausfällen, wie beispielsweise durch Unfall oder Krankheit. Wenngleich solch ein Modell hohe Kommunikations- und Koordinationsfähigkeit im Unternehmen verlangt und gegebenenfalls zu höheren Kosten führen kann, gleicht der positive Effekt durch die Risikominimierung die Nachteile für das Unternehmen mehr als aus.

4.3   Kunden

Nachhaltig erfolgreiche Unternehmerinnen sind am Kunden nah dran, wie unsere Gespräche zeigten. Sie beobachten dauernd und aufmerksam den Absatzmarkt und die entsprechenden Themen und Trends. Dabei setzen sie oft gerade nicht auf etablierte Prozesse oder einmalige Befragungen, sondern halten dauerhaft die Augen offen, im Beruflichen wie im Privaten. Gleichzeitig haben einige der von uns befragten Unternehmerinnen Monitoringsysteme zur Messung der Kundenzufriedenheit eingeführt. Ihnen ist es wichtig, die Kunden nicht nur zufriedenzustellen, sondern zu begeistern – mit Topqualität bei Produkten und Dienstleistungen sowie guter proaktiver Betreuung.

Außerdem machen nachhaltig erfolgreiche Unternehmerinnen bei der Produktentwicklung „Betroffene zu Beteiligten". Das heißt, sie wenden das bei großen Unternehmen derzeit gehypte Konzept der „Open Innovation" an – teilweise, ohne sich dessen bewusst zu sein. Anders als bei weniger erfolgreichen Unternehmen, bleiben die Vorschläge von Kunden zur Produkt- oder Serviceverbesserung nicht im Nirgendwo stecken und bleiben ungehört. Stattdessen berichtete eine Unternehmerin im Personalbereich, dass ihre Beschäftigten bis zu 20 % ihrer Arbeitszeit für Innovationsprojekte investieren können. Diese Unternehmenspolitik erlaubt es, dass Trends des Marktes nicht nur schnell erkannt, sondern auch zügig, bedarfsgerecht und nachhaltig umgesetzt werden können.

Wichtig ist den Unternehmerinnen in diesem Zusammenhang auch Transparenz, Ehrlichkeit und Verlässlichkeit. So erklärten einige der Befragten, dass ihnen auch der gesundheitliche Aspekt ihrer Produkte für die Kunden wichtig sei. Gleichzeitig lehnten sie es ab, aus Marketing- und damit Profitgründen Produktversprechen zu geben, die sie letztendlich nicht hätten halten können. Die Unternehmerinnen gaben an, dass Fairness, Kompetenz und Zuverlässigkeit als Basis einer partnerschaftlichen Zusammenarbeit von den Kunden sehr geschätzt würden.

4.4   Lieferanten

Nachhaltig erfolgreiche Unternehmerinnen blicken häufig über den Tellerrand der eigenen Wertschöpfung hinweg und haben auch die Belange, Aktivitäten und Prozesse ihrer Lieferanten im Blick. Das bedeutet, dass es häufig zu einer intensiven Zusammenarbeit mit den Lieferanten kommt, die auf Langfristigkeit ausgelegt ist und auf gegenseitigem Vertrauen und Wertschätzung beruht. Dabei wird, insbesondere aus ökologischen Gründen, nach lokalen Zulieferern Ausschau gehalten. Mit den Zulieferern wird eine enge, langjährige Zusammenarbeit angestrebt. Eine Unternehmerin beschrieb uns die häufigen, regelmäßigen Vor-Ort-Besuche bei ihrem (internationalen) Lieferanten,

in denen die Zusammenarbeit stets weiter intensiviert, Produkte gemeinsam entwickelt und Prozesse verbessert wurden. Auch achten die Unternehmerinnen nicht
nur auf Qualität und Preis des Produkts, sondern auch auf die Lebensbedingungen der
Arbeiterinnen und Arbeiter vor Ort. Diese waren und sind den Unternehmerinnen von
hoher Bedeutung. Daher streben sie vor allem direkte Zusammenarbeit an, statt indirekte
Kooperationen über mehrere Partner. Auf diese Weise können sie ihre unternehmerische,
soziale und ökologische Verantwortung auch über die Landesgrenze hinaus leben.

4.5   Umwelt

Andere Unternehmerinnen setzen vor allem auf Technologie und Innovation, um ökologische Nachhaltigkeit zu erzielen. So war es einer Gründerin besonders wichtig, dass
die von ihr verkauften Produkte sich nicht nur durch hohen Nutzerkomfort und Sicherheit, sondern auch durch Ressourcenschonung und Energieeffizienz auszeichnen. Hier
konvergieren die intrinsische, ethische Motivation sowie ökonomische Beweggründe.

Auch bei der Verwertung von „Abfällen" zeigen die Unternehmerinnen hohes Gespür
für Nachhaltigkeit. So wurden in einem Fall die nicht verwendeten Lebensmittel einem
benachbarten Biobauern für seine Biogasanalage weitergegeben.

4.6   Umfeld

Als wichtigste Herausforderungen werden in Deutschland häufig die Gestaltung einer
lebenswerten Region, die Folgen des demografischen Wandels, gelungene Integration,
die Reduzierung der Altersarmut sowie der Schutz von Klima und Umwelt wahrgenommen. Das gesellschaftliche Engagement erfolgt mehrheitlich durch Geld- und
Sachspenden sowie durch Mitarbeiterfreistellung (Labigne et al. 2018).

Auch den befragten Unternehmerinnen war das soziale Umfeld, in dem das Unternehmen angesiedelt war bzw. ist, sehr wichtig. So wurden soziale Initiativen, zum
Beispiel in Kooperation mit Serviceklubs, finanziell und personell unterstützt. Eine
Unternehmerin beschrieb auch die Wichtigkeit der Zusammenarbeit mit Verbänden
sowie Engagement auf politischer Ebene, um das unternehmerische Umfeld positiv zu
beeinflussen und zu gestalten. So wurden regulatorische Beschränkungen und fehlende
politische Unterstützung von den Befragten als größte Herausforderungen für ver-
antwortungsbewusstes, nachhaltiges unternehmerisches Handeln gesehen. Als weitere
Hürden für nachhaltiges Unternehmertum wurden Bürokratisierung und Formalisierung
angegeben. Auch hier engagierten sich die Unternehmerinnen für einen Abbau derartiger
Hindernisse. Um selbst einen Beitrag durch soziales Engagement zu leisten, beteiligten
sich die befragten Unternehmerinnen mit ehrenamtlichen Vorträgen und Moderationen.

4.7 Zukunftsfähigkeit

Zu nachhaltigem Erfolg gehört nicht nur soziales, ökologisches und ökonomisches Bewusstsein, sondern auch die Bereitschaft zur Veränderung (Kammerlander und Prügl 2016). Für Dr. Stefanie Schmickler gibt es kein Spannungsfeld zwischen „Bewahren" und „Neu gestalten": „Das haben wir immer schon so gemacht, gibt es bei uns nicht. Wir pflegen ein innerbetriebliches Vorschlagswesen und sind Innovationen gegenüber aufgeschlossen." Die obig genannten Aspekte der Mitarbeiterförderung und Kundennähe legen bereits den Grundstein zur Innovationstätigkeit und damit Zukunftsfähigkeit. Insbesondere berichteten die befragten Unternehmerinnen von der Notwendigkeit, sich mit einer Digitalisierungsstrategie und einem Talentmanagement auseinanderzusetzen. Dies sind originäre Aufgaben der Geschäftsführung, die nicht beliebig nach unten oder extern delegiert werden können. Im Sinne von Paradoxientheorie (Smith und Lewis 2011) sind diejenigen Unternehmen zukunftsfähig, die langfristig eine Balance zwischen Tradition und Innovation schaffen. Denn die Theorie zum Management von Paradoxien besagt, dass Organisationen häufig vor unauflösbare Entscheidungsdilemmata gestellt werden. Während eine Lösungsmöglichkeit ist, sich auf eine der beiden Möglichkeiten (i. e. entweder Tradition oder Innovation) zu beschränken, so führt es häufig zu langfristigerem Erfolg, beide Ziele zu verfolgen und in der jeweiligen Situation abzuwägen, ob bspw. Innovation oder Tradition gerade gewichtiger sind.

Bezüglich der Digitalisierung zeigten die befragten Unternehmerinnen vor allem Aktivitäten in der Prozess- und Produktdigitalisierung. Die Digitalisierung wurde dabei unaufgeregt, Schritt für Schritt und mit eigenen Mitteln vorangetrieben. Bei Unsicherheiten im Prozess wurden Experten herangezogen. Interessanterweise haben die oben genannten Maßnahmen zur Mitarbeiterförderung, wie bspw. die Einrichtung von Home-Office-Arbeitsplätzen, die Implementierung von digitalen Prozessen weiter vorangetrieben, hatten also einen positiven Effekt auf die Innovationskraft des Unternehmens. Als besondere Herausforderung wurde hierbei der Spagat zwischen Digitalisierung und den damit verbundenen Vorteilen für die Mitarbeiter auf der einen Seite und Datenschutz auf der anderen Seite beschrieben. Die Digitalisierung half auch, die Präsenzkultur zu überwinden. So setzten die Unternehmerinnen Smartphone Apps und Videotelefonie ein, um die Kommunikation zwischen Beschäftigten untereinander und mit Kunden zu verbessern und Arbeitsabläufe besser zu koordinieren. So kann die Präsenzkultur durch eine Ergebniskultur abgelöst werden.

Bezüglich des Talentmanagements stellten die Unternehmerinnen vor allem die Bedeutung des lebenslangen Lernens heraus. Talentmanagement beginnt dabei bereits vor der Einstellung im Unternehmen. Schon bei der Auswahl geeigneter Kandidatinnen und Kandidaten ist nicht der Lebenslauf samt Erfahrung und bisher bekleideter Positionen wichtig, sondern die Persönlichkeit, das Engagement und auch die außerberuflichen Aktivitäten und Erfahrungen werden in Betracht gezogen. So schaffen es die Unternehmerinnen nicht nur Diversität bezüglich Alter und Geschlecht, sondern auch in Bezug auf Persönlichkeitstypen zu schaffen. Diese Diversität wiederum wirkt sich positiv auf die Kreativität, die Innovationskraft, die Unternehmenskultur und damit schlussendlich den Unternehmenserfolg aus.

5   Diskussion

Gemäß der Definition der EU-Kommission von Ende 2011 braucht CSR das Konzept des „Business Case for Sustainability". Nach dem Verständnis der EU setzen Unternehmen dieses erfolgreich um, wenn sie soziale, ökologische und ethische Belange – inklusive der Menschenrechtsfragen – in Zusammenarbeit mit ihren Stakeholdern ins operative Geschäft sowie die Kernstrategie ihres Unternehmens konsequent umsetzen (Steinert 2014). Sechs Kerntreiber des Business Case lassen sich identifizieren (Schaltegger und Lüdeke-Freund 2012): Kosten und Kostenreduzierung, Risiko und Risikoreduzierung, Umsatz- und Ertragssteigerung, Reputation und Markenwert, Arbeitgeberattraktivität sowie Innovationsfähigkeit.

Das bestätigen auch die Best Practices von Geschäftsführerinnen mittelständischer Unternehmen, die sich in vielen Fällen sehr intensiv mit dem Thema CSR auseinandersetzen und dabei kreative und ganzheitliche Lösungen entwickeln. Sie schaffen es, die Balance aus wirtschaftlichem Erfolg sowie sozialem und ökologischem Verantwortungsbewusstsein zu halten und damit zu einer Gesamtnutzenmaximierung beizutragen. Dabei gelingt es ihnen, das in Abb. 1 gezeigte Spannungsfeld, bestehend aus Kunden, Mitarbeitern, Lieferanten und Umfeld, mit ihren jeweiligen Ansprüchen deckungsgleich zusammenzubringen. Dies führt nicht nur zu zufriedenen Stakeholdern und Wettbewerbsvorteilen der mittelständischen Unternehmen, sondern hat auch einen positiven Impact auf die Gesellschaft im Allgemeinen.

Zum einen trägt das Handeln der beschriebenen Unternehmerinnen zur Erreichung der Ziele der Nachhaltigkeitsstrategie bei. Insbesondere Energieproduktivität und ressourcenschonender Materialeinsatz tragen dazu bei, die Sustainable Development Goals SDG 8, 9 und 12 (SDG 8: Menschenwürdige Arbeit und Wirtschaftswachstum; SDG 9: Industrie, Innovation und Infrastruktur; SDG 12: Nachhaltiger Konsum und Produktion) zu erreichen. Außerdem tragen die Maßnahmen zur Mitarbeiterförderung und Vereinbarkeit von Familie und Beruf zu einer höheren Partizipation von Frauen im Erwerbsleben bei. Dies führt nicht nur zu potenziell höherer Gleichberechtigung, sondern auch zu verringerter Altersarmut. Die Auswirkungen von mehr Partizipation auf Unternehmen sind ebenfalls positiv zu sehen. So lindert eine höhere Partizipation von Frauen im Arbeitsleben den Fachkräftemangel. Zudem zeigen internationale Studien (Ernst & Young 2012), dass heterogene Teams besonders kreativ und leistungsfähig sind – wenn die Unternehmenskultur den Austausch unterstützt. Unternehmen mit

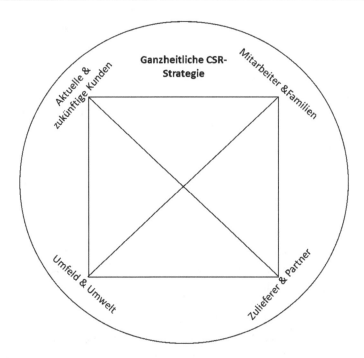

Abb. 1 Aspekte einer ganzheitlichen CSR-Strategie

mindestens einer Frau an der Führungsspitze erzielten im Zeitraum von 2005 bis 2010 bessere Kennzahlen bei Umsatz, Gewinn, Mitarbeiterzahl und Börsenwert. Dabei ist insbesondere die „emotionale Sensitivität" – eine wesentliche Eigenschaft weiblicher Führungskräfte – ein Treiber für diese Erfolge (ebd.). Aktives Diversity Management geht über das reine Genderthema hinaus. Studien zeigen, dass bei konsequenter Nutzung der vorhandenen Vielfalt sowohl nach innen als auch nach außen eine positive Wirkung für das Unternehmen generiert wird. In einer kürzlich durchgeführten Umfrage gaben 90 % der Befragten an, dass Diversity Management wichtig für den globalen Erfolg sei (PageGroup 2018). Deshalb haben bereits über 3000 Unternehmen und Institutionen mit insgesamt 10,4 Mio. Beschäftigten die Charta der Vielfalt bereits unterzeichnet, eine Arbeitgeberinitiative zur Förderung von Vielfalt in Unternehmen und Institutionen, die 2006 von vier Unternehmen ins Leben gerufen wurde.

Nach Aussage der befragten Unternehmerinnen trägt die konsequente und professionelle Umsetzung von CSR-Konzepten zur Verbesserung des Unternehmens-bildes bzw. des Images, zur Erhöhung der Mitarbeitermotivation/-bindung sowie zur Festigung der Kundenbindungen bei (Hoffmann und Maaß 2008). Darüber hinaus steigert sie den Unternehmensgewinn und die Reputation, minimiert das Unternehmens-risiko und erhöht den Unternehmenswert. In der Tat gibt es von Investorenseite aus seit einigen Jahren den Trend zum nachhaltigeren Investieren. So müssen ab Januar 2019 alle betrieblichen Altersvorsorgeeinrichtungen erklären, wie sie mit Nachhaltigkeit umgehen (Flossbach von Storch 2018). Ab dem Folgejahr soll ein EU-Aktionsplan für einen nach-haltigeren Finanz- und Investitionsmarkt folgen, sodass jeder Investor Transparenz über die Nachhaltigkeit erfährt.

Insofern ist die Transparenz und Messung der eigenen CSR-Aktivitäten in Zukunft auch für mittelständische Unternehmen sinnvoll. Insbesondere Nachfolgerinnen und Nachfolger von mittelständischen Betrieben müssen sich frühzeitig über den Status quo der CSR- Aktivitäten des eigenen Unternehmens informieren und gegebenen-falls Maßnahmen ableiten. Die besondere Herausforderung liegt dabei in der Messung des Erfolgs der umgesetzten Maßnahmen. Wenngleich alle unsere befragten Unter-nehmerinnen von erfolgreichen CSR-Maßnahmen sprachen, so war dieser Begriff oft vage und nicht mit konkreten Zielen, Konzepten und KPIs verbunden. Für die Zukunft wäre neben den ganzheitlichen Ansätzen, wie sie die Unternehmerinnen zeigten, auch ein professionalisiertes und konsequent umgesetztes Zielmonitoring wünschenswert.

Zwingend mit der CSR-Frage beschäftigen müssen sich Unternehmen ohne geeigneten Nachfolger oder Nachfolgerin aus Familie oder Unternehmen. Um für strategische oder institutionelle Investoren von Interesse zu sein, bedarf es einer CSR-Strategie mit konkreten Maßnahmen und Kennwerten.

Die genannten konkreten Maßnahmen dieses Buchkapitels mögen als Inspiration für Gründerinnen, Nachfolgerinnen und Führungskräfte dienen. Um Gleichberechtigung auf allen Ebenen des wirtschaftlichen und gesellschaftlichen Lebens zu erreichen, ist es nötig, dass verantwortungsvolle und talentierte Frauen den Beispielen der dargestellten Unternehmerinnen folgen und später selbst als positive Rollenvorbilder agieren.

6   Schluss

Ein langfristig und nachhaltig erfolgreiches Unternehmen benötigt ein Management mit Vision und Gesamtkonzepten sowie Sensibilität für die globale Dimension des persön-lichen Handelns. Es ist entscheidend, dass Geschäfts- und Nachhaltigkeitsstrategien miteinander verbunden werden. Nicht immer wird es dabei möglich sein, wie von den amerikanischen Wissenschaftlern Porter und Kramer gefordert, mit unternehmerischen Aktivitäten jeweils den sozialen, ökologischen und ökonomischen Nutzen gleichzeitig zu maximieren. Vielmehr geht es darum, die Balance zu schaffen und durch überlegte Entscheidungen langfristig den Gesamtnutzen zu maximieren. Die genannten Beispiele erfolgreicher Unternehmerinnen zeigen, wie dies im Mittelstand umgesetzt werden kann.

Literatur

Bertelsmann Stiftung, & Stiftung Familienunternehmen (2007) „Das gesellschaftliche Engagement von Familienunternehmen". Bertelsmann Stiftung, Gütersloh, Stiftung Familienunternehmen, München. Zugegriffen: 22.02.2019

Bschorr S, Groß-Leege C, Eich-Ehren M, Petersen O, Winkler A (2016) Unternehmerinnen 2016 – starkes Engagement für Vereinbarkeit von Familie und Beruf sowie Entgeltgleichheit. Verband der Unternehmerinnen und Deutsche Bank, Frankfurt

Byron K, Post C (2016) Women on boards of directors and corporate social performance: a meta-analysis. Corp Gov: Int Rev 24(4):428–442

CSR News (2018) Potenzial nicht ausgeschöpft. https://www.csr-news.net/news/2018/05/16/potenzial-nicht-ausgeschoepft/. Zugegriffen: 22. Febr. 2019

Dämon K (2017) „Die Unternehmen wollen – können aber nicht" – Nachhaltigkeit im Mittelstand. In: *WirtschaftsWoche*, 30.8.2017. https://www.wiwo.de/erfolg/management/nachhaltigkeit-im-mittelstand-die-unternehmen-wollen-koennen-aber-nicht/20254610.html. Zugegriffen: 19. März 2019

Die Deutsche Wirtschaft (2018) Frauen in Führungspositionen. https://die-deutsche-wirtschaft.de/frauen-in-fuehrungspositionen/. Zugegriffen: 30. Juni 2019

Ernst & Young (2012) Mixed Leadership, Gemischte Führungsteams und ihr Einfluss auf die Unternehmensperformace. Ernst & Young GmbH, Frankfurt

Flossbach von Storch AG (2018). Kapitalmarktbericht 2018 „Dummheit: Eine Erfolgsgeschichte." Redaktion: Flossbach B, Lehr T, Marx J, Panster C, Schafföner T, Vorndran P. Flossbach von Storch AG, Köln

Hentze J, Thies B (2012) Unternehmensethik und Nachhaltigkeitsmanagement. Haupt, Bern, Stuttgart, Wien

Hoffmann M, Maaß F (2008) Corporate Social Responsibility als Erfolgsfaktor einer stakeholderbezogenen Führungsstrategie? Ergebnisse einer empirischen Untersuchung. In: Institut für Mittelstandsforschung Bonn (Hrsg) Jahrbuch zur Mittelstandsforschung 2008, Schriften zur Mittelstandsforschung Nr. 116 NF. Springer Gabler, Wiesbaden

Kammerlander N, Prügl R (2016) Innovation in Familienunternehmen: Eine Einführung für Akademiker und Praktiker. Springer, Wiesbaden

Kammerlander N und van Essen M (2017) Family firms are more innovative than other companies. Harvard Business Review. https://hbr.org/2017/01/research-family-firms-are-more-innovative-than-other-companies. Zugegriffen: 30. Juni 2019

KfW Bankengruppe (2011) Social Corporate Responsibility im Deutschen Mittelstand. KfW Bankengruppe, Frankfurt

Kramer MR, Porter M (2011) Creating shared value. Harvard Bus Rev 89(1/2):62–77

Labigne A, Gilroy P, Kononykhina O, Hollmann D, Schilcher C, Riess B (2018) Bessere Daten für besseres Unternehmensengagement. ZIVIZ im Stifterverband für die Deutsche Wissenschaft e. V., Essen, Bertelsmann-Stiftung, Gütersloh

Leitterstorf M, Kammerlander N, Wenig T (2018) Risiko in Firma und Familie. Ein Leitfaden für Unternehmerfamilien. WHU, Institut für Familienunternehmen, Vallendar

Neuerer D (2017) CSR News, Mittelständler in der Nachhaltigkeitsfalle. https://www.wiwo.de/politik/deutschland/csr-richtlinie-mittelstaendler-in-der-nachhaltigkeitsfalle/19501256.html. Zugegriffen: 22. Febr. 2019

Papst Franziskus (2015) Enzyklika „Laudato si' – über die Sorge für das gemeinsame Haus; aus „Nachhaltigkeit zahlt sich aus, S. 36, Unternehmenspraxis

PageGroup (2018). Diversity Management Studie, Michael Page International (Deutschland) GmbH. https://www.michaelpage.de/sites/michaelpage.de/files/DE_Diversity_Management_Study_DIGITAL.pdf. Zugegriffen: 1. Juni 2019

Schaltegger S, Lüdeke-Freund F (2012) Der „Business Case für Nachhaltigkeit" Konzept, Leuphana Universität Lüneburg, Zentrum für Nachhaltigkeitsmanagement (CSM)

Schickinger A, Leitterstorf MP, Kammerlander N (2018) Private equity and family firms: a systematic review and categorization of the field. J Fam Bus Strateg. In press. https://doi.org/10.1016/j.jfbs.2018.09.002

Smith W, Lewis MW (2011) Toward a theory of paradox: a dynamic equilibrium model of organizing. Acad Manag Rev 26(2):381–403

Statista (2019) Frauen in Führungspositionen im EU Vergleich 2018. https://de.statista.com/infografik/15519/frauen-in-fuehrungspositionen-im-eu-vergleich/. Zugegriffen: 1. Juni 2019

Steinert A (2014) CSR im Mittelstand – klares Bekenntnis, unklarer Nutzen, bits communication. Bonn

Strack R, von der Linden C, Booker M, Strohmayr M (2014) Docoding Global Talent, Studie von Boston Consulting Group, München, StepStone Deutschland GmbH, Düsseldorf

Claudia Rankers ist Inhaberin vom Rankers Family Office, einem Multi Family und Unternehmer Office. Themenschwerpunkte für die Familien sind die Vermögenssteuerung und -entwicklung, Investitionen und Finanzierungen. Die Unternehmen werden bei der Entwicklung von Wachstumsstrategien, der Kapitalbeschaffung sowie der Vorbereitung auf die Unternehmensnachfolge bzw. den Unternehmensverkauf beraten. Davor war sie Direktorin bei der Schweizer Bank UBS sowie der Deutschen Bank. Claudia Rankers wurde 2016 in die Gründungsallianz vom Wirtschaftsministerium Rheinland-Pfalz berufen.

Prof. Dr. Nadine Kammerlander ist Professorin an der WHU – Otto Beisheim School of Management. Dort leitet sie den Lehrstuhl für Familienunternehmen sowie das Institut für Familienunternehmen und Mittelstand. Zudem ist sie akademische Direktorin für den Bereich Diversity. Prof. Dr. Kammerlander forscht und lehrt im Bereich Familienunternehmen, Mittelstand und soziales Unternehmertum. Sie ist Mitherausgeberin der internationalen Zeitschrift Family Business Review; ihre Forschung ist in führenden internationalen Zeitschriften erschienen und mit zahlreichen Preisen ausgezeichnet worden. Zudem verfügt Prof. Dr. Kammerlander über langjährige Beratungserfahrung.

Prof. Dr. Katrin Keller weist langjährige Beratungs- und Trainingserfahrungen in den Bereichen Führung, Kommunikation und Personal- sowie Organisationsentwicklung auf. Ferner ist sie als Professorin für Gesundheitspädagogik und Personalentwicklung an der FOM Hochschule, Köln tätig und verantwortet als Vorstands- und Direktoriumsmitglied im Interdisziplinären Zentrum für Gesundheitswissenschaften den bildungswissenschaftlichen Bereich. Darüber hinaus ist Prof. Dr. Keller für den Bereich der Organisationsentwicklung in einem Gesundheitskonzern verantwortlich.

Nachhaltigkeitskommunikation im Mittelstand

Désirée Schubert

1 Einleitung

Der Mittelstand als Treiber für nachhaltige Entwicklung

Über 99 % aller Unternehmen in Deutschland sind Mittelständler. Sie erwirtschaften mehr als die Hälfte der Wertschöpfung, stellen fast 60 % aller Arbeitsplätze und rund 82 % der betrieblichen Ausbildungsplätze bereit (BMWI 2019).

Kurz, Mittelständler sind das Herzstück der deutschen Wirtschaft. Einen entsprechend großen Hebel haben sie – zumindest theoretisch – auch, wenn es um einen Beitrag zur nachhaltigen Entwicklung geht. Da erleichtert geradezu ein Artikel aus der Wirtschaftswoche vom August 2017. Die Autorin kommt zu dem Schluss, dass der Mittelstand in den Punkten Ökologie, Ökonomie und Soziales gut aufgestellt ist. Viele Unternehmen haben erkannt, dass Nachhaltigkeit ein Wirtschaftsfaktor und gut fürs Image ist (Dämon 2017).

Zugrunde liegt dieser Einschätzung eine Studie der Beratungsgesellschaft Baker Tilly und der Technischen Universität Dortmund (Baker Tilly 2017). Gemeinsam hat man untersucht, wie erfolgreich deutsche Mittelständler in Sachen Nachhaltigkeit sind. Im Zuge dessen wurden 229 mittelständische Unternehmen zu ihrem Nachhaltigkeitsengagement befragt. Herausgekommen ist: Die Relevanz des Themas wurde erkannt, dennoch hat nur jedes zweite Unternehmen eine Strategie, wie es Nachhaltigkeit definiert, und wie sie sich in die Unternehmensführung integrieren lässt (Dämon 2017). Doch bleiben wir zunächst positiv.

D. Schubert (✉)
München, Deutschland
E-Mail: desiree.schubert@sustainablenatives.com

Erläuterung

Die Vielschichtigkeit des Nachhaltigkeitsbegriffs spiegelt sich in einer Vielzahl von Erklärungsansätzen wider. So finden sich in der Kommunikation von Mittelständlern je nach Gusto Begriffe wie CSR (Corporate Social Responsibility), CR (Corporate Responsibility), Nachhaltigkeit, Verantwortung oder Engagement.

Im Beitrag werden der Einfachheit halber die Begriffe CSR und Nachhaltigkeit synonym verwendet. Wohlwissend ob der definitorischen Feinheiten sind darunter sämtliche Ausprägungen unternehmerischer und gesellschaftlicher Verantwortung subsummiert.

Strahlkraft, Eigennutz und Rückenwind

Nachhaltigkeit zieht. Unternehmen, die über die nächsten Quartalszahlen hinausdenken, sind wirtschaftlich erfolgreicher. So zu denken sei zeitgemäß, resümiert auch Didier Cossin, Professor für Finance and Governance an der Schweizer Business School IMD (IMD 2019).

Ein solcher Weitblick wird auch durch die CSR-Berichtspflicht angestachelt. Sie schreibt bestimmten großen Unternehmen, die im öffentlichen Interesse stehen, eine Pflicht zur Nachhaltigkeitsberichterstattung vor. Obwohl mittelständische Unternehmen von den neuen gesetzlichen Regelungen nicht direkt betroffen sind, wird auch von ihnen zunehmend erwartet, dass sie ihren sozialen und gesellschaftlichen Verpflichtungen nachkommen. Zum Beispiel wenn sie Zulieferer von Großunternehmen sind, die ihre Lieferketten nachhaltig ausrichten wollen. Damit hat die Pflicht eine entsprechende Strahlkraft und fördert die systematische Auseinandersetzung mit dem Thema Nachhaltigkeit.

Neben der Pflichterfüllung darf auch der Eigennutz stehen. So betont das Internetportal „CSR in Deutschland" des Bundesministeriums für Arbeit und Soziales (www. csr-in-deutschland.de) ausdrücklich, dass Eigennutz ein wesentlicher und durchaus positiver Treiber für das Thema Nachhaltigkeit sein darf. Oben auf der Nutzenliste stehen: Reputation, Effizienz, Risikominimierung und Innovation. Rückenwind kommt auch vom Kapitalmarkt: Gerade langfristig orientierte Anleger investieren zunehmend in Unternehmen, die nachhaltiger wirtschaften als ihre Wettbewerber.

2   Nachhaltigkeit und Kommunikation im Mittelstand: nebenbei statt mittendrin

Viele gute Gründe also für Mittelständler, überzeugend nachhaltig zu sein. Doch die Praxis spiegelt dies kaum wider. So zeigt die Befragung von Baker Tilly und der TU Dortmund, dass nur 10 % der befragten Mittelständler eine eigene Abteilung für Nachhaltigkeitsthemen haben, beim großen Rest kümmert sich die Personalabteilung oder das Marketing nebenbei darum (Baker Tilly 2017).

Hinzu kommt: Entsprechende interne Aufgabenstellungen werden meist „on top" innerhalb der bestehenden Abteilungen und Funktionen verteilt, deren primäre Aufgaben in ganz anderen Bereichen liegen. Es fehlt die Zeit, auch finanziell sind kaum Spielräume für eine eigene Abteilung da, die dann sicherstellt, dass nachhaltige Themen in die unternehmerische Planung eingebunden werden. Es liegt auf der Hand: Unter diesen Gesichtspunkten kann eine „echte Nachhaltigkeit" – verstanden als fester Bestandteil der Unternehmensstrategie – kaum gelingen.

Mit Blick auf die externe Kommunikation kommt erschwerend hinzu, dass der Mittelstand sich mit professioneller Kommunikation eher schwertut. Die Unternehmenskommunikation im Mittelstand ist geprägt von einem Gap: Nur knapp 30 % der Mittelständler setzen auf eine strategische und professionell aufgesetzte Unternehmenskommunikation mit zentralen Anspruchsgruppen, dabei sind rund 80 % der Meinung, dass Kommunikation und öffentliche Meinung unverzichtbar sind für den unternehmerischen Erfolg. Zu dieser Auswertung gelangt eine umfassende Studie zur Mittelstandskommunikation der Universität Leipzig und der Fink & Fuchs Public Relations AG (Fink und Fuchs 2015). Demnach ist die Unternehmenskommunikation bei mehr als der Hälfte der Mittelständler noch nicht institutionalisiert und nur unzureichend mit Budgets ausgestattet.

Als größtes Hindernis zum kommunikativen Erfolg nennen die Studienautoren Zerfaß, Fink und Winkler das Fehlen einer übergeordneten Kommunikationsstrategie. Auf die Nachhaltigkeitskommunikation hat dies entscheidenden Einfluss, weil die große Klammer und Unterstützung durch eine institutionalisierte Kommunikation fehlen (Fink und Fuchs 2015).

Die Deutsche Public Relations Gesellschaft e. V. (DPRG) zeichnet ein ähnliches Bild und bietet explizit einen „Arbeitskreis Mittelstandskommunikation". Mittelständler kommunizieren nicht nach Lehrbuch. Für ihre Kommunikation ist prägend, dass Mittelständler kurze Planungshorizonte bevorzugen, situations- und anlassbezogen nach iterativen Trial- und Error-Schleifen agieren und sich oftmals an den vorhandenen Ressourcen orientieren. Dies mit einer doch eher langfristigen Perspektive der Nachhaltigkeit übereinzubringen, birgt einige Herausforderungen (DPRG AK Mittelstandskommunikation 2018).

Dann lieber gar nicht kommunizieren? Experten wundern sich über das große Schweigen im Mittelstand und darüber, dass die meisten Mittelständler nicht über ihre soziale Verantwortung sprechen können oder wollen. So schreibt Dr. Christoph Golbeck, Unternehmer und Vorstand des gemeinnützigen Vereins Unternehmen Verantwortung Gesellschaft e. V., dem Mittelstand eine seltsame Inaktivität zu, wenn es darum geht, über die grundlegenden Werte des eigenen Unternehmertums zu sprechen (Golbeck, C. 2017).

Nicht selten liegt zudem die Kommunikationsverantwortung bei der Geschäftsführung selbst – und das neben einer Vielzahl anderer Leitungsaufgaben. Solche Rahmenbedingungen erschweren ein langfristiges, planvolles Vorgehen. Für die wenigsten gehört eine gezielte Kommunikation zum Tagesgeschäft, um wertschöpfend zur Erreichung der Unternehmensziele beizutragen. Vielmehr läuft Kommunikation irgendwie nebenbei. Und auch CSR wird eher als Add-on behandelt denn als Kernaufgabe.

#Nebenbei gerät somit zum entscheidenden Schlagwort für die Reife der Nachhaltigkeit in mittelständischen Unternehmen und prägt ebenso ihre Kommunikation.

3   Wie reif ist der Mittelstand in Sachen Nachhaltigkeitskommunikation?

Die bereits erwähnten Studienerkenntnisse lassen also den Schluss zu, dass mittelständische Unternehmen weder in ihrer unternehmerischen Nachhaltigkeit noch in der zugehörigen Kommunikation das Potenzial wirklich auszuschöpfen wissen.

Da überrascht es nicht, dass die Pflichterfüllung ganz oben steht und viele Mittelständler schon erleichtert und zufrieden sind, wenn sie wenigstens ein Nachhaltigkeits-Reporting auf die Beine stellen. Aufwand und Nutzen dergleichen wollen wir nicht per se infrage stellen, wohl aber eine Einordnung vornehmen.

Berichterstattung ≠ Nachhaltigkeitskommunikation
In der Praxis fehlt es, wie dargestellt, also nicht an gutem Willen und guten Vorsätzen, vielmehr fehlen verbindliche Ankerpunkte und Orientierung. Das gilt gleichermaßen für strategische Überlegungen zu Nachhaltigkeit wie für eine glaubhafte und tragfähige Kommunikation dazu. Wer zu nichtfinanziellen Kennzahlen nicht berichten muss, der kann es dennoch tun und hält damit im Idealfall eine solide Datengrundlage in den Händen.

Baker Tilly und die TU Dortmund betonen, dass die Kommunikation von CSR-Maßnahmen oft zu kurz kommt. Dies liege daran, dass der Mittelstand bisher oftmals eher auf die Umsetzung von CSR-Maßnahmen Wert gelegt habe als auf die Kommunikation dieser. Mit dem Ergebnis, dass CSR kaum oder nur selektiv zu positiven wirtschaftlichen Effekten führen konnte (Baker Tilly 2017).

Für die Berichterstattung selbst gibt es erfreulicherweise bereits etablierte Rahmenwerke, die für genügend Orientierung sorgen. Vorneweg gehören GRI (www.globalreporting.org) und der Deutsche Nachhaltigkeitskodex (DNK 2019) sicher zu den bekanntesten. Um den Nachhaltigkeitsanforderungen großer Auftraggeber genüge zu leisten, ist damit ein erster wichtiger Schritt gegangen.

Einen etwas positiveren Blick bietet das Institut für ökologische Wirtschaftsforschung und future e. V. (IÖW). Hier kommen die Experten 2017 in einer umfassenden Bestandsaufnahme zum CSR-Reporting zu dem Schluss, dass sich KMU in ihrer Berichterstattung deutlich verbessert haben. Immer mehr KMU berichten nach GRI und decken eine zunehmende Breite an Nachhaltigkeitsaspekten ab. Durch die zunehmende Professionalisierung stehen KMU Großunternehmen in Sachen Berichterstattung kaum noch nach (CSR Magazin 2017).

Dennoch waren zum Zeitpunkt der Studie von Baker Tilly und der TU Dortmund lediglich 15 % der befragten Unternehmen mit ihrer Berichterstattung zu ihrem Nachhaltigkeitsengagement wirklich zufrieden (Baker Tilly 2017). Das zeugt durchaus von einer hohen Bereitschaft zur Reflexion und öffnet den Raum für eine umfassendere und damit wirksamere Kommunikation zu Nachhaltigkeit. Denn ein Bericht allein macht noch keine gute Nachhaltigkeitskommunikation.

Talk the Walk

Tun, was man sagt – und sagen, was man tut. Wirksam wird Nachhaltigkeitskommunikation dann, wenn sie nicht erst am Ende dazu genutzt wird, um Informationen hübsch zu machen. Heißt: Man wirft Kennzahlen, Vorwort, Ziele und Projekte zusammen und raus kommt ein 100-Seitenbericht, den keiner so richtig lesen möchte. Alles ist mit allem verbunden: Das wiederum heißt, dass Kommunikation von Anfang an eine entscheidende Rolle spielt. Wenn es darum geht, die relevanten Stakeholder in die Findung der wesentlichen Themen einzubinden, die Mitarbeiter auf die Nachhaltigkeitsreise mitzunehmen oder potenzielle Investoren über die eigene Nachhaltigkeitsstrategie on time zu informieren. Damit ist man auf dem richtigen Weg. Die Nachhaltigkeitsstrategie und die Sprachfähigkeit nach innen wie außen sollten idealerweise parallel entwickelt werden. Dafür müssen wichtige Stakeholder frühzeitig in den Prozess eingebunden werden.

Das Zauberwort und das passende Hashtag dazu lauten #integriert

> „Wenn Sie über Bienenhonig schreiben,
>   dann schreiben Sie nicht über Bienen und Honig.“

Dies zu verstehen, hilft bei dem Gedanken von „integriert“ sehr. Denn auch in der Nachhaltigkeitskommunikation geht es nicht um Nachhaltigkeit und Kommunikation. Sondern integriert gedacht, entsteht daraus etwas Eigenes, das eng mit der Unternehmenskommunikation verflochten sein muss.

Die unternehmerische Nachhaltigkeitskommunikation muss besonderen Anforderungen genügen: Sie benötigt eine Stakeholder- und Dialogorientierung, Glaubwürdigkeit, Offenheit und Integration. Diese Anforderungen äußern sich in allen Aspekten der Kommunikation wie Relevanz, Sprache, Bildwelt, Kontinuität und Komplexitätsgrad.

In der Nachhaltigkeitskommunikation eines Unternehmens sollte es neben dem **„Was"** und **„Wie"** auch um das **„Warum"** gehen. Das bedeutet, die Beweggründe offenzulegen, einen roten Faden zu haben, der letztlich zur höchstpersönlichen Nachhaltigkeitsstory wird, die das Wertegerüst des Unternehmens widerspiegelt.

Mittelständler brauchen eine inhaltliche Leitlinie, die für alle Nachhaltigkeitskommunikationsmaßnahmen gilt, und eine Handvoll glaubwürdiger **Kernbotschaften.**

Als faktenbasiertes Herzstück der Nachhaltigkeitskommunikation taugt die jährliche Nachhaltigkeitsberichterstattung gut. Hier eignen sich vor allem zu Beginn eine DNK-Erklärung; später kann ein Nachhaltigkeitsbericht, z. B. nach GRI samt Online-Integration von Fact Snacks oder ähnlichen integrativen Ansätzen, folgen.

Integrierte Nachhaltigkeitskommunikation hat darüber hinaus als Ziel, basierend auf dem belastbaren Reporting relevante interne und externe Kanäle zu bespielen, glaubhaft Teil der Regelkommunikation des Unternehmens zu werden. Damit „passiert" Nachhaltigkeitskommunikation

- ganzjährig,
- differenziert nach Dialogkanälen und Stakeholder-Gruppen,
- themen- und anlassbezogen.

Die nachfolgende schematische Darstellung zeigt die integrative Aufhängung der Nachhaltigkeitskommunikation mit Reporting als Kern (Abb. 1).

Inhaltsprämissen der Nachhaltigkeitskommunikation
Bevor Sie über Botschaften und Kernthemen nachdenken, lohnt sich der Blick auf grundsätzliche Prämissen und auf die Heterogenität der bespielbaren Kanäle.

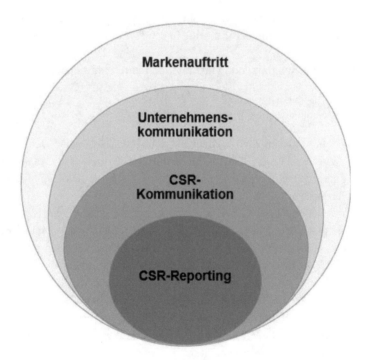

Abb. 1 Integrative Aufhängung der Nachhaltigkeitskommunikation mit Reporting als Kern

- Finden Sie eine Balance zwischen Inside-Out und Outside-In. Zwischen „Was haben wir der Welt zu sagen?" und „Was möchte die Welt von uns wissen?"
- Kommunizieren Sie über Wesentliches – und zwar NUR über Wesentliches. Es lohnt sich – auch finanziell (Khan, M. et al. 2016).
- Stellen Sie eine Ausgewogenheit zwischen „Zahlen und Fakten" und Storys her.

▶ Unser Tipp: Setzen Sie vor allem zu Beginn auf Leuchtturmprojekte und rücken Sie erste Ergebnisse in den Fokus Ihrer CSR-Kommunikation.

Kommunikationskanäle

Aufgrund der besonderen Anforderungen an die Nachhaltigkeitskommunikation empfiehlt sich ein Bespiel möglichst heterogener Kanäle. Diese sind in der Regel:

1. Nachhaltigkeitsberichterstattung
2. Interne Kommunikation
3. B2B- und B2C-Kundenkommunikation
4. Online-Kommunikation
5. Presse- und Medienarbeit

▶ Unser Tipp: Folgen Sie bei der Wahl der Kanäle einer schrittweisen Ausdehnung und bespielen Sie zunächst Ihre bekannten und etablierten Kommunikationskanäle.

Halten wir das Gesagte kurz in einem Bild fest. Es zeigt die enge Verzahnung von Werten, Inhalten und Kanälen und die damit einhergehende Heterogenität von Kanälen sowie eine unterschiedliche Fokussierung bei der Aufbereitung von Informationen (Daten und Fakten vs. Geschichten) (Abb. 2).

Bevor wir nun zur Agenda für eine wirksame Nachhaltigkeitskommunikation übergehen, sollen einige Praxisbeispiele ein Gefühl dafür geben, was eine gute Kommunikation zu Nachhaltigkeit im Mittelstand ausmacht.

4   Ausgewählte Praxisbeispiele

Beispiele aus einer Fülle an Optionen herauszugreifen, birgt immer eine gewisse Gefahr, denn woran machen wir wirklich fest, dass sie gelungen sind? Im vorliegenden Fall soll uns der Deutsche Nachhaltigkeitspreis (DNP, www.nachhaltigkeitspreis.de) den Rahmen

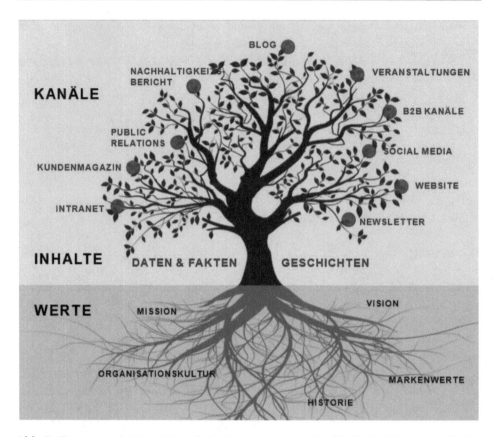

Abb. 2 Zusammenspiel der wirksamkeitsrelevanten Aspekte der Nachhaltigkeitskommunikation (eigene Darstellung)

setzen. Er ist ein starker Impuls für Unternehmensverantwortung und belegt mit seiner objektiven Methodik hervorstechende Umsetzungen. Dass damit auch eine herausragende Kommunikation einhergeht, ist nicht zwangsläufig der Fall. Somit sind die ausgewählten Unternehmensbeispiele vor allem im Sinne eines Anschauungsprojektes interessant – schauen Sie doch gern mal zur Inspiration vorbei.

Beispiel: GROHE AG

Nachhaltigkeit ist bei GROHE ein wesentlicher Bestandteil der Unternehmensstrategie. Sie findet sich in allen Prozessen wieder und ist auch eng mit Produkten und Technologien verknüpft. In Sustainability Workshops werden Mitarbeiter für nachhaltige Themen sensibilisiert und gemeinsam neue Potenziale erarbeitet. Rückendeckung gibt es für das Nachhaltigkeitsengagement von ganz oben durch den Vorstandsvorsitzenden Michael Rauterkus. Die Grundlagen für die eigene Nachhaltigkeitsstrategie sind also plausibel und belastbar dargelegt.

Der Nachhaltigkeitskommunikation eröffnet Grohe verschiedene Räume in ihrer Corporate Website, wie z. B.:

https://www.grohe.de/de_de/unternehmen/nachhaltigkeit.html;   https://www.grohe.com/de/corporate/ueber-grohe/nachhaltigkeit/principles.html.

Das Motto der Website lautet: „Mit Freude Verantwortung tragen." Grohe nutzt diesen Raum, um seine nachhaltigen Techniken zu inszenieren. Auf der Group-Website werden die „Grundsätze zur Nachhaltigkeit" sowie „Leitlinien zur Nachhaltigkeit" dargestellt. Mit seinen „Berichten zur Nachhaltigkeit" untermauert Grohe glaubhaft sein Engagement. Der aktuelle Bericht von 2018 wird von einem Fact Sheet flankiert, in dem ausgewählte Kennzahlen in ansprechender Weise inszeniert werden. Bereits 2015 gab GROHE als erstes Unternehmen der Sanitärbranche eine Erklärung zum Deutschen Nachhaltigkeitskodex (DNK) ab.

Beispiel: BeoPlast Besgen GmbH

BeoPlast ist der erste CO_2-freie Produktionsbetrieb in der Automobilindustrie. Die gesamten Geschäftstätigkeiten sind durch die ökologischen Ziele des Unternehmens bestimmt. Nachhaltigkeit wird direkt von der Geschäftsführung verantwortet, geleitet und kontrolliert. Bereits seit 2014 arbeitet der Familienbetrieb vollständig klimaneutral.

BeoPlast setzt als regionales KMU wegweisende Nachhaltigkeitsstandards in der Automobilbranche und setzt zusätzlich immer wieder Impulse bei Auftraggebern, sich auch selbst zukunftsfähig auszurichten.

Der Nachhaltigkeitskommunikation eröffnet BeoPlast vorrangig einen Menüpunkt in ihrer Corporate Website: http://www.beoplast.de/nachhaltig/

Das Motto der Website lautet: „Heute für morgen." BeoPlast steigt dann recht unvermittelt in seine fünf *Säulen der Nachhaltigkeit* ein. Gefolgt von den Beschreibungen der eigenen Zielsetzungen und Erfolgen. Flankiert wird das Engagement von Trust-Merkmalen wie Zertifikaten und Auszeichnungen. Mit seiner DNK-Erklärung ist BeoPlast auch in Sachen Berichterstattung gut aufgestellt. Jedoch findet sich dazu keine Einbindung in die jeweiligen Nachhaltigkeitsseiten.

Beispiel: i+m Naturkosmetik Berlin GmbH

i+m Naturkosmetik Berlin ist ein Pionier der Bio- und Naturkosmetikbranche und stellt seine Produkte seit 40 Jahren mit ausschließlich natürlichen Rohstoffen her. i+m positioniert sich klar und propagiert als oberstes Unternehmensziel – vor Profit und Wachstum – das Thema Nachhaltigkeit auf allen Ebenen maximal voranzubringen. i+m Naturkosmetik verpflichtet sich zudem, 20 bis 40 % der Gewinne in ökologische oder soziale Projekte fließen zu lassen. Das Unternehmen steht für eine konsequente Nachhaltigkeitsstrategie und wird als glaubwürdiger Vorreiter für Nachhaltigkeit in der Kosmetikbranche wahrgenommen.

Da Nachhaltigkeit das Kerngeschäft von i+m prägt, stecken auch in allen Menüpunkten Nachhaltigkeitsaspekte drin – somit findet sich auch kein separater Menüpunkt. Dennoch lässt sich über https://iplusm.berlin/kategorie/nachhaltigkeit/ ein buntes Portfolio von nachhaltigen Highlights auch direkt ansteuern, aus deren Gänze das Engagement von i+m Naturkosmetik glaubhaft unterstrichen wird.

In dem Motto „Wir sind die Guten" steckt dann auch die Haltung des gesamten Teams und die mutige Positionierung von i+m in der Kosmetikbranche.

Unsere Kurzeinschätzung Das Nachhaltigkeitsengagement der vorgestellten Unternehmen spiegelt sich in der extern verfügbaren Kommunikation gut wider. Vor allem Grohe und BeoPlast müssten sich jedoch für mehr Begeisterung und im Sinne der Wirksamkeit von der reinen Text kommunikation stärker lösen hin zu mehr Bewegtbild, Video und persönlichen Storys. Trotz herausragender Nachhaltigkeitsleistungen wirkt die Nachhaltigkeitskommunikation der beiden Vorreiterunternehmen in unserer Erstanalyse recht blutleer. Da ist i+m Naturkosmetik mit seiner integrierten CSR-Kommunikation und seiner modernen Website bereits einen großen Schritt weiter.

5 Spielregeln und Erfolgsfaktoren für die Nachhaltigkeitskommunikation im Mittelstand

Wie in den vorangegangenen Ausführungen deutlich wurde, folgt Nachhaltigkeitskommunikation besonderen Regeln. Die nachfolgende Abbildung zeigt die Wechselwirkungen der Ansprüche, die für Wirksamkeit sorgen (Abb. 3):

Aus diesen Anforderungen lassen sich folgende praxisrelevante Aspekte für eine wirksame Nachhaltigkeitskommunikation ableiten:

Auffindbarkeit Sicherstellen, dass über eine Vielfalt an Formaten und Kanälen Stakeholder auf die für sie relevanten Nachhaltigkeitsinformationen zugreifen können.

Kontinuität Regelmäßig und in Anbindung an aktuelle Entwicklungen kommunizieren – einmal im Jahr ist nicht genug. Der Bericht kann dabei als belastbare (Daten-)Basis dienen.

Sprache Statt einer nüchternen, faktenbasierten Sprache auch auf Emotionalisierung, Verständlichkeit und Begeisterung setzen (auch im B2B-Bereich).

Bildwelt Aussagekräftige und persönliche, authentische Motive wählen, die eine Anbindung an echte Geschichten aus dem Unternehmen haben und die zum Teil komplexe Zusammenhänge verdeutlichen helfen.

Beweggründe Die grundlegende Motivation zu Nachhaltigkeit, d. h. die eigene „Nachhaltigkeitsstory" und das „Warum" sollte transportiert werden; das ist eine wichtige Komponente für Glaubwürdigkeit und ermöglicht Wiedererkennung sowie Differenzierung.

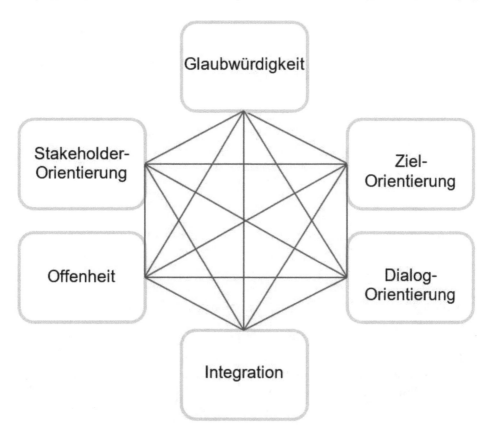

Abb. 3 Pieper, E. (2013): Empfehlungen für die marktbezogene Nachhaltigkeitskommunikation… Centre for Sustainability Management, Leuphana Universität Lüneburg

Relevanz Inhalte kontextualisieren, sodass auch die gesellschaftliche Relevanz –
der „Mehrwert" – des Unternehmens greifbar wird. Dies gilt v. a. für Kennzahlen und
Indikatoren, siehe auch nächster Punkt.

Komplexitätsgrad Konkretisierung des Begriffs „Nachhaltigkeit" und tatsächliche
Bedeutung für die jeweilige Stakeholder-Gruppe. Zum Beispiel: Was bedeutet Nach-
haltigkeit für Mitarbeiter, was für Kunden? Zahlen sollten begreifbar sein; Vergleiche
erleichtern das Verständnis. Wesentliche Details sollten im Zusammenhang und in ihren
Auswirkungen dargestellt werden. Nicht: „Wir haben xy % CO2 eingespart", sondern
„Wir haben xy % CO_2 eingespart, und das bedeutet xyz."

6 Agenda für wirksame Nachhaltigkeitskommunikation

Aus den vorhergehenden Kapiteln lässt sich eine Essenz generieren, wie Sie Nachhaltigkeitskommunikation wirksam aufsetzen können.

Nachhaltigkeitsinformationen streuen

Wie leicht und über welche Vielfalt an Formaten und Kanälen können externe Stakeholder auf relevante CSR-Informationen Ihres Unternehmens zugreifen? Inwieweit ver-
linken unabhängige anerkannte Drittorganisationen (z. B. Medien oder NGO) im Internet
auf das CSR-Engagement Ihres Unternehmens?

So gelingt's

- Sorgen Sie für klar identifizierbare CSR-Informationen zu Ihrem Unternehmen mög-
  lichst auf der ersten Ergebnisseite, auf die ein Nutzer nach seiner Sucheingabe (z. B.
  über Google) gelangt.
- Steuern Sie auffindbare Ergebnisse so, dass ein Nutzer idealerweise mehrere
  Meldungen zu klar identifizierbaren CSR-Themen Ihres Unternehmens möglichst auf
  der ersten Ergebnisseite findet.
- Stellen Sie sicher, dass die Verlinkung auf einen klar benannten CSR-Bereich auf
  Ihrer Unternehmens-Website reibungslos funktioniert.
- Spielen Sie Ihre (relevanten) CSR-Themen auch in Social-Media-Kanälen und stellen
  Sie eine einwandfreie Verlinkung sicher.
- Sofern vorhanden – teasern Sie Ihren aktuellen CSR-Bericht oder Ihre DNK-
  Erklärung an.
- Platzieren Sie systematisch Pressemeldungen zu CSR-Themen und steuern Sie sie
  gezielt aus.
- Sorgen Sie dafür, dass auch andere – objektive – Quellen auf Ihr CSR-Engagement
  referenzieren.

Nachhaltigkeitsthemen integrieren und attraktiv „verpacken"

Wie oft und wie virtuos bespielt Ihr Unternehmen die Kommunikationsklaviatur in
Sachen Nachhaltigkeit? Wie aktuell sind die Informationen und mit welcher Kontinuität
werden sie veröffentlicht? Inwiefern werden Botschaften integriert und widerspruchsfrei
über verschiedene Kanäle vermittelt? Wie attraktiv ist die Darstellung?

So gelingt's

- Teasern Sie CSR-Themen bereits auf der Startseite Ihrer Unternehmens-Website an
  (aktuelle Infos oder Leuchtturmprojekte, Ergebnisse etc.).
- Stellen Sie sicher, dass Ihre CSR-Themen sich in einem klar benannten Menüpunkt
  auf der Unternehmens-Website wiederfinden.

- Integrieren Sie CSR-Themen auch in Ihre Social-Media-Kanäle, wie z. B. Facebook oder YouTube.
- Inszenieren Sie Ihre relevanten CSR-Themen auch im Unternehmens-Blog oder im Ratgeberbereich.
- Stellen Sie Querverbindungen zwischen Online-Kanälen und anderen Dokumenten her und sorgen Sie dafür, dass die Links eindeutig und reibungslos funktionieren.
- Sorgen Sie für Bewegung, sodass Aktualität und Kontinuität bei den CSR-Themen erkennbar sind.
- Bieten Sie regelmäßig neue Inhalte an.
- Bieten Sie möglichst nicht ausschließlich statische Informationen an. Bilder, Videos und Stories sagen mehr als Worte.
- Stellen Sie sicher, dass die Inhalte Ihres CSR-Bereichs sich nutzergerecht über verschiedene inhaltliche Ebenen gut erfassen lassen.
- Sorgen Sie für eine ansprechende Aufbereitung Ihrer CSR-Themen. Reiner Text reicht nicht aus, um komplexe Sachverhalte darzustellen. Setzen Sie auf Infografiken, Tabellen, Videos etc.
- Lassen Sie ausgewählte CSR-Themen multimedial aufbereiten.
- Setzen Sie auch auf Emotionen zur Vermittlung der Botschaften, z. B. durch Storytelling.
- Lassen Sie Beteiligte zu Wort kommen, z. B. Mitarbeitende, Kunden oder Lieferanten/Partner.
- Sie können für besonders relevante CSR-Themen auch ausgelagerte Webseiten (Microsites) aufsetzen, um diese in angemessener Manier zu inszenieren.

Glaubwürdigkeit und Kompetenz sicherstellen

Wie professionell und vertrauenswürdig kommuniziert Ihr Unternehmen in Sachen CSR/ Nachhaltigkeit? Wie ist es um die Kontextualisierung und Bandbreite der behandelten Themen bestellt? Gibt es ein deutliches Engagement der Führung, seriöse Trust-Merkmale und ein sichtbares Bemühen um den Abbau von Informationsasymmetrien?

So gelingt's

- Ein eigener CSR-Bericht ist vorhanden und optimal eingebunden.
- Stellen Sie eine schnelle Auffindbarkeit sicher: Wie viele Klicks braucht ein Nutzer bis zum Bericht?
- Erstellen Sie eine DNK-Erklärung und binden Sie das entsprechende Signet gut sichtbar an geeigneter Stelle ein.
- Machen Sie deutlich, wer für das Nachhaltigkeitsmanagement bzw. die Nachhaltigkeitskommunikation in Ihrem Unternehmen verantwortlich ist.
- Legen Sie relevante CSR-Kennzahlen und ihre Entwicklung (auch rückblickend) dar.
- Beziehen Sie externe CSR-Experten ein und/oder nennen Sie an geeigneter Stelle kompetente Quellen.

- Tragen Sie dazu bei, Abstraktheit aufzulösen und stellen Sie sicher, dass Ihr Unternehmen zu seinen CSR-Themen ausreichend konkret wird. Das können durchgeführte Projekte sein, in Auftrag gegebene Studien o. Ä.
- Verdeutlichen Sie die idealerweise vorhandene Managementpräsenz zum Thema: Der Vorstand/CEO bezieht Stellung. Setzen Sie dabei auf lebendige Interviews und Artikel.
- Die Führungsmannschaft sollte gezielt Reden, Podiumsdiskussionen o. Ä. bei öffentlichen Auftritten nutzen, um über Nachhaltigkeit zu sprechen.
- Binden Sie Trust-Merkmale überzeugend ein. Ihr Unternehmen ist besonders familienfreundlich? Dann könnte das Audit berufundfamilie das passende Trust-Merkmal sein.
- Nehmen Sie an Nachhaltigkeitswettbewerben teil.
- Helfen Sie Ihren Stakeholdern, die Informationen in einen nachvollziehbaren Kontext zu setzen. Das gelingt, indem Sie Bezug nehmen auf globale CSR-Themen, wie z. B. Klimawandel, SDG etc. – und wie Sie zu deren Adressierung beitragen.
- Verzichten Sie auf Stand-alone-Informationen. Besser ist es, wenn Ihr Unternehmen mindestens die übliche Bandbreite der CSR-Themen (Ökonomie, Ökologie, Soziales) adressiert und erklärt.
- Binden Sie Ihre Stakeholder aktiv und systematisch ein.
- Stellen Sie einen FAQ-Bereich oder ein Glossar zu Nachhaltigkeit online bereit.
- Stellen Sie unter Beweis, dass Ihr Unternehmen überzeugend an Veränderungen zum Besseren arbeitet, indem Sie Ihre Mitarbeiter zu Nachhaltigkeit schulen und einbinden. Mitarbeiter können Botschafter in ihrem eigenen Umfeld werden oder sich zu Nachhaltigkeit in Social Media äußern.
- Wenden Sie grundsätzliche Elemente verständlicher Sprache an, um Ihre CSR-Themen bestmöglich zu transportieren.
- Kommunizieren Sie deutlich Ihr Engagement in CSR-affinen Initiativen.
- Engagieren Sie sich in Brancheninitiativen oder treiben Sie sie selbst voran.
- Suchen Sie den Austausch mit Wettbewerbern, Universitäten, Forschungsinstitutionen zu spezifischen CSR-Themen.

Optionen für Dialog und Feedback anbieten

Inwiefern stellt Ihr Unternehmen sicher, dass der zunehmend wichtigen Outside-In-Perspektive Rechnung getragen wird? Wie weit öffnet sich Ihr Unternehmen für Dialog und Feedback von außen und signalisiert dies überzeugend Ihren Stakeholdern bzw. lädt sie aktiv zum Dialog ein?

So gelingt's

- Bieten Sie möglichst vielfältige Optionen für einen spezifischen Kontakt zu CSR-Anliegen.
- Unterbreiten Sie zu den klassischen Kontaktoptionen weitere Dialog- und Feedbackangebote (Chats, Foren, Ideenwerkstätten o. Ä.).

- Sie können auch Ansätze für eine Community zu CSR als Option für einen Austausch anbieten.
- Verstecken Sie die möglichst vielfältigen Optionen nicht in den Tiefen Ihrer Website, sondern finden Sie eine attraktive Platzierung.
- Veranstalten Sie regelmäßig Stakeholder-Dialoge. Webbasiert und/oder als Großgruppenformat, z. B. zur Bestimmung Ihrer wesentlichen Themen – oder zu spezifischen Handlungsfeldern der Nachhaltigkeit. Nutzen Sie hierfür geeignete Methoden und Instrumente.

Literatur

Baker Tilly (2017) .Nachhaltigkeit: Deutschem Mittelstand fehlt Orientierung. https://www.bakertilly.de/aktuelles/presse/detailansicht/nachhaltigkeit-deutschem-mittelstand-fehlt-orientierung.html. Zugegriffen: 16. Juni 2019

Bruhn M (2008) Integrierte Kommunikation. In: Meckel M, Schmid BF (Hrsg) Unternehmens-kommunikation. Kommunikationsmanagement aus Sicht der Unternehmensführung, 2. Aufl. Gabler, Wiesbaden, S 513–559

Bundesministerium für Arbeit und Soziales: „Nutzen für Unternehmen." https://www.csr-in-deutschland.de/DE/Was-ist-CSR/Nutzen-fuer-Unternehmen/nutzen-fuer-unternehmen.html. Zugegriffen: 16. Juni 2019

Bundesministerium für Wirtschaft und Energie: „Erfolgsmodell Mittelstand". Online unter https://www.bmwi.de/Redaktion/DE/Dossier/politik-fuer-den-mittelstand.html. Zugegriffen: 16. Juni 2019

CSR Magazin (01.2017) Status Quo der CR-Berichterstattung, S 10

Dämon K (2016) Nachhaltige Unternehmen sind erfolgreicher. https://www.wiwo.de/erfolg/management/nachhaltigkeit-nachhaltige-unternehmen-sind-erfolgreicher/13826034.html. Zugegriffen: 16. Juni 2019

Dämon K (2017) Die Unternehmen wollen – können aber nicht. https://www.wiwo.de/erfolg/management/nachhaltigkeit-im-mittelstand-die-unternehmen-wollen-koennen-aber-nicht/20254610.html. Zugegriffen: 16. Juni 2019

DNP (2018) https://www.nachhaltigkeitspreis.de/wettbewerbe/unternehmen/preistraeger-unternehmen/2018/kmu/beoplast-besgen-gmbh/. Zugegriffen: 16. Juni 2019

DNP (2018) https://www.nachhaltigkeitspreis.de/wettbewerbe/unternehmen/preistraeger-unternehmen/2018/grossunternehmen/grohe-ag/. Zugegriffen: 16. Juni 2019

DNP (2018) https://www.nachhaltigkeitspreis.de/wettbewerbe/unternehmen/preistraeger-unternehmen/2018/kmu/i-m-naturkosmetik-berlin-gmbh/. Zugegriffen: 16. Juni 2019

DPRG AK Mittelstandskommunikation (2018) https://dprg-journal.de/arbeitskreise/mittelstandskommunikation/950-dprg-startet-neuen-arbeitskreis-mittelstandskommunikation. Zugegriffen: 16. Juni 2019

Fährmann Unternehmensberatung GmbH (2015) Reden ist Gold. Erkenntnisse aus der bislang größten Studie zur Kommunikation im Mittelstand. https://faehrmannschaft.de/reden-ist-gold-erkenntnisse-aus-der-bislang-groessten-studie-zur-kommunikation-im-mittelstand/. Zugegriffen: 16. Juni 2019

Feldhaus T (2017) Mittelstand fehlt Orientierung. https://www.csr-news.net/news/2017/09/01/mittelstand-fehlt-orientierung. Zugegriffen: 16. Juni 2019

FINK & FUCHS (2015) Mittelstandskommunikation 2015. https://www.ffpr.de/2015/05/26/presseinformationen-zur-studie-mittelstandskommunikation-2015. Zugegriffen: 16. Juni 2019

Golbeck C (2017) Das Schweigen der Mehrheit. Warum KMU nicht über ihre soziale Verantwortung sprechen können oder wollen. CSR Magazin 2(2017):52–53

Nachhaltigkeit Jahrbuch (2018) Nachhaltig wirtschaften, Einführung. Themen. Beispiele. Walhalla und Praetoria Verlag GmbH und Ko. KG, Regensburg

Khan M et al (2016) Corporate sustainability. First evidence on materiality. The Account Rev 91(6):1697–1724. https://papers.ssrn.com/sol3/papers.cfm?abstract_id=2575912

Mast & Fiedler (2007) Nachhaltige Unternehmenskommunikation. In: Michelsen G, Godemann J (Hrsg) Handbuch Nachhaltigkeitskommunikation, 2. Aufl. Oekom, München, S 567–578

Michelsen G (2007) Nachhaltigkeitskommunikation: Verständnis – Entwicklung- Perspektiven. In: Michelsen G, Godemann J (Hrsg) Handbuch Nachhaltigkeitskommunikation. Grundlagen und Praxis, 2. Aufl. Oekom, München, S 25–41

Pieper E (2013) Empfehlungen für die marktbezogene Nachhaltigkeitskommunikation großer Reiseveranstalter. Leuphana Universität Lüneburg, Centre for Sustainability Management

Schubert D, Pieper E (2017) Nachhaltigkeitskommunikation in der Versicherungswirtschaft. Spielregeln, Erfolgsfaktoren, Trends. Springer Gabler, Berlin

Zerfaß Ansgar, Fink Stephan & Winkler Luisa (2015) „Mittelstandskommunikation 2015" – Studie zum Stellenwert und Einsatz von Unternehmenskommunikation im deutschen Mittelstand, Leipzig, Wiesbaden: Universität Leipzig / Fink & Fuchs PR

Weiterführende Links: Alle Zugriffe im Juli 2019

https://www.grohe.de/de_de/unternehmen/nachhaltigkeit.html
https://www.grohe.com/de/corporate/ueber-grohe/nachhaltigkeit/principles.html
http://www.beoplast.de/nachhaltig/
https://iplusm.berlin/kategorie/nachhaltigkeit/
www.csr-in-deutschland.de
https://www.nachhaltigkeitspreis.de/wettbewerbe/unternehmen/preistraeger-unternehmen/2018/

Désirée Schubert ist Mitgründerin und geschäftsführende Gesellschafterin der Fährmann Unternehmensberatung GmbH und Mitglied der Sustainable Natives e. G. Als Beraterin liegt ihr Fokus auf Strategie, Management und Kommunikation zu Nachhaltigkeit sowie wertebasierter Unternehmensführung. Sie ist zudem seit 20 Jahren als Marketing- und Kommunikationsberaterin in der Finanzdienstleistungsbranche tätig.

Nachhaltigkeitsberichterstattung – Bedeutung des Deutschen Nachhaltigkeitskodex (DNK)

Sabrina Rückwardt

„Alles was gegen die Natur ist, hat auf Dauer keinen Bestand",
sagte einst Charles Darwin.

Ich bin Ende der 80er-Jahre geboren und damit aufgewachsen, Müll zu trennen. Es gab eine Tonne für Restmüll, eine für Papier, den gelben Sack, Glascontainer und einen Komposthaufen im Garten. Die Mülltrennung war damals ein Zeichen des umweltbewussten Umgangs. Das Thema „Recycling" ist in den 90ern durch die 1991 und 1998 verabschiedeten Verpackungsordnungen stärker in den Fokus gerückt. Das Müllaufkommen sollte damit reduziert werden und eine Abwendung von der „Wegwerfgesellschaft" geschafft werden (BMU 2018). Jedoch ist das Thema Mülltrennung nicht ausreichend, um Natur und Umwelt zu schützen, sondern bildet lediglich einen sehr kleinen Teil vom Ganzen.

Nachhaltiges Wirtschaften ist ein weit verbreiteter Begriff sowohl im Privaten als auch in der Wirtschaft. Nicht nur der Einzelne, sondern auch die Unternehmen tragen eine Verantwortung für nachhaltiges Wirtschaften. Die gesellschaftliche Verantwortung von Unternehmen rückt immer mehr in den Fokus. Viele Unternehmen erweitern ihre strategische Planung um den Aspekt des gesellschaftlichen Engagements. Die Unternehmen legen nicht mehr nur den Fokus auf die wirtschaftlichen Belange sowie die Steigerung des Kundennutzens oder Unternehmenswertes (Elsner 2016, S. 3). Es wird der Versuch gestartet, „einen Einklang zwischen ökonomischem Erfolg, ökologischer Verträglichkeit und der Gesellschaft herzustellen" (ebenda). Das Thema Nachhaltigkeit gewinnt mehr und mehr an Bedeutung. Es gibt jedoch auch das Problem von „Greenwashing". Unternehmen suggerieren insbesondere durch kommunikative Aktivitäten ein umweltbewusstes Image ohne eine hinreichende, existierende Basis (Wördenweber 2017, S. 207).

S. Rückwardt (✉)
Hamburg, Deutschland

© Springer-Verlag GmbH Deutschland, ein Teil von Springer Nature 2021
M. Schmitz (Hrsg.), *CSR im Mittelstand,* Management-Reihe Corporate Social
Responsibility, https://doi.org/10.1007/978-3-662-61957-5_7

Das Thema Nachhaltigkeit verzeichnet ein schnelles Wachstum im Bereich Nachhaltigkeitsmarketing (Elsner 2016, S. 3). Unternehmen erstellen Nachhaltigkeitsberichte und zeigen ihren Stakeholdern damit Transparenz bezüglich ihrer nachhaltigen Aktivitäten.

Wie gestaltet sich die Nachhaltigkeitsberichterstattung?

Wie stellt sich die Bedeutung des Deutschen Nachhaltigkeitskodex im Rahmen der Nachhaltigkeitsberichterstattung dar?

1   Grundlagen zur Nachhaltigkeitsberichterstattung

1.1   Begriff Nachhaltigkeit

Zum Begriff Nachhaltigkeit existiert keine allgemeingültige Definition, sondern er ist die Summe verschiedener Ansätze von möglichen Definitionen. Die geläufigste Definition im Zusammenhang mit Nachhaltigkeit stammt aus dem Brundtland-Bericht[1] von 1987:

> „Sustainable development is development that meets the needs of the present without compromising the ability of future generations to meet their own needs. […] Sustainable development is a process of change in which the exploitation of resources, the direction of investments, the orientation of technological development; and institutional change are all in harmony and enhance both current and future potential to meet human needs and aspirations" (WCED 1987).

Die Definition ist sehr abstrakt gehalten, sodass sich hieraus auch keine eindeutigen Handlungsempfehlungen ableiten lassen. Eine weitere Definition des Rats für Nachhaltige Entwicklung (RNE 2018b) lautet:

> „Nachhaltige Entwicklung heißt, Umweltgesichtspunkte gleichberechtigt mit sozialen und wirtschaftlichen Gesichtspunkten zu berücksichtigen. Zukunftsfähig wirtschaften bedeutet also: Wir müssen unseren Kindern und Enkelkindern ein intaktes ökologisches, soziales und ökonomisches Gefüge hinterlassen. Das eine ist ohne das andere nicht zu haben."

Nachhaltigkeit und nachhaltige Entwicklung lassen sich nicht exakt trennen. Eine Verwendung als Synonym ist somit in der Literatur zu finden (Sailer 2016, S. 20; Wördenweber 2017, S. 9). In den diversen Definitionen ist zumeist ein zeitlicher Bezug durch die Ausrichtung der Nachhaltigkeit auf die Gegenwart und auf die Zukunft gegeben. Der Schutz von Ressourcen steht hierbei im Fokus, sodass der Fortbestand, meist von künftigen Generationen, sichergestellt werden kann (o. V. 2015).

---

[1]World Commission on Environment and Development (WCED) veröffentlichte 1987 den Bericht ‚Our Common Future', auch bekannt unter Brundtland-Bericht.

Die Nachhaltigkeit basiert auf dem Drei-Säulen-Modell[2], auch Drei-Dimensionen-Modell. Die drei „Pfeiler" bzw. Dimensionen sind: Ökonomie, Ökologie und Soziales (Wördenweber 2017, S. 7; Thiemann 2015, S. 277). Eines der zentralen Ziele der nachhaltigen Entwicklung ist es, die Gerechtigkeit zwischen den Generationen herzustellen, d. h. sicherzustellen, dass künftige Generationen gegenüber den heutigen Generationen keine Schlechterstellung bezüglich der Lebensqualität erfahren. Das Prinzip der Nachhaltigkeit stellt ein langfristiges und ganzheitliches Konzept dar, wobei der Ansatz der Optimierung verfolgt wird. Die nachhaltige Entwicklung lässt sich nur erreichen, sofern die Ziele aller drei Dimensionen sowohl gleichzeitig als auch gleichberechtigt umgesetzt werden, also ein dynamisches Gleichgewicht erreicht wird (Thiemann 2015, S. 277).

Der Begriff Nachhaltigkeit wird wie folgt definiert:

Nachhaltigkeit ist die Entwicklung der Bereiche Ökonomie, Ökologie und Soziales unter dem Aspekt der dauerhaften Tragfähigkeit sowie unter Berücksichtigung der Bedürfnisse heutiger Generationen und ohne Gefährdung der Fähigkeit künftiger Generationen, ihre eigenen Bedürfnisse zu befriedigen.

Jedoch ist keine exakte Definition notwendig, sondern laut Carnau geht es viel mehr, „[…] um die Bestimmung dessen, was Bestand haben soll und um die Verknüpfung der zeitlichen und räumlichen Ebene, die eine Nachhaltigkeitspolitik einzubeziehen hat. Die Grundidee basiert also auf der einfachen Einsicht, dass ein System dann nachhaltig ist, wenn es selber überlebt und langfristig Bestand hat. Wie es konkret auszusehen hat, muss im Einzelfall geklärt werden" (Carnau 2011, S. 14).

In diesem Zusammenhang, oft auch als Synonym verwendet, gibt es den Begriff Corporate Social Responsibility (CSR).[3] Jedoch ist der Begriff CSR in der Theorie enger gefasst als Nachhaltigkeit. Unter CSR ist der spezifische Beitrag als Leistung der Unternehmen zum nachhaltigen Wirtschaften zu verstehen. CSR umfasst die sozialen, ökologischen und ökonomischen Aspekte der Unternehmensverantwortung in Hinblick auf die Auswirkungen auf die Gesellschaft. In vielen deutschen Unternehmen wird auch häufig nur der Begriff Corporate Responsibility (CR) genutzt, da das „Social" irrtümlich oft nur als soziale Dimension missverstanden wird. Die Unternehmen setzen CSR ganz unterschiedlich um, wichtig ist jedoch für die erfolgreiche Umsetzung eine klare Verknüpfung zur eigenen Geschäftstätigkeit (BMAS 2018).

---

[2]Begründet durch die 1992 stattfindende UNO-Konferenz für Umwelt und Entwicklung in Rio de Janeiro, bei der Nachhaltigkeit zum Leitprinzip der Politik erklärt wurde (178 Teilnehmer).

[3]Abgrenzung des Begriffs Corporate Citizenship (CC). CC bezeichnet nur das über die eigentliche Geschäftstätigkeit eines Unternehmens hinausgehende gemeinnützige Engagement (Sponsoring, Spenden und Stiftungsaktivitäten).

1.2   Pflicht der Nachhaltigkeitsberichterstattung

Der Nachhaltigkeitsbericht (nicht finanzielle Informationen) ist neben dem Geschäftsbericht (finanzielle Informationen) eines Unternehmens ein wesentlicher Bestandteil der
Unternehmenskommunikation. Im Nachhaltigkeitsbericht werden die Unternehmens-
leistungen in Hinblick auf Ökonomie, Ökologie und Soziales veröffentlicht. Gleichzeitig
dient die Berichterstattung zur Rechenschaftslegung hinsichtlich dieser Leistungen.
Ein Nachhaltigkeitsbericht kann die Glaubwürdigkeit eines Unternehmens unterstützen
und andererseits wird Vertrauen bei Kunden, Mitarbeitern und in der Öffentlichkeit
geschaffen. Die Informationsbedürfnisse sämtlicher Interessensgruppen können mittels
des Nachhaltigkeitsberichtes befriedigt werden. Im Wesentlichen werden die Leistungen
des Unternehmens ex post beschrieben. Die Nachhaltigkeitsstrategie und -leistungen
werden reflektiert. Im Fokus liegen hierbei die Auswirkungen auf Mensch und Umwelt.
Des Weiteren ist zusätzlich auch ein Blick in die Zukunft, über die Darlegung der
geplanten Ziele und Maßnahmen, möglich. Umweltberichte und Umwelterklärungen ab
Beginn der 1990er-Jahre sind die Vorgänger von Nachhaltigkeitsberichten (Institut für
ökologische Wirtschaftsforschung GmbH 2018f; Wördenweber 2017, S. 293 f.).

Die Erstellung von Nachhaltigkeitsberichten ist grundsätzlich freiwillig. Die
Europäische Union verpflichtet große Unternehmen mit der CSR-Richtlinie 2014/95/
EU zur Nachhaltigkeitsberichterstattung (Meier 2017, S. 56). Die Richtlinie durch-
lief das deutsche Gesetzgebungsverfahren mit dem Ergebnis: *Gesetz zur Stärkung der
nichtfinanziellen Berichterstattung der Unternehmen in ihren Lage- und Konzern-
lageberichten (CSR-Richtlinie-Umsetzungsgesetz).* Die wesentlichen Änderungen im
Handelsgesetzbuch (HGB) zur Pflicht sowie zum inhaltlichen Aufbau lauten:

„§ 289b Pflicht zur nichtfinanziellen Erklärung; Befreiung

(1) Eine Kapitalgesellschaft hat ihren Lagebericht um eine nichtfinanzielle Erklärung zu
erweitern, wenn sie die folgenden Merkmale erfüllt:
    1. die Kapitalgesellschaft erfüllt die **Voraussetzungen des § 267 Absatz 3 Satz 1**,
    2. die Kapitalgesellschaft ist **kapitalmarktorientiert** im Sinne des § 264d und
    3. die Kapitalgesellschaft hat im **Jahresdurchschnitt mehr als 500 Arbeitnehmer**
beschäftigt.
    […]

§ 289c Inhalt der nichtfinanziellen Erklärung

(1) In der nichtfinanziellen Erklärung im Sinne des § 289b ist das Geschäftsmodell der
Kapitalgesellschaft kurz zu beschreiben.
    (2) Die nichtfinanzielle Erklärung bezieht sich darüber hinaus zumindest auf folgende
Aspekte:

    1. **Umweltbelange**, [...],

    2. **Arbeitnehmerbelange**, [...],

    3. **Sozialbelange**, [...],

    4. die **Achtung der Menschenrechte**, [...], und

    5. die **Bekämpfung von Korruption und Bestechung**, [...].

(3) Zu den in Absatz 2 genannten Aspekten sind in der nichtfinanziellen Erklärung jeweils diejenigen Angaben zu machen, die für das Verständnis des Geschäftsverlaufs, des Geschäftsergebnisses, der Lage der Kapitalgesellschaft sowie der Auswirkungen ihrer Tätigkeit auf die in Absatz 2 genannten Aspekte erforderlich sind, [...]."

Die Verpflichtung besteht erstmals mit dem Geschäftsjahr 2017, also mit den Veröffentlichungen im Jahr 2018 (Institut für ökologische Wirtschaftsforschung GmbH 2018b).

Für die Berichterstattung bestehen aktuell verschiedene Standards, sogenannte CSR-Standards[4], zu Umsetzung und Ausarbeitung der Berichte. Jedoch ist die Anzahl der angebotenen Standards mit 96 kaum zu überblicken. Eine Einteilung in (I) Normative Rahmenwerke, also Vorgabe von grundlegenden Leitlinien in Hinblick auf akzeptiertes Verhalten bzw. erwünschter sozialer und ökologischer Ergebnisse, (II) Prozessrichtlinien, also die Vorgabe, welche bzw. wie soziale und ökologische Leistungen gemessen sowie deren Kommunikation erfolgen soll, (III) Managementsysteme, d. h. systematischer Rahmen zur Messung, Planung, Steuerung und Kommunikation sozialer und ökologischer Themen (Sailer 2016, S. 49 f.).

Die folgende Tabelle zeigt eine Auswahl unterschiedlicher Standards unter Beachtung der zuvor angegebenen Unterteilung (Tab. 1):

1.3 Ranking zu Nachhaltigkeitsberichten

Das Institut für ökologische Wirtschaftsforschung (IÖW) und die Unternehmensvereinigung future e. V. bewerten die Nachhaltigkeitsberichte von großen und mittelständischen Unternehmen und erstellen daraus ein Ranking. Damit ist „das Ranking [...] eine der weltweit ersten kriteriengestützten Bewertungen von [Nachhaltigkeits]Berichten [...]" (Institut für ökologische Wirtschaftsforschung GmbH 2018c). Hierbei handelt es sich um ein unabhängiges Ranking, überwiegend gestützt von öffentlichen Institutionen. Seither sind zehn Rankings in den letzten Jahren erfolgt (ebenda).

Bei dem Ranking werden verschiedene Kriterien mit Punkten bewertet und nach einer bestimmten Gewichtung zusammengerechnet. Die wesentlichen Hauptkriterien sind (Tab. 2):

---

[4]Unter CSR-Standards sind öffentlich zugängliche Dokumente zu verstehen, die Leitlinien, Handlungsfelder, Maßnahmen und Normen vorgeben, die in der Wissenschaft, in der Politik und in den Unternehmen zweckmäßige Form zur Operationalisierung der Nachhaltigen Entwicklung angesehen werden (Sailer 2016, S. 49).

Tab. 1 Übersicht von CSR-Standards. (Eigene Darstellung in Anlehnung an Sailer 2016, S. 50 ff; RNE 2016, S. 70 ff.)

CSR-Standard	Erläuterung
Normative Rahmenwerke	
UN Global Compact	… Pakt aus 1999, den die Vereinten Nationen mit vielen Unternehmen, Verbänden, wissenschaftlichen Einrichtungen geschlossen hat, mit dem Ziel soziale und ökologische Mindeststandards einzuhalten
OECD Leitsätze für multinationale Unternehmen	… die Organisation für wirtschaftliche Zusammenarbeit und Entwicklung (OECD) entwickelte in 2011 Leitsätze für verantwortungsbewusstes Verhalten von Unternehmen, welches vertraglich zwischen den Regierungen der OECD-Länder und weiteren Staaten vereinbart wurde; keine Bindung für Unternehmen
Prozessrichtlinien	
Global Reporting Initiative (GRI)	… kontinuierlicher internationaler Dialog zur Unternehmensberichterstattung. Entwickelt Richtlinien zur Erhöhung der Qualität, zum Standardisieren und zur besseren Vergleichbarkeit
Deutscher Nachhaltigkeitskodex (DNK)	… ein Transparenzstandard mit 20 Kriterien und Auswahl von quantifizierbaren Leistungsindikatoren zur Beschreibung von Nachhaltigkeitsleistungen mittels Entsprechenserklärung
European Federation of Financial Analysts Societies (EFFAS)	… hat 2010 Richtlinien für die Finanzberichterstattung zur Integration von Umwelt- und Sozialaspekten veröffentlicht; 16 EFFAS-Indikatoren
ISO 26000	… Managementleitfaden aus dem Jahre 2010 mit Empfehlungen für verantwortungsvolles Verhalten für Unternehmen. Nicht zertifizierbar
Managementsysteme	
SA 8000	… internationaler Standard mit Mindestanforderungen an die Arbeitsbedingungen von Arbeitnehmern
EMAS und ISO 14001	… beschreiben Umweltmanagementsysteme

Beim Ranking werden diverse Berichte einbezogen: Umwelt-, Nachhaltigkeits- und CSR-Berichte von Unternehmen. Sofern eine analoge Berichterstattung erfolgt, beispielsweise integrierte Berichte, so erfolgt ebenso ein Einbezug in das Ranking. Wichtig ist jedoch, dass die Berichte einen klar abgegrenzten Zeitraum betrachten und sich auf das

Tab. 2 Hauptkriterien für Ranking der Nachhaltigkeitsberichte. (Eigene Darstellung in Anlehnung an Institut für ökologische Wirtschaftsforschung GmbH 2018e)

Materielle Anforderungen an die Berichterstattung:
Unternehmensprofil
Vision, Strategie und Management
Ziele und Programm
Interessen der Mitarbeiter
Ökologische Aspekte der Produktion
Produktverantwortung
Verantwortung in der Lieferkette
Gesellschaftliches Umfeld
Allgemeine Berichtsqualität:
Glaubwürdigkeit
Berichterstattung zu wesentlichen Themen
Kommunikative Qualität

gesamte Unternehmen beziehen. Es erfolgen zwei getrennte Wettbewerbe. Unterschieden wird dabei nach der Größe der Unternehmen, nach Großunternehmen sowie kleinen und mittleren Unternehmen (KMU). Die Kriterien der beiden Berichte sind jeweils unterschiedlich. Bei den Großunternehmen ist das Paket der Kriterien umfassender und enthält zudem branchenspezifische Aspekte. Maximal ist eine Punktzahl von 700 Punkten zu erreichen. Die Kriterien werden regelmäßig einer Prüfung unterzogen, sodass auch aktuelle Entwicklungen im Rahmen der Nachhaltigkeitsberichterstattung einbezogen werden (Institut für ökologische Wirtschaftsforschung GmbH 2018e).

Die Bewertung teilt sich in unterschiedliche Phasen. Die Unternehmen werden zusätzlich in den Prozess einbezogen, sodass auch Missverständnisse ausgeräumt oder auf nicht berücksichtigte Aspekte aufmerksam gemacht werden kann. Abschließend wird eine Rangliste erstellt, welche mit entsprechenden Details veröffentlicht wird. Es werden verbindliche Verhaltensgrundsätze im Rahmen der Durchführung der Bewertungen im Ranking definiert. Diese Verhaltensgrundsätze sind: Unabhängigkeit, Vollständigkeit, Objektivität und Vergleichbarkeit sowie Transparenz und Dialog (Institut für ökologische Wirtschaftsforschung GmbH 2018e; Institut für ökologische Wirtschaftsforschung GmbH 2018d).

Ziel der Erstellung der Rankings ist, die bessere Vergleichbarkeit dieser Unternehmenskommunikation zu unterstützen. Gleichzeitig wird zum Unternehmenswettbewerb beigetragen sowie der Beitrag zur Weiterentwicklung der Berichterstattung geleistet. „Langfristig soll damit ein kontinuierlicher Verbesserungsprozess in Richtung Nachhaltigkeit unterstützt werden" (Institut für ökologische Wirtschaftsforschung GmbH 2018g). Ein aussagekräftiger und transparenter Nachhaltigkeitsbericht kann für ein Unternehmen als Aushängeschild dienen. Dadurch haben die Unternehmen, egal welcher Größe, die Möglichkeiten, das Engagement im sozialen und ökologischen Bereich darzustellen und hiermit positiven Einfluss auf die öffentliche Meinung zu nehmen. Hierbei möchte das Ranking der Nachhaltigkeitsberichte seinen Beitrag leisten und mehr Aufmerksamkeit auf diese Form der unternehmerischen Kommunikation erzeugen. Die

Unternehmen lernen durch die anhaltende Berichterstattung ein nachhaltig verträgliches Agieren am Markt. Gleichzeitig werden aber auch Lernprozesse in der Gesellschaft, Forschung und Politik in Gang gesetzt (Institut für ökologische Wirtschaftsforschung GmbH 2018g).

2   Nachhaltigkeitsberichterstattung gemäß DNK

2.1   Entstehung und Ziele

Der Deutsche Nachhaltigkeitskodex (DNK) beschreibt Leitlinien für die verbindliche und transparente Darstellung von Nachhaltigkeitsleistungen in Unternehmen.

In der Wissenschaft und auch in der Praxis besteht seit Jahren die umstrittene Diskussion zum Thema der Standardisierung der Nachhaltigkeit von Unternehmen, speziell zur Vergleichbarkeit dieser. Es wird eine Vielzahl von diversen Methoden zu Bewertung, Datenquellen und Indikatoren verwendet, sodass nicht eindeutige Begriffsdefinitionen und entgegenwirkende Darstellungen entstehen. Die Forderung nach Vereinheitlichung und einer höheren Verbindlichkeit besteht am Markt. Dies greift der Rat für Nachhaltige Entwicklung (RNE) auf und schafft im Jahre 2011 den Deutschen Nachhaltigkeitskodex (Bassen et al. 2011, S. 359).

Ein erster Entwurf aus dem Jahr 2010 wurde in der Öffentlichkeit mit diversen Unternehmen diskutiert. Dieser Entwurf wurde weiterentwickelt auf Grundlage der Beiträge sowie mittels Qualifizierungsworkshop mit Unternehmen und mit der Durchführung eines Praxistests. Der Geltungsbereich und die Implementierung wurden wiederum öffentlich diskutiert. Sämtliche Ergebnisse flossen in die Sitzung des Nachhaltigkeitsrates am 13.10.2011, bei der der DNK beschlossen wurde. Seither kümmert sich der RNE um den beschlossenen DNK und trägt diesen in die Öffentlichkeit und die Praxis von Unternehmen. Am 04.10.2014 wurde eine aktualisierte Form des DNK vorgelegt (RNE 2018a; DNK 2018c).

„Ziel des RNE ist, Nachhaltigkeitsleistungen von Unternehmen mit einer höheren Verbindlichkeit transparent und vergleichbar zu machen sowie die Basis für die Umsetzung von Nachhaltigkeit zu verbreitern" (Zwick 2017a, S. 57). Die Anwendung des DNK bringt unterschiedliche positive Effekte mit sich. Es besteht die Möglichkeit der Einbeziehung der Informationen in Analysen durch Investoren oder Finanzanalysten. Die Verringerung von fehlerhaften Bewertungen von Unternehmenswerten ist möglich, wodurch eine Optimierung der Kapitalallokation erreicht werden kann. Eine Förderung des Wettbewerbs und Abgrenzung am Markt kann durch Neuerungen für nachhaltige Entwicklungen verstärkt werden oder Wettbewerbsvorteile für etablierte, nachhaltige Unternehmen können generiert werden. Durch die Transparenz wird die Erkennbarkeit und Vergleichbarkeit von Chancen und Risiken für Unternehmen verbessert. Steigenden Transaktionskosten bei Ratings und Analysen kann entgegengewirkt werden (Zwick 2014, S. 245 f.; 2017a, S. 57; 2017b, S. 237 ff.).

Der DNK knüpft an bestehende internationale Standards sowie Berichterstattungs-standards (GRI und EFFAS) an. Damit entsteht für die Kapitalmarktteilnehmer, welche überwiegend kaum den Fokus auf Nachhaltigkeit gelegt hatten, eine Ergänzung mit einem standardisierten Instrument. Die Unternehmen sind durch Honorierungen über den Markt, bspw. Aufnahme in Aktienindizes, Vereinfachung von Lieferantenauswahl oder einfacheren Zugang zu Kapital und Aufträgen, angetrieben, den Kodex zu erfüllen. Der DNK ermöglicht das individuelle Bewerten des auf Langfristigkeit ausgelegten Handelns und den damit verbundenen Chancen und Risiken der Unternehmen. Die Erfüllung des DNK kann zukünftig als Kriterium bei der Auswahl von Vertragspartnern dienen. Ebenso besteht die Möglichkeit, die Konsumenten für nachhaltige Unternehmen mit deren Produkten und Dienstleistungen zu sensibilisieren (Zwick 2014, S. 245 f.; 2017a, S. 57 f.; 2017b, S. 237 ff.).

2.2 Anwendung

Der DNK kann von sämtlichen Unternehmen[5] unabhängig von der Rechtsform und Größe verwendet werden. Auch Stiftungen, Organisationen oder gar Gewerkschaften und Universitäten können den DNK zur freiwilligen Selbstauskunft anwenden. Die Anwendung des DNK erfolgt mittels Abgabe einer sogenannten Entsprechenserklärung. Dies ist ein Bericht über die Erfüllung der 20 Kriterien des DNK (comply) oder die plausible Erklärung, warum ein Kriterium nicht enthalten ist (explain). Diese Entsprechenserklärung wird in der Datenbank des DNK veröffentlicht und ist somit für jeden einsehbar (Zwick 2017a, S. 58; RNE 2016, S. 6).

Die Entsprechenserklärungen können anschließend noch durch einen unabhängigen Dritten geprüft und testet werden, was die Erhöhung der Verlässlichkeit und Wirk-samkeit (Limited Assurance) bewirkt. Jedoch verlangt der DNK als Einstieg keine Überprüfung eines Externen. Neben dem „Comply-or-Explain"-Ansatz kann auch auf Informationen in anderen Berichtsformaten verwiesen werden, sodass dies als Erklärung gewertet werden kann. Die Entsprechenserklärung kann in deutscher und/oder englischer Sprache erfolgen. Auf der Homepage des DNK[6] kann mittels kostenlosen Online-Tools die Entsprechenserklärung vorbereitet werden. Die Veröffentlichung erfolgt nach formaler Prüfung der Geschäftsstelle des DNK auf der Homepage des DNK, im Geschäftsbericht und in einem möglicherweise eigenständigen oder integrierten Nach-haltigkeitsbericht. Die Unternehmen wählen entsprechende Leistungsindikatoren und erfüllen damit Anforderungen des DNK. Ob die Indikatoren des GRI oder des EFFAS verwendet werden, legt das Unternehmen in Abhängigkeit des Berichtsstandards und der

---

[5]Bei Unternehmen mit Beteiligung des Bundes besteht die Aufforderung der Nutzung des DNK zur Vorreiterstellung.

[6]www.deutscher-nachhaltigkeitskodex.de.

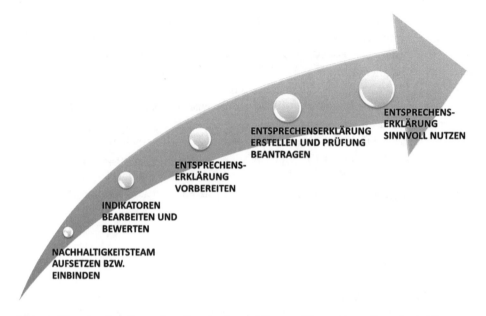

Abb. 1 Weg der Erstellung einer Entsprechenserklärung. (Eigene Darstellung in Anlehnung an DNK 2018d)

Zielgruppe fest und das Indikatorenset wird in der gesamten Entsprechenserklärung bei-behalten. Die Indikatoren beinhalten jeweils nur ein einzelnes Thema, daher können die Unternehmen in Abhängigkeit vom realen Geschäftsvorfall selbstständig die Verbindung schaffen. Des Weiteren können, auf Freiwilligkeit beruhend, weitere branchenspezifische Indikatoren[7] der GRI oder EFFAS (Sector Supplements) sowie andere relevante Aspekte ergänzt werden, sofern dies dem besseren Verständnis dient (Zwick 2014, S. 246 f.; 2017a, S. 58 f.; 2017b, S. 239 f.; RNE 2017, S. 18).

Der „Weg" der Erstellung der Entsprechenserklärung gestaltet sich wie folgt (Abb. 1):

Der DNK verwendet in der Regel, analog der finanziellen Berichterstattung, den gleichen Konsolidierungskreis der in den Konzernabschluss einzubeziehenden Unternehmen. Auf Abweichungen ist entsprechend hinzuweisen und zu begründen. Der Bericht über die Nach-haltigkeit in ausgelagerten Wertschöpfungsketten kann für Unternehmen mit geringer unter-nehmerischer Leistungserbringung relevant sein. Diese grundsätzlichen Berichtsparameter, genauso wie wesentliche Annahmen und Schätzungen, angewendete Definitionen und eine Darstellung des Geschäftsfeldes des Unternehmens, sind in den allgemeinen Angaben darzu-legen (Zwick 2014, S. 247; 2017a, S. 59; 2017b, S. 240; RNE 2017, S. 18).

---

[7]Veröffentlichte branchenspezifische Leitfäden für Abfallwirtschaft und Stadtreinigung, Energie-wirtschaft, Wohnungswirtschaft, Ernährungsindustrie, mittelständische Banken, Sparkassen und Hochschulen.

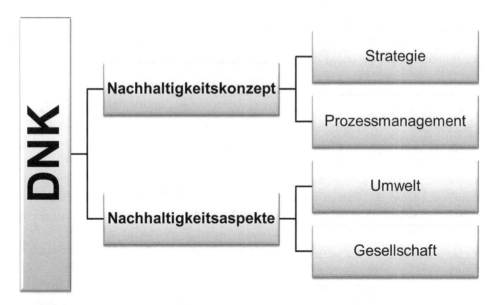

Abb. 2 Übersicht Aufbau des DNK. (Eigene Darstellung in Anlehnung an RNE 2017, S. 11 ff.)

Insgesamt werden in der Entsprechenserklärung textliche Beschreibungen und quantitativ belegte Leistungsindikatoren verwendet. Dabei soll die Entsprechenserklärung nicht unnötig lang[8] sein, sodass die Leseraufmerksamkeit auf das Wesentliche gelenkt wird. Wichtig hierbei ist die Darstellung aller wesentlichen Informationen zu dem einzelnen Kodexkriterium (RNE 2017, S. 18).

2.3   Inhalt und Aufbau

Der DNK besteht aus 20 Kriterien, die die Grundlage für die Berichterstellung bilden und die Basis des nachhaltigen Wirtschaftens darstellen.

Der DNK gliedert sich in das Nachhaltigkeitskonzept und in Nachhaltigkeitsaspekte (Abb. 2). Das Nachhaltigkeitskonzept wird gegliedert in die **Strategie** mit vier zugehörigen Kriterien und das **Prozessmanagement** mit sechs zu erläuternden Kriterien. Die Nachhaltigkeitsaspekte sind unterteilt in den Bereich **Umwelt** mit drei dazugehörigen Kriterien und dem Bereich der **Gesellschaft** mit sieben Kriterien, wobei zwei davon dem Unterbereich der Compliance angehören (RNE 2017, S. 11 ff.).

Der Bereich **Strategie** befasst sich mit der Wesentlichkeit, mit Visionen und Zielen. Dieses erste Kapitel nimmt eine besondere Bedeutsamkeit ein, da hier die Unternehmen

---

[8]Richtwert pro Kriterium sind 500 bis 2000 Zeichen.

die wesentlichen Chancen und Risiken in Bezug auf die Nachhaltigkeit darstellen. Des Weiteren erfolgen die Gewichtung dieser Aspekte sowie die Darstellung des Umgangs damit und die dazu gesetzten Ziele zur Gestaltung einer nachhaltigeren Geschäftstätigkeit. Das erste Kriterium ist *strategische Analyse und Maßnahmen*. Bei diesem Kriterium soll der strategische Rahmen zur Nachhaltigkeit dargestellt werden, wie das Thema Nachhaltigkeit im Rahmen der wesentlichen Unternehmenstätigkeit eingebunden ist und welche Standards/Leitlinien dabei verwendet werden. Des Weiteren werden hierzu die konkreten Maßnahmen zur Umsetzung der Strategie dargelegt. Das zweite Kriterium ist *Wesentlichkeit* und umfasst die Offenlegung des Aspektes, die eine wesentliche Einwirkung auf die Unternehmensgeschäftstätigkeit hat. Außerdem gehört zu diesem Kriterium ebenso dazu darzustellen, wie die analysierten Aspekte mit der Geschäftstätigkeit verknüpft und in der Strategie berücksichtigt sind. Das dritte Kriterium sind die *Ziele*. Hierbei legt das Unternehmen die gesetzten Nachhaltigkeitsziele dar, welche qualitativ und/oder quantitativ sowie zeitlich abgegrenzt sein sollten. Des Weiteren erfolgen die Darstellung der Operationalisierung der Ziele und die Kontrolle der Erreichung. Die Ziele sollten sowohl eindeutig, messbar und auch überprüfbar sein. Das vierte und letzte Kriterium im Bereich der Strategie ist die *Tiefe der Wertschöpfungskette*. Bei diesem Kriterium wird die Bedeutung der Nachhaltigkeitsaspekte für die Wertschöpfungskette dargelegt. Ebenso soll die Tiefe der Wertschöpfungskette betrachtet werden und dargestellt werden, bis wohin die Überprüfung der Kriterien der Nachhaltigkeit erfolgt (RNE 2017, S. 34 ff.; 2016, S. 15 ff.; Zwick 2014, S. 248; 2017a, S. 60; 2017b, S. 241).

Der Bereich des **Prozessmanagements** befasst sich mit dem effizienten und systematischen Management der Nachhaltigkeit in den Unternehmen. Das fünfte Kriterium des DNK ist die *Verantwortung*. Die Zuständigkeiten in der Unternehmensführung in Hinblick auf die Nachhaltigkeit werden offenbart. *Regeln und Prozesse* stellt das sechste Kriterium dar. Hierbei sollen die Regeln und Prozesse aufgezeigt werden, welche die Nachhaltigkeitsstrategie und die gewöhnliche Geschäftstätigkeit vereinen. Die Nachhaltigkeit soll selbstverständlicher in den Unternehmen werden, dies kann nur erfolgen, wenn entsprechende Regeln und Prozesse implementiert werden, die die Nachhaltigkeit integrieren. Das siebente Kriterium umfasst die *Kontrolle*. Dieses Kriterium umfasst die Offenlegung, wie und welche Leistungsindikatoren der Nachhaltigkeit genutzt werden. Es soll aufgezeigt werden, wie geeignete Prozesse zuverlässige, vergleichbare und konsistente Daten liefern und wie diese Daten entsprechend für die interne Steuerung sowie für die öffentliche Kommunikation verwendet werden können. Das nächste, achte Kriterium sind *Anreizsysteme*. In diesem Kriterium soll erläutert werden, wie Nachhaltigkeitsziele in den Vergütungssystemen integriert sind oder diese integriert werden können. Des Weiteren spielt hierbei auch die Betrachtung der Kontrolle der Erreichung der Ziele durch entsprechende Gremien eine Rolle. Die *Beteiligung von Anspruchsgruppen* ist das neunte Kriterium. In diesem Kriterium erfolgt die Offenlegung der Identifizierung und Integration von gesellschaftlich und wirtschaftlich bedeutsamen Anspruchsgruppen. Die mögliche kontinuierliche Kommunikation und der Austausch mit den Anspruchsgruppen wird offengelegt sowie die Zusammenführung der Ergebnisse in den Nachhaltigkeitsprozess. Es besteht die Empfehlung zu prüfen, mit wem ein Meinungsaustausch nötig und sinnvoll ist. Das letzte Kriterium im Bereich Prozessmanagement bzw. das zehnte Kriterium ist das *Innovations- und Prozessmanagement*. In diesem Kriterium soll erläutert werden, ob die Nachhaltigkeit als Anstoß für Innovationen genutzt wird und wenn ja, wie. Außerdem soll für die wesentlichen Produkte bzw. Dienstleistungen erläutert werden, ob und wie die Bewertung der gegenwärtigen und künftigen Wirkung in der Kette der Wertschöpfung und im Produktlebenszyklus erfolgt (RNE 2017, S. 36 ff.; 2016, S. 29 ff.; Zwick 2014, S. 24; 2017a, S. 60 f.; 2017b, S. 242 f.).

Der Bereich der **Umwelt** als Nachhaltigkeitsaspekt betrachtet die wesentlichen Belange im betrieblichen Umweltschutz. Das elfte Kriterium umfasst die *Inanspruchnahme natürlicher Ressourcen*. Hierbei erfolgt die Offenlegung der Nutzung von natürlichen Ressourcen für die gewöhnliche Geschäftstätigkeit des Unternehmens. Betrachtet werden hierbei Wasser, Boden, Abfall, Energie, Fläche, Biodiversität und Emissionen als Materialien sowie der In- und Output. Das *Ressourcenmanagement* ist das zwölfte Kriterium. Hierbei sollen die Unternehmen darlegen, welche qualitativen und quantitativen Ziele sich das Unternehmen in Bezug auf Ressourceneffizienz, Einsatz erneuerbarer Energien, Steigerung der Produktivität der Rohstoffe sowie Reduzierung der Inanspruchnahme von Dienstleistungen des Ökosystems setzt. Außerdem, wie diese gesetzten Ziele erfüllt wurden und in Zukunft erfüllt werden sollen. Die *klimarelevanten Emissionen* stellt das dreizehnte Kriterium dar. Zur Erfüllung des Kriteriums müssen die Unternehmen die Treibhausgasemissionen offenlegen (Greenhouse Gas Protocol oder den darauf basierenden Standards). Außerdem erfolgt die Angabe von selbst gesetzten Zielen, wie die Emissionen reduziert werden können (RNE 2017, S. 36 ff.; 2016, S. 29 ff.; Zwick 2014, S. 24; 2017a, S. 60 f.; 2017b, S. 242 f.).

Der letzte Bereich der **Gesellschaft** betrachtet die sozialen Aspekte der Nachhaltigkeit. Dazu gehören, ob das Unternehmen grundlegende Rechte der Arbeitnehmer achtet, wie der Umgang mit Chancengerechtigkeit, Gesundheit sowie Vereinbarkeit von Familie und Beruf erfolgt. Das vierzehnte Kriterium sind die *Arbeitnehmerrechte* und beschreibt dazu die Einhaltung von nationalen und internationalen Standards. Gleichzeitig soll berichtet werden über die Förderung der Mitwirkung der Mitarbeiter am Nachhaltigkeitsmanagement. Das nächste, fünfzehnte Kriterium umfasst die *Chancengerechtigkeit*. Hierbei geht es um die Darlegung, wie die Förderung der Chancengerechtigkeit und Diversität in die Unternehmensprozesse eingebaut wird. Das sechzehnte Kriterium beschäftigt sich mit der *Qualifizierung*. Hierbei steht die Förderung der Fähigkeit zur Teilhabe an der Arbeits- und Berufswelt im Vordergrund, welche gesetzten Ziele es gibt bzw. welche Maßnahmen ergriffen wurden in Hinblick auf bspw. Gesundheitsmanagement, altersgerechte Gestaltung des Arbeitsplatzes, Weiterbildungen. Das siebzehnte Kriterium umfasst die *Menschenrechte*. Bei diesem Kriterium werden die Maßnahmen offengelegt, um die Achtung der Menschenrechte während der Lieferkette zu erreichen. Außerdem sollen dabei Kinder- und Zwangsarbeit sowie Ausbeutung verhindert werden. Das *Gemeinwesen* ist das achtzehnte Kriterium und legt offen, wie zum Gemeinwesen in den Regionen der Geschäftstätigkeit beigetragen wird. Das neunzehnte Kriterium ist die *politische Einflussnahme*. Hierbei wird berichtet, welche Gesetzgebungsverfahren für das Unternehmen relevant sind, in welchen Organisationen eine Mitgliedschaft besteht, welche Parteien in welcher Höhe Spenden erhalten haben. Die Offenlegung erfolgt hierbei differenziert nach Ländern. Das letzte, zwanzigste Kriterium ist *gesetzes- und richtlinienkonformes Verhalten*. Das Vermeiden von rechtswidrigen Verhalten steht hierbei im Vordergrund und die hierzu existierenden Maßnahmen, Systeme, Prozesse und Standards werden beschrieben sowie deren Überprüfung. Des Weiteren wird dargestellt, wie das Verhindern, Aufdecken und Sanktionieren von u. a. Korruptionen erfolgt (RNE 2017, S. 50 ff.; 2016, S. 53 ff.; Zwick 2017a, S. 62 f.; 2017b, S. 243 f.).

3 Nachhaltigkeitsberichterstattung bei Unternehmen im Mittelstand

In Deutschland sind rund 500 Unternehmen von der Berichtspflicht betroffen (Institut für ökologische Wirtschaftsforschung GmbH 2018a), im Mittelstand gibt es jedoch mehrere Millionen Betriebe und Selbstständige. Deutschland ist maßgeblich vom Mittelstand geprägt. Der Mittelstand hat in Deutschland gegenüber Großunternehmen oft Vorteile. Die KMU sind geprägt von meist autonomen Geschäftsmodellen, oft schlankeren Unternehmensstrukturen und sogar einer besonderen Unternehmenskultur. Strategiefragen bekommen meist einen anderen Stellenwert entgegen bei den Großunternehmen. Nischenprodukte kommen meist aus dem Mittelstand und gehören in vielen Fällen zur Weltspitze. Der Mittelstand ist flexibel und der persönliche Kontakt zu den Kunden ist nichts Ungewöhnliches. Diese Unterschiede kann sich der Mittelstand zunutze machen. In der heutigen Zeit gilt Nachhaltigkeit auch als Wirtschaftsfaktor. Zudem fördert Nachhaltigkeit das gute Image eines Unternehmens bei potenziellen Kunden, Bewerbern, aber auch bei möglichen Kapitalgebern. Auf der anderen Seite erwarten auch immer mehr Stakeholder von mittelständischen Unternehmen mehr Transparenz zum Thema Nachhaltigkeit. Um diesen Erwartungen gerecht zu werden – die eigene Nachhaltigkeitsleistung transparent darzustellen und sich damit von anderen Unternehmen zu differenzieren – rückt die Nachhaltigkeitsberichterstattung bei Unternehmen im Mittelstand zunehmend in den Fokus.

Die mittelständischen Unternehmen beschäftigen sich vermehrt mit den Bereichen Ökologie, Ökonomie und Soziales. Laut einer Studie von Baker Tilly und der Technischen Universität Dortmund hat sich die Mehrheit der befragten Unternehmen aus dem Mittelstand mit Nachhaltigkeit auseinandergesetzt und 80 % der befragten mittelständischen Unternehmen glauben zudem, dass die Integration einer nachhaltigen Unternehmensführung in die Unternehmensstrategie wichtig ist. Lücken bestehen in der Definition von Nachhaltigkeit sowie in der Verankerung dieser in der Unternehmensstrategie (Pott et al. 2018, S. 8).

Das Thema Nachhaltigkeitsberichterstattung war in der Vergangenheit im Mittelstand ohne genaue Vorgaben für die Unternehmen und der oftmals fehlenden Vergleichbarkeit ein Problem. Da es keine Statuten gab, an denen sich die Unternehmen richten konnten, fiel es den KMU schwer, Nachhaltigkeitsberichte zu erstellen. Ebenso war der Druck von extern nicht hoch genug. Jedoch gerät auch der Mittelstand mit Einführung der Berichtspflicht mehr in den Fokus. Unternehmen, die einer Berichtspflicht unterliegen, stellen bspw. mittelständischen Unternehmen entlang ihrer Lieferkette Fragen zum Thema Nachhaltigkeit bzw. beleuchten dieses Thema bei ihren Lieferanten gewissenhafter als zuvor. Mit der Einführung der CRS-Berichtspflicht und den damit genaueren Vorgaben fällt es auch mittelständischen Unternehmen leichter, freiwillig einen Nachhaltigkeitsbericht zu erstellen. Ferner befinden sich die Informationsbedürfnisse der Stakeholder im stetigen Wandel. Die Kriterien einer guten Berichterstattung werden sich somit auch weiter verändern, sodass sich mittelständische Unternehmen, die keiner Berichtspflicht unterliegen, auch stetig anpassen sollten. Der DNK bietet sich als bestens geeignete Berichtsform für den Mittelstand zur Nachhaltigkeitsberichterstattung an. Sowohl für KMU ohne Berichtspflicht als auch für KMU, die von einem Großunternehmen, welches unter die CSR-Berichtspflicht fällt, zur Berichterstattung verpflichtet wurden. Auch im Ranking der Nachhaltigkeitsberichte von IÖW und Future wird ersichtlich, dass die KMU eine wesentliche Rolle spielen und ein eigenständiges Ranking erhalten und hierbei die Top-10-Unternehmen ermittelt werden. Mittels bestehender Berichte wird somit auch die Vergleichbarkeit zwischen mittelständischen Unternehmen im Bereich Nachhaltigkeit vereinfacht.

Laut der DNK-Datenbank (www.deutscher-nachhaltigkeitskodex.de/de-DE/Home/Database; Stand: 14.06.2020) haben insgesamt 254 Unternehmen ohne Berichtspflicht[9] eine Erklärung mittels DNK veröffentlicht. Für das Berichtsjahr 2019 waren es bereits 23 Unternehmen, für 2018 waren es 132 und für 2017 sogar 140 Unternehmen. Wird ein Vergleich mit dem Jahr 2016 hergestellt, in dem noch keine Berichtspflicht bestand, wird ersichtlich, dass sich die Anzahl der Erklärungen verdoppelt hat (2016: 67 veröffentlichten Erklärungen). Daraus lässt sich vermuten, dass sich die KMU mit Einführung der CRS-Berichtspflicht ebenfalls vermehrt mit dem Thema Nachhaltigkeitsberichterstattung auseinandersetzen.

Mit der Integration von Nachhaltigkeit in die Unternehmensstrategie und die Unternehmenskultur kann der Mittelstand neben der positiven Reputation auch die Motivation der eigenen Mitarbeiter stärken. Es dient auch der Gewinnung neuer Talente, wenn die Werte Glaubwürdigkeit, Zuverlässigkeit, Vertrauenswürdigkeit und Verantwortung der KMU aufeinander abgestimmt sind und das Thema Nachhaltigkeit adäquat verknüpfen. Oft haben mittelständische Unternehmen eine lange Tradition und sind in ihrer Region sehr stark vernetzt, sodass bereits ein Engagement für ihr Umfeld besteht. Damit fällt es den KMU zumeist leichter das Thema Nachhaltigkeit konsequent einzubinden und

---

[9]Annahme, dass die Mehrzahl der Unternehmen den KMU angehört. Filterung nach der Mitarbeiteranzahl bis max. 499 Mitarbeiter ergibt 248 Unternehmen mit DNK-Erklärungen.

umzusetzen, entgegen Großkonzernen mit unflexiblen, eingefahrenen Strukturen, die das Thema Nachhaltigkeit in der Vergangenheit weniger betrachtet haben. Zudem kann die Missachtung eines pflichtbewussten Umgangs von Ressourcen im Mittelstand zur Schädigung der Wettbewerbsfähigkeit führen und die Position im Markt beeinträchtigen. Neben qualitativen Vorteilen kann das Thema Nachhaltigkeit bei mittelständischen Unternehmen jedoch auch zu Kosteneinsparungen führen. Die mittelständischen Unternehmen sollten sich hierzu intensiv mit den Ressourcen und der Energieeffizienz auseinandersetzen, mögliche Optimierungen und Potentiale erkennen und entsprechend umsetzen. Schlussendlich kann dieses Vorgehen nachhaltig die Profitabilität erhöhen. Dies wiederum dazu beitragen, dass der Kundenstamm ausgebaut werden kann. Unabdinglich für den Mittelstand ist hierbei jedoch die glaubwürdige und sinnvolle Kommunikation über die CSR-Aktivitäten im Unternehmen.

Das Thema Nachhaltigkeit bietet dem Mittelstand verschiedene Vorteile, auch wenn dies einerseits Mehraufwand bedeutet. „Mit einer ausgereiften Nachhaltigkeitsstrategie lassen sich folglich zahlreiche Nutzenwerte erschließen, die langfristig die Ausgaben für Nachhaltigkeitsbemühungen übersteigen werden […] [und] [f]ür eine vollumfängliche Erschließung aller Potenziale bedarf es ebenfalls einer umfassenden Nachhaltigkeitsberichterstattung" (Pott et al. 2018, S. 6).

4   Ausblick

„Die Welt, die wir geschaffen haben, ist das Resultat einer überholten Denkweise. Die Probleme, die sich daraus ergeben, können nicht mit der gleichen Denkweise gelöst werden, durch die sie entstanden sind", sagte einst Albert Einstein.

Dieses Zitat zeigt, dass ein Wandel im Denken und schließlich auch im Handeln erfolgen muss. Das Thema Nachhaltigkeit und nachhaltiges Wirtschaften spielt hierbei eine wesentliche Rolle.

Der DNK spielt eine zunehmende Bedeutung im Rahmen der Nachhaltigkeitsberichterstattung. Ersichtlich ist es an der zunehmenden Nutzung des DNK durch die Unternehmen, sowohl zur verpflichtenden als auch freiwilligen Berichterstattung. Andererseits wurde der DNK zum Ende des Jahres 2018 auf den neuesten Stand gebracht. Es gab mehrere Veränderungen und Anpassungen. Der Nationale Aktionsplan Wirtschaft und Menschenrechte (NAP)[10] wurde integriert. Der DNK kann hierbei für das Kernelement[11]

---

[10]Ziel des Aktionsplans ist die weltweite Verbesserung der Menschenrechtslage durch Engagement der Regierung und Unternehmen.

[11]NAP unterteilt die Sorgfaltspflicht für die Menschenrecht in fünf Kernelemente: Grundsatzerklärung, Verfahren zur Ermittlung nachteiliger Auswirkungen auf die Menschenrechte, Maßnahmen zur Verhinderung negativer Auswirkung, Berichterstattung und Etablierung von Beschwerdemechanismen.

der Berichterstattung genutzt werden. Hierzu wurden in einer Checkliste zusätzliche Hinweise zum Inhalt der Berichterstattung nach dem NAP bereitgestellt.

Des Weiteren wurde die Webseite des DNK Ende 2018 mithilfe von Hinweisen und Anmerkungen aus der erfolgten DNK-Anwenderbefragung im Frühjahr 2018 überarbeitet. Die Übersichtlichkeit sowie Anwenderfreundlichkeit sind dadurch verbessert worden. Außerdem wurden die Checklisten und Beschreibungen zu den einzelnen Kriterien des DNK überarbeitet sowie Unklarheiten und Redundanzen behoben. Die Erfahrungen des DNK-Netzwerks wurden hierbei berücksichtigt. Außerdem heißt die „DNK-Entsprechenserklärung" nun vereinfacht „DNK-Erklärung" (DNK 2018a).

Es wird deutlich, dass der DNK sich stetig versucht zu verbessern und hierbei auch die Kritik der Anwender anhört und umsetzt. Die Nähe zu den Anwendern zeigt die Offenheit und auch den Zusammenhalt, gemeinsam eine transparente und verständliche Berichterstattung zu entwickeln, auch der Mittelstand kann hierzu beitragen. Das Thema Nachhaltigkeitsberichterstattung wird weiter an Bedeutung gewinnen. Der DNK möchte die Vergleichbarkeit der Erklärungen erhöhen durch die Entwicklung eines Standards für die Durchsicht der Erklärungen vor der Freischaltung. Der DNK nimmt sich für die Zukunft vor, die veröffentlichten DNK-Erklärungen wiederum zu analysieren und hierbei ein besonderes Augenmerk auf die freiwilligen Aspekte der Berichte zu legen. „Insbesondere angesichts der Interpretationsspielräume des Gesetzes ist die Bandbreite der Berichtspraxis aktuell noch sehr hoch. Organisationen, die den DNK nutzen, zeigen aber deutlich, dass sie es ernst mit dem Thema Nachhaltigkeit meinen. Sie unterstützen die informierte Debatte dafür, zu welchen Graden eine Befassung mit Nachhaltigkeit im Kerngeschäft der Unternehmen bereits möglich ist, wie man mit Zielkonflikten umgeht und den wettbewerblichen Vergleich für sich nutzt. Diesen Wettbewerb brauchen wir dringend, um in Sachen nachhaltige Entwicklung entscheidende Schritte voranzukommen – sowohl auf gesellschaftlicher als auch auf unternehmerischer Ebene" (DNK 2018b), sagte Yvonne Zwick, Leiterin des Büros Deutscher Nachhaltigkeitskodex.

Langfristige Erfolgsaussichten werden nicht mit einem Geschäftsbericht und den Vergangenheitszahlen ersichtlich. Auf Langfristigkeit ausgerichtete Chancen können deutlich besser durch Nachhaltigkeitsberichte betrachtet werden. Diese Chancen können und sollten sich auch Unternehmen aus dem Mittelstand zunutze machen und Transparenz über ihre vielfältigen Nachhaltigkeitsaktivitäten schaffen. Das Thema Nachhaltigkeit und Nachhaltigkeitsberichtserstattung wird in Zukunft nicht mehr wegzudenken sein.

Literatur

Bassen A, Rentrop A, Zwick Y (2011) Deutscher Nachhaltigkeitskodex (DNK) - Konzept, Inhalte und Entwicklungsschritte. Zeitschrift für Umweltpolitik & Umweltrecht: ZfU: Beiträge rechts-, wirtschafts- sozialwissenschaftlichen Umweltforschung 34(3):359–375

Bundesministerium für Arbeit und Soziales (BMAS) (2018) CSR – Nachhaltigkeit und CSR. http://www.csr-in-deutschland.de/DE/Was-ist-CSR/Grundlagen/Nachhaltigkeit-und-CSR/nachhaltigkeit-und-csr.html. Zugegriffen: 2. Apr. 2018

Bundesministerium für Umwelt, Naturschutz und nukleare Sicherheit (BMU) (2018) Verordnung über die Vermeidung und Verwertung von Verpackungsabfällen. https://www.bmu.de/gesetz/verordnung-ueber-die-vermeidung-und-verwertung-von-verpackungsabfaellen/. Zugegriffen: 26. Sept. 2018

Carnau P (2011) Nachhaltigkeitsethik. Normativer Gestaltungsansatz für eine global zukunftsfähige Entwicklung in Theorie und Praxis, 1. Aufl. Hampp, Mering

Der Deutsche Nachhaltigkeitskodex (DNK) (2018a) Deutscher Nachhaltigkeitskodex - DNK auf den neuesten Stand gebracht. https://www.deutscher-nachhaltigkeitskodex.de/de-DE/Home/News/Sustainability-Code/2018/DNK-auf-den-neuesten-Stand-gebracht. Zugegriffen: 2. Jan. 2019

Der Deutsche Nachhaltigkeitskodex (DNK) (2018b) Deutscher Nachhaltigkeitskodex - Jahresbilanz 2018: es gab viel zu lesen, es bleibt viel zu tun. https://www.deutscher-nachhaltigkeitskodex.de/de-DE/Home/News/Press-Releases/2018/Jahresbilanz-2018-es-gab-viel-zu-lesen,-es-bleibt. Zugegriffen: 2. Jan. 2019

Der Deutsche Nachhaltigkeitskodex (DNK) (2018c) Deutscher Nachhaltigkeitskodex - Über den DNK. https://www.deutscher-nachhaltigkeitskodex.de/de-DE/Home/DNK/DNK-Overview. Zugegriffen: 27. Dez. 2018

Der Deutsche Nachhaltigkeitskodex (DNK) (2018d) Für Anwender - Anwendung - Der Deutsche Nachhaltigkeitskodex. https://www.deutscher-nachhaltigkeitskodex.de/de/anwendung/fuer-anwender.html. Zugegriffen: 31. Okt. 2018

Elsner WAB (2016) CSR Corporate Social Responsibility. Eine Einführung: Begrifflichkeiten Bedeutung – Konzepte. Der Andere Verlag GmbH, Uelvesbüll

Institut für ökologische Wirtschaftsforschung GmbH (2018a) IÖW: Studie zur CSR-Berichtspflicht: Viele Unternehmen müssen nachlegen. IÖW: Institut für Ökologische Wirtschaftsforschung, Berlin. https://www.ioew.de/presse/pressemitteilungen/studie-zur-csr-berichtspflicht-viele-unternehmen-muessen-nachlegen/. Zugegriffen: 28. Dez. 2018

Institut für ökologische Wirtschaftsforschung GmbH (2018b) Ranking Nachhaltigkeitsberichte CSR-Berichtspflicht. https://www.ranking-nachhaltigkeitsberichte.de/csr-berichtspflicht.html. Zugegriffen: 26. Sept. 2018

Institut für ökologische Wirtschaftsforschung GmbH (2018c) Ranking Nachhaltigkeitsberichte Das Ranking. https://www.ranking-nachhaltigkeitsberichte.de/das-ranking.html. Zugegriffen: 26. Sept. 2018

Institut für ökologische Wirtschaftsforschung GmbH (2018d) Ranking Nachhaltigkeitsberichte Mission und Verhaltensgrundsätze. https://www.ranking-nachhaltigkeitsberichte.de/das-ranking/mission-und-verhaltensgrundsaetze.html. Zugegriffen: 14. Okt. 2018

Institut für ökologische Wirtschaftsforschung GmbH (2018e) Ranking Nachhaltigkeitsberichte Ranking-Methodik. https://www.ranking-nachhaltigkeitsberichte.de/das-ranking/ranking-methodik.html. Zugegriffen: 26. Sept. 2018

Institut für ökologische Wirtschaftsforschung GmbH (2018f) Ranking Nachhaltigkeitsberichte Warum Nachhaltigkeitsberichte? https://www.ranking-nachhaltigkeitsberichte.de/das-ranking/warum-nachhaltigkeitsberichte.html. Zugegriffen: 26. Sept. 2018

Institut für ökologische Wirtschaftsforschung GmbH (2018g) Ranking Nachhaltigkeitsberichte Ziele des Rankings. https://www.ranking-nachhaltigkeitsberichte.de/das-ranking/ziele-des-rankings.html. Zugegriffen: 26. Sept. 2018

Meier S (2017) Pflicht zur Nachhaltigkeitsberichterstattung. Controlling & Management Review: Zeitschrift für Controlling & Management 61(4):56

o. V. (2015) Lexikon der Nachhaltigkeit | Definitionen | Nachhaltigkeit Definition. Hg. v. Industrie- und Handelskammer Nürnberg für Mittelfranken. https://www.nachhaltigkeit.info/artikel/definitionen_1382.htm. Zuletzt aktualisiert am 13.11.2015, Zugegriffen: 26. Sept. 2018

Pott, C, Axjonow A, Weinand M (2018) Nachhaltigkeit im Mittelstand. Corporate Social Responsibility (CSR): Strategien, Organisation und Berichtswesen. Management Summary. 2. Neuauflage. https://www.bakertilly.de/fileadmin/public/Downloads/Publikationen/2019/Studien/Studie_Nachhaltigkeit-i-Mittelstand_new_Mgmtsummary.pdf. Zugegriffen: 14. Jan. 2020

Rat für Nachhaltige Entwicklung (RNE) (2018a) Historie – DNK – Der Deutsche Nachhaltigkeitskodex. https://www.deutscher-nachhaltigkeitskodex.de/de/dnk/historie.html. Zugegriffen: 31. Okt. 2018

Rat für Nachhaltige Entwicklung (RNE) (2018b) Nachhaltige Entwicklung – Rat für Nachhaltige Entwicklung. https://www.nachhaltigkeitsrat.de/nachhaltige-entwicklung/. Zugegriffen: 26. Sept. 2018

Rat für Nachhaltige Entwicklung (RNE) (2016) Leitfaden zum Deutschen Nachhaltigkeitskodex. Orientierungshilfe für mittelständische Unternehmen. Bertelsmann Stiftung, Gütersloh

Rat für Nachhaltige Entwicklung (RNE) (2017) Der Deutschen Nachhaltigkeitskodex. Maßstab für nachhaltiges Wirtschaften, 4. aktualisierte Fassung. Krüger, Merzig

Sailer U (2016) Nachhaltigkeitscontrolling: Was Controller und Manager über die Steuerung der Nachhaltigkeit wissen sollten. Books on Demand GmbH; UVK Verlagsgesellschaft mbH, Norderstedt

Thiemann M (2015) Nachhaltigkeitsberichterstattung. Controlling: Zeitschrift für erfolgs-orientierte Unternehmenssteuerung 27(4/5):277–278

Wördenweber M (2017) Nachhaltigkeitsmanagement. Grundlagen und Praxis unternehmerischen Handelns. Schäffer-Poeschel, Stuttgart

World Commission on Environment and Development (WCED) (1987) Our common future: report of the world commission on environment and development. http://www.un-documents.net/our-common-future.pdf. Zugegriffen: 26. Sept. 2018

Zwick Y (2014) Rat für Nachhaltige Entwicklung: Der Deutsche Nachhaltigkeitskodex. In: d' Heur M (Hrsg) CSR und Value Chain Management. Profitables Wachstum durch nach-haltig gemeinsame Wertschöpfung. Springer Gabler, Berlin, S. 241–256 (Management-Reihe Corporate Social Responsibility)

Zwick Y (2017a) Der Deutsche Nachhaltigkeitskodex. Eine erste Bilanz. In: Gordon G, Nelke A (Hrsg) CSR und nachhaltige Innovation. Zukunftsfähigkeit durch soziale, ökonomische und ökologische Innovationen. Springer Gabler, Berlin, S. 55–67 (Management-Reihe Corporate Social Responsibility)

Zwick Y (2017b) Der Deutsche Nachhaltigkeitskodex: Einstieg in die strategische Bericht-erstattung für alle. In: Keck W (Hrsg) CSR und Kleinstunternehmen. Die Basis bewegt sich! Springer Gabler, Berlin, S. 235–249 (Management-Reihe Corporate Social Responsibility)

Sabrina Rückwardt Bachelor in Betriebswirtschaft und Master in Wirtschaftspädagogik, arbeitet seit über 10 Jahren in der Analyse bzw. im Controlling in Konzerngesellschaften und beschäftigt sich überwiegend mit Unternehmensplanungen und -bewertung. Neben der Arbeit studiert sie zusätzlich Wirtschaftspsychologie, darin ent-halten war ein Modul Nachhaltige Wirtschaftsentwicklung. Hierbei hat sie erstmals mehr Einblick in das Thema CSR und auch Nach-haltigkeitsberichterstattung gewinnen können. In Hamburg hat sie ihre Heimat gefunden und ist am lebenslangen Lernen sehr interessiert.

„Keine Zeit, keine Leute, kein Budget – aber ein Ziel"

Die Erstellung eines Nachhaltigkeitsberichts als Strategieentwicklungsprozess im Tagesgeschäft

Esther Heidbüchel

1   Die Ausgangssituation

In diesem Beitrag wird anhand von Beispielen aus der Praxis beschrieben, wie die Erstellung eines Nachhaltigkeitsberichtes genutzt werden kann, um im laufenden Geschäft eine Nachhaltigkeitsstrategie zu entwickeln.

Ein Baustoffunternehmen im Wandel – Marktveränderungen, Änderungen der globalen Strategie, veränderte Ansprüche von Kunden, Lieferanten, Mitarbeitern. Eine dünne Personaldecke und limitierte Budgets. Eine Situation, wie sie in vielen Unternehmen, gleich welcher Größe, in allen Branchen, heutzutage schon Normalität ist.

Eine zusätzliche Anforderung an das Unternehmen stellte sich in Form der gestiegenen Bedeutung des Themas „Nachhaltigkeit" in der öffentlichen Wahrnehmung, aber auch in immer häufigeren Anfragen vonseiten unterschiedlicher Anspruchsgruppen wie Kunden, Analysten und Umweltorganisationen. Um sich diesen neuen Anforderungen zu stellen, wurde durch den Vorstand national und international beschlossen, das Thema anzugehen. Nur wie? Zunächst wurde ein Nachhaltigkeitsbeauftragter eingesetzt, mit der Aufgabe, den Bereich aufzubauen und zu strukturieren. Um zu gewährleisten, dass der Einsatz von personellen und finanziellen Ressourcen nicht in blindem Aktionismus oder gar Greenwashing verpufft, wurde zunächst eine Bestandsaufnahme der bestehenden Aktivitäten gemacht. In einem nächsten Schritt wurde die Entwicklung einer nationalen Nachhaltigkeitsstrategie in die Wege geleitet. Diese nationale Strategie sollte sich an der bereits existierenden internationalen Nachhaltigkeitsstrategie orientieren, um eine konsistente Aufstellung zu sichern. Die Nachhaltigkeitsstrategie sollte kein paralleles System werden,

E. Heidbüchel (✉)
Solingen, Deutschland
E-Mail: heidbuechel@weitergebracht.de

sondern die Gesamtunternehmensstrategie, um den Bereich der ökologischen und sozialen Dimensionen der Nachhaltigkeit zu erweitern.

Die Herausforderung war also, mit möglichst geringem Zusatzaufwand eine glaubwürdige und umsetzbare Nachhaltigkeitsstrategie im laufenden Tagesgeschäft zu entwickeln. Da eine Strategieentwicklung ein eher theoretisch-abstraktes Image hat, wurde als greifbareres Ziel die Erstellung eines Nachhaltigkeitsberichtes gesetzt. Im Folgenden wird der Prozess der Strategieentwicklung als Vorarbeit zur Erstellung des Berichtes geschildert.

In diesem Beitrag wird als Grundlage das Drei-Säulen-Modell der Nachhaltigkeit verwendet, das heißt, die Auswirkungen der Geschäftstätigkeit werden eingeteilt in ökologische, wirtschaftliche und soziale Dimensionen, die miteinander ausbalanciert werden müssen (Elkington, J. (1998), Enquete-Kommission Schutz des Menschen und der Umwelt (1998)).

2 Die Reise beginnt: Team, Bewusstseinsentwicklung, Wissensvermittlung, Zeitplan

Wenn eine Nachhaltigkeitsstrategie kein Feigenblatt oder reines Marketinginstrument sein soll, sondern ein Beitrag zur kontinuierlichen Verbesserung der Unternehmensleistung, ist eine intensive und frühzeitige Einbindung der Mitarbeiter und des Führungsteams unabdingbar. Letztlich hängt die erfolgreiche Umsetzung der Strategie vom Engagement der Mitarbeiter ab, die diese umsetzen müssen – und im besten Falle umsetzen wollen und von sich aus Impulse zur Weiterentwicklung der Strategie geben.

Um eine möglichst breite Repräsentation der Unternehmensaktivitäten zu gewährleisten und dennoch ein Kernteam in einer arbeitsfähigen Größe zusammenzustellen, wurden 15 Führungskräfte und Fachexperten aus den relevanten Fachbereichen entlang der gesamten Wertschöpfungskette aufgefordert, sich zu beteiligen. Die eingebundenen Bereiche umfassten:

- Produktion
- Supply Chain
- Logistik
- Einkauf
- Umweltschutz
- Energiemanagement
- Rechtsabteilung/Genehmigungsmanagement
- Kommunikation
- Business Development
- Kaufmännische Abteilung
- Vertrieb
- Vertreter der einzelnen Business Units
- Vertreter des Vorstands

Die Projektleitung lag beim Nachhaltigkeitsbeauftragten.

Da der Begriff Nachhaltigkeit leider inflationär und in teilweise merkwürdigen Zusammenhängen verwendet wird, und zudem eine Vielzahl von Definitionen existiert, war es zunächst notwendig, sich über eine gemeinsame Definition zu verständigen. Die Wissensbasis war sehr unterschiedlich, von fachbedingtem Expertenwissen bis hin zu „wozu brauchen wir das denn". Ein wichtiger erster Schritt war damit die Ermittlung des Wissensstandes über Nachhaltigkeit und die Vermittlung von Fakten und Grundlagen, um eine sinnvolle Ausgangsbasis für die folgenden Prozessschritte zu bekommen.

Der Diskussion der Begrifflichkeiten und der Definition von Nachhaltigkeit im unternehmensspezifischen Kontext sollte ausreichend Zeit gegeben werden. Spätere Missverständnisse können so vermieden werden, was wiederum Zeit spart, die ansonsten für die nachträgliche Klärung benötigt würde.

Ein wichtiger Aspekt bei der Entwicklung einer Strategie im Tagesgeschäft ist der ehrliche Blick auf die zeitliche Verfügbarkeit der Teammitglieder. Es kann durchaus sinnvoll sein, statt eines möglicherweise viel reisenden Abteilungsleiters einen geeigneten Mitarbeitenden in das Kernteam zu holen, um das Projekt in einem vernünftigen Zeitraum abschließen zu können. Das Zeitbudget stellt die größte Herausforderung für alle Beteiligten dar. Es ist klar, dass eine Strategieentwicklung – und später die Mitarbeit an einem Nachhaltigkeitsbericht – einen zusätzlichen zeitlichen und finanziellen Aufwand bedeutet. Dieser Aufwand lässt sich aber durch konsequentes Projektmanagement wenigstens begrenzen. Gerade zu Anfang machen Workshops Sinn, an denen das gesamte Kernteam teilnimmt. Banal, aber hilfreich: Hier hat es sich bewährt, lieber wenige, dafür etwas längere Workshops zu planen als viele kürzere – das erleichtert die Terminkoordination, zudem müssen die, gerade in der Phase der Schaffung eines gemeinsamen Wissensstandes und der Definitionen so wichtigen, Diskussionen nicht vorzeitig unterbrochen werden. Sind eine gemeinsame Definition und strategische Oberziele gefunden, so können im weiteren Verlauf zu spezifischen Aspekten kleinere Arbeitsgruppen gebildet werden, wenn es zum Beispiel um Umweltkennzahlen wie Emissionen geht.

Damit aus der Nachhaltigkeitsstrategieentwicklung kein „Jahrhundertprojekt" aufgrund von zu niedriger Priorisierung wird, ist eine klare Willenserklärung des gesamten Vorstands zwingend nötig. Hier eignet sich das Ziel, einen Nachhaltigkeitsbericht zu veröffentlichen, auch um einen Termin zum Abschluss des Entwicklungsprozesses festzulegen. Kommunikationsstrategisch ist es sinnvoll, den Termin der Veröffentlichung des Nachhaltigkeitsberichtes in zeitliche Nähe des Geschäftsberichtes zu setzen. Vom Termin der Drucklegung kann dann mittels Rückwärtsplanung der konkrete Zeitplan bestimmt werden.

3   „Wir müssen reden": über Anspruchsgruppen und Wesentlichkeit

Ist das Kernteam zusammengestellt, eine gemeinsame Wissensbasis geschaffen, geht es im nächsten Schritt darum, ambitionierte, aber realistische Ziele zu definieren. Hierzu ist einiges an Vorarbeit zu leisten: Zunächst muss eine Wesentlichkeitsmatrix erstellt werden, um sich nicht zu verzetteln in der Vielzahl der Themen im Unternehmen. Hier ist es wichtig, sowohl den Blick von innen auf das Unternehmen zu richten wie auch die Wahrnehmung von außen einzubeziehen.

In der Wesentlichkeitsmatrix werden die für das Unternehmen – und die zuvor identifizierten Anspruchsgruppen – bedeutsamen Nachhaltigkeitsaspekte strukturiert erfasst, priorisiert und visualisiert. In einem nächsten Schritt können den wesentlichen Faktoren noch Risikobewertungen und Grad der Beeinflussbarkeit hinzugefügt werden, um eine zeitliche Priorisierung zu bekommen. Dies ist notwendig, um eine Adressierung der wesentlichen Aspekte im Tagesgeschäft zu ermöglichen – nicht alle wichtigen Themen sind auch dringend oder haben ein hohes Risiko.

Eine mögliche Vorlage für ein thematische Wesentlichkeitsmatrix findet sich bei der Global Reporting Initiative:

Quelle: Global Reporting Initiative (2018), [online] https://www.globalreporting.org/standards/questions-and-feedback/materiality-and-topic-boundary/, letzter Besuch 25.06.2019

Welche Darstellungsform gewählt wird, liegt im Ermessen des jeweiligen Unternehmens.

Wesentlich für das Unternehmen aus der Innensicht können zum Beispiel die Produktion, der Umgang mit Mitarbeitern, Familienfreundlichkeit, Gesundheitsmanagement, der Einsatz von Energie, Produktionsmittel und Büromaterial sein.

Um eine möglichst präzise Wesentlichkeitsmatrix erstellen zu können, ist eine Anspruchsgruppenanalyse und ein Stakeholdermapping notwendig. Wer sind die Gruppen, Institutionen, Organisationen, die einen Einfluss auf das Unternehmen haben oder die vom Unternehmen und seiner Geschäftätigkeit beeinflusst werden? Gängige Gruppen von Stakeholdern können Kunden, Lieferanten, Anwohner, Mitarbeitern, Analysten, Investoren, Shareholder sein. Für produzierende Gewerbe und Industrie gewinnen auch Nicht-Regierungsorganisationen, Umweltverbände und Bürgerinitiativen an Bedeutung, hier geht es um die sogenannte „Social License to Operate", sprich die öffentliche Akzeptanz der Geschäftätigkeit. Diese Gruppen sollten nicht unterschätzt werden, durch Social Media und eine zunehmende Professionalisierung und Vernetzung untereinander werden diese entweder zu einem Risiko – oder einer Chance. Ob diese Stakeholder-Gruppe zu einem Gegner oder Partner wird, hängt in erster Linie von der Kommunikation ab: strukturierte, regelmäßige Dialoge sowie transparente Informationen und Daten über das Unternehmen bilden hier die Grundlage.

Die wichtigste Anspruchsgruppe für die tatsächliche Umsetzung einer Nachhaltigkeitsstrategie sind aber die Mitarbeiter des Unternehmens selbst. Ohne deren Einbindung schon bei der Entwicklung der Ziele und deren Verständnis des Sinnes einer Nachhaltigkeitsstrategie ist eine langfristige Integration in die gern angeführte „DNA des Unternehmens" nicht möglich.

In der Situation des knappen zeitlichen und finanziellen Budgets und im Sinne einer Integration in das Tagesgeschäft kann auf einen relativ aufwendigen formellen Stakeholder-Dialog verzichtet werden. Eine Alternative zu Stakeholder-Befragungen kann die Kurzschulung der einzelnen Fachabteilungen und die Zurverfügungstellung von spezifischen Fragenkatalogen sein. Abgesehen von der zeitlichen und finanziellen Ersparnis hat dieses Vorgehen mehrere weitere Vorteile: Es bietet den Mitarbeitenden die Möglichkeit, sich mit den für ihre tägliche Arbeit relevanten Nachhaltigkeitsthemen auseinanderzusetzen, erhöht das Wissen und die Wahrnehmung von Nachhaltigkeit im gesamten Unternehmen. Zusätzliche „Türöffnerthemen" für ohnehin anstehende Gespräche mit Kunden, Lieferanten, Analysten etc. werden generiert.

Mitarbeitende im Vertrieb können beispielsweise Fragen zu Themen wie Umweltkennzeichnung von Produkten, Preiselastizität für nachhaltigere Produkte etc. stellen.

Mitarbeitende in HR können Themen wie soziales Engagement, Volunteering oder auch Unternehmensimage in Gespräche mit Mitarbeitenden und Bewerbern einbauen.

Mitarbeitende im Einkauf können in der üblichen Lieferantenqualifizierung und Bewertung weitere Fragen stellen.

Dieses Vorgehen lässt sich auf alle Abteilungen anpassen und kann im regulären Tagesgeschäft auch langfristig und für kontinuierliche Stakeholder-Kommunikation verwendet werden. Um die so gesammelten Informationen be- und verwerten zu können, muss ein geeigneter Prozess aufgesetzt werden und ein zentraler Ansprechpartner bestimmt werden, bei dem alle Fäden der Stakeholder-Kommunikation zusammenlaufen.

Jede funktionale Einheit eines Unternehmens hat ein eigenes Set an Stakeholdern, die es miteinzubringen gilt, aber die Priorisierung der Stakeholder sollte sinnvollerweise dann aus der Gesamtsicht des Unternehmens heraus erfolgen. Kunden dürften hier die höchste Priorisierung erhalten, während zum Beispiel externe Dienstleister geringeren Einfluss auf das Unternehmen an sich haben. Sind die Anspruchsgruppen identifiziert, nach Einfluss und Bedeutung bewertet und priorisiert, können bereits Rückschlüsse auf die wesentlichen Aspekte für das Unternehmen aus der Außensicht gezogen werden. Werden beispielsweise Kunden als wichtigste Anspruchsgruppe identifiziert, so kann dies bedeuten, dass die Produktqualität und der Preis wesentlich sind, aber auch die Einstellung der Kunden muss berücksichtigt werden. Handelt es sich um die Zielgruppe der „LOHAS" (Lifestyle of Health and Sustainability), so spielt neben Qualität und Preis auch die Nachhaltigkeit der Produkte und das Image eine wesentliche Rolle.

Für die Priorisierung können diverse Kriterien verwendet werden. Gängig sind Koordinatensysteme, die z. B. nach Einfluss auf das Unternehmen und Einfachheit der Interaktion bewerten. Man kann auch einen Abgleich zwischen den Stärken und Schwächen des Unternehmens und deren Angreifbarkeit durch Anspruchsgruppen vornehmen. Für die spätere Kommunikation können zusätzliche Kriterien wie die Haltung der Anspruchsgruppen zum Unternehmen (kritisch versus positiv) miteinbezogen werden. Ziel ist immer, die verfügbaren Ressourcen sinnvoll, effizient und wirksam einzusetzen, um die eigenen Anforderungen und Bedürfnisse sowie die der Anspruchsgruppen glaubwürdig zu adressieren. Nach welchen Kategorien die Priorisierung der Anspruchsgruppen vorgenommen werden soll, ist eine der Aufgaben des Kernteams.

Auch hier können große Teile des Prozesses in das Tagesgeschäft eingefügt werden. Die Bewertung der Stakeholder kann auch durch die einzelnen Kernteammitglieder mittels unaufwendigen Tabellenkalkulationsprogrammen oder Präsentationsprogrammen quasi „zwischendurch" vorgenommen werden, durch den Projektleiter konsolidiert, an das Team zurückgesendet und erst dann in einer Teamsitzung diskutiert und festgelegt werden.

Dieses Vorgehen eignet sich bedingt auch für die Definition der wesentlichen Themen, jedoch ist hier der fachbereichsübergreifende Dialog essenziell – ist ein Thema nur für einen Bereich von Bedeutung, kann es trotzdem sein, dass es für das Unternehmen als Ganzes nicht wesentlich ist. Ein Beispiel: Die Entwicklung einer App, die die Meldung von potenziellen Arbeitsschutzgefährdungen erleichtern soll, hat für die Abteilung H&S eine höhere Priorität, ist aber für das Gesamtunternehmen nicht wesentlich, solange die Entwicklung einer App nicht zum Kerngeschäft gehört. Hier bot es sich an, diese Maßnahme in den Nachhaltigkeitsbericht aufzunehmen, nicht aber in die Wesentlichkeitsmatrix.

4 Auf dem Weg: Ziele, Abgleich der Strategien global und lokal, (Kenn-)Zahlen, Daten, Fakten – und wo man sie herbekommt

Nachdem die Anspruchsgruppen und -Wesentlichkeitsmatrix erstellt wurde, können daraus strategische und danach operative Ziele abgeleitet werden. Zu jedem wesentlichen Aspekt muss ein strategisches Ziel definiert werden. Um beim Beispiel der Kunden zu bleiben: Ist als wesentlicher Punkt die Liefertreue identifiziert worden, könnte ein Ziel der wirtschaftlichen Säule sein: „Liefertreue sichern/erhöhen – Kennzahlen Reklamationen, Lieferzeiten, Kundenzufriedenheit." Sind Emissionen ein wesentlicher Aspekt im Bereich Umweltauswirkungen, so sind Reduktionsziele für spezifische, messbare Emissionen sinnvoll.

Handelt es sich, wie in diesem Beispiel, um ein internationales Unternehmen, so ist ein Zwischenschritt zwischen der Wesentlichkeitsmatrix und der Definition strategischer Ziele notwendig: die Adaption der globalen Nachhaltigkeitsstrategie an die lokalen Gegebenheiten. Welche globalen strategischen und operativen Ziele lassen sich übertragen, welche sind unpassend, welche Ziele müssen ergänzt werden? Für ein Entwicklungsland sind andere Ziele wichtig als für eine Industrienation. Ist dort die Unterstützung von Gemeinden zur Bekämpfung von Armut ein wesentliches Ziel, so ist es hier der Umweltschutz. Genau diese unterschiedlichen Rahmenbedingungen müssen zwischen globaler Zentrale und Landesgesellschaft thematisiert werden, um eine sinnvolle Flexibilität mindestens auf der Ebene der operativen Ziele und Kennzahlen zu erreichen. Dabei geht es nicht nur um die Erreichbarkeit und Sinnhaftigkeit der Ziele, sondern auch um die Glaubwürdigkeit der Strategie. Sind die Ziele nicht erkennbar an den lokalen Gegebenheiten orientiert, steht schnell der Vorwurf im Raum, das Thema Nachhaltigkeit werde nicht ernst genommen oder schlicht nicht verstanden. Sinnvoll ist eine Herstellung des globalen Kontextes – zum Beispiel, warum ist die Reduzierung der CO_2 Emissionen in Deutschland notwendig, um einen Beitrag zur Verlangsamung des Klimawandels zu leisten. Es ist generell sinnvoll und notwendig, Begrifflichkeiten, Definitionen und Ziele im Kontext herzuleiten und zu kommunizieren, um Missinterpretationen vorzubeugen.

Bei der Definition der Ziele wird es immer wieder zu Zielkonflikten kommen. Besonders im Bereich des Umweltschutzes gilt es zum Beispiel abzuwägen, wie viel finanzieller Aufwand für welche Reduktion von Emissionen notwendig und wirtschaftlich vertretbar ist. Würde mit einem hohen finanziellen Aufwand nur eine geringfügige Reduktion erzielt, so wäre dies wirtschaftlich nicht nachhaltig. Wird hingegen der finanzielle Aufwand zum Beispiel für eine notwendige Modernisierung der Filteranlagen gescheut, so hat dies nicht nur negative ökologische Folgen, sondern kann auch zu hohen Konfliktkosten führen, sollten Umweltbehörden Überprüfungen vornehmen oder Bürgerinitiativen gegen das Unternehmen mobil machen. In Fällen von Zielkonflikten sollten alle Argumente gegenübergestellt werden und die Folgen der Verfolgung nur eines Ziels oder einer Abschwächung eines Zieles sorgfältig geprüft werden. Letzten Endes ist immer eine Entscheidung zu treffen, ein Zielkonflikt wird sich selten vollständig auflösen lassen, aber eine tragfähige Lösung lässt sich finden. In dieser Phase kann es sinnvoll sein, die an einem spezifischen Zielkonflikt beteiligten Fachexperten in einer durch den Projektleiter mediierten Arbeitssitzung zusammenzubringen, um den Konflikt zu klären.

Ein Hilfsmittel kann zum Beispiel eine Dilemmakarte sein, in der in einer kompakten Übersicht alle Argumente bewertet werden sowie die möglichen Entscheidungen zur Lösung des Dilemmas aufgeführt werden. So wird es möglich, mittels komprimierter Informationsaufbereitung Dilemmata transparent zu machen und deren Lösung zu beschleunigen. Für ausgewählte Themen kann es auch sinnvoll sein, solche Dilemmata im Nachhaltigkeitsbericht zu kommunizieren, um externen Stakeholdern Unternehmens-entscheidungen zu erklären (Abb. 1).

Zielkonflikte ergeben sich auch bei der Zuteilung von finanziellen und zeitlichen Ressourcen. Ein Ziel zu definieren reicht nicht aus, es müssen konkrete Maßnahmen hinterlegt werden.

Den Worten in der Strategie und im Nachhaltigkeitsbericht müssen auch Taten folgen: An diesem Punkt geht es um die Glaubwürdigkeit der Nachhaltigkeitsbemühungen des Unternehmens. Bleibt ein Ziel – ohne andere Erklärung – über längere Zeit unerfüllt, so stellen sich mehrere Fragen: 1) Wurden ausreichend Ressourcen bereitgestellt?, 2) Ist das Ziel überhaupt noch relevant?, 3) Ist das Ziel noch realistisch erreichbar?

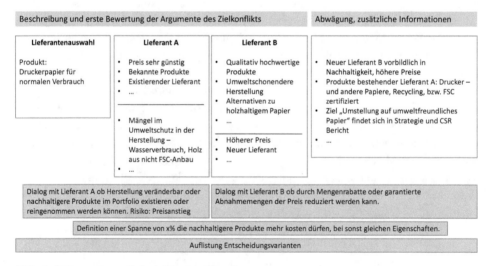

Abb. 1 Dilemmakarte, Beispiel Papiereinkauf

Da die zeitlichen und finanziellen Ressourcen nunmal begrenzt sind, ist es notwendig, auch die den Zielen zugeordneten Maßnahmen untereinander zu priorisieren. Welches Projekt hat den höchsten Wirkungsgrad? Welche Wechselwirkungen gibt es mit anderen Maßnahmen? Maßnahmen, die zur Erreichung mehrerer Ziele beitragen und einen hohen Wirkungsgrad aufweisen, sollten höher priorisiert werden.

Ein Beispiel: Das Ziel „Reduzierung der Staubemissionen" kann über den Einbau neuer Filtersysteme in einem Zementwerk erreicht werden. Gleichzeitig kann jedoch in einem Steinbruch die Staub- und Lärmreduzierung über eine Einhausung der Brechereinheit erreicht werden. Für die gleichzeitige Umsetzung beider Maßnahmen ist kein ausreichendes Budget vorhanden. Da die Staub- und Lärmbelästigung durch einen Steinbruch höher ist als die Staubemissionen eines modernen Zementwerkes, und die Einhausung zur Erreichung zweier Ziele beiträgt und zudem eine hör- und sichtbare Verbesserung auch für die Nachbargemeinden darstellt, empfiehlt es sich, diese Maßnahme vorzuziehen.

Der schwierigste und kommunikationsintensivste Teil des Strategieentwicklungsprozesses ist damit geschafft. Im nächsten Schritt geht es um die Konkretisierung der Ziele in Form von messbaren und für alle Gruppen von Stakeholdern nachvollziehbaren Kennzahlen. Bei der Auswahl der Kennzahlen sollte bereits geklärt sein, an welchen Standards man sich orientieren will, da diese teilweise präzise und voneinander abweichende Vorgaben zu den Indikatoren machen, was Einheiten und Berechnungsgrundlagen angeht. Dies ist auch der Prozessschritt, an dem eine direkte Verbindung zum späteren Nachhaltigkeitsbericht besteht. Die Auswahl an Berichtsstandards ist mittlerweile sehr groß, hier ist zu entscheiden, welcher Standard am besten zum Unternehmen passt. Hier sollen nur die gängigsten Standards genannt werden:

GRI – Global Reporting Initiative. Aufgrund des sehr umfangreichen Indikatorensets eher für größere, international agierende Unternehmen mit entsprechender Datenerfassung geeignet. Global Reporting Initiative (2018), [online][1]

DNK – Deutscher Nachhaltigkeitskodex. Für KMU und große Unternehmen geeignet, deren Fokus im deutschsprachigen Raum liegt. Mit dem DNK wird die Berichtpflicht nach dem CSR-RUG erfüllt, auch die Anforderungen des Nationalen Aktionsplanes Menschenrechte der BRD werden bereits abgedeckt. DNK (2019), [online].

CSR-RUG – CSR-Richtlinie-Umsetzungsgesetz: betrifft kapitalmarktorientierte Unternehmen, Finanzinstitute und Versicherungen mit mehr als 500 Mitarbeitern. Das Gesetz gibt nur einen Rahmen und einen Themenkatalog vor, die konkrete Umsetzung bleibt den Unternehmen überlassen. Bundesanzeiger (2017), [online].

EMAS – Umwelterklärung: Unternehmen, die sich nach EMAS (European Eco Audit and Management Scheme) zertifizieren lassen wollen oder es bereits sind, müssen alle zwei Jahre eine Umwelterklärung publizieren. EMAS bietet sich vor allem für Unternehmen an, deren Geschäftstätigkeit signifikante Auswirkungen auf die Umwelt hat. EMAS, 2018, [online].

---

[1]https://www.globalreporting.org/Pages/default.aspx

Eine Art „Meta-Standard" sind die 2015 von allen Mitgliedstaaten der Vereinten Nationen verabschiedeten Sustainable Development Goals (SDGs). 17 Oberziele mit 169 Unterzielen bilden die internationale strategische Agenda ab. Gerade für international agierende Unternehmen macht es Sinn, sich an diesem System zu orientieren und die eigene Nachhaltigkeitsstrategie den SDGs zuzuordnen. SDG UN (2015), [online]

Alle Standards funktionieren nach dem Prinzip „Comply or Explain", das heißt, man muss jeden Indikator entweder berichten oder erklären, warum man ihn (noch) nicht berichten kann oder will. Eine Integration der Sustainable Development Goals (SDG) der Vereinten Nationen kann hier sinnvoll sein, um eine Verbindung zum internationalen globalen Kontext herzustellen.

Unabhängig vom gewählten Standard ist die Beschaffung der benötigten Daten eine Herausforderung für die gesamte Organisation. Je größer das Unternehmen, desto mehr unterschiedliche Quellen und Erfassungssysteme dürfte es geben. Ein besonderes Augenmerk ist hier auf die Details der Datenermittlung zu legen: Welche Quellen werden genutzt, welche Informationen fließen in eine Kennzahl ein. Gerade beim Punkt CO_2-Fußabdruck ist es wichtig, die Berechnungsgrundlage transparent zu machen, je nachdem, welche Produktionsschritte und Vorstufen miteingerechnet werden, entstehen unterschiedliche Größen. Eine Vergleichbarkeit gerade des CO_2-Fußbadrucks ist somit nicht gegeben.

Die Details zu beachten, ist vor allem relevant, wenn es um Daten aus der Produktion und betriebswirtschaftliche Kennzahlen geht. Beispiel Kiesgewinnung: Wird die Produktion in Tonnen vor oder nach der Waschung angegeben, variiert der Wert signifikant. Beispiel Nennung von Umsatz und Produktionsmengen: Hieraus könnten Rückschlüsse auf die Preisgestaltung gezogen werden. In der Beschaffung der Daten liegt auch die Chance, existierende Doppelerfassung, inkonsistente Daten oder Lücken in der Datenerfassung aufzudecken und einheitliche Strukturen einzuführen.

5   Endspurt: Kommunikation nach innen und außen

Sind die Prozessschritte von der Bildung der gemeinsamen Wissensbasis, der Erstellung von Anspruchsgruppen- und Wesentlichkeitsmatrix, der Definition von Zielen und Kennzahlen durchlaufen, so geht es dann um die zielgruppengerechte Kommunikation der Strategie – und die Konzeption des Nachhaltigkeitsberichtes. Zunächst einmal muss die Strategie allen Mitarbeitenden des Unternehmens transparent kommuniziert werden. Der Auftakt der Kommunikation sollte durch den Vorstand/die Geschäftsführung gemacht werden. Idealerweise erfolgt diese Kommunikation noch vor Veröffentlichung des Nachhaltigkeitsberichtes, um den Eindruck zu vermeiden dass es sich bei dem Bericht lediglich um „eine weitere Werbebroschüre" handelt. Auf die Herausforderungen der internen Kommunikation soll hier nicht näher eingegangen werden, da dies den Rahmen dieses Beitrags sprengen würde.

Für die Konzeption des Nachhaltigkeitsberichtes an sich kann ein Redaktionsteam gebildet werden, das die Struktur und Inhalte des Berichtes definiert. Mitglieder dieses

Teams sollten aus der Kommunikationsabteilung, dem Nachhaltigkeitsbeauftragten, dem Umweltbeauftragten bestehen. Zu beachten ist hier, dass zuvor im Kernteam im Sinne der Relevanz – hier für externe Anspruchsgruppen – bestimmt wurde, welche Ziele sich für die externe Kommunikation eignen. Wurde die Nachhaltigkeitsstrategie zuvor intern kommuniziert, so eignet sich die Inhaltsbestimmung auch gut, um die Mitarbeitenden einzubinden. Dies kann in Form von Interviews zur Nachhaltigkeit am Arbeitsplatz sein oder auch durch die Frage nach Bildern und Geschichten mit Nachhaltigkeitsbezug. Eine Anekdote über Schwalben, die in einem Bagger nisten, kann das Thema Umweltschutz genauso verdeutlichen wie Kennzahlen. Dabei ist viel Raum für Kreativität, auch spielerische Elemente sind legitim, wenn sie zum Verständnis der Nachhaltigkeitsperspektive des Unternehmens beitragen.

Bei der Bestimmung der Inhalte gilt der Grundsatz der Wesentlichkeit: wenige, aber für die Zielgruppen relevante Informationen, verständlich aufbereitet. Damit die Entscheidung hierüber getroffen werden kann, ist das Durchlaufen der vorherigen Prozessschritte essenziell. Strategie und Ziele geben einem Nachhaltigkeitsbericht die notwendige Glaubwürdigkeit bei internen und externen Stakeholdern.

6   Vom Wort zur Tat: Aus Strategie wird Bericht, aus Bericht Monitoring der Umsetzung

Der Nachhaltigkeitsbericht ist veröffentlicht, damit ist auch die Nachhaltigkeitsstrategie des Unternehmens in der Öffentlichkeit. Ab dann geht es um die effiziente und wirksame Umsetzung der Strategie, um die gesetzten Ziele auch zu erreichen. Es wird immer wieder Umstände geben, die die Erreichung eines Zieles verlangsamen oder gar unmöglich machen. Beispielhaft sollen hier zwei Fälle genannt werden:

- Umstrukturierungen innerhalb des Unternehmens, die mit Entlassungen verbunden sind, können die Ziele im Bereich des freiwilligen gesellschaftlichen Engagements von Mitarbeitenden beeinträchtigen, übersteigt die Arbeitsbelastung ein gesundes Maß, so ist auch kein zusätzliches Engagement zu erwarten.
- Negative Marktveränderungen können eine Umpriorisierung und Verschiebung von Umweltinvestitionen nach sich ziehen. Werden Verluste eingefahren, ist es unternehmerisch unumgänglich, Investitionen auf das unbedingt Notwendige zu reduzieren. Hier ist mit Augenmaß zu entscheiden und sensibel, aber transparent zu kommunizieren.

Mit der Veröffentlichung des Nachhaltigkeitsberichtes geht das Unternehmen eine langfristige Verpflichtung ein, denn die einmalige Publikation eines Berichtes ist nicht ausreichend, um eine glaubwürdige Wahrnehmung als nachhaltiges Unternehmen aufzubauen. Jetzt gilt es, den Zielerreichungsgrad regelmäßig zu überprüfen und die zugeordneten Maßnahmen kontinuierlich voranzutreiben. Bereits in der Konzeption des

Berichtes sollten daher Möglichkeiten für Rückmeldungen durch interne und externe Stakeholder konzipiert werden. So leistet der Nachhaltigkeitsbericht einen Beitrag zur kontinuierlichen Verbesserung des gesamten Unternehmens. Die Frequenz der Veröffentlichung wird teilweise durch die Wahl des Berichtsstandards vorgegeben (EMAS: alle zwei Jahre), es kann auch abgewechselt werden zwischen einem vollen Bericht und einem Zwischenbericht, der nur einen Status der Ziele wiedergibt. Die Wahl der Frequenz sollte den Erwartungen der Zielgruppen angepasst werden. Dasselbe gilt für die Entscheidung, ob eine gedruckte Ausgabe erscheinen soll oder ob die Berichte rein digital veröffentlicht werden.

Ein nicht zu vernachlässigender Aspekt ist auch, die Integration der durch den Prozess auch mitdefinierten Nachhaltigkeitsrisiken in das allgemeine Risikomanagementsystem aufzunehmen. Damit wird der Nachhaltigkeitsbericht zu einem Teil eines Frühwarnsystems.

7   Fazit und Checkliste

Die Entscheidung, einen Nachhaltigkeitsbericht zu veröffentlichen, hat weitreichendere Folgen als eine Imagebroschüre. In der heutigen Zeit zahlt die Investition in eine Nachhaltigkeitsstrategie und die darauffolgende Publikation nicht nur auf den Ruf eines Unternehmens ein. Auch die positiven Auswirkungen auf das kontinuierliche Verbesserungs-, Risiko- und Umweltmanagement können erheblich sein.

Mit einem pragmatischen Projektmanagement lassen sich an vielen Stellen zeitliche und finanzielle Ressourcen schonen und gleichzeitig den Gedanken der Nachhaltigkeit im gesamten Unternehmen integrieren.

Die in der folgenden Checkliste aufgeführten Punkte heben nur die wichtigsten Erfolgsfaktoren hervor, sie soll lediglich als Leitplanken dienen – die konkrete Ausgestaltung hängt von der Situation und Kultur des Unternehmens ab:

1. WARUM: Erkennen und Kommunikation der Gründe für eine Nachhaltigkeitsstrategie
2. WILLE: Entscheidung der Geschäftsführung/des Vorstandes
3. VERANTWORTLICHKEIT: Benennung eines Projektverantwortlichen für die Entwicklungsphase, falls notwendig, Hinzuziehung externer Unterstützung
4. EINBINDUNG: Zusammenstellung des Kernteams – aus möglichst allen Fachbereichen entlang der unternehmensinternen Wertschöpfungskette, Bestimmung der Arbeitsstruktur des Teams – Workshops, Einzelgespräche, Teilteambesprechungen, virtuelle Zusammenarbeit, zeitlicher Einsatz, Vertreterregelung
5. WAS: Schaffung einer gemeinsamen Wissensausgangsbasis, Definition des Begriffes Nachhaltigkeit

6. WIE: Zieldefinition – Umfeldanalyse, Marktposition, SWOT-Analyse, Stakeholder-mapping, Wesentlichkeitsanalyse und -Matrix, Messbarkeit der operativen Ziele
7. GLAUBWÜRDIGKEIT: Kommunikation nach innen, bevor die externe Kommunikation beginnt – Rückmeldemechanismusintern und extern installieren
8. KONTINUIERLICHE VERBESSERUNG: Nachhaltigkeitsbericht als Beitrag zur kontinuierlichen Verbesserung und als Frühwarnsystem nutzen

Literatur

Deutscher Nachhaltigkeitskodex (2018) https://www.deutscher-nachhaltigkeitskodex.de. Zugegriffen: 25. Juni 2019

Duden Deutsche Rechtschreibung (2019) https://www.duden.de/rechtschreibung/nachhaltig. Zugegriffen: 25. Juni 2019

Elkington J (1998) Cannibals with forks: the triple bottom line of 21st century business. New Society Publishers, Gabriola Island

European Eco Audit and Management Scheme (2018). https://www.emas.de/home/. Zugegriffen: 25. Juni 2019

Freeman RE, Harrison JS, Wicks AC (2007) Managing for stakeholders: survival, reputation, and success. Yale University Press, New Haven

Gesetz zur Stärkung der nichtfinanziellen Berichterstattung der Unternehmen in ihren Lage- und Konzernberichten: CSR-Richtlinie Umsetzungsgesetz (2017) https://www.bgbl.de/xaver/bgbl/start.xav?start=%2F%2F*%5B%40attr_id%3D%27bgbl117s0802.pdf%27%5D#__bgbl__%2F%2F*%5B%40attr_id%3D%27bgbl117s0802.pdf%27%5D__1561462845485. Zugegriffen: 25. Juni 2019

Global Reporting Initiative (2018) https://www.globalreporting.org/standards/questions-and-feedback/materiality-and-topic-boundary/. Zugegriffen: 25. Juni 2019

Grundsatzpapier der Enquete-Kommission „Schutz des Menschen und der Umwelt" (1998) http://dip21.bundestag.de/dip21/btd/13/112/1311200.pdf. Zugegriffen: 25. Juni 2019

Heinrich P (Hrsg), Heinrich GmbH (2018) CSR und Kommunikation -Unternehmerische Verantwortung überzeugend vermitteln. Springer Gabler, Berlin, Heidelberg

SDG Compass (2015) https://sdgcompass.org. Zugegriffen: 25. Juni 2019

UN Sustainable Development Goals (2015) https://sustainabledevelopment.un.org/sdgs. Zugegriffen: 25. Juni 2019

Dr. Esther Heidbüchel
Unternehmensberaterin Nachhaltigkeit
Externes Projektmanagement
Externe Nachhaltigkeitsbeauftragte

Schwerpunkte:
- Nachhaltigkeitskommunikation und Strategieentwicklung
- Nachhaltigkeitsmanagement
- Nachhaltige internationale Wertschöpfungsketten, Circular Economy

Hintergrund:

- Langjährige Berufserfahrung in fast allen Bereichen der Wertschöpfungskette: Vertrieb, Marketing, HR, PR, Business Development, Strategie, CSR/Nachhaltigkeit, zuletzt in Führungsverantwortung in einem internationalen Baustoffkonzern
- Ausgebildete Wirtschaftsmediatorin nach BMWA-Richtlinien
- Promotion: Politikwissenschaft, internationale Beziehungen, Konfliktforschung
- Diplom: Sprachen-, Wirtschafts-, und Kulturraumstudien, Spezialisierung auf Südostasien/Indonesien

Nachhaltigkeit für die Finanzierung im Mittelstand nutzen

Meike Frese, Rolf Häßler, Matthias Kannegiesser, Nicola Stefan Koch und Thilo Marenbach

1   Einleitung

Die Bedeutung von Nachhaltigkeit für die Finanzierung von Unternehmen nimmt stetig zu. Studien zeigen, dass nachhaltige Unternehmen nicht mehr oder weniger profitabel sind als nicht nachhaltige, nachhaltige indes ein geringeres Risikoprofil aufweisen und als besser gemanagt gelten als konventionell wirtschaftende Unternehmen (DWS 2015). Das heißt, dass Kapitalkosten und Risikozinsen in der Finanzierung niedriger sein können als bei nicht nachhaltigen Unternehmen. Nachhaltigkeit wird damit zum relevanten Bewertungsparameter in Finanzierungs- und Investitionsentscheidungen. Banken und Investoren koppeln schon heute zunehmend finanzielle Bewertungen von Unternehmen an belastbare Nachweise der Nachhaltigkeitsleistung. Konsequent „grüne" Banken wie die GLS-Bank und die Ethikbank sind auf Wachstumskurs, und auch der Chef des weltweit größten Vermögensverwalters, Blackrock-CEO Larry Fink, betont

M. Frese · R. Häßler
München, Deutschland
E-Mail: mf@faehrmannschaft.de meike.frese@sustainablenatives.com

R. Häßler
E-Mail: rolf.haessler@nk-institut.de

M. Kannegiesser (✉) · N. S. Koch
Berlin, Deutschland
E-Mail: matthias.kannegiesser@time2sustain.com

N. S. Koch
E-Mail: n.koch@gwhy.org

T. Marenbach
Düsseldorf, Deutschland
E-Mail: Thilo.Marenbach@ecovis.com

© Springer-Verlag GmbH Deutschland, ein Teil von Springer Nature 2021
M. Schmitz (Hrsg.), *CSR im Mittelstand,* Management-Reihe Corporate Social Responsibility, https://doi.org/10.1007/978-3-662-61957-5_9

in seinen „Annual Letters to CEOs" die strategische Bedeutung von „Purpose", einem belastbaren Wertegerüst, das über Gewinnmaximierung hinausreicht und als zweite Säule neben den Profit tritt (Blackrock 2019).

Im Bereich der börsennotierten (Groß-)Unternehmen sowie im Segment der institutionellen Investoren ist Nachhaltigkeit über sogenannte ESG-Ratings (Environment, Social, Governance) bereits wichtiges Anlagekriterium, um Unternehmensaktien (z. B. bei Fonds) je nach Nachhaltigkeitsperformance ein- oder auszuschließen. Für den nicht börsenfinanzierten Mittelstand gab es bisher keine Instrumente, die Nachhaltigkeitsleistung zu bewerten. Mit Einführung der EU-weiten nichtfinanziellen Berichtspflicht (als CSR-RUG in Deutschland umgesetzt) berichten jedoch auch immer mehr Mittelständler zu ihren Nachhaltigkeitsleistungen. Damit sind die Grundlagen gelegt, die Berichtsinhalte hinsichtlich Nachhaltigkeit zu bewerten und diese Bewertungen in der Finanzierung von Mittelständlern anzuwenden. Eine zentrale Rolle spielt an dieser Stelle der Deutsche Nachhaltigkeitskodex (DNK), der sich neben dem globalen Standard GRI (Global Reporting Initiative) zum effizienten Defacto-Reporting-Standard für den deutschen Mittelstand entwickelt.

Der folgende Artikel gibt einen Überblick, welche Rolle Nachhaltigkeit bei der Finanzierung von mittelständischen Unternehmen spielt und welche Instrumente dabei relevant sind. Er informiert über wesentliche Berichtsstandards, Prüfungs- und Bewertungsverfahren sowie den Finanzierungsprozess aufseiten der Finanzdienstleister. Weiterhin werden Trends und Entwicklungsrichtungen im Zusammenhang von Finanzierung und Nachhaltigkeit aufgezeigt sowie konkrete Praxishinweise für eine mittelstandsbezogene Umsetzung gegeben.

2   Bedeutung von Nachhaltigkeit im Mittelstand

Mittelständler stehen heute vor mehreren strategischen „10-Jahres-Fragen":

- Wird unser Unternehmen in 10 Jahren noch bestehen? Sind unser Geschäftsmodell, unserer Technologien, unsere Standorte zukunftsfähig?
- Werden wir die Digitalisierung als Gewinner überleben oder als Verlierer aus dem Markt gedrängt? Werden wir die weiteren laufenden Transformationen überleben: die Klima- und Energiewende, die Mobilitätswende, die Agrarwende?
- Werden wir an unserem Standort und mit unserem Geschäftsmodell noch Fachkräfte finden und binden können? Werden wir weiter Zugang zu knapper werdenden Rohstoffen haben?
- Werden wir unsere License-to-Operate, die Akzeptanz für unser Geschäftsmodell bei Kunden, Investoren und Öffentlichkeit erhalten können? Werden wir weiter Zugang zu Ausschreibungen und Finanzierung haben?

Dies sind alles existenzielle Fragen für die wirtschaftliche Nachhaltigkeit eines Mittelständlers. Das sind Risikofragen, Fragen des Überlebens und der Zukunftsfähigkeit. Und genauso gibt es die Fragen nach Chancen:

- Welche Transformationstrends können wir aufgreifen und in neue Geschäftsmöglichkeiten übersetzen? Welche Chancen bieten die Digitalisierung und datengestützte Geschäftsmodelle, eine Sharing Economy, kreislaufbasierte Geschäftsmodelle, neue Mobilitätslösungen? Welche Chancen bieten Clean-Tech-Technologien z. B. im Wasser- oder Abfallbereich? Welche Chancen bieten dezentrale Energiesysteme mit erneuerbaren Energien und Speicherlösungen?
- Wie können wir sich verändernde Lebens- und Konsumstile, z. B. bei Wohnen, Mobilität, Kleidung und Ernährung, aufgreifen? Welche Lösungen braucht es für die Sozialsektoren in Bildung, Gesundheit, Pflege, Kultur?
- Welche Adaptions- und Regenerationslösungen braucht es, um in Zeiten des Klimawandels Städte und Regionen resilient gegen Trockenheit, Stürme und Überflutung zu halten sowie Naturkapital wiederherzustellen?

Die übergeordnete Antwortet lautet: nachhaltige Transformation. Alle Branchen und Unternehmen werden im Wildwasser-Sinn aus einem Zeitalter ruhigeren Fahrwassers in eine Phase beschleunigter und zum Teil disruptiver Transformation gelangen:

- Mehrere Epochen gehen zu Ende (z. B. fossile Energien, Verbrennungsmotor, lineare Lieferketten)
- Neue Epochen beginnen (Robotik und künstliche Intelligenz, Kreislauf und Regeneration, erneuerbare Energien, autonome/vernetzte/emissionsfreie Mobilität etc.)

Die Welt arbeitet für das Ziel, bis 2050 ein vollständiges nachhaltiges System des Wirtschaftens und Zusammenlebens von 10 Mrd. Menschen auf einem begrenzten Planeten zu organisieren. Ein zentraler Meilenstein ist dabei die Umsetzung der nachhaltigen Entwicklungsziele (Sustainable Development Goals – SDGs) bis 2030. Die SDGs sind für Staaten auf politischer Ebene vereinbart worden und damit als Rahmen für Unternehmen ebenfalls verbindlich. Das sogenannte Impact Investing fokussiert zudem solche Unternehmen, die besondere Wirkung auf SDGs durch ihre Geschäftstätigkeit haben. So können Unternehmen analysieren, welche SDGs in ihrer Wertschöpfungskette eine Relevanz haben und welche (messbare) Wirkung ein Unternehmen auf den jeweiligen Bereich hat (GRI et al. 2019), um den eigenen Beitrag für die SDGs gegenüber Stakeholdern und Impact Investoren transparent darzustellen (Abb. 1).

Die Transformation, ausgerichtet an den SDGs, wird nicht funktionieren, ohne die Wirtschaft und damit auch nicht ohne den Mittelstand. Mittelständler sind das Rückgrat der Wirtschaft und damit das Rückgrat der Transformation. Der Mittelstand umfasst typischerweise Unternehmen von 10 bis 500 Mio. EUR Umsatz oder 50 bis 5000 Mitarbeiter. Nachhaltigkeit ist dabei das Prisma, durch den ein mittelständisches

Globale Treiber   ... führen zu umfassendem Transformationsdruck ... für alle Branchen

Abb. 1 Transformationen ausgewählter Branchen orientiert an den SDGs 2030. (Eigene Darstellung)

Unternehmen auf die zuvor genannten Fragen schaut. Nachhaltigkeit im umfassenden Verständnis ist die Balance aus Ökonomie, Ökologie und Sozialem und hat in der Breite des Mittelstandes Einzug gehalten. Der Mittelstand bildet in vielen Wirtschaftsräumen das Rückgrat der Wirtschaft: mit Blick auf Gesamtbeschäftigung, Gesamtumsatz, Innovations- und Wachstumskraft. Mittelständische Firmen sind zudem oft wichtige Wirtschaftsanker für Regionen eines Landes. Sie sind anders als Großkonzerne oftmals regional verwurzelt und finanziert. Und sie sind in ihren jeweiligen Nischen bisweilen sogar internationale Weltmarktführer.

Nachhaltigkeit im Mittelstand verbreitet sich zunehmend. Ein Spiegel der Entwicklung ist der Deutsche Nachhaltigkeitspreis, der seit 2008 vergeben wird. In einer 10-Jahres-Studie zur Wirkung des DNP auf Unternehmen waren mehr als 74 % Studienteilnehmer kleine und mittelständische Unternehmen (RNE 2017a). Zusätzlich zu den zuvor genannten Transformationsfragen gibt es weitere Treiber für Nachhaltigkeit im Mittelstand:

- **DNA von Familienunternehmen:** Viele Mittelständler sind Familienunternehmen, in denen langfristiger investiert und mit Blick auf die nächste Generationen gewirtschaftet wird, sodass das Nachhaltigkeitsprinzip in Familienunternehmen leicht anschlussfähig ist bzw. bereits Teil der eigenen DNA ist.
- **Anforderungen von Großunternehmen:** Mittelständler sind oft in B2B-Lieferketten als Lieferanten eingebunden. Hier geben Großunternehmen Nachhaltigkeitsanforderungen durch die Lieferkette an Mittelständler weiter, die sich dann

mit Nachhaltigkeitsanforderungen, z. B. in Ausschreibungen oder Lieferanten-bewertungen auseinandersetzen müssen.

- **Kampf um Fachkräfte:** Mittelständler in der Region sind im Kampf um Fachkräfte in der Defensive im Vergleich zu Großunternehmen, Start-ups und/oder urbanen Zentren. Entsprechend besteht der Druck, sich im Wettbewerb als nachhaltiger Arbeit-geber gegenüber Fachkräften zu positionieren.
- **Mittelständische Nachhaltigkeitsspezialisten:** Nachhaltigkeitsspezialisten finden sich vor allem im Mittelstand. Ob Alnatura, Lebensbaum, Hess Natur oder Vaude: Mittelständische Unternehmen haben – einfacher als Großunternehmen – die Möglichkeit, sich mit einem auf konsequente Nachhaltigkeit spezialisierten Geschäftsmodell im Markt zu differenzieren.

In Summe stehen mittelständische Unternehmen vor der nachhaltigen Transformation oder sind durch genannte Treiber bereits mittendrin. Transformationen sind immer risikobehaftet und gleichzeitig Hochzeit für Unternehmertum und Investitionen in neue Chancen und zukunftsfähige Geschäftsfelder. An dieser Stelle ist der Mittelstand in besonderem Maße von nachhaltiger Finanzierung und Unterstützung des Kapitalmarkts abhängig, um die Transformation zu finanzieren. Der Kapitalmarkt entwickelt dazu Voraussetzungen und neue Angebote, wie im Folgenden dargestellt.

3 Marktüberblick nachhaltige Finanzierung

Am konkreten Nachhaltigkeitsthema „Klimaschutz" wird die Bedeutung einer nach-haltigen Finanzierung besonders deutlich. Neben dem 2-Grad-Ziel wird im Pariser Weltklimaabkommen ein weiteres zentrales Ziel definiert: die Herstellung von Treib-hausgasneutralität ab dem Jahr 2050. Ab diesem Zeitpunkt sollten insgesamt nicht mehr Treibhausgase (THG), insbesondere CO_2, emittiert werden, als durch natürliche oder technische Prozesse wieder aus der Atmosphäre eingefangen werden. Um dieses Ziel zu erreichen, hat die Bundesregierung in ihrem Klimaschutzplan 2050 das Ziel definiert, die THG-Emissionen bis 2050 um bis zu 95 % zu reduzieren (BMU 2016), (BDI 2019).

Dieses Reduktionsziel betrifft vor allem auch die Wirtschaft und macht dabei keinen Unterschied zwischen internationalen Großunternehmen oder dem Mittelstand. Alle Unternehmen sind gefordert, ihre Produktions- und Leistungsprozesse innerhalb einer Generation so zu gestalten, dass sie treibhausgasneutral ablaufen.

Während es auf Umsetzungsseite gerade beim Klimaschutz zahlreiche Initiativen, Bewegungen und Lösungsanbieter gibt (z. B. Stiftung 2 Grad, Carbon Disclosure Project, Klimaallianz des BMZ oder Kompensationsanbieter wie First Climate, atmosfair oder myClimate), stellt sich die Frage, welche Initiativen und Lösungen es auf der Finanzierungsseite für Klimaschutz und eine nachhaltige Entwicklung gibt.

EU-Aktionsplan zur Finanzierung nachhaltigen Wachstums

Die Regulierungsinitiative der EU-Kommission „EU Action Plan on Financing Sustainable Growth," gestartet im Jahre 2018, setzt an der Finanzierung eines nachhaltigen Wachstums an. Die EU-Kommission begründet ihren Aktionsplan damit, dass die erforderlichen Investitionen in den Klimaschutz und die Transformation der Unternehmen hin zu einer klimaverträglichen, ressourcenschonenden und sozialen Wirtschaftsweise nicht durch die öffentliche Hand zu finanzieren sind. Der Aktionsplan zielt daher darauf ab, privates Kapital für den Klimaschutz zu mobilisieren. Mit insgesamt zehn Maßnahmen will die EU-Kommission die Rahmenbedingungen für entsprechende Investitionen privater und institutioneller Investoren deutlich verbessern. Dazu sollen unter anderem Siegel und Kennzeichen für die nachhaltige Kapitalanlage und Referenzindizes für klimaverträgliche und Paris-konforme Portfolios eingeführt werden. Herzstück des EU-Aktionsplans ist der Versuch, im Rahmen einer rechtsverbindlichen Taxonomie zu definieren, was eine nachhaltige wirtschaftliche Tätigkeit ist. Die Finanzierung einer solchen Tätigkeit ist dann – so die Logik der EU-Kommission – eine nachhaltige Kapitalanlage (Europäische Kommission 2018).

Insbesondere an dieser Stelle hat der EU-Aktionsplan direkte Berührungspunkte zur Realwirtschaft. Im Rahmen der Taxonomie werden für verschiedene Branchen detaillierte, auch technische Vorgaben für Produkte und Prozesse definiert, die nach Einschätzung der EU-Kommission das Prädikat „klimaverträglich" verdienen. Durch diese Definition und die Fortschreibung der Kriterien in den kommenden Jahren wird den Unternehmen gleichzeitig ein Entwicklungspfad in eine treibhausgasneutrale Zukunft aufgezeigt.

Bedeutung für den Mittelstand

Die Klimaziele differenzieren nicht nach Unternehmensgröße und sind daher für den Mittelstand genauso bindend wie für international tätige Großunternehmen. Gleichzeitig eröffnen sich gerade für den innovativen Mittelstand internationale Geschäftspotenziale bei der Entwicklung und Markteinführung von Technologien, die einen Beitrag zur Bekämpfung der Ursachen und Folgen des Klimawandels leisten.

Sowohl die Reduzierung der eigenen CO_2-Emissionen in Richtung „Nettonull" als auch die Entwicklung neuer Produkte und Leistungen sind mit hohen Investitionen verbunden. Hier ergeben sich aus den aktuellen Entwicklungen im Umfeld des EU-Aktionsplans verschiedene Konsequenzen für die mittelständische Wirtschaft (siehe auch Abschn. 4.3 und 4.4). Von übergeordneter Bedeutung ist dabei die Fragestellung, wie der Mittelstand den spezifischen Anforderungen nachhaltiger Investoren genügen kann, die einen bereits hohen und weiter wachsenden Marktanteil haben. Am Beispiel Klimaschutz wird deutlich, dass die Rahmenbedingungen im Kapitalmarkt sich stark verändern werden hin zu einer nachhaltigen Finanzierung („Sustainable Finance") und dass dieses zu veränderten Finanzierungsanforderungen an die Realwirtschaft inklusive des Mittelstands führen werden.

Nachhaltige Finanzprodukte im Überblick

Die weitreichende EU-Initiative für ein nachhaltiges Wachstum (Europäische Kommission 2018) reiht sich ein in eine bereits laufende Marktentwicklung nachhaltiger Finanzprodukte. Das Angebot an nachhaltigen Finanzprodukten hat sich in den vergangenen Jahren stark erweitert. Heute gibt es in allen relevanten Bereichen Produkte, bei deren Gestaltung ESG-Kriterien in unterschiedlicher Konstellation und Gewichtung berücksichtigt werden. So sind die ersten grünen Lebens- und Sachversicherungen verfügbar, spezifische Finanzierungen für den Kauf von Elektroautos sowie eine wachsende Zahl von Anlageangeboten für private und institutionelle Anleger, z. B. Umwelt- und Nachhaltigkeitsfonds (FNG 2019).

Auch im Bereich der Finanzierungen gewinnen ESG-Kriterien an Bedeutung, etwa bei Green Loans und Sustainability Linked Loans. Bei Ersteren wird die Kreditvergabe an die Verwendung der aufgenommenen Mittel für spezifische, vorab definierte Klima- und Umweltschutzprojekte gekoppelt. Welche dies sein können, wird in den unlängst veröffentlichten Green Loan Principles definiert (LMA 2018). Bei Sustainability Linked Loans sind dagegen die Kreditkonditionen an die Qualität des Nachhaltigkeitsmanagements der Kreditnehmer gekoppelt (LMA 2019). Henkel ist das erste deutsche Unternehmen, das das Sustainability-Linked-Loan-Prinzip umgesetzt hat für ein Kreditvolumen von 1,5 Mrd. EUR: Die Zinskonditionen für den Kredit sind geknüpft an die Verbesserung der Nachhaltigkeitsperformance von Henkel in der Zukunft auf Basis definierter Nachhaltigkeitsratings (Henkel 2019).

Alle nachhaltigen Finanzprodukte haben gemein, dass deren Marktanteil heute im jeweiligen Segment nach wie vor sehr klein ist, die Wachstumsraten hingegen sind überdurchschnittlich hoch. Auch findet sich mehr Kapital im Markt, dass nachhaltig angelegt werden will, als dass es Anlagemöglichkeiten gibt (Erhardt 2018). Aus dieser Marktdynamik, die mit dem EU-Aktionsplan zusätzlich Rückenwind bekommt, lassen sich Chancen für Mittelständler ableiten: Unternehmen werden sich neue Finanzierungsmöglichkeiten am Kapitalmarkt eröffnen, wenn das Unternehmen mit Nachhaltigkeit als Unternehmen, in Projekten, Produkten und Services punkten kann.

4   Prozess vom Berichten zum Finanzieren

Wie kann Nachhaltigkeit für die Finanzierung im Mittelstand konkret genutzt werden? Welche Schritte müssen Unternehmen gehen, um Nachhaltigkeit in der Finanzierung zu nutzen? Welche Prozessbeteiligte gibt es? In der folgenden Abbildung stellen wir den Prozess vom Berichten zum Finanzieren in der Übersicht dar. Vorab: Der Prozess unterscheidet sich grundsätzlich nicht vom konventionellen Finanzierungsprozess, hat aber inhaltliche Besonderheiten (Abb. 2).

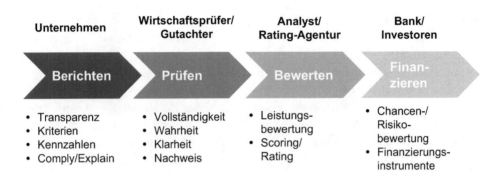

Unternehmen	Wirtschaftsprüfer/ Gutachter	Analyst/ Rating-Agentur	Bank/ Investoren
Berichten	**Prüfen**	**Bewerten**	**Finanzieren**

• Transparenz
• Kriterien
• Kennzahlen
• Comply/Explain
	• Vollständigkeit
	• Wahrheit
	• Klarheit
	• Nachweis
		• Leistungs-
		  bewertung
		• Scoring/
		  Rating
			• Chancen-/
			  Risiko-
			  bewertung
			• Finanzierungs-
			  instrumente

Abb. 2 Prozess vom Berichten zum Finanzieren. (Eigene Darstellung)

- **Berichten:** Das Unternehmen legt im ersten Schritt seine Nachhaltigkeitsleistungen offen. Ziel ist die Transparenzherstellung nach einem anerkannten Reporting-Standard. Das Unternehmen berichtet, ob und wie es definierte Mindestkriterien erfüllt und legt Leistungswerte entlang von Kennzahlen dar.
- **Prüfen:** Im nächsten Schritt werden die Berichtsinhalte von einem externen Prüfer auf Vollständigkeit, Wahrheit, Klarheit sowie Nachweise überprüft. Wie im finanziellen Berichtswesen wird es auch für das Nachhaltigkeitsreporting zur Voraussetzung für Bewertung und Finanzierung werden, dass Angaben des Unternehmens unabhängig geprüft worden sind.
- **Bewerten:** Die geprüften Berichtsinhalte sind dann Grundlage für die Bewertung der Leistung über ein Nachhaltigkeits-Scoring bzw. -Rating. Spezialisierte Analysten und Ratinagenturen bewerten die Berichtsinhalte auf erreichte Leistungen und vergeben entsprechende Scores. Sie stellen zudem sowohl Benchmarks als auch analysierte Chancen und Risiken aus Nachhaltigkeitsperspektive dar.
- **Finanzieren:** Eine Bank und/oder Investor nutzt die Bewertungen für eine Finanzierungsentscheidung. Bestehende finanzielle Risikobewertungen einer Finanzierung werden angereichert mit Nachhaltigkeitsrisiken und -chancen und fließen in die Konzipierung verschiedener Finanzierungsprodukte ein (Fonds, Bonds, Kreditfinanzierung etc.), die als Finanzierung für den Mittelständler nutzbar sind.

Charakteristisch ist das Mehr-Augen-, Spezialisierungs- und Unabhängigkeitsprinzip entlang des Prozesses, das Interessenkonflikte zwischen den verschiedenen Rollen ausschließt. Wie laufen die Schritte im Einzelnen ab? Damit beschäftigen sich die folgenden Unterkapitel.

4.1 Berichten

Berichterstattung zu nichtfinanziellen Aspekten der Geschäftstätigkeit ist ein weites Feld. Der folgende Abschnitt konzentriert sich auf die externe Berichterstattung, die aus einer Finanzierungsperspektive relevant ist.

Im Nachhaltigkeitskontext ist das Thema „Transparenz" von zentraler Bedeutung. Politische, regulatorische Hebel zum Beispiel suchen oft den Weg über (freiwillige oder verpflichtende) Transparenz zur Nachhaltigkeitsleistung von Unternehmen, um Marktmechanismen in Bewegung zu setzen. Aktuelles Beispiel: Die EU-weit verpflichtende CSR-Berichterstattung, die seit dem Berichtsjahr 2018 für rund 5000 Unternehmen in ganz Europa gilt. In Deutschland ist die EU-Richtlinie umgesetzt als CSR-Richtlinie-Umsetzungsgesetz, kurz CSR-RUG, und betrifft rund 500 Unternehmen (CSR in Deutschland o. J.). Das CSR-RUG ist der Versuch, über verpflichtende Transparenz zu Nachhaltigkeitsaspekten, nicht finanzielle Informationen in den Mainstream von Finanzentscheidungen einzubinden.

Neben dieser bereits bestehenden Verpflichtung für große, kapitalmarktorientierte Unternehmen in der EU gibt es weitere Initiativen im Zusammenhang mit Sustainable Finance und der Einführung eines Lieferkettengesetzes, die eine Ausweitung der Nachhaltigkeits-berichtspflicht auch auf mittelständische Unternehmen anstreben.

Internationale Berichtspflichten

Mit der Entscheidung zur verpflichtenden Berichterstattung liegt die EU im Trend: Schweden (2007) und Dänemark (2008) gehörten zu den ersten Ländern, die eine umfassende Berichtspflicht zu nicht finanziellen Informationen umgesetzt haben. In Frankreich sind seit 2003 börsennotierte Unternehmen verpflichtet, im Geschäftsbericht qualitative und quantitative Angaben zum Umweltschutz und zu den Mitarbeiterinteressen zu veröffentlichen. 2012 wurde die Pflicht auch auf nicht börsennotierte Unternehmen ausgedehnt. Und seit 2015 sind institutionelle Investoren zu einem umfassenden CO_2-Reporting verpflichtet. Auch in Deutschland müssen bereits seit 2006 große Unternehmen, die Geschäftsberichte veröffentlichen, innerhalb des Lageberichts zu Umwelt- und Arbeitnehmerbelangen berichten – sofern diese für den Geschäftserfolg relevant sind. Spanien folgte im Jahr 2012 mit Verpflichtungen für alle staatseigenen Unternehmen und solche mit mehr als 1000 Mitarbeitern. In Südafrika müssen die mehr als 470 an der Johannesburger Börse gelisteten Unternehmen seit dem Jahr 2010 sogar integrierte Berichte vorlegen. Diese ganzheitliche Darstellung finanzieller und nichtfinanzieller Aspekte der Geschäftstätigkeit soll einen umfassenden Blick auf die Geschäftslage der Unternehmen ermöglichen und somit eine fundiertere Grundlage für Kapitalmarktentscheidungen bieten als klassische Geschäftsberichte. Auch außerhalb Europas – so zum Beispiel seit vielen Jahren in China und Malaysia – wird von Unternehmen Transparenz zu Nachhaltigkeitsaspekten verlangt, häufig auf Druck von Börsen (Frese und Colsman 2018).

Auch wenn der Umgang mit Berichtspflichten international noch heterogen ist – es ist ein deutlicher Trend zu mehr Regulatorik erkennbar: In einer Studie aus dem Jahr 2016 kommt die Wirtschaftsprüfungsgesellschaft KPMG zu dem Ergebnis, dass aktuell in 64 Ländern weltweit rund 400 (wie auch immer geartete) Instrumente zur Regulierung von Nachhaltigkeitsreporting implementiert sind (KPMG 2016). Zum Vergleich: 2013 waren es 180 Instrumente in 44 Ländern. Zwei Drittel dieser Instrumente sind verpflichtend und nur ein Drittel auf freiwilliger Basis. Vor allem in Europa, Südostasien und Lateinamerika hat die Regulatorik stark zugenommen. Der größte Treiber hierbei sind die Börsen und Finanzmarktregulatoren, die von Unternehmen mehr Transparenz einfordern. Der Mythos, dass Nachhaltigkeit nicht kapitalmarktrelevant sei, darf begraben werden. Für den Finanzsektor haben sich die ESG-bezogenen Reporting-Instrumente zwischen 2013 und 2016 zum Beispiel mehr als verdoppelt (Frese und Colsman 2018).

Transparenzstandards
Rahmenwerke zum Nachhaltigkeitsreporting – oft „Standards" genannt – sind sinnvolle Übersetzungshilfen zum Aufbau und zur Weiterentwicklung von Berichtsprozessen. Durch die Orientierung an einem Rahmenwerk oder auch die gewissenhafte Befolgung hat man als Unternehmen die Sicherheit, kein relevantes Thema zu vergessen und sich nicht aus Unwissenheit angreifbar zu machen. Nach mehr als 20 Jahren von Berichterstattung zu Nachhaltigkeitsthemen und zahlreichen Greenwashing-Vorfällen sind Stakeholder häufig mit einer Grundskepsis ausgestattet. Hier helfen entsprechende Rahmenwerke, die Seriosität der gemachten Angaben zu belegen.

Mittlerweile gibt es eine ganze Reihe an Standards und Leitlinien zu Nachhaltigkeit, und Unternehmen können sich individuell das Nachhaltigkeitsreporting zusammenstellen, das zu ihrem Leistungsstand passt und den Ansprüchen der Zielgruppen genüge tut. Die Herausforderung besteht darin, als Unternehmen die Kriterien, die man erfüllen will oder muss, zu erfassen und einen Überblick zu gewinnen über das eigene „Transparenzuniversum". Die größere Wahlfreiheit in Bezug auf die Wahl eines Standards und/ oder eines Orientierungsrahmens geht einher mit einer größeren Eigenverantwortung von Unternehmen, zu wissen, was man in welcher Form benötigt.

Die gängigsten Transparenzstandards sind international betrachtet die umfassenden Standards der Global Reporting Initiative (GRI) und für den deutschen Markt der deutlich schlankere Deutsche Nachhaltigkeitskodex (DNK), der wahlweise mit einer Auswahl an GRI-Leistungsindikatoren oder Indikatoren der European Federation of Financial Analyst Societies (EFFAS) genutzt werden kann. Letztere sind vornehmlich quantitative Indikatoren, die sich an Kapitalmarktbedürfnissen orientieren. Gerade durch das CSR-RUG gewinnt der DNK – eine Online-Transparenzdatenbank – für den deutschen Markt an Aufwind und positioniert sich als ein Instrument, das zentrale Informationsbedürfnisse effizient bedient (siehe Abb. 3). Der DNK ist gerade für den Mittelstand ein einfaches, kostengünstiges und unbürokratisches Instrument, dass in der Anwendung durch dokumentierte Hilfestellungen und Leitfäden sehr gut unterstützt wird (Beispiel Bachmann und Riess 2016).

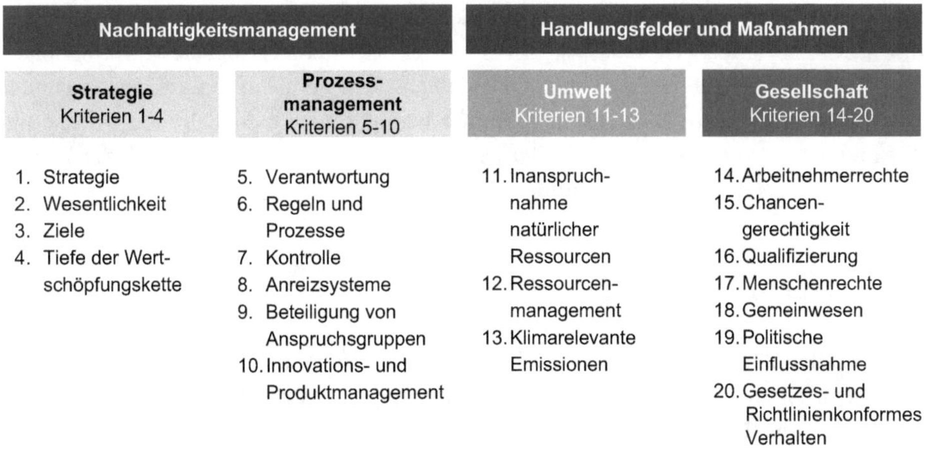

Nachhaltigkeitsmanagement		Handlungsfelder und Maßnahmen	
Strategie Kriterien 1-4	**Prozess- management** Kriterien 5-10	**Umwelt** Kriterien 11-13	**Gesellschaft** Kriterien 14-20
1. Strategie 2. Wesentlichkeit 3. Ziele 4. Tiefe der Wert- schöpfungskette	5. Verantwortung 6. Regeln und Prozesse 7. Kontrolle 8. Anreizsysteme 9. Beteiligung von Anspruchsgruppen 10. Innovations- und Produktmanagement	11. Inanspruch- nahme natürlicher Ressourcen 12. Ressourcen- management 13. Klimarelevante Emissionen	14. Arbeitnehmerrechte 15. Chancen- gerechtigkeit 16. Qualifizierung 17. Menschenrechte 18. Gemeinwesen 19. Politische Einflussnahme 20. Gesetzes- und Richtlinienkonformes Verhalten

Abb. 3 Die 20 Kriterien des Deutschen Nachhaltigkeitskodex (RNE 2017b)

Beiden Standards – wie auch dem CSR-RUG – ist gemein, dass sie sich an dem Comply/Explain-Prinzip orientieren. Das bedeutet, dass Unternehmen entweder eine vollständige Angabe zum gefragten Aspekt machen (comply) oder begründet erklären, warum die Angabe nicht möglich ist (explain).

Transparenzanforderungen durch Nachhaltigkeitsratings

Auf eine Art gehören auch die Kriterienkataloge von Nachhaltigkeitsratingagenturen zu den „Rahmenwerken", denn Unternehmen, die regelmäßig von Ratingagenturen bewertet werden, richten ihr Management und ihre externe Kommunikation mit der Zeit oft an den entsprechenden Anforderungen aus (siehe Abschn. 4.4). Zwar wird der Mittelstand bislang noch nicht systematisch von ESG-Ratingagenturen bewertet – und Ratings bilden nur das Informationsbedürfnis einer engen Zielgruppe ab (Investoren). Doch wenn relevante Ratings Jahr für Jahr einer Branche dieselben Kriterien abverlangen, entwickelt es sich mit der Zeit zum Status quo dieser Branchen, entsprechende Informationen extern vorzuhalten – und das betrifft in der Folge indirekt auch Transparenzerwartungen an Mittelständler. Zum Beispiel, weil ein Unternehmen mit dem (transparenter agierenden) Wettbewerb mithalten möchte. Welcher Art diese via Ratings „standardisierten" Informationen sind, ist von bewertender Institution und Art des Ratings (Branche, Teilbranche) abhängig.

Es ist weiterhin der Trend zu beobachten, dass Ratingagenturen zunehmend Transparenzpflichten einfordern, also eine Annäherung von Transparenz und Performance zu Nachhaltigkeit geschieht. Bekam man – beispielsweise – bei einigen Ratingagenturen als Unternehmen in der Vergangenheit noch volle Punktzahl für die Existenz einer umfassenden Policy zum sozial- und umweltverträglichen Verhalten in einem sensiblen Geschäftsfeld, müssen die entsprechenden Dokumente heute oft extern verfügbar sein, um weiterhin eine gute Bewertung zu bekommen. Andere, wie die ESG-Indexreihe von MSCI, bewerten gleich ausschließlich auf Basis extern verfügbarer Informationen. Unternehmen, die gut bewertet werden möchten, sind somit in der Pflicht, maximale Transparenz zu zeigen. Dies geschieht immer häufiger auch außerhalb von Nachhaltigkeitsberichten – zum Beispiel durch Aufwertung des Internetauftritts –, doch der Bericht ist und bleibt erste Anlaufstelle und Referenzpunkt für Informationssuchende.

4.2 Prüfen

Im folgenden Abschnitt wird auf die Prüfung der Nachhaltigkeitsberichterstattung eingegangen. Es wird herausgestellt, welche Bedeutung eine Prüfung für die Finanzierung hat, nach welchen Prüfungsstandards die Prüfung erfolgt, und wie der Ablauf der Prüfung ist. Dies wird auch anhand von zwei Beispielen verdeutlicht.

Bedeutung der Prüfung für die Finanzierung

Neben dem unter Abschn. 4.1 bereits angesprochenen Rating ist auch die Prüfung der dem Rating zugrunde liegenden Informationen von hoher Bedeutung für kreditgewährende Banken, aber auch Investoren.

Banken bestehen üblicherweise auf zusätzlichen Informationen von ihren Kunden und legen dies in Kreditverträgen fest. Der Kreditnehmer hat Jahres- und Konzernabschlüsse einzureichen, die – wenn nicht bereits aufgrund gesetzlicher Pflicht geprüft – einer freiwilligen Jahres- oder Konzernabschlussprüfung zu unterziehen sind. Investoren bestehen ebenfalls auf ein Reporting, das über die gesetzlich vorgesehene Berichterstattung hinausgeht.

Die Prüfung durch einen Wirtschaftsprüfer gewährleistet aus dem Blickwinkel von Banken und Investoren, dass die während der Laufzeit einer Finanzierung vom Unternehmen gelieferten Informationen frei von wesentlichen Fehlern sind. Die Glaubwürdigkeit der Daten und somit auch die Verlässlichkeit eines Ratings werden erhöht.

Normen und Standards

Die Prüfung eines Nachhaltigkeitsberichts erfolgt in der Regel nach den Grundsätzen des ISAE 3000 (International Standard on Assurance Engagements) (Almeling und Böhm 2017). Es handelt sich hierbei um einen internationalen Prüfungsstandard zur Durchführung betriebswirtschaftlicher Prüfungen. Der Standard sieht vor, dass der Auftraggeber mit dem Wirtschaftsprüfer im Rahmen eines Auftragsbestätigungsschreibens festlegt, welche Teile der Nachhaltigkeitsberichterstattung einer Überprüfung unterzogen werden sollen. Danach legt der Wirtschaftsprüfer seine Prüfungsstrategie entsprechend fest, um während der Prüfung ausreichend Prüfungsnachweise zu erhalten, die es ihm erlauben, einen Prüfungsvermerk zu erteilen. Die Vorgehensweise ist mit der einer Jahresabschlussprüfung vergleichbar.

Ablauf der Prüfung

Die Prüfung läuft in vier Phasen ab (Abb. 4). In den ersten beiden Phasen (Planung und Vorprüfung) verschafft sich der Wirtschaftsprüfer einen Überblick über die vom Unternehmen ausgewählten Methoden und Messverfahren zur Nachhaltigkeitsbericht-erstattung. Es wird geprüft, inwiefern ein internes Kontrollsystem diesbezüglich vom Unternehmen eingerichtet worden ist. Im Anschluss daran werden die internen Kontrollen getestet, um festzustellen, ob das Kontrollsystem sowie das interne Risiko-management in Bezug auf die Nachhaltigkeitsberichterstattung wirksam sind.

Das Thema Nachhaltigkeit umfasst in der Regel zunächst einen Managementansatz, der das gesamte Unternehmen betrifft. Dementsprechend kommen den Prozessen und den Regelwerken, die sich das Unternehmen in Bezug auf Nachhaltigkeit auferlegt, besondere Bedeutung im Rahmen der Prüfung zu.

In der dritten Phase werden unter Berücksichtigung der gewonnenen Erkenntnisse aus Planung und Vorprüfung analytische und aussagebezogenen Prüfungshandlungen durch-geführt, um ein Prüfungsurteil über die Angaben in der Nachhaltigkeitsberichterstattung abzugeben.

In Phase vier werden die Ergebnisse der Prüfung vorgelegt und ein Prüfungsvermerk erteilt (Abb. 4).

- Analyse und Bewertung der vom Unternehmen ausgewählten Methoden und Messverfahren zur Nachhaltigkeitsberichterstattung
- Wie stellt das Unternehmen sicher, dass die nach den DNK-Kriterien getroffenen Aussagen im Unternehmen umgesetzt worden sind?
- Auswahl der im Rahmen der Prüfung zu beurteilenden Angaben

- Systemaufnahme und Prüfung der Wirksamkeit von internen Kontrollen, die sich auf Angaben im Nachhaltigkeitsbericht beziehen
- Beurteilung des Risikomanagements und des Internen Kontrollsystems (IKS) in Bezug auf die Nachhaltigkeitsberichterstattung

- Durchführung analytischer Prüfungshandlungen und Einzelfallprüfungen bezogen auf die vom Unternehmen ausgewählten Angaben

- Schlussbesprechung und Vorstellung der Ergebnisse der Prüfung
- Erstattung eines Prüfungsvermerks nach ISAE 3000

Abb. 4 Ablauf der Prüfung eines Nachhaltigkeitsberichts. (Eigene Darstellung)

Beispiele aus der Praxis von Mittelständlern

Ausgangspunkt für die Nachhaltigkeitsberichterstattung ist das Nachhaltigkeits-managementkonzept des Unternehmens. Die Struktur geben beispielsweise die zwanzig Kriterien des Deutschen Nachhaltigkeitskodex (DNK-Kriterien) vor (Abb. 3). Sobald das Grundkonzept steht, ist dieses im Unternehmen umzusetzen. Sämtliche Prozesse sind daraufhin zu untersuchen, wie Nachhaltigkeit in den einzelnen Unternehmensbereichen und deren Teilprozessen umgesetzt werden kann.

Als Beispiel für die DNK-Kriterien „Regeln und Prozesse", „Kontrolle" und „Inan-spruchnahme natürlicher Ressourcen" kann der Investitionsprozess herangezogen werden. In kleineren mittelständischen Unternehmen sieht dieser Prozess üblicherweise vor, dass für eine Investition zunächst ein Bedarf ermittelt werden muss. Sodann sind mehrere Angebote einzuholen und eine Wirtschaftlichkeitsberechnung (z. B. Kapital-wert, interner Zinsfuß des Investitionsvorhabens) durchzuführen. Diese Betrachtung ist um Nachhaltigkeitskriterien, wie z. B. „Reduktion der Emission von Treibhausgasen" oder „Verminderung des Ressourcenverbrauchs" zu ergänzen, um hier das Nachhaltig-keitsmanagement konkret umzusetzen. Darüber hinaus ist festzulegen, welches Gewicht die Nachhaltigkeitskriterien gegenüber den wirtschaftlichen Kriterien haben.

Im Rahmen der Prüfung wird eine repräsentative Stichprobe aus den getätigten Investitionen im Berichtszeitraum gezogen. Für diese Stichprobe wird anhand der Dokumentation des Unternehmens nachvollzogen, ob die im Managementprozess fest-gelegten Nachhaltigkeitskriterien tatsächlich berücksichtigt worden sind.

Das DNK-Kriterium „Gesetzes- und richtlinienkonformes Verhalten" fordert vom berichtenden Unternehmen, dass offengelegt wird, welche Maßnahmen, Standards und Prozesse zur Vermeidung von rechtswidrigem Verhalten und Korruption im Unter-nehmen vorliegen.

Insbesondere kleinere mittelständische Unternehmen können nur selten auf bereits etablierte Compliance-Managementsysteme verweisen. Das bedeutet nicht, dass diese Problematiken im Unternehmen nicht beachtet werden. Es fehlt lediglich eine Dokumentation darüber, wer im Unternehmen welche Aufgaben in diesem Kontext über-nimmt, wie relevante Informationen ins Unternehmen gelangen und wie gewährleistet wird, dass diese auch Berücksichtigung für die Zukunft finden.

Üblicherweise sind diese Aufgaben auf Managementebene bei den Personen ver-ankert, die sich mit Finanzen, Personal, Vertrieb und Entwicklung befassen. Die Tätigkeiten dieses Personenkreises, die sich auf Compliance beziehen, sind nun zu dokumentieren, um darüber nachprüfbar berichten zu können. Die Dokumentation erfolgt über Organigramme, Prozessbeschreibungen und Protokolle.

Zusammenfassend stellt die Prüfung eine neue Herausforderung für Unternehmen dar, da das umgesetzte Nachhaltigkeitsmanagement auch nachprüfbar dokumentiert sein muss. Wenn bereits zu Beginn des Projekts feststeht, dass eine Prüfung erfolgen soll, dann ist es ratsam, den Wirtschaftsprüfer frühzeitig miteinzubeziehen.

Dennoch ist zu bedenken, dass die Vorlage eines Prüfungsvermerks zum Nachhaltigkeitsbericht dessen Glaubwürdigkeit deutlich erhöht, da ein vom Unternehmen unabhängiger Dritter die getroffenen Aussagen überprüft hat.

4.3   Bewerten

Nachdem ein Unternehmen seine Nachhaltigkeitsleistungen in Form eines Berichtes kommuniziert und im Idealfall extern hat prüfen lassen, kann eine entsprechende Leistungsbewertung folgen. Diese Leistungsbewertung wird zum Großteil von spezialisierten ESG-Ratingagenturen oder teilweise von eigens dafür geschaffenen Unternehmensabteilungen durchgeführt. Ein Nachhaltigkeitsrating ist dabei eine notwendige Bedingung für viele Finanzierungsangebote. Im Folgenden wird auf finanzierungsrelevante Nachhaltigkeitsbewertungen für den kapitalmarktorientierten sowie nicht kapitalmarktorientierten Mittelstand eingegangen.

Grundsätzlich gilt, dass die Nutzung von Nachhaltigkeitsbewertungen einem Unternehmen Kooperationsvorteile mit verschiedenen externen sowie internen Stakeholdern verschafft:

- Die Kommunikation der eigenen Bewertung wirkt sich auf die Gewinnung von talentierten Nachwuchskräften aus.
- Der Nachweis der eigenen Nachhaltigkeitsleistung wird in der Lieferkette von Konzernen oder öffentlichen Auftraggebern zunehmend verpflichtend.
- Eine wachsende Anzahl an Finanzierungsmöglichkeiten eröffnet sich nunmehr auch für nicht börsennotierte Unternehmen, die sich ihre Nachhaltigkeitsleistung extern prüfen und bewerten lassen.
- Dem Vorstand dient eine externe Bewertung zur konsolidierten Darstellung der Nachhaltigkeitsaktivitäten und zur Identifikation von nachhaltigkeitsbezogenen Risiken und Chancen.
- Eine externe Bewertung kann zur kontinuierlichen internen Verbesserung des Nachhaltigkeitsmanagements genutzt werden.

Überblick Nachhaltigkeitsratings/-scorings

Während bei der finanziellen Bewertung eines Emittenten oftmals Finanzratings von entsprechenden Ratingagenturen herangezogen werden, existieren bei der Bewertung der Nachhaltigkeitsleistung von Unternehmen auch sogenannte Nachhaltigkeitsratings/-scorings. Hierfür haben sich spezialisierte ESG-Ratingagenturen herausgebildet, die sich zum Ziel gesetzt haben, Finanzakteuren in konsolidierter Form Informationen über die ökologische und soziale Wirkung von Unternehmen und deren Unternehmensführung bereitzustellen (siehe auch Abschn. 4.4). Während die zur Bewertung zugrunde liegenden Kriterienkataloge immer mindestens die Bereiche Umwelt, Soziales und Unternehmensführung (Environment, Social, Governance (ESG) umfassen, unterscheidet sich die Anzahl an Kriterien und deren Gewichtung (Döpfner und Schneider 2012).

In der Vergangenheit wurden Nachhaltigkeitsratings überwiegend von Investoren nachgefragt, die in börsennotierte Unternehmen investieren. Deshalb hat sich der Großteil der ESG-Ratingagenturen ebenfalls stark auf kapitalmarktorientierte und größere Unternehmen konzentriert. Zu den größten nachhaltigen Ratingagenturen zählen MSCI ESG Research, ISS ESG, Sustainalytics und V.E. (ehem. Vigeo Eiris) (MSCI ESG Research o. J.; ISS-oekom o. J.; Sustainalytics o. J.; Vigeo Eiris o. J.).

Neben externen nachhaltigen Ratingagenturen besitzen viele Finanzinstitute, wie z. B. Banken, auch eigene Bewertungsmethoden. Bei der nachhaltigen Finanzierung im Mittelstand werden beispielsweise projektgebundene Einzelbewertungen, z. B. mit Hinblick auf Energieeffizienz oder erneuerbare Energien, durchgeführt, die Einfluss auf die Kreditvergabe haben. Entsprechende Kriterienkataloge sind jedoch in der Regel nicht öffentlich zugänglich.

Bewertung des Deutschen Nachhaltigkeitskodex (DNK)

Wie bereits in den Abschn. 4.1 und 4.2 dargestellt, eignet sich der DNK gut als Berichtsstandard für den Mittelstand und kann daher für neue nachhaltige Finanzierungsangebote in diesem Sektor an Relevanz gewinnen. Der Standard wurde mit verschiedenen Stakeholdern im Auftrag der Bundesregierung entwickelt und besitzt eine hohe Legitimation sowie Kompatibilität mit gesetzlichen Vorgaben (z. B. CSR-RUG, Nationaler Aktionsplan Menschenrechte (NAP)). Dabei bleibt der DNK mit einer überschaubaren Anzahl an Kriterien und Leistungsindikatoren im machbaren Bereich für mittelständische Unternehmen (siehe Abschn. 4.1). Das Unternehmen time2sustain GmbH hat mit „score4more" einen Bewertungsansatz entwickelt, welcher auf diesem transparenten und von mehreren Stakeholdern akzeptierten Rahmenwerk für den Mittelstand fußt (score4more o. J.). Er wird im Folgenden genauer erläutert.

Unternehmen mit veröffentlichten DNK-Erklärungen stehen bei score4more im Fokus, wodurch das zu bewertende Universum zum Großteil aus nicht kapitalmarktorientierten KMU besteht. Klassische ESG-Ratingagenturen stellen für größere Unternehmen umfassende Rating-Benchmarkings bereit, wohingegen score4more dies vor allem für mittelständische Unternehmen anbietet. Eine weitere Besonderheit bei dieser Bewertungsmethode macht das aktivierende Feedback aus. Während in der Regel Ratings als Bestandsaufnahme in numerischen oder alphanumerischen Symbolsystemen zur Verfügung gestellt werden, umfasst score4more detaillierte Management-Verbesserungsmöglichkeiten für alle DNK-Kriterien und Indikatoren.

Die Bewertung basiert vollständig auf dem Kriterienkatalog des DNK (o. J.). Dabei wird für jedes DNK-Kriterium und für jeden Indikator ein 5-Level-Scoring-System genutzt, welches von Stufe 0 = „inaktives Niveau" bis zu Stufe 5 = „nachhaltiges Niveau" reicht. Anders als bei anderen Bewertungsansätzen, orientiert sich die höchste Bewertungsstufe nach einem absolut nachhaltigen Niveau und nicht etwa relativ zum Branchendurchschnitt („Best in Class"). Dies bedeutet zum Beispiel, dass für das DNK-Kriterium 11 (Ressourcenmanagement) bei einem nachhaltigen Niveau (Stufe 4) gelten muss, dass das gesamte Unternehmen alle Potenziale der Ressourceneffizienz nutzt. Das Unternehmen muss zudem seinen absoluten Ressourcenverbrauch deutlich gesenkt und von der Geschäftsentwicklung entkoppelt haben. Erneuerbare Ressourcen und Kreisläufe sowie Energien müssen maximal genutzt sowie Ökosysteme minimal beansprucht werden. Dagegen impliziert beispielsweise ein inaktives Niveau bei Kriterium 5 (Verantwortung), dass die Begründung in der DNK-Erklärung nicht überzeugt und das Kriterium somit nicht erfüllt wird: Es gibt keinen Ansatz, Nachhaltigkeit systematisch im Unternehmen über Rollen und Verantwortlichkeiten zu organisieren, die Verantwortlichkeiten für Nachhaltigkeit werden zudem nicht offengelegt (Abb. 5).

score4more ist ein Beispiel, wie die Lücke zwischen Berichten und Finanzierung für nicht-börsennotierte Mittelständler einfach geschlossen werden kann. Mit dem DNK haben Mittelständler ein einfaches Berichtsinstrument, das über score4more direkt und transparent bewertet wird. Diese Bewertung steht dann Banken und weiteren Investoren (z. B. Private Equity) zur Verfügung, die Scoring-Ergebnisse in Finanzierungsentscheidungen nutzen zu können. Nachhaltigkeitsbewertungen sind dann die Grundlage für Finanzdienstleister, Finanzierungsentscheidungen zu treffen und nachhaltige Finanzprodukte zu konzipieren.

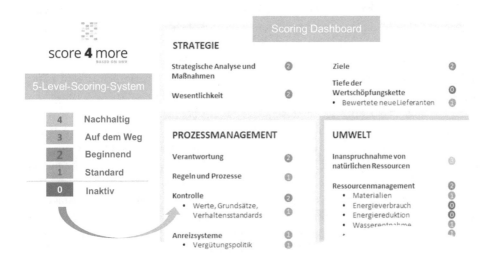

Abb. 5 score4more Scoring-Dashboard für den Deutschen Nachhaltigkeitskodex (DNK)

4.4   Finanzieren

Zur Finanzierung des z. B. sich aus dem Pariser Weltklimaabkommens und der angestrebten Dekarbonisierung ergebenden Investitionsbedarfs stehen dem Mittelstand neben der Eigenkapitalfinanzierung durch die Ausgabe von Aktien grundsätzlich zwei Wege der Fremdfinanzierung offen:

- Die Finanzierung über den Kapitalmarkt über die Emission von Anleihen
- Die Aufnahme von Krediten

Der folgende Abschnitt beleuchtet die Möglichkeiten und aktuellen Grenzen, die mittelständische Unternehmen am nachhaltigen Kapitalmarkt haben. Im Fokus stehen dabei:

- Grüne Mittelstandsanleihen (Green Bonds)
- Der Zugang zu Sustainability Linked Loans

Grüne Mittelstandsanleihen

Mittelstandsanleihen sind zwar noch eine vergleichsweise junge Form der Refinanzierung mittelständischer Unternehmen, haben sich aber bereits fest am Markt etabliert. Es handelt sich dabei um Unternehmensanleihen mit einem Emissionsvolumen von 50 bis 150 Mio. EUR, die entweder durch die Unternehmen selbst (Eigenemission) oder mit Unterstützung von Banken (Fremdemission) emittiert werden.

Green Bonds bieten die Möglichkeit, gezielt Kapital zur (Re-)Finanzierung von Investitionen in den Umwelt- und Klimaschutz aufzunehmen. Bei dieser Variante von Anleihen wird den – häufig nachhaltigkeitsorientierten – Anlegern bereits bei Emission transparent gemacht, für welche Zwecke die aufgenommenen Mittel konkret verwendet werden. Viele Emittenten orientieren sich bei der Festlegung der entsprechenden Zwecke an den Vorgaben der Green Bond Principles. Nachdem dieser Markt in der Anfangszeit durch Entwicklungs- und Geschäftsbanken dominiert wurde, sind in den letzten Jahren auch Unternehmen der Realwirtschaft verstärkt an diesem Markt aktiv. Die Emissionsvolumen liegen dabei aber in aller Regel deutlich über den typischen Volumen von Mittelstandsanleihen, allerdings sind am Markt in jüngerer Vergangenheit auch erste Emissionen mit einem Volumen von 20 Mio. Euro und darunter platziert worden.

Mittelständische Unternehmen sind hier bislang kaum aktiv, was auch auf die im Vergleich zu konventionellen Anleihen erhöhten Emissionskosten zurückzuführen ist. Diese entstehen insbesondere durch die erhöhten Transparenz- und Qualitätsanforderungen an Green Bonds, beispielsweise durch die Erstellung eines von vielen Investoren erwarteten unabhängigen Gutachtens, der sogenannten Second Party Opinion. Da Green Bonds gleichzeitig (noch) auf dem gleichen Niveau wie konventionelle Anlagen bepreist werden und damit für den Emittenten keine Zinsvorteil bieten, sind Kosten und Nutzen im Einzelfall abzuwägen.

Kein Nachhaltigkeitsrating – kein Investment

Mittelständische Unternehmen haben eine weitere Herausforderung bei der Platzierung von Anleihen bei nachhaltigen Investoren. Diese basieren ihr Anlageentscheidung häufig auf der Bewertung der Qualität der Nachhaltigkeitsleistungen der Emittenten durch eine spezialisierte Nachhaltigkeitsratingagentur/ESG-Ratingagentur (siehe Abschn. 4.3). Solche Agenturen bewerten Unternehmen auf Basis umfassender Kriterienkataloge in den Bereichen Umwelt- und Klimaschutz, Mitarbeiter und Zulieferer, Produkte und Leistungen sowie verantwortungsvolle Unternehmensführung.

Sie tun dies anders als ihre konventionellen Pendants Standard & Poors, Moodys und Fitch nicht im Auftrag der Unternehmen, sondern der nachhaltigkeitsorientierten Investoren. Bei diesen stehen allerdings in der Regel börsennotierte Großunternehmen auf dem Orderzettel, weshalb die ESG-Ratingagenturen sich auf Unternehmen aus großen Aktienindizes wie dem MSCI World, dem Stoxx 600 oder dem Dax 30 konzentrieren. Der Mittelstand wird dagegen bislang nicht durch entsprechende Ratings abgedeckt, wodurch seine Emissionen für viele nachhaltige Investoren nicht investierbar sind.

Grüne Kredite

Die gleiche Problematik haben mittelständische Unternehmen bei der aktuell intensiv diskutierten Kopplung von Kreditkonditionen an die unternehmerischen Nachhaltigkeitsleistungen. Bei sogenannten Sustainability Linked Loans wird der Kreditzins an die Entwicklung eines Nachhaltigkeitsratings gekoppelt. Wenn sich dieses verschlechtert, steigt der Zins, eine Verbesserung des Nachhaltigkeitsratings schlägt sich in einer Senkung des Zinssatzes nieder. Dahinter steht aus Bankensicht die Überlegung, dass sich die Qualität des Nachhaltigkeitsmanagements auch auf die Risikobewertung der Unternehmen auswirkt. Unternehmen mit einem besseren Nachhaltigkeitsrating haben daher eine höhere Bonität, was sich wiederum im Preis für das Risiko, dem Zins, niederschlägt.

Für mittelständische Unternehmen wird der Zugang zu diesem Instrument dadurch erschwert, dass sie durch die ESG-Ratingagenturen nicht bewertet werden. Sofern ein entsprechendes Rating speziell in Auftrag gegeben werden muss, liegen die Kosten hierfür regelmäßig so hoch, dass ein eventuell bestehender Preisvorteil geschmälert oder sogar aufgebraucht wird.

Sowohl der deutlich eingeschränkte Zugang zu nachhaltigen Investoren als auch zu Sustainability Linked Loans unterstreichen den Bedarf an einem mittelstandstauglichen Instrument zur Bewertung der Qualität des Nachhaltigkeitsmanagements.

Zusammenfassend gibt es bereits nachhaltigkeitsorientierte Finanzierungsinstrumente, die mittelstandsorientiert sein können. Diese werden sich weiterentwickeln und es werden sich klare Standards herauskristallisieren, die die Verzahnung der Schritte Berichten, Prüfen, Bewerten und Finanzieren bestmöglich ermöglichen.

5   Zusammenfassung und Ausblick

Nachhaltigkeit – im Kapitalmarkt kurz ESG (Environmental, Social, Governance) genannt – hat längst Einzug gehalten in Finanzierungsentscheidungen von Kredit- und Kapitalgebern. Banken und Investoren koppeln schon heute zunehmend finanzielle Bewertungen von Unternehmen an belastbare Nachweise der Nachhaltigkeitsleistung. Dies wird aktuell vor allem von ESG-Ratingagenturen getrieben, die große, kapitalmarktorientierte Unternehmen bewerten.

Für den Mittelstand gab es bisher keine Instrumente, die Nachhaltigkeitsleistung zu bewerten. Durch die Einführung der EU-weiten CSR-Berichtspflicht seit dem Berichtsjahr 2018 ändert sich dies. Auch der Mittelstand legt nun zunehmend belastbare Transparenz zur eigenen Nachhaltigkeitsleistung vor und wird somit auch aus Nachhaltigkeitssicht bewertbar.

Zentrale Bedeutung kommt hier dem Deutschen Nachhaltigkeitskodex zu, dem DNK, der sich neben der global führenden GRI als De-facto-Standard für Deutschland etabliert. Mit der Methode score4more existiert nun auch erstmals eine DNK-basierte Bewertungsmethode, die analog existierenden ESG-Ratings die Nachhaltigkeitsleistung von Mittelständlern messbar und vergleichbar macht.

Der Prozess hin zu einer nachhaltigkeitsfundierten Finanzierungsentscheidung ähnelt dabei den Mechanismen, die Mittelständler bereits von der klassischen Finanzierung und der Finanzberichterstattung her kennen. Er beginnt mit Transparenz (Berichterstattung) und geht über das Prüfen (Wirtschaftsprüfung i. B. auf u. a. Vollständigkeit, Wahrheit und Belegbarkeit der Angaben) und Bewertung (Rating/Scoring) bis hin zur konkreten Finanzierungsentscheidung durch Banken/Investoren.

Aus Nachhaltigkeitssicht stehen dem Mittelstand neben der Eigenkapitalfinanzierung durch die Ausgabe von Aktien aktuell grundsätzlich zwei Wege der Fremdfinanzierung offen: Die Finanzierung über den Kapitalmarkt über die Emission von Anleihen (grüne Mittelstandsanleihen, Green Bonds) einerseits sowie die Aufnahme von Krediten (Sustainability Linked Loans) andererseits. Beide Finanzierungswege sind Mittelständlern momentan teils noch zugangserschwert, weil KMU-seitig durch das oftmalige Fehlen eines ESG-Ratings der belastbare Nachweis der eigenen Nachhaltigkeitsleistung fehlt. Grüne Mittelstandsanleihen sind zudem gegenüber konventionellen Anleihen aufgrund anspruchsvoller Transparenz- und Qualitätsanforderungen mit höheren Emissionskosten verbunden.

Zusammenfassend gibt es die folgenden Praxistipps für Mittelständler, die den Weg nachhaltiger Finanzierung gehen wollen (Tab. 1):

Ausblick

Im Zuge der laufenden, EU-weiten Regulierungsbemühungen zu Sustainable Finance ist damit zu rechnen, dass sich die Dynamik zu nachhaltigen Finanzierungskonzepten für den Mittelstand verstärken wird. Welcher Standard sich diesbezüglich im Markt

Tab. 1 Praxistipps für Mittelständler

Schritt	Praxistipps
Berichten	• Konzentration in der Berichterstattung auf wesentliche Themen • Überschaubare Auswahl von Key Performance Indicators (KPIs), die für Steuerung und Bewertung des Unternehmens relevant sind • Indikatoren – wo möglich – monetär darstellen, verständlich kontextualisieren und dabei das Wirkungsgeflecht zwischen Finanzdaten und ESG-Informationen erläutern • Nebensächliche Informationen (die von den wesentlichen Themen ablenken) konsequent nicht berichten (siehe auch die sieben Best-Practice-Tipps der Deutschen Börse, Deutsche Börse Group 2013)
Prüfen	• Einführung eines durchgängigen Managementkonzepts • Überprüfung sämtlicher Prozesse im Unternehmen auf Nachhaltigkeit • Dokumentation des Managementkonzepts und der Umsetzung als Voraussetzung für eine Prüfung; die Dokumentation wird zu Prüfungsbeginn benötigt
Bewerten	• Frühzeitiges Befassen mit Bewertungsansätzen am Anfang des Reporting-Prozesses; antizipieren, welches Scoring relevant wird • Leistungen insbesondere zu den wesentlichen Aspekten im Detail und messbar darstellen • Nutzen Sie Scorings auch zur Verbesserung Ihrer Reporting-Qualität, wenn Scorings z. B. Lücken aufdecken bei nicht berichteter Leistung • Nutzen Sie Scorings als Instrument für interne Verbesserungsprozesse • Seien Sie nicht perfekt: Wichtiger ist, den Prozess zu starten und sich mithilfe der Bewertung zu verbessern
Finanzieren	• Sprechen Sie mit Ihrer Hausbank über Finanzierungen mit speziellen Konditionen für Investitionen in Klima- und Umweltschutz • Lassen Sie die Qualität Ihres Nachhaltigkeitsmanagements durch ein Scoring bzw. externe Experten bewerten • Kommunizieren Sie so, dass nachhaltige Investoren die Qualität Ihres Nachhaltigkeitsmanagements erkennen können • Nutzen Sie die Bewertung aktiv gegenüber potenziellen Investoren und Finanzdienstleistern • Fordern Sie von Finanzierenden ein, gute Nachhaltigkeitsleistungen in der Finanzierungsentscheidung zu berücksichtigen (z. B. in Zinsformeln) • Unterstützen Sie die Entwicklung für Sustainable Finance und engagieren Sie sich als Unternehmen in der Diskussion

etablieren wird, ist dabei eine zentrale Frage, auf die zur Stunde noch keine Antwort gegeben werden kann. Sowohl der deutlich eingeschränkte Zugang zu nachhaltigen Investoren als auch zu Sustainability Linked Loans unterstreichen aus Unternehmenssicht jedoch den Bedarf an einem dezidiert mittelstandstauglichen Instrument zur Bewertung der Qualität des Nachhaltigkeitsmanagements.

Weiterhin muss es für Mittelständler perspektivisch einen klaren wirtschaftlichen Vorteil geben, nachhaltiger zu agieren, z. B. über Zinsvorteile, Zugangsmöglichkeiten bei der Finanzierung, Ausschreibungen etc. Forschung wie Praxis sind gefragt, die Entwicklung empirisch zu begleiten und herauszuarbeiten, wie sich nachhaltige Finanzierungen im für die Wirtschaft so zentralen Mittelstand im Vergleich zu konventionellen entwickeln und wie sie Risikomodelle und Entscheidungswege sowie Finanzierungssystematiken beeinflussen.

Für Kreditgeber/Investoren wie auch für Mittelständler gilt: Wer sich rechtzeitig auf den Weg der nachhaltigen Finanzierung begibt, kann angesichts der global laufenden Transformation der Finanz- und Wirtschaftssysteme zu mehr Nachhaltigkeit (Stichwort: Sustainable Finance, Pariser Klimaabkommen, Sustainable Development Goals) Wettbewerbsvorteile erlangen und den Kurs aktiv mitgestalten.

Literatur

Almeling C, Böhm W (2017) Betriebswirtschaftliche Prüfung nach ISAE 3000 (revised). IDW, Düsseldorf

Bachmann G, Riess B (2016) Leitfaden zum Deutschen Nachhaltigkeitskodex – Orientierungshilfe für mittelständische Unternehmen. Rat für Nachhaltige Entwicklung und Bertelsmann Stiftung. http://www.deutscher-nachhaltigkeitskodex.de/fileadmin/user_upload/dnk/dok/Leitfaden_zum_ Deutschen_Nachhaltigkeitskodex.pdf. Zugegriffen: 15. Okt. 2017

Blackrock (2019) Larry Fink's 2019 letter to CEO's. Purpose & Profit. https://www.blackrock. com/corporate/investor-relations/larry-fink-ceo-letter. Zugegriffen: 29. Apr. 2019

Bundesministerium für Umwelt, Naturschutz und nukleare Sicherheit (BMU) (2016) Klimaschutz-plan 2050 – Klimaschutzpolitische Grundsätze und Ziele der Bundesregierung. https://www. bmu.de/fileadmin/Daten_BMU/Download_PDF/Klimaschutz/klimaschutzplan_2050_bf.pdf. Zugegriffen: 29. Apr. 2019

Bundesverband der Deutschen Industrie e. V. (BDI) (2019) Klimapfade für Deutschland. https:// bdi.eu/themenfelder/energie-und-klima/klima2050/#/artikel/news/studie-zum-klimaschutz-kernergebnisse-der-klimapfade-fuer-deutschland/. Zugegriffen: 29. Apr. 2019

CSR in Deutschland (o. J.) Neue CSR-Berichtspflicht für Unternehmen ab 2017. https://www. csr-in-deutschland.de/DE/Politik/CSR-national/Aktivitaeten-der-Bundesregierung/CSR-Berichtspflichten/richtlinie-zur-berichterstattung.html. Zugegriffen: 29. Apr. 2019

Deutsche Börse Group (Hrsg) (2013) Nachhaltigkeit in der Kapitalmarktkommunikation. Sieben Empfehlungen für Emittenten. https://www.deutsche-boerse-cash-market.com/resource/blob/36 032/9c4f1a0baccc119d27a8299cc2e19c72/data/Brosch-re-Nachhaltigkeit-in-der-Kapitalmarkt-kommunikation-Sieben-Empfehlungen-f-r-Emittenten.pdf. Zugegriffen: 16. Apr. 2019

DNK (o. J.) Kriterien. https://www.deutscher-nachhaltigkeitskodex.de/de-DE/Home/DNK/Criteria. Zugegriffen: 3. Juli 2019

Döpfner C, Schneider H (2012) Nachhaltigkeitsratings auf dem Prüfstand – Pilotstudie zu Charakter, Qualität und Vergleichbarkeit von Nachhaltigkeitsratings, Goethe Universität, Verein für ethisch orientierte Investoren. https://www.cric-online.org/images/individual_upload/ publikationen/nachhaltigkeitsstudie2012.pdf. Zugegriffen: 16. Apr. 2019

DWS (2015) ESG & corporate financial performance: mapping the global landscape. https:// institutional.dws.com/content/_media/K15090_Academic_Insights_UK_EMEA_RZ_ Online_151201_Final_(2).pdf. Zugegriffen: 29. Apr. 2019

Erhardt M (2018) Große Nachfrage, aber verbindliche Siegel fehlen. Deutschlandfunk. https://www.deutschlandfunk.de/nachhaltige-geldanlage-grosse-nachfrage-aber-verbindliche.697.de.html?dram:article_id=428969. Zugegriffen: 13. Okt. 2019

Europäische Kommission (2018) Aktionsplan: Finanzierung nachhaltigen Wachstums. https://eur-lex.europa.eu/legal-content/DE/TXT/PDF/?uri=CELEX:52018DC0097&from=EN. Zugegriffen: 29. Apr. 2019

FNG (2019) Marktbericht Nachhaltige Geldanlagen 2019. Forum Nachhaltige Geldanlage. https://www.forum-ng.org/images/stories/Publikationen/fng-marktbericht_2019.pdf. Zugegriffen: 13. Okt. 2019

Frese M, Colsman B (2018) Nachhaltigkeitsreporting für Finanzdienstleister, 1. Aufl. Springer Gabler, Wiesbaden

GRI, UNGC, WBCSD (2019) SDG Compass – Leitfaden für Unternehmensaktivitäten zu den SDGs. Published by Global Reporting Initiative, United Nations Global Compact, World Business Council for Sustainable Development. https://www.unglobalcompact.org/docs/issues_doc/development/SDG_Compass_German.pdf. Zugegriffen: 14. Juni 2019

Henkel (2018) Henkel vereinbart als erstes deutsches Unternehmen einen syndizierten „Green Loan". Pressemitteilung Henkel, Düsseldorf. https://www.henkel.de/presse-und-medien/presseinformationen-und-pressemappen/2018-12-14-henkel-vereinbart-als-erstes-deutsches-unternehmen-einen-syndizierten-green-loan-898288. Zugegriffen: 13. Okt. 2019

ISS-oekom (o. J.) http://www.oekom-research.com/index.php?content=home. Zugegriffen: 28. Apr. 2019

KPMG (2016) Carrots & sticks – global trends in sustainability reporting regulation and policy. KPMG. https://assets.kpmg/content/dam/kpmg/pdf/2016/05/carrots-and-sticks-may-2016.pdf. Zugegriffen: 29. Apr. 2019

LMA (2018) Green loan principles. Loan Market Associatoin. https://www.lma.eu.com/application/files/9115/4452/5458/741_LM_Green_Loan_Principles_Booklet_V8.pdf. Zugegriffen: 13. Okt. 2019

LMA (2019) Sustainability linked loan principles. Loan Market Association. https://www.lma.eu.com/application/files/8015/5307/4231/LMA_Sustainability_Linked_Loan_Principles.pdf. Zugegriffen: 13. Okt. 2019

MSCI ESG Research (o. J.) https://www.msci.com/research/esg-research. Zugegriffen: 28. Apr. 2019

Rat für Nachhaltige Entwicklung (RNE) (2017a) Zehn Jahre Deutscher Nachhaltigkeitspreis – Wirkung und Perspektiven für Nachhaltigkeit in Unternehmen. Rat für Nachhaltige Entwicklung. https://www.nachhaltigkeitsrat.de/wp-content/uploads/2017/11/10_Jahre_DNP_Web_de.pdf. Zugegriffen: 22. Apr. 2019

Rat für Nachhaltige Entwicklung (RNE) (2017b) Der Deutsche Nachhaltigkeitskodex: Maßstab für nachhaltiges Wirtschaften. 4. aktualisierte Fassung, Texte Nr. 52, Rat für Nachhaltige Entwicklung. https://www.deutscher-nachhaltigkeitskodex.de/Documents/PDFs/Sustainability-Code/DNK_Broschuere_2017. Zugegriffen: 22. Apr. 2019

score4more (o. J.) https://www.score4more.eu/. Zugegriffen: 22. Apr. 2019

Sustainalytics (o. J.) https://www.sustainalytics.com/. Zugegriffen: 22. Apr. 2019

Vigeo Eiris (o. J.) http://www.vigeo-eiris.com/. Zugegriffen: 22. Apr. 2019

Meike Frese, Fährmann Unternehmensberatung GmbH

Meike Frese ist Mitgründerin und geschäftsführende Gesellschafterin der Fährmann Unternehmensberatung GmbH (München und Köln) mit Fokus auf Strategie, Management und Kommunikation zu Nachhaltigkeit sowie wertebasierter Unternehmensführung und -kultur. Senior Beraterin, Trainerin und Prozessbegleiterin mit umfassender Erfahrung in Auf- und Ausbau, Strategie und Management von Nachhaltigkeit, Stakeholder Engagement, integrierter Kommunikation sowie Berichterstattung zu nichtfinanziellen Informationen. Langjährige Erfahrung im Nachhaltigkeits-management (Schwerpunkt Reporting und Ratings) einer Großbank, erfahrene DNK-Schulungspartnerin der ersten Stunde und Co-Autorin des Buches „Nachhaltigkeits-reporting für Finanzdienstleister" (Springer Gabler 2018).

mf@faehrmannschaft.de.   www.faehrmannschaft.de, München

Rolf Häßler, NKI – Institut für nachhaltige Kapital-anlagen GmbH

Rolf Häßler, Bankkaufmann und Diplom-Ökonom, ist geschäftsführender Gesellschafter des NKI. Er beschäftigt sich seit knapp 30 Jahren beruflich mit Fragen der Nach-haltigkeit und der nachhaltigen Kapitalanlage und hat die Themen dabei aus unterschiedlichen Perspektiven bearbeitet, u. a. im Rahmen einer Unternehmensberatung (imug Beratungsgesellschaft für sozial-ökologische Innovationen mbH), einer Forschungseinrichtung (Institut für Ökologie und Unternehmensführung an der European Business School) und eines großen institutionellen Investors (Münchener Rück-versicherung). Den weltweit größten Rückversicherer hat er in der Expertengruppe zur Erarbeitung der UN Principles for Responsible Investment (PRI) sowie der Klimaarbeits-gruppe der Finanzinitiative des Umweltprogramms der Ver-einten Nationen (UNEP FI) vertreten. Zuletzt war er bei der Nachhaltigkeits-Ratingagentur oekom research (heute ISS ESG) für die Kommunikation und die Produktentwicklung verantwortlich. Er ist Autor zahlreicher Studien zu Fragen der Wirkungen von nachhaltigen Kapitalanlagen sowie des Buches „Globale Geschäfte – globale Verantwortung". Rolf D. Häßler hat Ausbildungen zum EcoAnlageberater sowie zum Stiftungsberater (DSA) absolviert.

rolf.haessler@nk-institut.de,   www.nk-institut.de, München

Dr. Matthias Kannegiesser, time2sustain GmbH

Matthias Kannegiesser hat 20 Jahre Berufserfahrung als Unternehmensberater und ist Experte für Nachhaltigkeitsmanagement. Er war im Gründungsteam des Deutschen Nachhaltigkeitspreises und hat die Auswertung der Unternehmen methodisch mitkonzipiert und mehrfach geleitet. Matthias Kannegiesser veröffentlicht und forscht zu Methoden für nachhaltiges Wirtschaften und ist u. a. Architekt und Autor der N-Kompass-Methode für nachhaltiges Wirtschaften im N-Kompass-Netzwerk sowie des DNK-Scorings „score4more" für Unternehmen. Er ist Gründer der nachhaltigen Unternehmensberatung time2sustain GmbH sowie Mitgründer der Genossenschaft sustainable natives eG. Er hat Wirtschaftsingenieurwesen studiert an der Universität Karlsruhe und Valencia sowie an der TU Berlin promoviert.

matthias.kannegiesser@time2sustain.com, www.time2sustain.com, Berlin

Nicola Stefan Koch, Generation Why e. V.

Als Mitgründer und Managing Director des Think-and-do Tanks Generation Why beschäftigt sich Nicola Koch mit verschiedenen Ansätzen zur Übersetzung der Sustainable Development Goals in den Kontext von Unternehmen, politischen Institutionen sowie zivilgesellschaftlichen Organisationen. Im Rahmen der nachhaltigen Unternehmensberatung sustainable natives eG berät er zu Themen wie Nachhaltigkeitsstrategie, Nachhaltigkeitsperformance und nachhaltiger Finanzierung. Nicola hält einen Bachelor in „Internationaler Wirtschaft und Entwicklung" und einen Master in „Politics, Administration & International Relations" mit Schwerpunkt auf nachhaltiger Entwicklung.

n.koch@gwhy.org, www.gwhy.org, Berlin

Thilo Marenbach, ECOVIS Audit AG, Wirtschafts-prüfungsgesellschaft

Thilo Marenbach ist als Wirtschaftsprüfer und Steuerberater in Düsseldorf tätig. Er ist Vorstand und Partner der ECOVIS Audit AG, Wirtschaftsprüfungsgesellschaft. Seine berufliche Laufbahn begann nach dem Studium bei der Ernst & Young GmbH, Wirtschaftsprüfungsgesellschaft in Essen. Dort betreute er im Wesentlichen mittelständische Unternehmen aus verschiedenen Branchen. Im Anschluss daran war er als kaufmännischer Geschäftsführer in einem mittelständischen Unternehmen der Bauzulieferindustrie tätig und war dort an der Implementierung eines Nachhaltigkeitsmanagements beteiligt. Neben der klassischen Prüfung von Jahres- und Konzernabschlüssen befasst er sich mit der Prüfung von Nachhaltigkeitsberichten.

thilo.marenbach@ecovis.com, www.ecovis.com, Düsseldorf

Impulse, Stimmen und Fallbeispiele aus der Unternehmenspraxis

Mehrwert schaffen durch gebrauchte IT-Hardware

Unternehmenspartnerschaften als Schlüssel für nachhaltige Entwicklung

Christoph Teusch und Marion Lichti

1 Eine entscheidende Frage, die sich Unternehmen bei der IT-Beschaffung stellen sollten

Wie grün und sozial kann ein Computer sein? Die Digitalisierung weitet sich immer mehr auf die Lebens- und Arbeitsbereiche aus. Mit dem wachsenden Einkaufsvolumen steigt die Erwartungshaltung an den verantwortungsvollen Umgang mit IT. Was sind die arbeits- und menschenrechtlichen sowie ökologischen Auswirkungen bei der Produktion, Beschaffung und Verwendung, aber auch bei Recycling und Entsorgung von IT-Hardware? Wie können Unternehmen einen Beitrag zur Reduzierung von Elektroschrott, Ressourcenschonung und Senkung der CO_2-Emissionen leisten? Das gemeinnützige IT-Unternehmen AfB gGmbH bietet Unternehmen unter dem Claim „social & green IT" eine IT-Partnerschaft mit Mehrwerten an: Durch Aufarbeitung und Vermarktung gebrauchter IT- und Mobilgeräte bietet AfB Unternehmen die Möglichkeit, Kreisläufe zu schließen, die Umwelt nachweislich zu schonen und sozialversicherungspflichtige Arbeitsplätze für Menschen mit Behinderung zu fördern.

Aktuell gibt es noch keine nachhaltig produzierte IT-Hardware. Die Produkte sind bis auf wenige Ausnahmen linear und nicht kreislauffähig designt. Zur ihrer Herstellung werden Rohstoffe aus vielen Ländern benötigt, die unter zum Teil fragwürdigen menschen- und umweltrechtlichen Bedingungen gewonnen und abgebaut werden. Auch entlang der Fertigungsprozesse, die häufig in Asien erfolgen, entstehen negative

C. Teusch (✉) · M. Lichti
Berlin, Deutschland
E-Mail: Christoph.Teusch@afb-group.eu

M. Lichti
E-Mail: Marion.Lichti@afb-group.eu

© Springer-Verlag GmbH Deutschland, ein Teil von Springer Nature 2021
M. Schmitz (Hrsg.), *CSR im Mittelstand,* Management-Reihe Corporate Social
Responsibility, https://doi.org/10.1007/978-3-662-61957-5_10

soziale Folgen: Beispiele sind extrem lange Arbeitszeiten oder Gesundheitsrisiken durch mangelnde Schutz- und Sicherheitsvorrichtungen (Welfens 2013, S. 25).

Hinzu kommen die schädlichen Auswirkungen auf unser Klima: Studien bestätigen, dass der anteilige CO_2-Ausstoß allein für die Produktion von IT- und Mobilgeräten höher ist als die Umweltbelastung, die durch den Energieverbrauch über die gesamte Nutzungsphase hinweg entsteht (Prakash et al. 2012, S. 50). Eine lange Nutzungsdauer ist daher aus Umweltsicht besonders vorteilhaft. Sie reduziert den Rohstoffabbau, verringert Elektroschrott und spart Treibhausgasemissionen ein (Maga et al. 2018, S. 252).

Doch die Verkaufszahlen von Neugeräten steigen seit Jahren: Im Jahr 2018 wurden weltweit 1,4 Mrd. Smartphones abgesetzt. Zum Vergleich: 2010 waren es 300 Mio. Smartphones. Dies entspricht einer Steigerung um 466 % in acht Jahren (Tenzer 2019a). In Deutschland wurden im Jahr 2018 allein 22,6 Mio. neue Smartphones, 10 Mio. PCs und vier Millionen Notebooks verkauft (Tenzer 2019b). Die Nutzung aller digitalen Geräte verursacht laut „The Shift Project" heute weltweit mehr Treibhausgasemissionen als die zivile Luftfahrtindustrie (Mattke 2019).

Der Blick auf die Sammlung und Entsorgung von elektronischen und IT-Geräten zeigt, dass hier ebenfalls Nachholbedarf besteht. In Deutschland sollte die jährliche Sammelquote von 2016 bis 2018 nach WEEE-Richtlinie bei 45 % liegen, die 2017 mit einer Quote von 45,08 % in der Praxis auch erreicht wurde (Umweltbundesamt 2019). Seit 2019 gilt eine gesetzliche Sammelquote von 65 %, wobei u. a. der Zentralverband Elektrotechnik- und Elektronikindustrie e. V. feststellt, dass Deutschland für das Jahr 2019 hinter dieser Quote bleiben wird (ZVEI/Bitkom 2019, S. 1). Weltweit werden sogar nur 20 % des Elektroschrotts offiziell gesammelt und recycelt (Nijman 2019). Dabei enthält eine Tonne Elektroschrott aus Computern und Laptops rund 70 kg Kupfer, 140 g Silber und 30 g Gold, dazu Palladium und Kobalt – wertvolle Rohstoffe, die nicht selten unter prekären Bedingungen gewonnen und abgebaut werden und sehr gut recycelt werden können (Engelmann 2019). Ein Großteil des weltweiten Elektroschrotts landet auf Müllhalden oder wird informell und somit unsachgemäß recycelt, beispielsweise in afrikanischen Ländern wie Ghana. Dabei kontaminiert Elektroschrott Böden und Grundwasser und gefährdet beispielsweise Wasserquellen mit negativen Effekten für Mensch und Umwelt (Nijman 2019).

Vor diesem Hintergrund stehen nicht nur Privatnutzer, sondern vor allem auch Unternehmen und Organisationen in einer besonderen Verantwortung. Große Unternehmen befinden sich häufig in der Situation, dass sie nach drei bis vier Jahren ihre bisherige IT durch neue und leistungsfähigere Geräte austauschen müssen. Die ausgemusterte Hardware ist noch funktionsfähig, enthält aber sensible Daten. Unternehmen, die ihre gebrauchte IT-Hardware einem geschlossenen IT-Kreislauf zuführen möchten, benötigen daher einen IT-Partner, der einen zuverlässigen Datenvernichtungsprozess gewährleistet, alle relevanten Gesetze und Sicherheitsstufen abdeckt, Schrottexporte ausschließt und stattdessen für die ethisch korrekte Weitervermarktung bzw. fachgerechtes Recycling zur Rohstoffrückgewinnung sorgt.

Als IT-Refurbisher und Entsorgungsfachbetrieb setzt AfB an genau diesem Punkt an und geht neben den Umweltaspekten auch eine soziale Herausforderung an, denn AfB beschäftigt europaweit 400 Mitarbeiter, 45 % davon sind Menschen mit Behinderung.

2 Neun Schritte, durch die IT nachhaltiger wird

AfB ist auf IT-Remarketing spezialisiert. Das Unternehmen übernimmt gebrauchte Business-IT von Unternehmen, Banken, Versicherungen und öffentlichen Einrichtungen, um sie nach Datenvernichtung und Aufarbeitung wiederzuvermarkten. Geräte, die nicht mehr vermarktbar sind, werden entweder für die Ersatzteilgewinnung verwendet oder nach einer Vorsortierung an geprüfte europäische Recyclingunternehmen zur fachgerechten Entsorgung übergeben.

Ziel von AfB ist es, die Nutzungsdauer möglichst vieler IT-Geräte zu verlängern, um durch Ressourcenschonung und CO_2-Reduktion Umwelt und Klima positiv zu beeinflussen. Im gesamten Prozess stehen Datenschutz und -sicherheit an oberster Stelle.

Der Bedarf an diesen IT-Dienstleistungen ist groß: In nur 15 Jahren ist AfB zum größten gemeinnützigen IT-Unternehmen Europas gewachsen. 400 Mitarbeiter setzen sich täglich an 19 Standorten in fünf europäischen Ländern für Aufarbeitung und ReUse von IT-Geräten ein.

Nach der Abholung mit eigenem IT-Sicherheitstransport und durch eigenes nach EU-DSGVO geschultes Personal werden die Geräte im Sperrlager erfasst, anonymisiert und die noch vorhandenen Daten mit einer speziellen Löschsoftware gelöscht. Nicht löschbare Datenträger werden ausgebaut und geschreddert. Anschließend gehen die Geräte in die Aufarbeitung, wo sie auf Herz und Nieren getestet, bei Bedarf repariert und aufgerüstet und schließlich gründlich gereinigt werden. Ausgestattet mit dem neuesten Betriebssystem gehen die Geräte schließlich in die verschiedenen Verkaufskanäle: Die AfB-Shops, die AfB-Online-Shops, E-Commerce oder Partnerplattformen wie Stifterhelfen.de (Abb. 1).

Der AfB-Prozess in neun Schritten:

1. **Sammlung:** Datensicherheit hat oberste Priorität und beginnt bereits bei der Sammlung und beim Transport von IT-Geräten. Vor der ersten Abholung erfolgt eine individuelle Beratung. Beispielsweise stellt AfB bei Bedarf platzsparende und abschließbare Rollgitterwägen und Mehrwegsammelboxen zur Verfügung

2. **Abholung:** IT-Partner können Abholaufträge über ein passwortgeschütztes Online-Portal selbst anlegen. AfB holt die IT-Hardware der Unternehmen europaweit mit eigenem Sicherheitstransport und nach DSGVO geschultem Personal ab und bringt sie in die nächste AfB-Niederlassung.

3. **Wareneingang:** Sämtliche Bereiche bei AfB unterliegen einer Zugangskontrolle und sind videoüberwacht. Abgeholte Hardware wird ausgeladen, erfasst und im Sperrlager eingelagert.

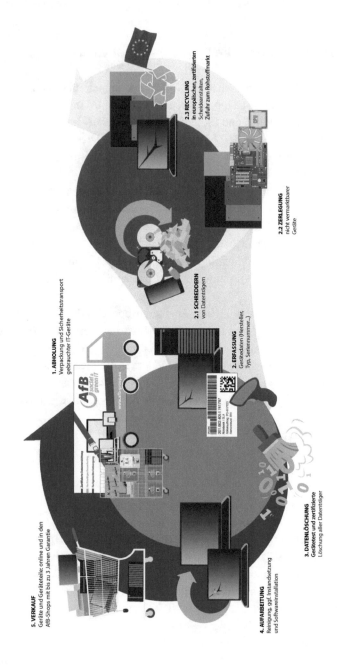

Abb. 1 „Kreislaufwirtschaft bei AfB"

4. **Sperrlager:** Nach der Stückzahlprüfung erhält jedes Gerät eine ID als Barcode-Label und ist damit im Online-Portal von AfB eindeutig identifizierbar. Da die eingelagerten Geräte sensible Daten enthalten können, werden sie ausschließlich durch autorisierte Mitarbeiter bewegt.

5. **Detailerfassung:** In der Detailerfassung werden alle relevanten Gerätedaten (Hersteller, Modell, Serien- und Anlagennummer) erfasst und mit der ID verknüpft. Anschließend werden alle Geräte anonymisiert und u. a. von allen Aufklebern befreit, die einen Rückschluss auf das Unternehmen zulassen. Über das Online-Portal können Partnerorganisationen den Status ihrer Geräte jederzeit live verfolgen, Datenvernichtungsnachweise einsehen und sich Informationen automatisiert per E-Mail zusenden lassen.

6. **Funktionstest:** Der Funktionstest entscheidet, ob ein Gerät funktionsfähig, reparaturbedürftig oder nur noch als Ersatzteilspender zu verwenden ist. Dazu werden alle Geräte mit Datenträger im zugangsbeschränkten Datenlöschbereich getestet. Kann ein Gerät weitervermarktet werden, geht es in die Datenvernichtung und anschließend in die Aufarbeitung. Datenträger aus Geräten, die nicht weitervermarktet werden können, werden mechanisch mittels Festplattenschredder zerstört.

7. **Datenvernichtung:** Zur zertifizierten Datenlöschung kommt die Löschsoftware von Blancco zum Einsatz. Datenträger, die nicht gelöscht werden können, werden mechanisch durch einen der AfB-Schredder nach DIN 66399 zerstört. Über alle gelöschten und geschredderten Datenträger erhalten Partnerunternehmen einen Datenvernichtungsnachweis.

8. **Vertrieb aufbereiteter Geräte:** Alle Geräte, die ins Remarketing gehen, werden gründlich gereinigt, bei Bedarf repariert und aufgerüstet. Die so aufbereiteten („refurbished") Geräte werden über die AfB-Shops, Onlineshops, Amazon, E-Bay oder Stifter-helfen mit mindestens 12 Monaten Garantie an Privatpersonen, Schulen und Non-Profit-Organisationen verkauft. Mitarbeiter von IT-Partnern erhalten besonders günstige Einkaufskonditionen bei AfB oder bei einem Vor-Ort-Verkauf in den Räumlichkeiten der Partnerunternehmen. Von Microsoft ist AfB als Authorised Refurbisher (MAR) zertifiziert und gehört heute zu den Top-3-Lizenzabnehmern in Deutschland.

9. **Verwertung und Rohstoffgewinnung:** Nicht vermarktbare Geräte werden zerlegt, wiederverwendbare Komponenten dienen zur Aufrüstung anderer Geräte. Die weiteren Bestandteile werden sortenrein getrennt und zur fachgerechten Aufbereitung an zertifizierte Recyclingbetriebe in Europa übergeben. Dies trägt zur innereuropäischen Rohstoffgewinnung bei.

Der gesamte AfB-Prozess ist darauf ausgerichtet, die Nutzungsdauer von IT-Geräten zu verlängern, wodurch Treibhausgasemissionen vermieden und die Menge an Elektroschrott nachweislich reduziert werden. Im Jahr 2019 konnten zwei Drittel der an AfB übergebenen Hardware wiedervermarktet werden, während ein Drittel ins Recycling sowie in die Ersatzeilgewinnung ging. Da die meisten IT-Partner größere und einheitliche Chargen an IT-Geräten liefern, ist es möglich, aus defekten Geräten Ersatzteile zu gewinnen. Der Anspruch von AfB ist es, so wenig Teile wie möglich dazukaufen zu müssen. Durch Zentralisierung der Aufarbeitung defekter Geräte konnten in den letzten Jahren enorme Verbesserungen erzielt werden.

3   Wie Partner von AfB einen wertvollen Beitrag zur Inklusion leisten

Unternehmen, die eine IT-Partnerschaft mit AfB eingehen, verbessern einerseits ihren ökologischen Impact, des Weiteren tragen sie nachweislich dazu bei, langfristige Arbeitsplätzen für Menschen mit Behinderung auf dem ersten Arbeitsmarkt zu schaffen.

Bei AfB sind alle öffentlich zugänglichen Räume barrierefrei ausgebaut und alle Prozessschritte barrierefrei gestaltet, damit Menschen mit und ohne Behinderung gemeinsam in gemischten Teams arbeiten können. Die zahlreichen Prozessschritte bieten vielen Menschen mit unterschiedlichen Bedürfnissen und Kompetenzen die Möglichkeit, ihren Platz im Unternehmen zu finden. Manche Mitarbeiter finden Sicherheit in einfachen und gleichförmigen Tätigkeiten, andere wiederum übernehmen gerne mehr Verantwortung oder erfreuen sich an kniffeligen Aufgaben, die Kreativität und Biss erfordern. Neben der behindertengerechten Arbeitsplatzausstattung kümmern sich die Schwerbehindertenvertretung und die Betriebssozialarbeiter vor allem um die jeweilige Aufgabenpassung und eine produktive Teamzusammenstellung, bei der sich beispielsweise körperliche und psychisch-seelische Behinderungen ergänzen. Die Grundidee bei AfB ist, dass mit den richtigen Rahmenbedingungen jeder Mensch eigenverantwortlich arbeiten und Leistung bringen kann.

Mit diesem Konzept gehört AfB zu den Vorreitern im Bereich der Inklusionsunternehmen. Rund 9,4 % der Bevölkerung in Deutschland sind Menschen mit Behinderung, die im Arbeitsmarkt auf besondere Herausforderungen stoßen (Destatis 2019). Der Behindertenbeauftragte der Bundesregierung, Jörg Dusel, zog im März 2019 zum 10-jährigen Jubiläum der Unterzeichnung der UN-Behindertenrechtskonvention die kritische Bilanz, dass „Menschen mit Behinderungen immer noch deutlich länger und häufiger arbeitslos als Menschen ohne Behinderungen [sind]" (Dusel 2019).

Anders als eine Werkstatt für behinderte Menschen (WfbM) schafft AfB sozialversicherungspflichtige Arbeitsplätze auf dem ersten Arbeitsmarkt. AfB wird zwar von Integrationsämtern gefördert, doch das Unternehmen finanziert sich zu 95 % aus den Umsätzen, die es durch IT-Remarketing erwirtschaftet. Seine Gewinne reinvestiert das gemeinnützige Sozialunternehmen in den Ausbau weiterer Arbeitsplätze. Das langfristige Wachstumsziel der AfB-Gruppe ist die Schaffung von 500 Arbeitsplätzen für Menschen mit Behinderung.

4 Warum IT-Partnerschaften so wichtig für AfB sind

AfB investiert bewusst viel Zeit in die Entwicklung und Pflege von langfristigen IT-Partnerschaften. Letztendlich basiert der AfB-Beitrag zu Umweltschutz und Inklusion auf der Übernahme gebrauchter Business-IT. Dafür kooperiert AfB mit großen Unternehmen, Banken, Versicherungen und öffentlichen Einrichtungen, die dem gemeinnützigen IT-Dienstleister ihre ausgemusterte IT zur zertifizierten Datenlöschung und Aufarbeitung überlassen und so einen Beitrag zur sozial-ökologischen Wertschöpfungskette von AfB leisten. Zusätzlich unterstützt AfB Partnerunternehmen in ihren Nachhaltigkeitsaktivitäten.

Zur strategischen Ausrichtung hat AfB im Jahr 2017 eine Wesentlichkeitsanalyse mit seinen Stakeholdern durchgeführt und folgende vier essenzielle Themenschwerpunkte identifiziert:

- Schonender Umgang mit Ressourcen
- Lebenszeitverlängerung von IT-Hardware
- Eine nachhaltige Wertschöpfungs- und Lieferkette
- Enge Zusammenarbeit mit Lieferanten

Für die langfristige strategische Ausrichtung wurden mithilfe einer SWOT-Analyse Chancen und Risiken, insbesondere im Hinblick auf ökologische und soziale Themenaspekte, identifiziert. Als Chancen wurden dabei steigende Impact Investments, sozialökologische Berichterstattung in immer mehr Unternehmen, allgemeines Verständnis des Sozialunternehmertums als wirkungstreibende Unternehmensform, die Botschafterrolle von AfB bei Unternehmen und Kunden sowie die Nachfrage nach sinnstiftenden Arbeitsplätzen erkannt.

Mögliche Reputationsschäden stellen hingegen ein großes Risiko für das Geschäft von AfB dar, sodass mit zunehmendem Unternehmenserfolg auch die Anforderungen an den Reputationsschutz steigen. Weitere konkrete Ergebnisse der Analysen waren die Einführung eines Umweltmanagementsystems und die Erstellung konkreter Richtlinien für mehr Nachhaltigkeit im Verkauf: Großhändler müssen vor dem Kauf bestätigen, dass sie anfallenden Elektroschrott fachgerecht entsorgen und die Verbringung von Elektroschrott in Staaten außerhalb der OECD vermeiden.

AfB verfolgt kontinuierlich das Ziel, von internationalen Firmen als zuverlässiger Dienstleister und Partner anerkannt zu werden. Konzerne, die mehrere Niederlassungen haben, wünschen sich einen starken und standortübergreifenden Partner. Deshalb hat sich das gemeinnützige IT-Unternehmen europaweit hochprofessionell aufgestellt: AfB ist zertifiziert nach ISO 9001, ISO 14001 und als Entsorgungsfachbetrieb. Damit beweist AfB, dass ein Social Business ebenso konkurrenzfähig und wirtschaftlich arbeiten kann wie konventionelle Unternehmen und gleichzeitig Mehrwerte für Umwelt, die Gesellschaft und seine Partner schafft.

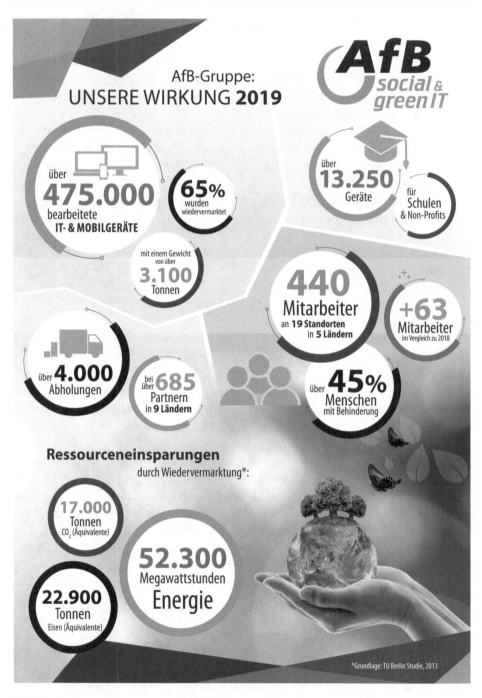

Abb. 2   „Ressourceneinsparungen durch Wiedervermarktung"

Den Erfolg des AfB-Geschäftsmodells belegt die enge Zusammenarbeit mit mehr als 1000 Partnern aus Wirtschaft und öffentlicher Hand (z. B. Otto Group, Siemens, Pfizer, Bertelsmann, Fujitsu, ThyssenKrupp, Telefónica, Polizei Sachsen u. v. a.). Durch eine Partnerschaft mit AfB leisten die Unternehmen einen wertvollen und ökologischen Beitrag, dessen Wirkung bezifferbar und somit für Unternehmen kommunizierbar ist. Darüber hinaus arbeitet AfB mit seinen Partnern in Netzwerken, Projekten und Arbeitskreisen wie BAUM e. V., Bitkom, Unternehmensforum und weiteren daran, Entwicklungen aufzugreifen, zu diskutieren und positiv zu gestalten.

5   Darum ist das sozial-ökologische AfB-Konzept wirksam – die wichtigsten Zahlen

AfB erstellt jährlich eine Gesamtübersicht der wichtigsten Wirkungskennzahlen zu Ressourcenschonung, CO_2-Reduktion und Umweltschutz durch IT-Remarketing und Recycling und kommuniziert diese nach innen und außen (Abb. 2).

Im Jahr 2019 hat AfB mehr als 475.000 IT- und Mobilgeräte mit einem Gesamtgewicht von über 3100 t von über 685 Unternehmen und öffentlichen Einrichtungen in acht europäischen Ländern übernommen und bearbeitet. Zwei Drittel der Hardware konnten nach Datenlöschung und Aufarbeitung wiedervermarktet werden. 13.250 Geräte gingen an Schulen und Non-Profit-Organisationen.

Grundlage für die Wirkungsmessung ist die Studie „Carbon Footprint und ökobilanzielle Bewegung der Aufbereitung und Vermarktung gebrauchter IT-Hardware", die AfB im Jahr 2013 bei der TU Berlin mit dem Ziel in Auftrag gegeben hat, die konkreten Auswirkungen einer Partnerschaft mit AfB in Bezug auf Ressourceneinsparungen und Treibhausgasemissionen zu beziffern.

Durch die Verlängerung des Produktlebenszyklus sowie durch fachgerechtes Recycling trägt AfB entscheidend dazu bei, dass der Gedanke der Nachhaltigkeit und der Abfallvermeidung auch in der IT-Branche Einzug hält. Seit der Unternehmensgründung vor 15 Jahren schenkte AfB mehr als 2 Mio. IT-Geräten ein zweites Leben und konnte 1 Mio. Kunden überzeugen, gebrauchte IT zu kaufen.

6   So können AfB-Partner ihr Engagement sichtbar machen und kommunizieren

Alle Unternehmen, die mit AfB kooperieren und dem gemeinnützigen IT-Unternehmen ihre gebrauchte Hardware übergeben, leisten einen nachvollziehbaren Beitrag zu Klima- und Umweltschutz sowie zur Inklusion. Das sozial-ökologische Engagement jedes einzelnen Partners kann AfB auf wissenschaftlicher Basis individuell nach Geräteart, Gerätetyp und Gerätezustand ausweisen.

Urkunde

für

sozial-ökologisches Engagement

vom 01.01.2018   bis 31.12.2018

Die AfB gemeinnützige GmbH dankt der

Musterfirma

Durch unsere Partnerschaft leisten Sie einen wertvollen Beitrag zur Schonung von Ressourcen und fördern die Inklusion von Menschen mit Behinderung.

Die AfB gGmbH ist Europas größtes gemeinnütziges IT-Unternehmen und hat sich darauf spezialisiert, die Produktlebensdauer ausgemusterter IT- und Mobilgeräte zu verlängern, indem diese professionell aufbereitet und wieder vermarktet werden. Als anerkanntes Inklusionsunternehmen mit über 370 Mitarbeitern an 19 Standorten in Europa sind ca. 45 % der Arbeitsplätze bei AfB durch Menschen mit Behinderung besetzt.

Durch die Anzahl und die Qualität der über-gebenen Geräte haben Sie die Patenschaft für folgende Zahl an Arbeitsplätzen für Menschen mit Behinderung übernommen:

14

Sie haben dazu beigetragen, folgende Ressourcen und Emissionen einzusparen:

675.445   kg Eisenäquivalente
1.792.170 kWh Energie
620.184   kg CO_2-Äquivalente

Die Daten beziehen sich auf eine Ökobilanz-Forschungsstudie der TU Berlin aus dem Jahr 2013.

Wir danken Ihnen für Ihr Engagement und freuen uns auf die weitere Zusammenarbeit.

Ettlingen, 14.02.2019

Paul Cvilak, Gründer und Geschäftsführer

WIRKT!
geprüft & empfohlen

wirksames Projekt,
leistungsstarke
Organisation   3/2014

PHINEO

Deutscher
Nachhaltigkeitspreis

INNOVATIONSPREIS
DER DEUTSCHEN
WIRTSCHAFT

4 HOCHWERTIGE BILDUNG
8 MENSCHENWÜRDIGE ARBEIT UND WIRTSCHAFTSWACHSTUM
10 WENIGER UNGLEICHHEITEN
12 NACHHALTIGE/R KONSUM UND PRODUKTION
13 MASSNAHMEN ZUM KLIMASCHUTZ
17 PARTNERSCHAFTEN ZUR ERREICHUNG DER ZIELE

Abb. 3   CSR-Urkunde Vorderseite

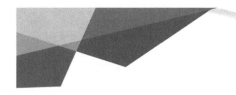

Detail-Informationen

Vom 1. Januar 2019 bis zum 31. Dezember 2019 wurden 1996 Abholungen gefahren und 13.432 IT- und Mobilgeräte mit einem Gesamtgewicht von 77,7 Tonnen bearbeitet. 79 % der Geräte konnten durch Datenvernichtung, Hardware-Test, Ersatzteilbeschaffung, Reparatur, Aufrüstung und Reinigung wieder vermarktet werden.

Unser zertifizierter Prozess im Überblick:

Abholung › Inventarisierung › Datenvernichtung › Test › Reparatur › Aufrüstung › Reinigung › Vermarktung
Zerlegung › Zuführung zum Recycling

	Wiederverwendbar nach Aufarbeitung			Rohstoffgewinnung durch Recycling			Gesamtmenge	
	(in Stück)	(in %)	(in kg)	(in Stück)	(in %)	(in kg)	(in Stück)	(in kg)
PC	2.855	92 %	28.759	236	8 %	2.446	3.091	31.205
Notebook	3.034	96 %	6.979	112	4 %	238	3.146	7.217
Flachbildschirm	1.036	71 %	7.640	418	29 %	2.775	1.454	10.415
Mobilgeräte	58	30 %	11	135	70 %	43	193	54
Server	23	48 %	459	25	52 %	490	48	949
Drucker	261	54 %	4.949	224	46 %	4.281	485	9.230
Sonstiges*	141	25 %	6.223	412	75 %	15.880	553	22.103
Summe	7.408	83 %	55.020	1.562	17 %	26.153	8.970	81.173

	kg Eisenäquivalente**	kWh Energie***	kg CO_2-Äquivalente****
PC	416.830	658.249	184.433
Notebook	157.632	580.195	221.529
Flachbildschirm	37.121	124.659	36.293
Summe	611.583	1.363.103	442.255

* Enthält keine Datenträger, Software oder Zubehör.
** Durch die Wiederverwendung der gebrauchten Geräte muss die angegebene Menge an Rohstoffen nicht für die Herstellung neuer Geräte abgebaut werden. Zur Vergleichbarkeit werden alle verwendeten Metalle und Mineralien in Eisen umgerechnet.
*** Die eingesparte Energie bei Wiederverwendung der gebrauchten Geräte im Vergleich zur Herstellung und Nutzung neuer Geräte.
**** Durch die Wiederverwendung der gebrauchten Geräte ist der negative Einfluss auf das Klima in Höhe der ausgewiesenen Menge geringer als bei der Herstellung und Nutzung neuer Geräte. Zur Vergleichbarkeit werden alle Treibhausgasemissionen in CO2 umgerechnet.

Abb. 4 CSR-Urkunde Rückseite

Abb. 5 IT-Partner von AfB leisten einen Beitrag zu sechs SDGs

Dazu stellt AfB allen IT-Partnern jährlich eine CSR-Urkunde aus. Die Kennzahlen belegen, wie viele Arbeitsplätze für Menschen mit Behinderung der Partner im vergangenen Jahr gesichert und welche Ressourcen er durch die Übergabe seiner gebrauchten Hardware geschont hat. Die Summe ergibt sich aus der Wiedervermarktungs-/Recyclingquote der einzelnen Gerätetypen (Abb. 3 und 4).

AfB bietet allen Partnern Unterstützung und Textbausteine entsprechend den jeweiligen Berichtsstandards wie GRI, CDP und weitere an. Diese Kennzahlen und die Tatsache, dass alle IT-Partner von AfB einen Beitrag zur Umsetzung von sechs Nachhaltigkeitszielen der Vereinten Nationen (Sustainable Development Goals) leisten, sind für die Unternehmenskommunikation und die Nachhaltigkeitsberichterstattung vieler Unternehmen interessant.

Die Agenda 2030 für nachhaltige Entwicklung wurde im September 2015 von allen Mitgliedstaaten der Vereinten Nationen (UN) verabschiedet. Damit schuf die UN die Grundlage, wirtschaftlichen Fortschritt im Rahmen unserer ökologischen Grenzen und sozialen Verantwortung zu gestalten. Kernstück der Agenda sind die 17 Ziele für nachhaltige Entwicklung – die sogenannten Sustainable Development Goals (SDGs) – mit ihren 169 Unterzielen. Partner von AfB leisten einen wertvollen Beitrag zur Erfüllung von sechs dieser Ziele (Abb. 5).

4 Hochwertige Bildung

Zugang zu hochwertiger Bildung bedeutet in erster Linie Zugang zu guten Lernmitteln. AfB unterstützt weltweit Bildungsprojekte mit eigenen Initiativen wie JumP und Mobiles Lernen sowie durch Kooperationen mit Stifter-helfen, Labdoo und Jesuit Worldwide Learning. Im Jahr 2018 gingen 13.250 IT-Geräte von AfB an Schulen, NGOs sowie Menschen in Flüchtlingslagern und wurden für mediale Bildung, zivilgesellschaftliche Arbeit und Fernstudien eingesetzt.

8 Menschenwürdige Arbeit und Wirtschaftswachstum

Der IT-Konsum steigt seit Jahren. Durch den AfB-Prozess der Datenvernichtung, Aufarbeitung und Wiedervermarktung sorgt AfB dafür, dass gebrauchte Hardware erneut auf den Markt gebracht und der monetäre Wert ausgeschöpft wird. Sowohl in der eigenen Produktion als auch in der nachgelagerten Lieferkette durch zertifizierte Recyclingbetriebe in Europa wird auf menschenwürdige Arbeit geachtet. Durch Zweitnutzung und Recycling wird der ausbeuterische Ressourcenabbau in Drittstaaten verringert.

10 Weniger Ungleichheiten

Seit 15 Jahren wächst AfB kontinuierlich und schafft sozialversicherungspflichtige Arbeits- und Ausbildungsplätze für Menschen mit Behinderung. Teams aus behinderten und nicht behinderten Kollegen arbeiten gemeinsam bei Datenlöschung und Aufarbeitung, in Zentrale und Verkauf. Durch die barrierefreie Gestaltung der Arbeitsplätze kann AfB Inklusion leben und Ungleichheiten verringern.

12 Nachhaltiger Konsum und Produktion

Es gibt aktuell keine ökologisch produzierte IT-Hardware. Die nachhaltigste Hardware ist reusable, reparierbar, kann solange wie möglich im Gebrauch bleiben und wird anschließend fachgerecht recycelt. AfB leistet bei Verbrauchern und Mitarbeitern der Partnerunternehmen Aufklärungsarbeit zu verantwortungsvollem Konsum und Produktion von IT-Hardware. Das günstige Preis-Leistungs-Verhältnis und die Gewährleistung von mindestens 12 Monaten Garantie ermöglicht auch Menschen aus sozial schwachen Verhältnissen den Kauf hochwertiger IT.

13 Maßnahmen zum Klimaschutz

Durch Remarketing und Recycling trägt AfB zur effizienten Nutzung natürlicher Ressourcen und zur Abfallvermeidung bei. Der Beitrag zum Umwelt- und Klimaschutz lässt sich dank wissenschaftlicher Studien genau beziffern.

17 Partnerschaften zur Erreichung der Ziele

All dies kann AfB nur in Kooperation mit seinen über 1000 IT-Partnern leisten, die dem gemeinnützigen IT-Dienstleister ihre ausgemusterten Geräte zur zertifizierten Datenlöschung und Aufarbeitung überlassen und so einen wertvollen Beitrag zur sozial-ökologischen Wertschöpfungskette von AfB leisten. AfB liefert allen Partnern Kennzahlen und Informationen, die sie für ihre CSR-Berichte verwenden können, und bietet seinen Mitarbeitern Einkaufsrabatte und weitere Vorteile. Dadurch schafft AfB Bewusstsein bei Unternehmen und Mitarbeitern für den nachhaltigen Umgang mit IT-Hardware.

7 Gemeinsam ist nachhaltige Entwicklung möglich

Das Geschäftsmodell von AfB verankert Nachhaltigkeit als festen Bestandteil in seinem Kerngeschäft. Dabei sind Nachhaltigkeitsaspekte in allen strategischen Entscheidungen integriert. AfB arbeitet nach wirtschaftlichen Prinzipien und erwirtschaftet Überschüsse, die in die Optimierung der Arbeitsprozesse und den Ausbau inklusiver Arbeitsplätze reinvestiert werden. Unternehmerisches Wachstum führt daher automatisch und nachweislich zu sozialen und ökologischen Mehrwerten. Erfolgreiche und langfristige Partnerschaften zahlen darauf ein, dass AfB eine steigende Zahl von IT-Geräten aufarbeiten und weitervermarkten kann, wodurch weniger Ressourcen verbraucht, weniger Emissionen ausgestoßen und weniger Energie verbraucht werden, während gleichzeitig die Anzahl der sozialversicherungspflichtigen Arbeitsplätze für Menschen mit Behinderung steigt.

Literatur

Destatis (2019) Pressemitteilung Nr. 228 vom 25. Juni 2018. https://www.destatis.de/DE/Presse/Pressemitteilungen/2018/06/PD18_228_227.html Zugegriffen: 16. Juli 2019

Dusel J (2019) 10 Jahre UN-Behindertenrechtskonvention – und nun? https://www.behinderten-beauftragter.de/SharedDocs/Inklusionsnewletter/2019/2019_01.html. Zugegriffen: 14. Aug. 2019

Engelmann D (2019) Rohstoff Elektroschrott. In: ARD > Planet Wissen. https://www.planet-wissen.de/technik/werkstoffe/metallrohstoffe/pwierohstoffelektroschrott100.html. Zugegriffen: 1. Sept. 2019

Maga D, Hiebel M, Banken E, Viehoff P (2018) Treibhausgas- und Ressourceneinsparungen durch Wiederverwendung von Smartphones und Tablets. In: Müll und Abfall, 50. Jahrgang, S 217–280. https://www.interseroh.de/fileadmin/Aktuelles/PMs_PDF/2018/Artikel_MuellundAbfall_2018.pdf

Mattke S (2019) Wie Digitalisierung das Klima belastet. In: heise online. https://www.heise.de/tr/artikel/Wie-Digitalisierung-das-Klima-belastet-4339249.html. Zugegriffen: 9. Aug. 2019

Nijman S (2019) UN report: Time to seize opportunity, tackle challenge of e-waste. https://www.unenvironment.org/news-and-stories/press-release/un-report-time-seize-opportunity-tackle-challenge-e-waste. Zugegriffen: 16. Sept. 2019

Prakash S, Liu R, Schischke K, Stobbe L (2012) Zeitlich optimierter Einsatz eines Notebooks unter ökologischen Gesichtspunkten. https://www.umweltbundesamt.de/sites/default/files/medien/461/publikationen/4316.pdf

Tenzer F (2019a) Statistiken zu Smartphones. In: Statista. https://de.statista.com/themen/581/smartphones/. Zugegriffen: 30. Aug. 2019

Tenzer F (2019b) Statistiken zum Thema Computer. In: Statista. https://de.statista.com/themen/159/computer/. Zugegriffen: 30. Aug. 2019

Umweltbundesamt (2019) Elektro- und Elektronikaltgeräte. https://www.umweltbundesamt.de/daten/ressourcen-abfall/verwertung-entsorgung-ausgewaehlter-abfallarten/elektro-elektronikaltgeraete#textpart-2. Zugegriffen: 2. Sept. 2019

Welfens MJ (2013) 18 Factsheets zum Thema Mobiltelefone und Nachhaltigkeit. https://wupperinst.org/uploads/tx_wupperinst/Mobiltelefone_Factsheets.pdf

ZVEI/Bitkom (2019) Stellungnahme von Bitkom und ZVEI zur geplanten Novellierung des Elektro- und Elektronikgerätegesetzes. https://www.zvei.org/fileadmin/user_upload/Themen/Gesellschaft_Umwelt/Novelle_ElektroG/ZVEI-Bitkom-Stellungnahme-EEA-20190628.pdf

Christoph Teusch ist seit 2018 als Corporate Responsibility Manager bei AfB gGmbH tätig. Davor hat er den Fachbereich Nachhaltiger Konsum bei der Verbraucher Initiative e. V. geleitet, bevor er als CSR-Berater zahlreiche Beratungsprojekte umgesetzt hatte. Bei einem Anbieter von CSR-Management-Software unterstützte er Unternehmen dabei, ihre Nachhaltigkeitsleistung sichtbar zu machen. Er hat Wirtschaftsingenieurwesen mit dem Schwerpunkt Nachhaltigkeit in Berlin studiert.

Bevor Marion Lichti die Leitung der Unternehmenskommunikation bei AfB gGmbH übernahm, arbeitete sie als Projektleiterin in einer PR-Agentur, wo sie CSR-Projekte, Kooperationen und Markenkampagnen für Handelskonzerne, Textilmarken, Dienstleister und Verkehrsunternehmen umsetzte. Bei AfB überzeugt die Soziologin und Germanistin das Zusammenspiel von wirtschaftlichem Erfolg und sozialer und ökologischer Wirkung.

Nutzung von CSR zur effizienten Ressourceneffizienz

Aiko Müller-Buchzik

1 Die Realität: ineffizientes Vorgehen hinsichtlich Ressourceneffizienz

Aus eigenem, wirtschaftlichem Interesse versucht jeder Unternehmer das Verhältnis von Aus- zu Einnahmen so zu gestalten, dass die Einnahmen mindestens so groß wie die Ausgaben sind. Damit die Bilanz mehr Einnahmen als Ausgaben aufweist, können entweder die Ausgaben verringert oder die Einnahmen erhöht werden. Im Bereich der Ausgabenverringerung steht zum einen die reale Vermeidung einer Ausgabe, zum anderen aber auch die effizientere Nutzung der eingekauften Ressourcen zur Auswahl. In beiden Fällen kann eine Investition notwendig sein, um im Anschluss an eine Refinanzierungszeit die Einsparung nutzen zu können.

Sofern eine monetäre Aufwendung notwendig ist, entscheiden sich Unternehmen für oder gegen eine Alternative auf Basis eines wirtschaftlichen Kriteriums. Dieses Kriterium kann statisch sein oder dynamische Effekte aus Preisänderungen berücksichtigen. Die Wahl des Kriteriums entscheidet damit automatisch auch über Veränderungen im Unternehmen.

Dem mit der Entscheidung für eine Finanzierung beauftragten Personal kommt also die wichtige Aufgabe zu, mittels gewählter Methode und den damit verbundenen Parametern darüber zu bestimmen, wie sinnvoll die Investition im Ressourcenkontext ist. Einer der wichtigsten Parameter im Rahmen einer Wirtschaftlichkeitsbetrachtung stellt der Betrachtungszeitraum dar. Bei statischen Verfahren liegt dieser bei maximal einem Jahr, die dynamischen Verfahren erlauben eine freie Wahl. Das Ergebnis der Wirtschaft-

A. Müller-Buchzik (✉)
Braunschweig, Deutschland
E-Mail: mba.01@renob.de

© Springer-Verlag GmbH Deutschland, ein Teil von Springer Nature 2021
M. Schmitz (Hrsg.), *CSR im Mittelstand,* Management-Reihe Corporate Social
Responsibility, https://doi.org/10.1007/978-3-662-61957-5_11

lichkeitsberechnung ist ein Wert, der einen Zeitraum, eine Verzinsung oder einen Geldwert angibt und mit dem Ergebnis von Alternativen verglichen wird.

Die Wahl des Kriteriums und der Betrachtungszeitraum hängen stark vom Nachhaltigkeitsgrad des Unternehmens ab. Hintergrund dieses Zusammenhangs ist die Definition der Nachhaltigkeit. Dabei wird das eigene Handeln in Bezug zu den Folgegenerationen gesetzt (Brundtland 1987). Gemäß der Definition und im Hinblick auf den zu betrachtenden Zeitraum entwickelte sich als Synonym für Nachhaltigkeit der Begriff Enkelgerechtigkeit und weist damit auf einen Zeitraum von 50 bis 60 Jahren hin. Wie weiter oben beschrieben, gibt es die statischen Kriterien, welche lediglich einen kurzfristigen Blick auf die Investition werfen und damit im Gegensatz zum Zeithorizont der Nachhaltigkeit stehen. Unternehmen, die sich aktiv mit Nachhaltigkeit beschäftigen müssen oder wollen, wählen automatisch ein dynamisches Kriterium und betrachten die Investition im vorgestellten Zeitraum von mindestens 50 Jahren. Wir werden später im Rahmen eines Beispiels sehen, weshalb dies so ist.

In keinem der durch mich durchgeführten und/oder begleiteten Effizienzprojekte wurden Wirtschaftlichkeitsüberprüfungen über solch einen langen Zeitraum getätigt. Wenn überhaupt, dann sollten die Wirtschaftlichkeitsberechnungen auf Basis der vom Verein Deutscher Ingenieure VDI veröffentlichten Richtlinie 2067 (Verein Deutscher Ingenieure 2012) in einem Zeitraum durchgeführt werden, der der angenommenen Nutzungsdauer des Hauptinvestitionsobjektes entsprach oder pauschal mit einem Zeitraum von z. B. 15 Jahren angenommen. Oftmals stellen die Preisentwicklungen und Reinvestitionskosten bei einer langfristigen Betrachtung jedoch wichtige Einflüsse dar, die bei einem zu kurzen Betrachtungszeitraum ihren Einfluss verlieren.

Rein praktisch war die häufigste Vorgabe der von mir beratenen Unternehmen jene nach dem Investitionsrisiko, dargestellt in Form der Amortisationszeit. Bei genauerem Blick auf die Wirtschaftlichkeitsberechnungen zeigt sich jedoch ein Problem: Letztlich fragt sich das Unternehmen nur, bei welcher Alternative das investierte Geld zuerst finanziell wirksam wird und lässt dabei die langfristigen Effekte einer Investition und den Gesamtkontext der Investition unberücksichtigt. Darüber hinaus unterstehen viele Unternehmen den Vorgaben von Stakeholdern, die selbst einen Gewinn aus ihrer Investition (in das Unternehmen) erwirtschaftet haben wollen.

Zusätzlich ist der Einsatz der Amortisationszeit bei börsengehandelten Unternehmen ausgeprägt, welches dem Börsensystem selbst geschuldet ist. An der Börse gehandelte Aktiengesellschaften erhalten ihren Unternehmenswert durch den Wert der einzelnen, handelbaren Aktie. Dabei wird davon ausgegangen, dass ein hoher Wert bzw. ein Ansteigen des Werts für ein gesundes und wachsendes Unternehmen steht. Dadurch lassen sich Einnahmen für das Unternehmen (zum Beispiel im Rahmen von neuen Aktien) und für die Aktionäre (in Form der jährlichen Dividende) generieren. Aktionäre können den Vorstand und damit die Entscheidungen eines Unternehmens beeinflussen. An der Börse entwickelt sich der Wert der Unternehmensaktie in erster Linie nach dem Urprinzip von Angebot und Nachfrage. Unternehmen, die hohe Gewinne versprechen, haben einen entsprechend hohen Wert – liegt ein geringes Vertrauen in das Unternehmen vor, so ist mit einem sinkenden bzw. niedrigen Wert zu rechnen. Der Kurs der Aktie wird aber auch durch die aktuellen Gewinnprognosen definiert, auch wenn dies teilweise zu paradoxen Zuständen führt. Sobald der aktuell wahrscheinliche Gewinn geringer als die anfängliche Gewinnprognose ist, sinkt mit hoher Wahrscheinlichkeit der Wert des Unternehmens und die Gefahr von ungewollten Anteilswechseln erhöht sich.

Was hat dies aber nun mit Nachhaltigkeit zu tun? Nun, Börsen sind ein Gebilde, bei dem oftmals in kurzen Zeiträumen gedacht wird. Den Vorständen eines börsennotierten Unternehmens ist aus eigenem Interesse daran gelegen, einen stetig steigenden Gewinn zu erwirtschaften. Langfristige Investitionen haben, wie oben beschrieben, ein erhöhtes Risiko. Ein hohes Risiko ist für Investoren an der Börse oftmals im Sinne der Gewinnerwirtschaftung negativ behaftet. Das Grundprinzip der Börse muss aber nicht per se negativ angesehen werden – entscheidend ist alleine die Bewertung der Unternehmen und deren Wirtschaftslage. Je langfristiger die Investoren denken, um so weniger ist ein Unternehmen gezwungen, schnell Gewinne zu erwirtschaften. Auf diesem Wege besteht die Möglichkeit, dass eine Investition in Nachhaltigkeit nicht zu einem Wertverlust, sondern ggf. zu einem -anstieg führt, da nach Nachhaltigkeitsaspekten das Unternehmen positiv agiert. Dies würde jedoch im Grundansatz zu einem völlig veränderten Börsenprinzip führen, welches ggf. dem Ursinn der Börse widerspricht. Eine seriöse Aussage hinsichtlich einer solchen möglichen Entwicklung des Börsenprinzips ist eher ausgeschlossen, kann durch eine gesellschaftliche Veränderung jedoch eintreten.

Dem Einsatz der Amortisationszeit als wichtigstes Kriterium für den Vergleich von verschiedenen Alternativen liegt ein sehr finanzorientierter Zugang zum Thema Effizienz zugrunde. Langfristige Investitionen sind mit größerem Risiko versehen und werden daher in einer sich stetig verändernden Wirtschaftswelt mit Fokus auf das Bestehen des Unternehmens und der Erfüllung der Marktvorgaben (Börsen) nachvollziehbar ungern angegangen.

2   Einführung: Modelle der Nachhaltigkeit

Nachhaltigkeit (Corporate Social Responsibility – CSR) beschreibt das Handeln, welches darauf aus ist, zukünftige Generationen nicht zu belasten oder zu benachteiligen (Brundtland 1987). Etwas strenger ausgelegt, verlangt Nachhaltigkeit nur so zu handeln, dass zukünftige Generationen nicht belastet werden oder benachteiligt werden könnten. Das eigene Handeln wird also erst durch den zeitlichen Aus-/Rückblick nachhaltig. Im engeren Sinne sogar erst, wenn sich die zukünftige Generation rückblickend nicht belastet oder benachteiligt fühlt. Eine noch weitergehende/moderne Interpretation spricht sogar davon, dass die aktuelle Generation den zukünftigen Generationen wieder mehr hinterlässt, als die aktuelle Generation zur Verfügung hat. Dieser Gedanke geht davon aus, dass wir als aktuelle Generation selbst schon weniger zur Verfügung haben als unsere Vorgängergenerationen und sich so über die letzten Jahrhunderte eine negative

Menge an Nachhaltigkeit angesammelt hat, die den zukünftigen Generationen wieder zur Verfügung gestellt werden soll.

Dies stellt für die aktuelle Zeit und die Entscheidungen eines Unternehmens eine große Herausforderung dar, denn es ist schwer möglich, wirklich zu wissen, durch welches Handeln sich die zukünftigen Generationen nicht belastet oder benachteiligt fühlen. Hier hilft die Definition der Nachhaltigkeit, denn Nachhaltigkeit lässt sich in die Aspekte

- ökonomisch,
- ökologisch und
- gesellschaftlich

unterteilen. Jeder dieser Aspekte kann in unterschiedliche Themenbereiche unterschieden werden. Schon jetzt handelt jedes Unternehmen in jedem der drei Aspekte – die Unterschiede zwischen den verschiedenen Unternehmen liegen nur in der Tiefe der Betrachtung.

Grundsätzlich definiert sich ein Unternehmen durch das Maß der umgesetzten, auf Nachhaltigkeit konzipierten Projekte/Ziele als nachhaltig. Dabei ist ein Unternehmen jedoch nur dann (ganzheitlich) nachhaltig, wenn es alle drei Aspekte in einer Mindestform umgesetzt hat. Die Nachhaltigkeit eines Unternehmens lässt sich aus diesem Gedanken heraus als drei Säulen darstellen (siehe Abb. 1), welche das Unternehmen tragen (Deutscher Bundestag 2004).

Das Problem mit dieser Darstellung liegt in seiner Starrheit: Sobald eine Säule kleiner (schmaler, kürzer) wird und dazu eine andere Position einnimmt, entsteht ein wackliges Konstrukt. Die Nachhaltigkeit gerät in Gefahr, obwohl sich das Unternehmen mit Nachhaltigkeit beschäftigt und in allen drei Aspekten Projekte umgesetzt hat.

Die Gefahr ist jedoch ein rein darstellendes Problem, denn ein Unternehmen kann sehr wohl nachhaltig sein, obwohl nicht alle drei Aspekte mit der gleichen Intensität verfolgt werden. So hat eine Organisation wie die Tafel Deutschland einen von Grund auf eher sozialen Ansatz, während sich zum Beispiel ein Energieversorger, der sich die Versorgung seiner Kunden mit 100 % Strom aus erneuerbaren Energien auf die Fahne schreibt, eher im ökologischen Aspekt zu Hause wähnt. Unternehmen, wie häufig familiengeführte KMU im produzierenden Bereich, denken eher an eine langfristige Existenz, was mindestens ein gesundes Maß an ökonomischer Nachhaltigkeit voraussetzt. Im Gegensatz dazu wird es schwierig, ein an der Börse gehandeltes Unternehmen (im ökonomischen Aspekt) als nachhaltig zu bezeichnen.

Das Drei-Säulen-Modell nach John Elkington (1999) ist also nur begrenzt sinnvoll – es braucht mehr Variabilität, welches durch ein Schnittmengenmodell möglich (Abb. 2) wird (Kleine 2008, S. 76).

Dieses Modell zeigt deutlich, dass die Aspekte der Nachhaltigkeit variabel gestaltet und ausgefüllt werden können. Die einzelnen Themenbereiche können sehr viel besser dimensioniert werden und dennoch gleichzeitig eine Nachhaltigkeit erreicht werden.

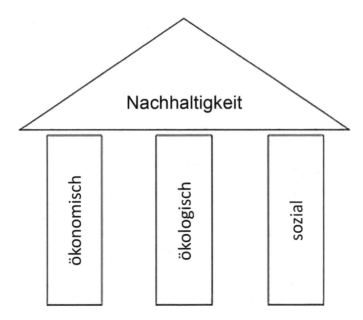

Abb. 1 Säulendiagramm Nachhaltigkeit

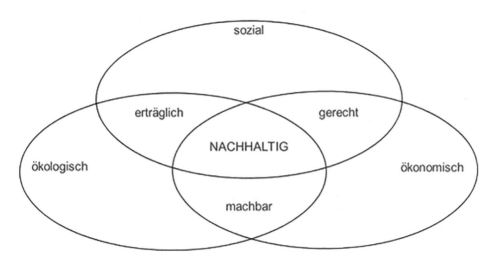

Abb. 2 Schnittmengenmodell Nachhaltigkeit

Eine noch detailliertere Darstellung gelingt durch das Nachhaltigkeitsdreieck (Abb. 3) (Kleine 2008, S. 74).

Die drei Seiten des Dreiecks stellen die Gewichtung des jeweiligen Aspekts dar. Die Summe der drei Seiten ergibt dabei immer 100 %. Je nach Wahl der Gewichtung der einzelnen Aspekte kann sich ein Unternehmen im Kontext der Nachhaltigkeit also als stark sozial definieren oder auch vorwiegend ökologisch.

Auch wenn ein Aspekt vielleicht nicht ernsthaft als wichtig angesehen wird, so heißt dies jedoch nicht, dass der Aspekt komplett unwichtig ist – die Berücksichtigung all der Aspekte mit den dazu gehörenden Themenbereichen erfolgt selbstverständlich dennoch. Auch hier sei ein an der Börse notiertes Unternehmen als Beispiel genannt. Es kann sich sozial ökologisch (nachhaltig) ausrichten, in der Gesamtbetrachtung wird das Fehlen der ökonomischen Nachhaltigkeit immer dazu führen, dass ein solches Unternehmen bei ganzheitlicher Betrachtung nicht nachhaltig ist bzw. sein kann. Hierzu wäre es notwendig, dass die Gesellschaft/Finanzwelt ökonomische Nachhaltigkeitsprojekte entsprechend würdigt (hohe Investitionen in Nachhaltigkeit dürften nicht zu Wertverlust führen). Ein Unternehmen mit dem Ziel der stetigen Gewinnsteigerung widerspricht gemäß oben stehender Definition der Nachhaltigkeit.

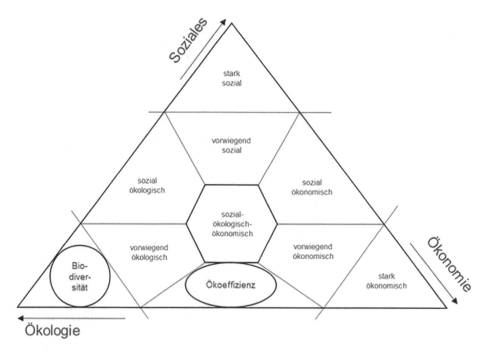

Abb. 3 Integriertes Nachhaltigkeitsdreieck

3 CSR-Ziel: Die Vision als Basis für zukünftiges Handeln

Das Nachhaltigkeitsdreieck stellt eine gute Basis für Unternehmen dar, um zu entscheiden, welche Nachhaltigkeitsidentität es haben möchte. Diese Identität kann auch als Unternehmensidentität (Corporate Identity – CI) angesehen werden und basiert letztlich auf der CSR des Unternehmens. Aber es soll hier nicht um die Bezeichnungen gehen, sondern um die Inhalte und um die Frage, wie das eigene Unternehmen in Bezug auf die Nachhaltigkeit aussehen möchte.

Hierzu muss das Unternehmen zuerst einmal entscheiden, wie es sich positionieren möchte (siehe Nachhaltigkeitsdreieck). Anschließend müssen die das Unternehmen betreffenden Themenbereiche identifiziert und mit einem Ziel-Zustand definiert werden. Diesen Zustand zu definieren klingt recht einfach, weil natürlich die Möglichkeit besteht, einfach zu sagen, dass das Unternehmen zum Beispiel nur noch CO_2-neutrale Produkt verkaufen oder soziale verträgliche Arbeitszeiten realisieren möchte. Dabei stellt sich jedoch die Frage, wodurch genau sich das Erreichen des Teilziels definiert. Von grob zu detailliert ist es auf Managementebene notwendig, so genau wie möglich darzustellen, wie diese Nachhaltigkeit aussehen soll und welches die Prüfwerte sind.

Dies ist ein sehr theoretischer, aber elementarer Prozess, weil es das Unternehmen definiert und am Markt positioniert. Das Ziel kann dabei von zwei Seiten aus angegangen werden:

1. Was erwartet der Kunde?
2. Was will ich als Unternehmen unabhängig vom Kunden darstellen?

Beide Ansätze haben ihre Vor- und Nachteile. So muss sich das Unternehmen bei Ansatz 1 damit beschäftigen, was der Kunde möchte bzw. fordert, wobei es hier deutliche Unterschiede zwischen B2B und B2C gibt. Weiß das Unternehmen überhaupt, was der Kunde möchte? Im B2B ist dies häufig durch entsprechende Vorgaben der Kunden definierbar, im B2C kann es passieren, dass die Kundengruppe seine Meinung plötzlich ändert, worauf das Unternehmen dann reagieren muss. Dieses "Problem" hat das Unternehmen bei Ansatz 2 nicht – allerdings besteht hier die Gefahr, dass sich das Unternehmen auf eine Art und Weise positioniert, welche dazu führt, dass seine Produkte nicht gekauft werden.

Das Unternehmen ist also gezwungen, eine Abwägung und einen Abgleich der wesentlichen Merkmale beider Ansätze vorzunehmen: Was will ich als Unternehmen im Nachhaltigkeitskontext darstellen (Unternehmens-CI) und wie groß ist meine potenzielle Kundengruppe? Nicht unerwähnt sei hier die Komplexität im B2B, in der ein Unternehmen durchaus durch seine Kunden „gezwungen" sein kann, eine Unternehmens-CI zu entwickeln, die es eigentlich nicht haben möchte, jedoch durch die Kundenvorgaben erfüllen muss. Selbstverständlich besteht in einem solchem Fall die Möglichkeit, seine Produktpalette in Richtung einer neuen Kundengruppe bzw. eines neuen Markts zu entwickeln.

4   Nachhaltigkeitskaskade: Die effiziente Mission zum CSR-Ziel

Parallel oder anschließend an die Definition des CSR-Ziels ist es notwendig, die gleichen Fragen an den IST-Zustand zu stellen, dies ggf. auch unter Einbindung des Personals. Aus der Gegenüberstellung von IST-Zustand und Ziel ergeben sich automatisch die Aufgaben, die zu erledigen sind. Jede Aufgabe wird dabei Auswirkungen auf andere Bereiche und ggf. dort verortete Aufgaben haben und selbst von mindestens einer Randbedingung abhängig sein. Werden alle Aufgaben/Projekte mit seinen Abhängigkeiten grafisch dargestellt, so ergibt sich ein Schaubild, welches unter Berücksichtigung der Gewichtung der Aspekte eine Reihenfolge der einzelnen Aufgaben/Projekte aufzeigt. Diese Vorgehensweise führt dazu, dass in Abhängigkeit von den verfügbaren Ressourcen auf die schnellste Art und Weise das Unternehmen den Nachhaltigkeitszustand erreicht, den das CSR-Ziel definiert hat. Abb. 4 zeigt ein Beispiel für eine einfache Darstellung, die ich als Nachhaltigkeitskaskade bezeichne (ReNOB 2018).

Der Sinn hinter der Nachhaltigkeitskaskade soll an einem kleinen Beispiel erläutert werden, weshalb an dieser Stelle vorerst keine Erläuterung erfolgt. Diese ergibt sich aus dem folgenden Kapitel.

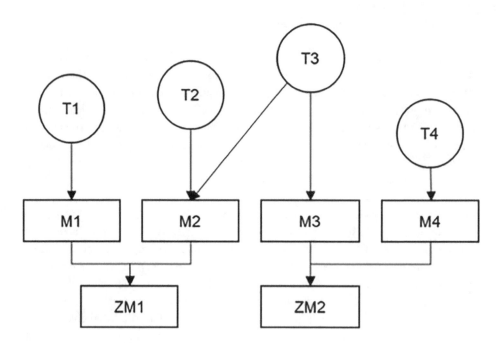

Abb. 4 Nachhaltigkeitskaskade

5 Beispiel zur Nachhaltigkeitskaskade

IST-Zustand

Allgemein bzw. aus Unternehmersicht: Unser Unternehmen XY aus der Großstadt B gehört zu den kleinen Unternehmen mit 20 Mitarbeitern, die in einem Einschichtbetrieb eine Verpackung für Druckerpatronen produziert. Hierfür erhält es von einem Zulieferer ein Granulat, welches in einer entsprechenden Anlage erwärmt und in Form gepresst wird. Anschließend kühlen die fertigen Formteile ab, werden verpackt und ausgeliefert. Die Mitarbeiter haben jederzeit die Möglichkeit, sich bei Problemen an ihre Vorgesetzen zu wenden, Probleme werden nicht ignoriert. Die Mitarbeiter kommen mit dem eigenen Auto und parken auf einem kleinen firmeneigenen Parkplatz mit ausreichend Stellplätzen für jedes Fahrzeug. Aufgrund des Einschichtbetriebs gibt es keine Kantine und die sanitären Räume beschränken sich auf das Nötigste – die meisten Mitarbeiter duschen nicht im Unternehmen. Durch die historische Entwicklung ist das Unternehmen Teil eines börsennotierten Unternehmensverbunds.

Die IST-Situation aus Mitarbeitersicht (Kurzform, zum Beispiel als Ergebnis eines Fragebogens):

- Der Pausenraum könnte eine kleine Küchenzeile mit ordentlichen Küchengeräten gut vertragen.
- Die grundsätzliche Möglichkeit des Duschens wäre schön, da vor allem im Sommer das Umziehen ohne Duschen dazu führt, dass oftmals zu Hause geduscht und die private Kleidung in die Wäsche muss.
- Der Parkplatz hat zu kleine Stellflächen und liegt zu sehr abseits vom Eingang, sodass die Mitarbeiter bei Regen derart nass werden, dass die Kleidung bis Schichtende teilweise nicht wieder trocken wird (keine Möglichkeit zum Trocknen).
- Vielfach sind Verbesserungsvorschläge unterbreitet worden, diese wurden jedoch mit Hinblick auf eine angespannte Finanzsituation nicht weiterverfolgt (das Tagesgeschäft ist wichtiger).

Das CSR-Ziel

Auch hier soll zuerst einmal geschaut werden, was sich der Unternehmer vorstellt: Die Auftragslage ist wegen mehrerer Kunden konstant, es gibt zwar immer mal wieder Ausreißer, aber grundsätzlich kann eine kontinuierliche Beschäftigung der Mitarbeiter gewährleistet werden. Allerdings erhöht sich der Druck vonseiten der Endkunden, die die Druckerpatronen kaufen. Daher soll die Verpackung unter ökologischen Aspekten angepasst werden. Neben gestalterischen Möglichkeiten soll auch das Material hinsichtlich einer besseren Wiederverwertbarkeit geprüft werden. Es besteht ein mögliches Unbehagen bei den Mitarbeitern im Bereich der sozialen Räume (Küche und Umkleide). Oftmals sehen die Räume unordentlich aus, bei schlechter Witterung ist Kleidung zum Trocknen aufgehängt – da die Besprechungsräume für Geschäftstermine auf dem gleichen Gang liegen, ist der optische Eindruck leider manchmal nicht angemessen. Das Unternehmen liegt in einem vielbefahrenen Stadtteil, der gut an den öffentlichen Nachverkehr angeschlossen ist (U-Bahn, Bus). Da die Fahrzeuge auf dem Parkplatz sehr eng stehen, sollen die Mitarbeiter motiviert werden, verstärkt mit dem ÖPNV oder mit dem Fahrrad zur Arbeit zu kommen.

Aus Mitarbeitersicht wünschen sich diese eine Verbesserung der sozialen Räume entsprechend der Mängelliste (siehe IST-Zustand). Ein Teil der Belegschaft (vor allem aus dem administrativen Bereich) hat sich wiederholt positiv zu einer finanziellen Unterstützung des Unternehmens im Bereich der Fahrten zur Arbeit und nach Hause gewünscht – auch die Nutzung von Fahrrädern können sich einige Mitarbeiter vorstellen – durch fehlende Abstellmöglichkeiten wurde dies jedoch bisher immer wieder eingestellt.

Die Mission

In unserem Beispiel haben sich alle zum Unternehmen gehörenden Mitarbeiter und Verantwortliche zusammengesetzt und haben gemeinsame Ziele beschlossen:

- Den Mitarbeitern soll die Möglichkeit des Duschens gegeben werden.
- Um mehr Ordnung im sozialen Bereich zu schaffen, soll es die Möglichkeit geben, nasse/feuchte Kleidung zum Trocknen aufzuhängen.
- Der Parkplatz ist zu klein. Es sollen Firmentickets und Abstellplätze für Fahrräder und der Erwerb von Fahrrädern und Fahrzeugen mit der 1-%-Regelung geprüft werden. Auch die Anschaffung einer elektrischen Variante soll geprüft werden.
- Gemeinsam mit dem Granulatlieferanten soll ein Projekt gestartet werden, dass einen Materialkreislauf ermöglichen soll, ohne dass dem Kunden zusätzliche Kosten entstehen.
- Es soll geprüft werden, ob das Verpackungsmaterial auch auf Basis erneuerbarer Rohstoffe möglich ist.

Diese kurze Liste lässt sich nun gemäß der Abb. 4 darstellen, wobei noch die Gewichtung fehlt. Alle Beteiligten sind sich darüber im Klaren, dass kein zu großes finanzielles Risiko eingegangen werden soll, da die finanziellen Reserven keine großen Experimente zulassen. Dennoch sind sich Unternehmen und Mitarbeiter darüber einig, dass eine Verbesserung der Sozialräume zum einen die Stimmung deutlich verbessern und zum anderen zu einer deutlichen Anhebung des optischen Eindrucks bei Geschäftspartner führen wird.

Die Beteiligten haben in unserem Beispiel also besprochen, dass der gesellschaftliche Nachhaltigkeitsaspekt – hier dargestellt durch die Themen Parkplatz und Sozialräume – am wichtigsten ist, gefolgt vom ökonomischen Aspekt in Form der Kreislaufwirtschaft (welche unabhängiger von Marktpreisen für Rohöl ist) und am Ende erst kommen direkt-ökologische Themen, hier die Rohstoffe und Energien aus erneuerbarer Herkunft.

Die Nachhaltigkeitskaskade

Schauen wir uns noch einmal die Kaskade aus Abb. 4 an und weisen den Themen, Maßnahmen und Zielmaßnahmen die jeweiligen Ergebnisse der Besprechung zu, so ergibt sich die Abb. 5.

Wir bleiben der Einfachheit halber bei den Themen Sozialräume und Parkplatz. Es ergibt sich eine relativ einfache Abhängigkeit der einzelnen Maßnahmen/Umsetzungsschritte, um am Ende die drei Themen Sozialräume, Parkplatz und erneuerbare Energien zusammenzubringen. Dabei zeigt die Darstellung gut, dass das Thema erneuerbare Energie zwar nicht die höchste Gewichtung hat, dennoch durch die sich ergebenden Projekte letztlich doch wichtig ist. Im konkreten Beispiel stellt sich nämlich die Frage, ob und in welchem Umfang das Unternehmen Fahrräder und Pkw als E-Variante zulässt, ggf. auch als steuerliche 1-%-Variante.

Schauen wir uns die Reihenfolge der Maßnahmen an, so sehen wir, dass nicht mit dem Thema Sozialräume begonnen werden sollte, auch wenn dieses Thema innerhalb des Unternehmens die höchste Priorität erhalten hat. Noch einmal zur Erinnerung: Die Gewichtung der Aspekte und der damit verbundenen Themen im Rahmen des Nachhaltigkeitskontextes ergibt die theoretische Reihenfolge. Die einzelnen Projekte zeigen aber, dass wir mit dem Thema mit der zweithöchsten Gewichtung anfangen müssen,

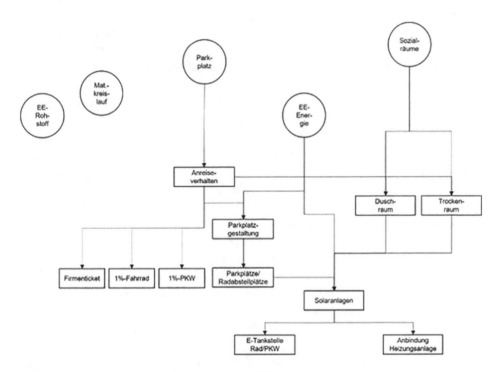

Abb. 5 Nachhaltigkeitskaskade im Unternehmen XY

wenn wir das Thema mit der höchsten Gewichtung realisieren wollen. Unser Ziel ist es ja, zuerst den Mitarbeiter das Duschen und die Möglichkeit zum Trocknen nasser Kleidung zu ermöglichen.

Die Kaskade zeigt also folgende Vorgehensweise:

1. Interne Klärung der Art und Weise des Arbeitswegs. Diese Betrachtung muss über das ganze Jahr erfolgen, da es durchaus möglich ist, dass Mitarbeiter im Sommer eine andere Möglichkeit nutzen wollen. Als Beispiel sei hier der Sommer mit Fahrrad und der Winter mit ÖPNV genannt.
2. Direkt aus dem Anreiseverhalten der Beschäftigten ergibt sich die Dimensionierung von Dusch- und Trockenraum sowie der Parkplatzgestaltung, denn in allen drei Fällen ist bekannt, wie viel Platz benötigt wird. Für den Duschraum und den Trockenraum bleiben nach Anschluss an das Heizungssystem keine weiteren Projekte mehr übrig – das wichtigste Thema innerhalb unserer Nachhaltigkeitskaskade ist damit abgeschlossen.
3. Parallel oder nachgelagert kann die Neugestaltung des Parkplatzes beginnen. Und genau jetzt kommt etwas zum Tragen, was für die Nutzung einer Nachhaltigkeitskaskade spricht. Wenn unser Unternehmen nicht bereits weiß, ob es für die Mitarbeiter eine E-Tankstelle (für Pkw und Fahrräder) anbieten möchte, so würde der Parkplatz jetzt ggf. ohne die Berücksichtigung einer entsprechenden Tankstelle geplant und realisiert. Warum es so wichtig ist, hier die E-Tankstelle zu berücksichtigen, soll folgendes Beispiel verdeutlichen: Stellen Sie sich vor, der Parkplatz wird neugestaltet, wozu auch gehört, dass der Parkplatzbelag erneuert wird. Hierzu muss der Untergrund geöffnet werden. Wenn das Unternehmen weiß, dass es auf jeden Fall eine E-Tankstelle realisieren will, so ist es aus finanzieller Sicht sinnvoll, schon jetzt zu wissen, wo und wie viele Tanksäulen bzw. Stromanschlüsse für die Pkw bzw. Fahrräder notwendig sind, damit die entsprechenden Kabel schon einmal verlegt werden können. Wird dies nicht gemacht, so wird unter Umständen im Nachgang der Untergrund noch einmal geöffnet werden müssen. Das hier unwichtigere Thema erneuerbare Energien hat also einen Einfluss auf ein Thema, dass im Vorhinein als wichtiger eingeschätzt wurde. Die grafische Beschäftigung mit den Zusammenhängen zeigt diesen Zusammenhang deutlich und ermöglicht eine Prüfung.
4. Nach der Gestaltung des Parkplatzes folgt die Realisierung, wobei auch hier schon berücksichtigt wird, ob, wo und wie erneuerbare Energien eingebunden werden. So kann es einen Teil überdachte Parkplätze bzw. Stellplätze für Fahrräder geben, die als Untergrund für Solaranlagen (thermisch und elektrisch) genutzt werden können, sofern das Dach des eigentlichen Gebäudes keine entsprechenden Flächen zulässt oder eine Anbindung teurer wird.
5. Zuletzt, aber auch schon früher möglich, kann unser Unternehmen aus finanzieller Sicht, und damit haben wir hier einen ökonomischen Aspekt, den Mitarbeitern anbieten, entsprechende Fahrzeuge über die 1-%-Regelung zur Verfügung zu stellen und auch das Firmenticket beim örtlichen Verkehrsbetrieb zu organisieren.

6. Je nach Wunsch und finanzieller Möglichkeit kommt zum Schluss die Anbindung der Solaranlagen an die Heizungsanlage bzw. die Einrichtung der E-Tankstelle bzw. Stromanschluss für die Fahrräder.

Das Beispiel ist sehr stark im gesellschaftlichen Aspekt gelagert und es stellt sich natürlich zu Recht die Frage, warum ein Unternehmen solche Projekte umsetzen sollte. Genau hier kommt aber das Nachhaltigkeitsdreieck und die Ausrichtung des Unternehmens zum Tragen: In unserem Beispiel sind die Projekte nur deshalb in der Form wichtig gewesen, weil das Unternehmen beschlossen hat, dass der gesellschaftliche Aspekt der Nachhaltigkeit einen hohen Stellenwert haben soll. Natürlich gibt es auch einen unternehmerischen Aspekt, der hier zum Beispiel in der Zufriedenheit der Mitarbeiter zu sehen sein kann. Gerade in Zeiten von branchenspezifischen Fachkräftemangel kann ein nachhaltiges gesellschaftliches Engagement der Unternehmensführung zu einer nachhaltigen Existenz (ökonomische Nachhaltigkeit) führen und es zeigt sich, dass gleichzeitig auch Projekte im ökonomischen Aspekt umgesetzt werden können.

Eines ist aber auch klar: Sind dem Unternehmen die Belange der Mitarbeiter egal oder maximal weniger wichtig und es konzentriert sich eher auf die ökonomischen oder ökologischen Belange, so wird die Kaskade eine andere Reihenfolge der Projekte ergeben. Dies heißt aber wiederum nicht, dass nicht dennoch Duschräume eingerichtet und mit Solarwärme versorgt werden. Es ergibt sich lediglich eine andere Reihenfolge der Projekte. Eine rein finanzielle Betrachtung im Rahmen unseres Beispiels würde mit hoher Wahrscheinlichkeit dazu führen, dass es keine Veränderung beim Parkplatz und bei den Sozialräumen gibt, stattdessen ggf. aber interne Anweisungen an das Verhalten (Ordnung halten etc.). Finanziell ist das Beispiel sicher für jedes Unternehmen eine Herausforderung, allerdings führt die Vorgehensweise schnell und (finanziell) effizient zum gewünschten CSR-Ziel.

Werden Projekte entlang der Einflussparameter und der Gewichtung der Aspekte im Kontext des CSR-Ziels abgearbeitet, ergeben sich allgemein folgende Vorteile:

1. Schnelles Erreichen des primären CSR-Ziels
2. Gesamtwirtschaftliche Effizienz durch aufeinanderfolgende Realisierung der voneinander abhängigen Projekte

Es gibt jedoch auch einige Eigenschaften dieses Vorgehens, welche als Nachteil bezeichnet werden können:

1. Am Anfang stehen meist langfristige Investitionen, die ggf. keine sofortige positive finanzielle Auswirkung haben, dafür aber eine schnelle Annäherung an das CSR-Ziel erzeugen. Dies ist in unserem Beispiel gut zu sehen. Als positiv kann – wenn gewollt – die Nutzung im Bereich Marketing angesehen werden.
2. Das Erreichen des CSR-Ziels ist ein langfristiger Prozess und kann dazu führen, dass innerhalb des Unternehmens ein grundsätzliches Umdenken hinsichtlich der Zeithorizonte erfolgen muss.

6   Die operative Umsetzung der Mission

Die Nachhaltigkeitskaskade ist lediglich eine Darstellung der notwendigen Projekte und Zusammenhänge und kann gut als Überblick genutzt werden – die Umsetzung muss aber durch das Management des Unternehmens organisiert und überwacht werden. Hier bietet sich ein Prozess an, wie er als Basis für die ISO-Normen standardisiert wurde: der kontinuierliche Verbesserungsprozess KVP. Dieser zeichnet sich dadurch aus, dass sich ein Unternehmen vornehmlich auf Managementebene regelmäßig und dauerhaft mit einem bestimmten Thema beschäftigt und durch das Definieren von Zielen und deren Prüfung eine kontinuierliche, thematische Weiterentwicklung vollzieht.

Die International Organization of Standardization (ISO) hat dieses Prinzip in seine Grundstruktur ihrer Normenreihen aufgenommen und in Form des sogenannten PDCA-Zyklus vereinheitlicht. PDCA ist dabei ein Akronym und steht für die englischen Wörter **P**lan, **D**o, **C**heck, **A**ct (Planen, Umsetzen, Kontrollieren, Anpassen). Derzeit werden alle ISO-Normen in eine einheitliche Struktur gebracht (High Level Structure).

Oftmals haben Unternehmen eine (oder sogar mehrere) ISO-Normen im Unternehmen implementiert, die immer einen direkten Bezug zur Branche haben. Darauf aufbauend bietet sich die Implementierung eines übergeordneten Nachhaltigkeitsmanagementsystems auf Basis der High Level Structure der ISO-Normen an. Die ggf. bereits existierenden ISO-Systeme können als Teil des übergeordneten Systems weitergeführt werden und die Teilbereiche inhaltlich und organisatorisch abdecken.

Darüber hinaus unterliegen bestimmte Unternehmen der EU-Richtlinie 2014/95/EU, der sogenannten CSR-Richtlinie, in welcher die Anforderungen an ein jährliches Berichtswesen geregelt sind (CSR 2014). Die sich daraus ergebende Berichtspflicht, aber auch eine intern beschlossene Selbstverpflichtung für ein entsprechendes Berichtswesen wird durch einen entsprechenden Nachhaltigkeits-/CSR-Manager überwacht, der in enger Abstimmung mit den Beauftragten der anderen Managementsysteme agiert.

Je mehr Themen im System enthalten sind, umso komplexer wird die Datenhaltung, wobei zu berücksichtigen ist, dass viele Daten an unterschiedlichen Stellen zum Einsatz kommen können. So kommen Daten zum Personaleinsatz nicht nur beim Thema Arbeitsschutz, sondern auch bei den Themen Qualität, Umwelt und Energie zum Einsatz. Es bietet sich daher an, eine zentrale Software für das Nachhaltigkeitsmanagementsystem einzusetzen, auf dem alle weiteren Themen aufbauen können. Damit wird klar, dass ein Nachhaltigkeitsmanagement auch die Basis für die digitale Transformation eines Unternehmens darstellen kann.

Eine im Sinne des Nachhaltigkeitsmanagements eingesetzte Software sollte bestimmte Anforderungen erfüllen (T. Fleissner et al. 2018, S. 39). Hierzu gehören unter anderem

- die Darstellung der unternehmensinternen Kennwerte und damit die Bereitstellung und Dokumentierbarkeit der für die Berechnung notwendigen Zahlen,
- die zur Verfügungstellung und ggf. die Erstellung von Berichten, wie sie zur Erfüllung rechtlicher Vorgaben notwendig sind,

- der sichere Zugriff auf die Daten entsprechend den Sicherheitsaspekten des Unternehmens,
- Schnittstellen zur Produktion.

Darüber hinaus sollte die Software natürlich ein benutzerfreundliches Design ebenso wie eine entsprechend logische Nutzbarkeit aufweisen. Aber auch die Pflege und Instandhaltung der Software selbst sowie die notwendigen Ressourcen im Unternehmen spielen eine Rolle, denn die Software selbst muss den CSR-Anforderungen des Unternehmens genügen. Die Anforderungen an die Managementsoftware ergeben sich aus den CSR-Zielen und können durch eine tief gehende Auseinandersetzung mit den unternehmensinternen Anforderungen genau definiert werden, sodass eine entsprechend optimal konzipierte Software zum Einsatz kommen kann.

Trotz aller Notwendigkeit für eine Softwarelösung darf die Wichtigkeit der Mitarbeiter in einem solchen Prozess nicht unterschätzt werden. Das Potenzial der besten und sinnvollsten Technik kann nur durch die Mitarbeiter abgerufen werden. Sehen diese keinen Sinn im Erreichen des CSR-Ziels, so sperren sie sich im Extremfall gegen das neue Vorgehen und es kommt – oftmals ungewollt – zu einer inneren Blockade und Abwehr. Von Anfang an ist es daher wichtig, dass sich das Management als Vorbild mit dem Thema beschäftigt, die Mitarbeiter mitgenommen und in den Prozess integriert werden, damit CSR nicht nur in der Managementebene existiert, sondern das Unternehmen – repräsentiert durch jeden einzelnen Mitarbeiter – sich zu einem nachhaltigen Unternehmen hin entwickelt und somit konkurrenzfähig bleibt.

7   Zusammenfassung

Das Erreichen eines CSR-Ziels ist gesellschaftlich als notwendig identifiziert und immer mehr Unternehmen müssen oder wollen sich ein wenig oder intensiver mit dem Thema Nachhaltigkeit beschäftigen. Unabhängig vom Hintergrund der Beschäftigung bietet sich für Unternehmen die Chance, ihre CI nachhaltig zu gestalten und gleichzeitig eine Struktur auf Ebene des Managements einzurichten, die ein effizientes Erreichen des CSR-Ziels ermöglicht.

Hierfür kann das Unternehmen ein Managementsystem auf Basis des PDCA-Zyklus nutzen, welcher auf dem kontinuierlichen Verbesserungsprozess basiert und in der High Level Structure der ISO-Normen dargestellt wird. Die notwendigen Projekte zum Erreichen und Erhalten des CSR-Ziels können im Rahmen einer Nachhaltigkeitskaskade dargestellt werden. Gleichzeitig ergibt sich durch die Darstellung und Verknüpfung der einzelnen Projekte ein Bild der Einflussparameter untereinander und daraus abgeleitet eine Mission, welche sich durch eine Reihenfolge der einzelnen Projekte definiert.

Werden die Projekte derart umgesetzt, dass die Projekte jeweils keine offenen Einflussparameter aus anderen Projekten haben, so werden Mehrfachinvestitionen weitestgehend vermieden und ein schnelles Erreichen der primären CSR-Ziele erreicht. Dabei muss das Unternehmen aber in Kauf nehmen, dass vereinzelte Projekte keine direkte finanzielle Einsparung bewirken. Insgesamt muss dem Unternehmen klar werden, dass eine reine Sicht auf finanzielle Liquidität und Gewinnmaximierung dem Streben nach Nachhaltigkeit entgegensteht und das Erreichen des CSR-Ziels verhindert.

Literatur

CSR (2014) EUR-Lex. https://eur-lex.europa.eu/legal-content/DE/TXT/?uri=CELEX:32014L0095

Elkington J (1999) Cannibals with Forks: The Triple Bottom Line of 21st Century Business. Wiley/Capstone, Minnesota.

Fleissner T., Berger W., Thunitgut T. (2018) Wesentliche Aspekte im Lebenszyklus von Corporate-Social-Responsibility-Tools. In: Weber G., Bodemann M. (eds) CSR und Nachhaltigkeitssoftware. Management-Reihe Corporate Social Responsibility. Springer Gabler, Berlin, Heidelberg. https://doi.org/10.1007/978-3-662-57307-5_4

Kleine A (2009) Operationalisierung einer Nachhaltigkeitsstrategie: Ökologie, Ökonomie und Soziales integrieren. Kaiserslautern, Technische Universität, Dissertation (1. Aufl.): Gabler Edition Wissenschaft. Gabler. ISBN 978–3–8349–1552–8

ReNOB (2018) Online-Tutorial „Effiziente Ressourceneffizienz durch Nachhaltigkeit". https://youtu.be/4bmXlqKTXiQ; hochgeladen am 26.03.2018

Sachverständigenkommission die Weltkommission für Umwelt und Entwicklung (WCED) (kurz Brundtland-Kommsion) (1987) „Report of the World Commission on Environment and Development: Our Common Future". https://www.un-documents.net/wced-ocf.htm

Verein Deutscher Ingenieure (2012) Richtlinienreihe VDI 2067 „Wirtschaftlichkeit gebäudetechnischer Anlagen" Blatt 1: „Grundlagen und Kostenberechnung"

Wissenschaftliche Dienste des Deutschen Bundestages Nr. 06/2004 „Der aktuelle Begriff Nachhaltigkeit". http://webarchiv.bundestag.de/archive/2008/0506/wissen/analysen/2004/2004_04_06.pdf

Dipl.-Ing. Aiko Müller-Buchzik berät als selbstständiger Unternehmensberater KMU und Nicht-KMU zu den Themen Nachhaltigkeit und Ressourceneffizienz. Ziel seiner Beratungen ist die Erhöhung der Wertschöpfung zum Erhalt oder dem Ausbau der Marktposition des beratenen Unternehmens. Hierfür erstellt er Konzepte und gibt Hilfestellung für bereits operativ tätige Unternehmen ebenso wie im Rahmen der Planung. Bis zu Beginn seiner Selbstständigkeit arbeitete er knapp neun Jahre in den Beratungssegmenten Energiewirtschaft, Energie- und Materialeffizienz sowie Energiemanagementsysteme. Seit 2018 ist er Teil des Deutschen Energieberaternetzwerks (DEN e. V.) und engagiert sich dort im Kompetenzteam „Ressourceneffizienz". Sowohl im Kompetenzteam als auch generell im DEN e. V. ist er Ansprechpartner für das Thema Ressourceneffizienz.

Gesellschaftliche Unternehmensverantwortung (CSR) – alles kann man besser machen! Ein Plädoyer für „enkelfähige" Unternehmensführung

Im Dialog mit Familienunternehmerin Christiane Underberg

Martin Florian Müller und Katrin Keller

1 Hinführung – Enkelfähigkeit als wirtschaftlicher und politischer Maßstab einer nachhaltigen Zukunft

Es ist knapp zehn Jahre her, dass die Familienunternehmerin und langjährige Geschäftsführerin der Semper idem Underberg AG,[1] Christiane Underberg, im Rat für Nachhaltige Entwicklung (RNE)[2] der Bundesregierung Deutschland, den Begriff der „Enkelfähigkeit"[3] als neuen soziokulturellen, gesellschaftlich-menschlichen Maßstab einführte. Damit verbunden ist die Forderung und ein klares Bekenntnis dazu, das gegenwärtige

---

[1]Die Semper idem Underberg AG ist die Hauptgesellschaft des Familien- und Traditionsunternehmens Underberg, das mit seinen Kernmarken Underberg und Asbach sowie einigen weiteren Eigen- und Distributionsmarken zu einem der führenden deutschen Unternehmen im Bereich Spirituosen etabliert (Underberg 2019; Heider 2017, S. 171 ff.; Plate et al. 2011, S. 402 ff.).

[2]Der Rat für Nachhaltige Entwicklung (RNE) wurde erstmalig im April 2001 von der Bundesregierung mit dem Auftrag ins Leben gerufen, eine nationale Nachhaltigkeitsstrategie zu entwickeln. Dem Rat gehören 15 Personen des öffentlichen Lebens an, in den 2007 und 2008 auch die Familienunternehmerin Christiane Underberg berufen wurde.

[3]Der Begriff „Enkelfähig" bzw. „Enkelfähigkeit" geht auf Frau Christiane Underberg zurück, die diese Formulierung erstmalig in der konstituierenden Sitzung des Rates für Nachhaltige Entwicklung am 12. Juni 2007 im Bundeskanzleramt öffentlich gemacht hat.

M. F. Müller (✉)
Kompetenzzentrum für Personalentwicklung, Hildegard-Stiftung Trier, Vallendar, Deutschland
E-Mail: M.Mueller@hildegard-stiftung.de

K. Keller
FOM Hochschule für Oekonomie & Management, Hochschulzentrum Köln, Köln, Deutschland

© Springer-Verlag GmbH Deutschland, ein Teil von Springer Nature 2021
M. Schmitz (Hrsg.), *CSR im Mittelstand,* Management-Reihe Corporate Social Responsibility, https://doi.org/10.1007/978-3-662-61957-5_12

individuelle, politische und wirtschaftliche Denken und Handeln so auszurichten, dass auch zukünftige Generationen (Enkel) gute Voraussetzungen für ihr Leben und Arbeiten vorfinden können. Als grundlegendes Motiv und Kennzeichen der Nachhaltigkeits-debatte ist der Gedanke nicht neu und wird bereits im sogenannten Brundtland-Bericht[4] (1987) festgehalten. Hiernach wird Nachhaltigkeit als Entwicklung definiert, „die die Bedürfnisse der heutigen Generationen befriedigt, ohne zu riskieren, dass künftige Generationen ihre eigenen Bedürfnisse nicht befriedigen können" (Hauff 1987, S. 46). Generationenübergreifende Gerechtigkeit und Verantwortung sind zentrale Leit-dimensionen von Nachhaltigkeit (Michelsen und Adomßent 2014, S. 35). Ausmaß und Dynamik globaler Herausforderungen sowie weltweite Bewegungen wie Fridays for Future[5] verdeutlichen die Aktualität eines verantwortungsvollen Umgangs mit Natur und Menschen und die Konsequenzen verantwortungslos wahrgenommenen Ver-haltens. Die Umsetzung einer nachhaltigen und verantwortungsvollen Entwicklung lässt sich sowohl auf nationaler als auch internationaler Ebene als eher kontrovers charakterisieren. Der Austritt der USA aus der internationalen Klimaschutzvereinbarung von Paris, die Manipulation der Dieselmotoren bei Volkswagen oder die Übernahme des amerikanischen Saatgut- und Pestizidherstellers Monsanto durch den Leverkusener Chemiekonzern Bayer scheinen nur einige Beispiele aus jüngerer Vergangenheit für das Spannungsverhältnis zwischen wirtschaftlicher und politischer Einsicht bzw. Bekennt-nis zur Nachhaltigkeit einerseits und tatsächlicher Umsetzung andererseits zu sein. Das scheinbar vermehrte Aufkommen solcher Skandale in den vergangenen Jahren lässt sich auf verschiedene gesellschaftliche, unternehmerische und technologische Entwicklungen zurückführen (Verfürth 2016, S. 23 ff.). Durch den im Zuge der Globalisierungsdynamik sinkenden Einfluss ineffektiv gewordener Steuerungsversuche und Eingriffe von staat-licher Seite übernehmen Unternehmen zunehmend auch öffentliche Aufgaben und Funktionen. Somit nehmen sie aktiver am gesellschaftlichen Leben teil und geraten als Träger von Verantwortung, aber auch als Verursacher von Schäden stärker in den Fokus (ebd.). Unternehmen bekommen nicht nur Verantwortung zugeschrieben, sondern es wird auch lokal und global von ihnen eingefordert, den gesellschaftlichen Wohlstand zu

---

[4]Der Name des Berichts und der Kommission gehen auf die damalige Vorsitzende, die norwegische Ministerpräsidentin Gro Harlem Brundtland, zurück. Die Kommission identifiziert drei große Problembereiche nachhaltiger Entwicklung: den Raubbau an natürlichen Lebensgrund-lagen, die wachsende Ungleichheit und Armut sowie die Bedrohung von Frieden und Sicherheit. Daraus resultiert die Erkenntnis, dass sich Umwelt-, Wirtschafts- und soziale Aspekte gegenseitig bedingen, was die Grundlage des von der Enquete-Kommission (1998) eingeführten noch heute weitverbreiteten Drei-Säulen-Modells von Nachhaltigkeit darstellt (Michelsen und Adomßent 2014, S. 12–14; Balderjahn 2013, S. 12–16).

[5]Fridays for Future ist eine globale Schüler- und Studierendenbewegung, die von der schwedischen Schülerin und Klimaschutzaktivistin Greta Thunberg 2018 initiiert wurde und bei der Schüler-schaft und Studierende jeden Freitag während der Unterrichts- bzw. Vorlesungszeit für den Klima-schutz und gegen die aktuelle (inter-)nationale Klimapolitik demonstrieren. Die Partizipation der Schüler am politischen Geschehen während der Unterrichtszeit wird dabei immer wieder kontrovers diskutiert und kritisiert (Müller-Vogg 2019).

fördern und dabei sozial- und umweltgerecht zu handeln (Balderjahn 2013, S. 5). Eine solche unternehmerische Verantwortung gegenüber der Gesamtgesellschaft, einzelnen Teilgruppen und der natürlichen Umwelt findet Ausdruck im Leitbild der Corporate Social Responsibility (CSR) (Balderjahn 2013, S. 46).

Die wirtschaftliche Bedeutung des sogenannten Mittelstandes scheint in öffentlicher Wahrnehmung und Literatur unbestreitbar. Nicht selten finden sich Formulierungen, Artikel oder ganze Sammelbände, die den Mittelstand als Motor der deutschen Wirtschaft bezeichnen (Karcher 2018; Fahrenschon et al. 2015). Empirische Untersuchungen rekurrieren dabei jedoch häufig angesichts bestehender Schwierigkeiten einer Abgrenzung ausschließlich oder überwiegend auf Größenmerkmalen von mittelständischen Unternehmen und verfangen sich nicht selten in theoretischen Argumentationen, um die herausgehobene Innovations- und Wirtschaftskraft des Mittelstands zu bestätigen, die nicht selten von politischen Akteuren für Wahlkampfzwecke in Anspruch genommen werden (Berlemann und Jahn 2014).

> „So tief verwurzelt der Glaube in die außergewöhnliche Rolle des Mittelstands in der deutschen Politik auch ist, so dünn ist auch gleichzeitig die empirische Faktenlage. Zwar gibt es durchaus viele Untersuchungen zur Bedeutung und zur Rolle des Mittelstands. Da die amtliche Statistik aber kaum geeignete Daten bereit hält, um den Mittelstand sachadäquat abzugrenzen, greift ein Großteil der existierenden Studien ersatzweise allein auf Größenmerkmale von Unternehmen zurück. Typischerweise wird dabei der Mittelstand durch die Gruppe der kleinen und mittleren Unternehmen (KMU) approximiert" (Berlemann und Jahn 2014, S. 22).

Vor allem bestehende begriffliche Unschärfen und mangelnde Abgrenzung zu nahestehenden Begriffen wie klein- und mittelständische Unternehmen (KMU) oder Familienunternehmen können eine Generalisierung empirischer Ergebnisse erschweren. Angesichts der politisch forcierten Mittelstandsförderung scheint eine zukünftige weiterführende theoretische wie empirische Fundierung der Mittelstandsforschung angebracht und empfehlenswert (Berlemann und Jahn 2014, S. 27). Schätzungen und Zahlenangaben über die Größe des deutschen Mittelstands variieren, abhängig von der jeweils zugrunde liegenden Theorie und methodischen Vorgehensweise einer Studie.[6] Dennoch scheint weitgehend ein Konsens darüber zu bestehen, dass mittelständische Unternehmen mit – selbst vorsichtigen Schätzungen zufolge – über 80 % eine große Mehrheit in der deutschen Unternehmenslandschaft bilden (Berlemann et al. 2007). Als gesamtgesellschaftliche Aufgabe und kontinuierlicher offener – das heißt prinzipiell nicht abschließbarer – Prozess darf Corporate Social Responsibility nicht als genuine Aufgabe weniger Großunternehmen betrachtet werden.

---

[6]Das Institut für Mittelstandsforschung Bonn (IfM) ermittelt auf Grundlage ihrer KMU-Definition, dass kleine und mittlere Unternehmen im Jahr 2016 mit 99,5 % den Großteil des Unternehmensbestands in Deutschland darstellen. Zur Abgrenzung der KMU von Großunternehmen greift das IfM ausschließlich auf quantitative Kriterien wie den Jahresumsatz (unter 50 Mio. EUR) und die Beschäftigtenzahl (unter 500 Mitarbeitende) zurück.

„Corporate Social Responsibility ist in einer steten Entwicklung. Diese kontinuierliche Entwicklung ist nicht abgeschlossen und soll es auch niemals sein, will die Idee einer sich selbst erfindenden und befruchtenden Corporate Social Responsibility erhalten bleiben" (Schneider 2015, S. 23).

Vielmehr gilt es, die Idee gesellschaftlicher Unternehmensverantwortung in das Selbstverständnis sämtlicher Unternehmen aufzunehmen und im konkreten Handeln zu leben. Studien, wie beispielsweise die von der EU-Kommission 2007 in Auftrag gegebene Befragung zum „Gesellschaftlichen Engagement in kleinen und mittelständischen Unternehmen in Deutschland" belegen, dass der Mittelstand der Thematik aufgeschlossen gegenübersteht und in zahlreichen Teilbereichen gesellschaftlicher Unternehmensverantwortung bereits Aktivitäten und Maßnahmen vorweist, ohne dass diese dem Begriff CSR zugeordnet werden (Eichholz 2007). Dies gilt insbesondere für Familienunternehmen, die Stehr und Hartmann (2018) zufolge gesellschaftliche Verantwortung leben und zentrale Treiber für die Umsetzung und Weiterentwicklung von CSR sind.[7] Gerade der scheinbare Dualismus bzw. das Spannungsfeld zwischen Tradition und Innovation kann wertvolle Impulse zur Gestaltung und Umsetzung gesellschaftlicher Unternehmensverantwortung liefern (Altenburger und Schmidpeter 2018). Der transdisziplinäre Austausch mit dem Mittelstand, hierbei vor allem Familienunternehmen, hat daher nicht nur praxisrelevante Bedeutung, sondern bietet auch für eine weiterführende wissenschaftliche Auseinandersetzung mit CSR große Potenziale.

Vor diesem Hintergrund ermöglicht ein Interview mit Christiane Underberg chancenreiche und motivierende Einblicke in das Verständnis sowie die Ausgestaltung von CSR in Familienunternehmen. Als eine erfolgreiche deutsche Unternehmerin[8] setzt sich Christiane Underberg nicht nur für eine verantwortungsvolle und nachhaltige Unternehmensführung in einem spannungsreichen Unternehmensfeld ein, sondern engagiert sich auch ehrenamtlich in vielfältigen gesellschaftlich-kulturellen Bereichen und beriet von 2007 bis 2008 als Mitglied des Rats für Nachhaltige Entwicklung die Bundesregierung Deutschland bei der Gestaltung und Umsetzung ihrer nationalen Nachhaltigkeitsstrategie. Unternehmerisch sowie persönlich lebt Christiane Underberg die von ihr eingeführte und geforderte „Enkelfähigkeit" und ist damit eine Vordenkerin und Vormacherin gesellschaftlicher Unternehmensverantwortung.

---

[7]Eine Übersicht und Einschätzung qualitativ-empirischer Fallstudien zu CSR in Familienunternehmen geben Kuttner und Feldbauer-Durstmüller (2018), die anhand einer systematischen Literaturanalyse den Fragen nachgehen, welche Erkenntnisse gegenwärtige Fallstudien liefern und inwieweit sich daraus Implikationen für das Forschungsfeld ableiten lassen (Kuttner und Feldbauer-Durstmüller, S. 17–38).

[8]Das Spirituosenunternehmen Underberg hat es geschafft, sich seit der Gründung 1846 in Rheinberg erfolgreich am Markt zu behaupten. Von Emil Underberg II. stammt das Motto des unternehmensweiten Leitbildes: „Alles kann man besser machen."

2 Definitorische Spannungsverhältnisse – Abgrenzungen und Übergänge im Kontext von Mittelstand und CSR

Trotz der großen wirtschaftlichen Bedeutung des Mittelstandes und gesamtgesellschaftlichen Relevanz von CSR scheint sich in den Wissenschaften noch immer keine konsensfähige, allgemeingeltende Definition durchgesetzt zu haben. So existieren sowohl im Kontext des Mittelstandes als auch im Kontext CSR begriffliche Unschärfen, Ungenauigkeiten und Abgrenzungsschwierigkeiten zu artverwandten Termini, wie beispielsweise kleine und mittlere Unternehmen (KMU), Familienunternehmen, Nachhaltigkeit, Corporate Responsibility, Corporate Citizenship, Corporate Governance oder Corporate Volunteering (Wimmer 2009, S. 6; Verfürth 2016, S. 34 f.; Polterauer 2010, S. 203; Loew et al. 2004, S. 8). Die Unbestimmtheit von CSR macht es auch der betrieblichen Praxis schwer, eindeutige Richtlinien und Strategien für die Umsetzung gesellschaftlicher Unternehmensverantwortung zu definieren. Daher scheint eine Verhältnisbestimmung der Termini für eine nachhaltige Umsetzung von CSR zielführend.

2.1 Mittelstand und Familienunternehmen

Wie einleitend beschrieben, scheint die Bedeutung mittelständischer Unternehmen für die nationale und internationale Wirtschaft unstrittig (Sharma et al. 2012; Stehr 2015; Stiftung Familienunternehmen 2016). Insbesondere Familienunternehmen scheinen neben ihrer wirtschaftlichen Bedeutung eine identitätsstiftende Wirkung für große Teile einer Gesellschaft zu haben, deren Potenzial von politischer Seite erkannt und genutzt wird.

> „Familienunternehmen wird in den Reden eine gewisse ‚Kleinheit‘, ‚Regionalität‘, ‚Heimatliches‘, eben ‚Familiäres‘ in Zeiten der turbulenten Globalisierung zugeschrieben. Damit einher geht jedoch zwingend eine Signifikation der ‚Provinzialität‘, die dazu beitragen könnte, dass Familienunternehmen im öffentlichen Diskurs als ‚Hidden Champions‘ gegenüber ‚Publikumsgesellschaften‘ gelten" (Schatilow 2014, S. 21).

Nicht zuletzt tragen solche politisch aufgeladenen Formeln zu einer diffusen und verklärenden Begriffslandschaft bei, bei der Familienunternehmen mit kleinen und mittleren Unternehmen gleichgesetzt werden und zu *dem* Mittelstand kumulieren. Entgegen nahe liegender Assoziationen aufgrund der Unternehmensgröße zählen auch große Familienunternehmen wie Oetker, Freudenberg, Haniel, Bertelsmann oder eben auch Underberg in der wirtschaftspolitischen Auseinandersetzung nicht zu den börsennotierten Publikumsgesellschaften, sondern zum Mittelstand (Wimmer 2009, S. 6). Die Stiftung Familienunternehmen (2011) kommt zu dem Ergebnis, dass über 90 % der Unternehmen sich unter die Kategorie „Familienunternehmen" subsumieren lassen, aber jedes dritte Familienunternehmen nicht die Kriterien eines kleinen und mittleren

Unternehmens erfüllt.[9] Wenngleich die Übergänge zwischen beiden Unternehmenstypen fließend sind und sich gegenwärtig nur unzureichend trennscharf skizzieren
lassen, handelt es sich bei Familienunternehmen um einen „besonderen Typus von Wirt-
schaftsorganisation" (Wimmer 2009, S. 5). Kirchdörfer (2011) zufolge sind Größe und
Rechtsform untergeordnete Kriterien bei der Definition eines Familienunternehmens[10],
vielmehr spielt der Einfluss der Familie über Eigenkapital, Kontrolle, Werte und
Management eine große Rolle. Demnach gelten Unternehmen als Familienunternehmen,
wenn

> „unmittelbar oder mittelbar mehrheitlich (im Sinne der regelmäßigen Kapital- oder Stimm-
> rechtsmehrheit in den Gesellschafterversammlungen) eine oder mehrere Familien beteiligt
> sind, die untereinander verwandtschaftlich […] oder dadurch, dass sie […] eine familien-
> übergreifende, auf das Unternehmen bezogene Familientradition oder Unternehmens-
> strategie verfolgen […] verbunden sind. Zudem muss (müssen) die(se) Familie(n) in
> bestimmter Weise einen nachhaltigen Einfluss auf die Strategie des Unternehmens nehmen,
> sei es durch direkte Einflussnahme der Gesellschafterversammlung auf die Geschäfts-
> führung, sei es über einen Beirat oder über Vertreter im Aufsichtsrat oder sei es über die
> Vertretung der Familie im Geschäftsführungsorgan" (Kirchdörfer 2011, S. 32).

Familienunternehmen lassen sich zusammenfassend durch eine enge Koevolution
der Systeme Unternehmen und Familie charakterisieren, die einander wechselseitig
bedingen (Wimmer 2009, S. 8). Einerseits spiegeln sich im Unternehmen familiale
Strukturen, Muster und Formen wider, andererseits „prägt ein unternehmerischer Habitus
auch das Denken und Handeln in der Familie, wodurch besondere Verhaltensweisen
und Abläufe im privaten Umfeld entstehen" (Pirmanschegg 2016, S. 49). Unternehmen
und Familie bilden eine unauflösbare Einheit. Die enge Verbundenheit von Familie
und Unternehmen birgt einerseits ein hohes Chancenpotenzial und liefert andererseits
die Grundlage etwaiger Spannungen und Risiken. Unternehmerfamilien sind häufig
im eigenen Unternehmen sowohl physisch als psychisch sehr präsent, weisen eine ausgeprägte emotionale Verbundenheit mit dem Unternehmen auf und genießen darin eine
große Autorität, treffen Entscheidungen aufgrund ihrer eigenen Erfahrung oder Intuition
und engagieren sich meistens im strategischen und operativen Geschäft – kurzum sie
stehen mit ihrem Denken und Handeln hinter dem gesamten Unternehmen und den Mitarbeitenden (ebd., S. 51). Durch die Entscheidungsmacht der geschäftsführenden Unternehmensfamilie können Entscheidungsprozesse beschleunigt werden, zugleich besteht

---

[9]Die Europäische Kommission definiert kleine und mittlere Unternehmen als Unternehmen,
die nicht mehr als 249 Beschäftigte haben und einen Jahresumsatz von höchstens 50 Mio. EUR
erwirtschaften oder eine Bilanzsumme von maximal 43 Mio. EUR aufweisen (Institut für Mittelstandsforschung 2019).

[10]Dies trägt nicht zuletzt zur Heterogenität dieser Unternehmensform bei, „die von kleinen lokal
verankerten Unternehmen über mittelständische Handwerksbetriebe bis zu global agierenden
Hightechunternehmen reicht" (Altenburger und Schmidpeter 2018, S. 3).

aber die Gefahr, dass Interessenkonflikte und Machtkämpfe entstehen. Ein gesteigertes Risiko ist insbesondere bei Familienunternehmen vorhanden, in denen mehrere Familienmitglieder (verschiedener Generationen) oder Nichtfamilienmitglieder in die Geschäftsführung bzw. das Management involviert sind (Altenburger und Schmidpeter 2018, S. 4).[11] Darüber hinaus existieren in Familienunternehmen nur selten allzu stark ausgebildete Unternehmensstrukturen. Aufgaben, Funktionsbereiche und Zuständigkeiten werden nicht in Organigrammen festgehalten und zugeschrieben, vielmehr sind sie im Zuge der historischen Entwicklungsgeschichte eines Familienunternehmens entstanden. Mitarbeitende besetzen Arbeitsplätze und erfüllen Funktionen entsprechend den zu erledigenden Aufgaben. Das heißt, Familienunternehmen sind durch eine große Dynamik in der Übernahme vielfältiger, verschiedener Aufgaben(bereiche) durch Mitarbeitende gekennzeichnet (Pirmanschegg 2016, S. 51). Flexibilität in der Personalstruktur birgt dabei jedoch auch die Gefahr unklarer Rollen sowie Verantwortungen und kann in eine Unterversorgung in verschiedenen Abteilungen oder Aufgabengebieten eines Unternehmens münden (Wimmer 2009, S. 11). Eine von der Unternehmensleitung zugestandene und geförderte Eigenständigkeit bei der Bewältigung von Aufgaben kann aber auch aufseiten der Mitarbeitenden zu einer gesteigerten Entwicklung spezifischer Kompetenzen, Selbstvertrauen, Loyalität und einer hohen Leistungsbereitschaft führen. Die emotionale Bindung der Unternehmensfamilie wird damit für Mitarbeitende erlebbar, sodass sie nachhaltig an das Unternehmen gebunden werden (Pirmanschegg 2016, S. 51 f.). Wollen Familienunternehmen ihre wirtschaftliche und gesellschaftliche Stellung als Hidden Champions bewahren, gilt es, das Spannungsverhältnis von Chancen und Risiken kontinuierlich zu überprüfen und auszubalancieren.

> „Diese in Familienunternehmen fast wesensnotwendig eingebaute Ambivalenz macht die bekannte Janusköpfigkeit dieses Unternehmenstyps verständlich. Familienunternehmen zählen entweder zu den Besten ihrer Branche oder haben ernsthaft ums Überleben zu kämpfen. Sie sind selten einfach blasser Durchschnitt" (Wimmer 2009, S. 12).

Neben der wirtschaftlichen Bedeutung der Familie für das Familienunternehmen prägt ihr Selbst- und Werteverständnis erheblich dessen Kultur, Strategien und konkrete Handlungen (Felden und Hack 2014). Im Fokus steht dabei eine nachhaltige und zukunftsorientierte (enkelfähige) Ausrichtung des Unternehmens. Statt einer beschleunigten kurzfristigen Gewinnmaximierung setzen Familienunternehmen in der Regel auf sparsames Wirtschaften und vorsichtiges Wachstum (Felden und Hack 2014, S. 43 ff.).

---

[11]Eine mögliche Differenzierung der verschiedenen Führungsmodelle in Familienunternehmen stammt von Klein (2010), die zwischen „Eigentümermanagement" (Eigentümer als alleinige Unternehmensleitung), „Familienmanagement" (zwei oder mehr am Unternehmen beteiligte Familienmitglieder als Unternehmensleitung), „Eigentümer-/Familienmanagement mit Beteiligung von Fremdmanagern" (sowohl Familienmitglieder als auch familienfremde Personen als Unternehmensleitung) und „Fremdmanagement" (familienfremde Personen als Unternehmensleitung) unterscheidet (Klein 2010, S. 233–255).

Familienunternehmen sehen sich nicht nur in der Verantwortung für die an dem Unternehmen unmittelbar beteiligten Akteure (Mitarbeitende und Stakeholder), sondern weisen ebenfalls eine starke regionale Verbundenheit, insbesondere beim Produkteinsatz, auf (ebd., S. 324). Verantwortungsvolles Handeln gründet auf den persönlichen Überzeugungen und Wertesystemen der Unternehmerfamilie und nicht auf externen Anforderungen. Sowohl Studien der Bertelsmann-Stiftung als auch der Stiftung Familienunternehmen kommen zu dem Ergebnis, dass Familienunternehmen gesellschaftliche Verantwortung aus innerem Antrieb und Gestaltungswillen wahrnehmen (Stehr und Hartmann 2018, S. 46).

„Im Gegensatz zu Nicht-Familienunternehmen ist im Familienunternehmen ein Gleichgewicht zwischen unternehmerischen Erfolg und sozialer Rücksichtnahme vorhanden. […] Familienunternehmen sind sich in besonderer Weise ihres gesellschaftlichen Auftrags, nicht in Form einer Verpflichtung, sondern vielmehr als Teil ihrer grundsätzlichen Aufgabe bewusst. Die gelebte Verantwortung gegenüber dem unternehmerischen und gesellschaftlichen Umfeld ist mit den Strategien und Werten des jeweiligen Familienunternehmens konsistent" (Pirmanschegg 2016, S. 54).

Altenburger und Schmidpeter (2018) verweisen in diesem Zusammenhang darauf, dass gesellschaftliche Verantwortung[12] bei Familienunternehmen eine lange Tradition hat und diese oftmals als Pioniere nachhaltigen Wirschaftens in ihrer jeweiligen Region gelten (Altenburger und Schmidpeter 2018, S. 1). Die Auseinandersetzung mit dem Thema CSR im Kontext von Familienunternehmen scheint daher für eine weiterführende wissenschaftliche Theorie- und Modellbildung von CSR lohnenswert, aus denen wichtige Implikationen für eine praktische Umsetzung in Unternehmen abgeleitet werden können.[13] Womöglich können Familienunternehmen dann nicht nur im wirtschaftlichen Sinne ein Hidden Champion sein, sondern auch ein Vorbild für gesellschaftliche Unternehmensverantwortung. Es wird deutlich, dass Nachhaltigkeit und gesellschaftliche Unternehmensverantwortung in einer engen Beziehung zueinanderstehen, die im Folgenden kurz skizziert werden soll, bevor im Anschluss eine eben solche Pionierin zu Wort kommen soll.

---

[12]Bisher findet im Kontext von Familienunternehmen der Terminus Corporate Social Responsibility (CSR) noch wenig Anwendung.

[13]Eine Übersicht über Themen und Herausforderungen zukünftiger CSR-Aktivitäten in Familienunternehmen geben Altenburger und Schmidpeter (2018), die dabei vor allem die verschiedenen Spannungsfelder (u. a. zwischen Tradition und Innovation, Generationen, Kulturen, Wertevorstellungen, Stabilität und Dynamik sowie Familie und Unternehmen) in Familienunternehmen berücksichtigen (Altenburger und Schmidpeter 2018, S. 2).

2.2 Nachhaltigkeit und Corporate Social Responsibility (CSR)

Der Leitgedanke nachhaltiger Entwicklung ist eng mit Corporate Social Responsibility verbunden, aber nicht deckungsgleich. Die historische Entwicklung[14] beider Konzepte macht deutlich, dass sie trotz unterschiedlicher Ursprünge und Wurzeln im Laufe der Zeit zusammengewachsen sind (Schneider 2015, S. 29). Die Zusammenhänge gesellschaftlicher Unternehmensverantwortung und nachhaltiger Entwicklung werden sowohl von wissenschaftlicher als auch politischer Seite immer wieder hervorgehoben, so heißt es beispielsweise im Aktionsplan CSR der deutschen Bundesregierung, dass CSR für eine „nachhaltige Unternehmensführung im Kerngeschäft [steht], die in der Geschäftsstrategie des Unternehmens verankert ist" (BMAS 2010, S. 35). Auch die Hans-Böckler-Stiftung macht darauf aufmerksam und definiert CSR als

> „ein Konzept gesellschaftlicher Verantwortung von Unternehmen, das Aspekte der Nachhaltigkeit aufnimmt. CSR umschreibt den freiwilligen Beitrag der Wirtschaft zu einer nachhaltigen Entwicklung, der über gesetzliche Forderungen hinausgeht und auf der Eigenverantwortung des Unternehmens beruht" (Vitols 2011, S. 7).

Während sich das Leitbild nachhaltiger Entwicklung auf alle Bereiche der Gesellschaft bezieht, beschreibt CSR ausschließlich die über eine gesetzliche Regulierung hinausgehenden Beiträge von Unternehmen, die sich jedoch ebenfalls an diesem Leitbild orientieren (Hentze und Thies 2012, S. 92). Nachhaltigkeit stellt einen normativen, gesamtgesellschaftlichen, politischen und wirtschaftlichen Leitgedanken dar (Curbach 2009, S. 9), nach dem sich die strategische und operative Unternehmensführung und -gestaltung ausrichtet (Hentze und Thies 2012, S. 99). Das Nachhaltigkeitskonzept prägt, wie die folgende Abb. 1 verdeutlicht, sämtliche Aktivitäten und Maßnahmen gesellschaftlicher Unternehmensverantwortung und legt dabei ökonomische, ökologische und soziale Maßstäbe zugrunde.

Diese Maßstäbe sind für nahezu sämtliche Definitionen von CSR konstitutiv. Die erste grundlegende Publikation zu Corporate Social Responsibility in Europa ist das 2001 von der Europäischen Kommission veröffentlichte Grünbuch „Promoting a European Framework for Corporate Social Responsibility" (Loew et al. 2004, S. 24). Die Europäische Kommission definiert CSR als

> „ein Konzept, das den Unternehmen als Grundlage dient, auf freiwilliger Basis soziale Belange und Umweltbelange in ihre Unternehmenstätigkeit und in die Wechselbeziehungen mit den Stakeholdern zu integrieren" (Europäische Kommission 2001, S. 7).

---

[14]Es existieren zahlreiche Darstellungen der historischen Entwicklung und etymologischen Herkunft von Nachhaltigkeit (Michelsen und Adomßent 2014; Otto 2007; Schanz 1996) und Corporate Social Responsibility (Schultz 2011; Zirnig 2009), wenngleich gerade bei CSR die Ansichten über die historischen Wurzeln divergieren (Loew et al. 2004; Carroll und Buchholtz 2003; Schultz 2011).

Abb. 1 Verhältnis von CSR, CC und nachhaltiger Unternehmensführung zu nachhaltiger Entwicklung. (Quelle: Loew et al. 2004, S. 72)

Die Europäische Kommission entwirft damit ein integriertes Unternehmenskonzept, welches auf drei zentralen Aspekten basiert, erstens der Freiwilligkeit, CSR auszuüben, zweitens der Beachtung von Wechselbeziehungen mit den Stakeholdern sowie drittens der Berücksichtigung und Integration sozialer Belange und Umweltbelange in die eigene (ökonomische) Unternehmenstätigkeit. Im Zuge der *EU-Strategie* (2011–2014)[15] hat die Europäische Kommission in einer Mitteilung vom Oktober 2011 die Definition von CSR überarbeitet, vereinfacht und damit einen Meilenstein für das gegenwärtige Verständnis gesellschaftlicher Verantwortung von Unternehmen gelegt (Hentze und Thies 2012, S. 86). Demnach meint CSR „die Verantwortung von Unternehmen für ihre Auswirkungen auf die Gesellschaft" (Europäische Kommission 2011, S. 7). Um einer solchen Verantwortung gerecht werden zu können, sollen Unternehmen auf Verfahren und Standards zurückgreifen, die dazu beitragen, soziale, ökologische, ethische Menschenrechts- und Verbraucherbelange im Austausch mit unternehmensrelevanten Stakeholdern in Führung und Strategie eines Unternehmens zu integrieren (ebd.). Dadurch soll ein gemeinsam geschaffener Wertekanon von Unternehmen, Stakeholdern und Gesellschaft im Ganzen geschaffen beziehungsweise optimiert werden, um negative Entwicklungen frühzeitig identifizieren und verhindern zu können (ebd.). Die Internationale Normungsorganisation (ISO) hat vor diesem Hintergrund im Jahr 2010 einen Leitfaden definierter Standards verantwortungsvollen unter-

---

[15]Die EU-Strategie bezeichnet einen Aktionsplan der Europäischen Kommission für den Zeitraum 2011–2014, der zu einer weiterführenden Umsetzung von CSR beitragen sollte. Dazu sollte CSR u. a. stärker ins Blickfeld gerückt werden, z. B. durch öffentliche Würdigungen CSR-konformer Unternehmen, Selbst- und Koregulierungsprozesse verbessert, eine stärkere Entlohnung durch die Märkte realisiert, die Informationstransparenz gesteigert, die Integration von CSR in Aus-/Weiterbildung und Forschung vorangetrieben und europäische sowie globale CSR-Konzepte besser aufeinander abgestimmt werden (Europäische Kommission 2011, S. 10–18).

nehmerischen Handelns herausgegeben, der 2014 überprüft und bestätigt wurde. Demnach umfasst Social Responsibility[16] die

> „Verantwortung einer Organisation für die Auswirkungen ihrer Entscheidungen und Aktivitäten auf die Gesellschaft und die Umwelt durch transparentes und ethisches Verhalten, das zur nachhaltigen Entwicklung, Gesundheit und Gemeinwohl eingeschlossen, beiträgt, die Erwartungen der Anspruchsgruppen berücksichtigt, anwendbares Recht einhält und im Einklang mit internationalen Verhaltensstandards steht, in der gesamten Organisation integriert ist und in ihren Beziehungen gelebt wird" (BMAS 2011, S. 3).

Konkret definiert die ISO 26000, wie Tab. 1 zeigt, sieben Prinzipien von Social Responsibility, Rechenschaftspflicht, Transparenz, ethisches Verhalten, Achtung der Interessen der Anspruchsgruppen, Achtung der Rechtsstaatlichkeit, Achtung internationaler Verhaltensstandards und Achtung der Menschenrechte (ISO 26000 2010, S. 8, 22 ff.) und als weitere sieben Kernpunkte Organisationsführung, Menschenrechte, Arbeitspraktiken, Umwelt, faire Betriebs- und Geschäftspraktiken, Konsumentenbelange, regionale Einbindung und Entwicklung des Umfeldes (ISO 26000 2010, S. 8, 32 ff.). Zusammenfassend soll die ISO 26000 Anregungen und Orientierungen bieten und stellt damit ein Werkzeug zur Umsetzung von Corporate Social Responsibility dar (Verfürth 2016, S. 25 f.).

Zusammenfassend ist es für ein auf Nachhaltigkeit ausgerichtetes Konzept von Corporate Social Responsibility unerlässlich, die Dimensionen Ökonomie, Ökologie und Soziales in sich aufzunehmen und zu einer ganzheitlichen Unternehmensverantwortung anzuregen (Zirnig 2009). Nur so können Unternehmen in die Lage versetzt werden, einen produktiven und nachhaltigen Beitrag zum Gemeinwohl zu leisten.

3 Unternehmensspezifische Charakteristika – die Semper idem Underberg AG

Die Semper idem Unterderberg AG ist die Hauptgesellschaft des Getränkeunternehmens und Kräuterproduzenten Underberg, dessen bekannteste Marke der gleichnamige Kräuterdigestif ist, der eine beachtliche Präsenz auf nationalen und internationalen Märkten genießt. Neben den Kernmarken Underberg und Asbach (seit 1999) zählen einige weitere Eigen- und Distributionsmarken zum Portfolio des Unternehmens, beispielsweise Pitú, XUXU, Grasovka, Riemerschmid und Amarula. Mit dem Ziel einen

---

[16]Die ISO nutzt nur den Begriff Social Responsibility, um zu verdeutlichen, dass sich gesellschaftlich verantwortungsvolles Handeln nicht ausschließlich auf wirtschaftlich geführte Unternehmen bezieht, sondern auch für gemeinnützige, öffentliche, kirchliche Einrichtungen, also Organisationen jeglicher Art und Ausrichtung relevant ist. Aus Gründen der Einheitlichkeit und Konsistenz wird in der vorliegenden Arbeit darauf verzichtet, über den Begriff „Corporate Social Responsibility", und in seiner deutschen Übersetzung „gesellschaftliche Verantwortung", weitere Begriffe zu führen.

Tab. 1 Sieben Grundsätze organisationaler Verantwortung. (Quelle: BMAS 2011, S. 12 f.)

	Grundsatz	Beschreibung
1	Rechenschaftspflicht	Eine Organisation sollte für die Auswirkungen ihrer Entscheidungen und Aktivitäten auf Gesellschaft, Wirtschaft und Umwelt die Verantwortung übernehmen und nachweisbar Rechenschaft ablegen
2	Transparenz	Eine Organisation sollte insbesondere dann transparent agieren, wenn ihre Entscheidungen und Aktivitäten einen Einfluss auf Gesellschaft oder Umwelt haben. Das umfasst eine glaubwürdige, offene, verständliche Kommunikation und Berichterstattung über Zweck, Art und Standorte der Aktivitäten einer Organisation
3	Ethisches Verhalten	Das Handeln einer Organisation sollte auf den Werten der Ehrlichkeit, der Gerechtigkeit und der Rechtschaffenheit beruhen
4	Achtung der Interessen von Anspruchsgruppen	Eine Organisation sollte ihre (betroffenen) Anspruchsgruppen kennen und deren Interessen respektieren und berücksichtigen
5	Achtung der Rechtsstaatlichkeit	Eine Organisation sollte Recht und Gesetz unbedingt achten und einhalten
6	Achtung internationaler Verhaltensstandards	Eine Organisation sollte in Übereinstimmung mit internationalen Verhaltensstandards handeln. Darunter sind das Völkergewohnheitsrecht, allgemein anerkannte internationale Rechtsgrundsätze oder zwischenstaatliche Abkommen, Verträge und Konventionen zu verstehen. Beispiele sind die UN-Menschenrechtskonvention oder die internationalen Arbeitsstandards der ILO. Diese Verhaltensstandards sollten als Orientierung in Situationen dienen, in denen die Organisation, z. B. bei internationalen Aktivitäten, keine angemessenen nationalen Umwelt- und Sozialstandards vorfindet
7	Achtung der Menschenrechte	Eine Organisation sollte die grundlegenden Menschenrechte, deren Bedeutung und Allgemeingültigkeit anerkennen. Dies sollte unabhängig vom Standort, dem kulturellen Hintergrund oder spezifischen Situationen geschehen

Kräuterschnaps höchster Qualität und Zusammensetzung zu entwickeln (semper idem) gründet Hubert Underberg 1846 in Rheinberg, am Tag seiner Hochzeit mit Catharina Albrecht, die Firma H.-Underberg Albrecht. Knapp 175 Jahre und fünf Generationen später ist Underberg eines der führenden deutschen Unternehmen in der Spirituosen- branche mit dem strategischen Hauptsitz in der Schweiz und weltweit mehr als 30 Einzelgesellschaften (Underberg 2019; Heider 2017, S. 171 ff.; Plate et al. 2011, S. 402 ff.). Damals wie heute wird die Herstellung des Underberg-Kräuter-Digestifs gemäß des von Familie Unterberg entwickelten Verfahrens semper idem (immer dasselbe) einer strengen Qualitätskontrolle unterzogen, um ein Produkt von stets gleich- bleibender Wirkung und Qualität zu schaffen (Heider 2017, S. 171; Underberg et al. 2018, S. 355). Das Unternehmen Underberg steht für einen Qualitätsanspruch, der nicht nur dem Wohl von Konsumenten dienen soll, sondern ist sich auch der Verantwortung gegenüber Menschen und Umwelt bewusst. Das Bewusstsein und die Übernahme von Verantwortung beruhen dabei nicht unwesentlich auf einem christlichen und menschen- sowie stärkenorientierten Werteverständnis der Unternehmerfamilie.

„Als Familienunternehmer mit christlichen Wurzeln nehmen wir dieses Wertegerüst ernst und setzen in Veränderungsprozessen auf neue Personal- und Organisationsentwicklungs- konzepte sowie -modelle, in deren Mittelpunkt die Nachhaltigkeit durch mehr Selbst- organisation, Diversität und Eigenverantwortung steht. […] Demnach rücken eine klare Vision über eine kooperativ ausgerichtete Strategie hin zur kommunikativ operativen Umsetzung mit einer werteorientierten Führungshaltung in den Fokus" (Underberg et al. 2018, S. 353).

Die Mitarbeitenden rücken dabei als aktiver Bestandteil des Unternehmens in den Vordergrund. Ziele, strategische Ausrichtung und operative Maßnahmen werden nicht im Sinne eines Top-down-Gefälles vom Management vorgeschrieben, sondern in einem umfassenden partizipativen Prozess gemeinsam entwickelt. So werden in den seit 1990 alle zehn Jahre stattfindenden Erarbeitungsprozess der unternehmensweiten Vision alle Ebenen eingebunden (Underberg et al. 2018, S. 357). Darüber hinaus wurde 2017 unter Leitung der Unternehmensfamilie ein Team zusammengestellt (F3 = Fit for Future), welches zur Aufgabe hat, den Wandel hin zu einer Kultur 4.0 kontinuierlich voranzu- treiben. Neben Offenheit, wertschätzender Führung, transparenter Kommunikation und Kooperationsbereitschaft erhalten Mitarbeitende hierbei größere Freiräume und mehr Verantwortung. Zugleich gilt es, eine konstruktive Fehlerkultur zu etablieren, vernetztes Denken und Handeln zu fördern, starre Hierarchien abzubauen, die Balance zwischen Berufswelt und Familienleben herzustellen[17] und im wechselseitigen, generationenüber- greifenden Austausch ein gemeinsames Wissensmanagement aufzubauen und zu pflegen.

---

[17]Seit 1999 lässt das Unternehmen Underberg regelmäßig seine familienorientierte Personalpolitik mit Zertifikat Beruf und Familie auditieren (Underberg et al. 2018, S. 363). Darüber hinaus war Christiane Underberg Mitglied des Initiatorenkreises der Hertie-Stiftung zur Bearbeitung des ersten Familienaudits „Vereinbarkeit Beruf und Familie".

„Durch den ‚Kulturwandel 4.0' wird jeder einzelne Mitarbeitende aufgefordert, ermutigt und befähigt, die eigenen Ideen einzubringen. Führungskräfte agieren auf Augenhöhe, unterstützen bei der Umsetzung von Aufgaben und fördern die Übernahme von Verantwortung. […] Die Devise ‚Das Menschliche ist entscheidend, ist wesentlich!' findet bei all diesen Prozessen immer wieder Raum" (Underberg et al. 2018, S. 358).

Regelmäßige Kulturworkshops, gemeinsame Reflexionen und Kulturvereinbarungen verdeutlichen, dass die „Gestaltung der Unternehmenskultur sowie die Zugewandtheit zum Mitarbeitenden zentrale Rollen im Hause Underberg" darstellen (Underberg et al. 2018, S. 359). In die Überlegungen und Handlungen der Unternehmerfamilie spielen dabei stets Nachhaltigkeit und Langfristigkeit mit hinein, um eine bestmögliche Übergabe an die nächste Generation zu gewährleisten. Die Unternehmerfamilie versteht sich als „Glieder in der Kette der Generationen", quasi als „Treuhänder für die nächste Generation" (Underberg et al. 2018, S. 361). Für die Gestaltung eines solchen enkelfähigen und werteorientierten Unternehmens sind nach Überzeugung der Familie Underberg drei Handlungsprinzipien konstitutiv: 1) Werte- und Zielvorstellung, 2) Transparenz und Offenheit im Unternehmen sowie in der Gesprächskultur, 3) Zielverfolgung und Umsetzung. Für Führungskräfte folgt aus diesen Handlungsprinzipien, dass sie gefordert sind, Traditionen zu pflegen, Werte vorzuleben, ihre Führungshaltung zu prägen und Zukunftsziele zu formulieren, zu überprüfen und systematisch zu verfolgen (Underberg et al. 2018, S. 362). Wenn Führungskräfte und Unternehmer als Vorbild agieren, können sie den Weg für CSR in ihrem Unternehmen bereiten und einen wichtigen Beitrag für eine enkelfähige Zukunft der Gesellschaft leisten.

4 Im Gespräch mit Christiane Underberg – von enkelfähiger Unternehmensführung, Haltung und den Herausforderungen neuer Arbeitswelten

Sehr geehrte Frau Underberg, während Ihrer fast zweijährigen Mitgliedschaft im Rat für Nachhaltige Entwicklung der Bundesregierung Deutschland haben Sie den Begriff „Enkelfähigkeit" wie kaum eine andere geprägt. Was macht für Sie ein enkelfähiges Unternehmen aus?

Der Begriff „enkelfähig" ist so entstanden, dass ich mich zunächst gefragt habe, wie eine politisch aufgeladene Vokabel wie Nachhaltigkeit oder Corporate Social Responsibility (CSR), die weder emotional noch intellektuell jemanden berührt, einer breiten Menschheit verständlich und zugänglich gemacht werden kann. Die urbanen Menschen von heute haben weniger Bezug zu einem Konzept oder einer Idee, die ursprünglich der Forstwirtschaft entstammt. Um Menschen dazu zu bewegen, sich zu engagieren, bedarf es der intellektuellen und vor allem emotionalen Ansprache. Enkelfähigkeit ist gleichermaßen Aufruf und Ausdruck eines gesamtgesellschaftlichen, nach vorne gerichteten Engagements. Menschen sollen befähigt werden, mit gegenwärtigen Herausforderungen und Erwartungen umzugehen, ohne dabei zukünftige Generationen aus dem Blick zu verlieren. Das heißt, mein Handeln muss sich stets auch daran messen, ob die Ergebnisse meines Handelns für nächste und übernächste Generationen tragbar und erlebbar sind. Ein solches „Befähigen" impliziert, dass es sich dabei um einen kontinuierlichen (Lern-)Prozess handelt, der in darauffolgende Generationen übertragen wird.

Steht Enkelfähigkeit damit synonym für Nachhaltigkeit oder überwinden Sie damit die Abgrenzungsschwierigkeiten zwischen den aktuell dominierenden Begriffen Corporate Social Responsibility, Nachhaltigkeit und Unternehmensverantwortung?

Enkelfähigkeit stellt die Schnittmengen überlappender Ansätze dar. Corporate Social Responsibility ist ein Teil von Nachhaltigkeit, die für mich persönlich schon weit vor der Jahrtausendwende ein großes Thema war. Ich habe sehr viel in der Natur und mit Wissenschaftlern verschiedener Disziplinen zusammengearbeitet. Durch das Lernen miteinander und von der Natur habe ich die Zusammenhänge gesehen und erkannt. Alles hängt mit allem zusammen. Ich bedaure es, dass sich vielen Menschen diese Erfahrung nicht so erschließt, wie ich es mir durch meine Arbeit und Freizeit erschließen konnte. Erst durch das Erleben mit allen Sinnen eröffnet sich ein Nachhaltigkeitsblick, der biologische und ethische Disziplingrenzen überwindet und deutlich macht, dass wir alle Teile des gesamten Systems Erde sind – oder im christlichen Sinne, wir alle Teile der Schöpfung sind. Dennoch haben wir als Menschen einen anderen Auftrag als Tiere, wir sind für die Gestaltung der Welt verantwortlich. Aus einer solchen Perspektive verschieben sich die Relationen, dann ist auch ein Unternehmen nur ein Mikrokosmos in einem komplexen Gesamtsystem. Bei Corporate Social Responsibility wird der Fokus mitunter zu einseitig auf diesen Mikrokosmos und sich darin vollziehenden Kosten-Nutzen-Abwägungen gelenkt. Es ist jedoch wichtig, dass ich – im systemtheoretischen Sinne – das Gleichgewicht des Gesamtsystems nicht aus dem Blick verliere, sondern in meinen Entscheidungen und Handlungen mitberücksichtige. Ein solches Denken geht von der Vorstellung weg, drei relevante, aber für sich getrennte Säulen (Ökonomie, Ökologie und Soziales) zu definieren. Vielmehr handelt es sich dabei um „zirkuläre Wirkreise", die sich überschneiden. An den Schnittstellen oder Überschneidungen kommt es notwendigerweise zu Friktionen und deswegen zu Problemen, die der Auseinandersetzung und Diskussion bedürfen. Dazu muss ich aber dialogfähig und in der Lage sein, die Kompetenz meines jeweiligen Gegenübers zu respektieren und mich zugleich selbst zu reflektieren, was mein eigener Standpunkt ist, welche Begabungen und Fähigkeiten ich zur Problembewältigung beisteuern kann, welche Interessen und Prioritäten liegen dem aktuellen Problem zugrunde. Dialogfähigkeit ist zugleich die Voraussetzung dafür, einen Interessenausgleich bei konträren oder abweichenden Meinungen und Vorstellungen zu erreichen. Dialogische Prozesse sind hochkompliziert und werden auch zukünftig von entscheidender Bedeutung sein, sodass Mitarbeitende, Führungskräfte, Familienmitglieder und vor allem man selbst noch viel dialogfähiger wird. Der Blick auf andere Denkkulturen, beispielsweise das asiatische Denken, kann dabei helfen das eigene eingeschränkte Denken in linearen Kausalketten zu überwinden. Dazu benötigen Menschen aber Zeiten der Reflexion, in denen man eine Pause einlegt und über bestehende Denkmuster und die Entwicklung der eigenen Persönlichkeit nachdenken kann. Ähnlich ist es bei Unternehmen, auf eine Expansion folgen Phasen des „Festigens, Konsolidierens oder sogar Sanierens". Erst wenn ich mich selbst zurücknehme und mich der Frage widme, was um mich herum passiert und wie ich dazu stehe, komme ich einer unternehmerischen Einstellung näher, die ich als „enkelfähig" bezeichne.

Wie äußert sich eine solche „Enkelfähigkeit" im unternehmerischen Handeln?
In der Wirtschaft oder im Kapitalismus gibt es die Tendenz, den unternehmerischen Fokus auf den Moment und den schnellen Erfolg zu richten – die Zahlen müssen stimmen, es muss vorwärts gehen. Für ein verantwortungsvolles, langfristiges Gestalten erweist sich diese Perspektive als zu kurz gegriffen. Enkelfähiges Unternehmertum zeichnet sich eben nicht durch spontanen, reaktiven Aktionismus aus, der sich am aktuellen Tagesgeschäft orientiert. Vielmehr bedarf es werteorientierter Kategorien wie Ethik und Moral, die zu einem reflektierten unternehmerischen Verhalten beitragen. Enkelfähigkeit appelliert gleichsam an unsere individuelle, kollektive und organisationale Reflexionsfähigkeit. Es handelt sich um eine „Vorausschau des Möglichen", die einer kontinuierlichen Auseinandersetzung mit dem eigenen Weltbild, vorherrschenden Werten und Vorstellungen bedarf. Mit anderen Worten, ich kann nur nach vorne gerichtet sein, wenn ich auch nach innen gerichtet bin.

Was ist Ihre persönliche Motivation, eine nachhaltige oder enkelfähige Entwicklung in Ihrem Unternehmen zu verfolgen?
Meine persönliche Prägung spielt eine große Rolle. Ich stamme aus einem Familienunternehmen und habe im Laufe meines privaten und beruflichen Lebens schon einige Familien und Unternehmen scheitern und auseinanderbrechen sehen. Daher habe ich mich oft gefragt, was die Voraussetzungen dafür sind, dass eine Generationenfolge im Unternehmen möglich ist und wie Menschen beziehungsweise Familienmitglieder vorbereitet, begleitet und entwickelt werden, um das Unternehmen und die Tradition erfolgreich fortzuführen. Es ist eine Flamme, die man weitergibt oder weitergeben möchte und die von Begeisterung genährt wird. Das Sinnhafte einer Aufgabe muss spürbar und erlebbar werden und das ist bei einem Unternehmen, welches Alkohol produziert und vertreibt, eine andere Herausforderung als beispielsweise bei meinem elterlichen Familienbetrieb, die Brücken gebaut haben. Gerade in sensiblen Unternehmensfeldern und Branchen müssen Klärungsprozesse vorausgehen, damit jeder Mitarbeitende sein Arbeitshandeln nachvollziehen und überprüfen kann, inwieweit dies stimmig zur eigenen Person und Persönlichkeit ist. Ob ich als Mensch und Unternehmer Verantwortung übernehme, also im Sinne von Corporate Social Responsibility agiere, hat sehr viel mit der eigenen Haltung zu tun, die nicht dem tatsächlichen Handeln zuwiderlaufen darf. Andernfalls kommt es zu einer Dissonanz zwischen Haltung und Handlung, die nicht nur belastend auf die Betroffenen wirkt, sondern auch Erfolg verhindert.

Die eigene Haltung spielt eine entscheidende Rolle für die Gestaltung enkelfähigen, nachhaltigen Unternehmertums. Wie äußert sich diese Haltung konkret in Ihrem unternehmerischen Denken und Handeln?

Als ich 1982 zur Geschäftsführerin ernannt und in den Aufsichtsrat berufen wurde, fand ich bereits vieles von den Generationen vor mir vor, die schon immer sozial engagiert waren. Sicher auch aus dem christlichen Glauben heraus, der ebenfalls in eine Haltung hineinwirkt, die in Familien gepflegt oder eben nicht gepflegt wird. Aus der Überzeugung heraus, nicht nur für mein eigenes Leben verantwortlich zu sein, muss ich einen Weitblick oder ein „Radarsystem" entwickeln, das es mir ermöglicht, mein Umfeld und was um mich herum passiert, wahrzunehmen. Bevor der Gedanke von CSR überhaupt aufkam, war es stets mein Anliegen als Sozialarbeiterin zu schauen, ob die ‚Menschen im Lot sind'. Ich frage mich manchmal, inwieweit mir dies gelungen ist, denn eine große Schwierigkeit besteht in der mangelnden Messbarkeit und Überprüfbarkeit „weicher Daten", zu denen eine werteorientierte, nachhaltige Unternehmensführung und -verantwortung zählt. Einblicke und Aussagen über Erfolg oder Misserfolg lassen sich eher aus dem Klima eines Unternehmens ableiten, mit anderen Worten, sind die Mitarbeitenden bereit, eine entsprechende strategische Ausrichtung sowie operative Maßnahmen mitzutragen? Unser Familienunternehmen hat den Vorteil, dass viele Mitarbeitende aus der Region stammen und damit einen anderen Grad der Identifikation mit dem Unternehmen und dessen Umfeld aufweisen als womöglich bei großen Konzernen, deren Firmenanteile global verteilt sind und in denen ein anonymeres Betriebsklima vorherrscht.

Damit sprechen Sie bereits spezifische Kennzeichen von familiengeführten Unternehmen an. Haben mittelständische Unternehmen oder Familienunternehmen einen anderen Auftrag oder ein anderes Verständnis von Nachhaltigkeit und gesellschaftlicher Unternehmensverantwortung?

Die Übernahme und Gestaltung gesellschaftlicher Unternehmensverantwortung ist im Mittelstand stärker personengebunden. Gerade bei Familienunternehmen prägen die einzelnen Mitglieder einer Familie und ihr jeweiliges Sozialengagement in einem hohen Ausmaß die konkrete Umsetzung von Verantwortung. Oftmals suchen sich Familienmitglieder ganz unterschiedliche Felder und Tätigkeiten, in denen sie sich beteiligen. Der eine fördert Musik, die andere Philosophie und ein Dritter kümmert sich vielleicht um Kinder in Afrika. Bei Konzernen etabliert sich erfreulicherweise zunehmend der Trend, eigene Stiftungen zu gründen, die bestimmte Schwerpunkte setzen, sodass sich auch bei großen globalen Unternehmen allmählich das leitende Prinzip durchsetzt, nicht nur für sich selbst zu arbeiten, sondern der Gesellschaft etwas zurückzugeben und in die Zukunft zu investieren. Die Personengebundenheit sorgt aber auch dafür, dass das Umfeld genau hinschaut, wie wir mit Menschen und Natur umgehen. Unternehmer müssen eine Vorbildfunktion erfüllen und die Kultur des Hauses für alle beteiligten Akteure erlebbar werden lassen. Dies ist eine anspruchsvolle Aufgabe, die der Mittelstand kontinuierlich leistet und die viel Disziplin erfordert.

Welche Rolle spielt dabei – gerade bei Familienunternehmen – die Tradition? Der Keramikwarenhersteller Villeroy und Boch hat beispielsweise lange Zeit mit dem Slogan geworben „Zukunft hat Tradition".

Vereinfacht ausgedrückt, aus dem Nichts ist nichts entstanden. Auch bei kleinen Start-ups, die am Anfang eine Idee oder ein Ideal haben, kommt diese Idee ja von irgendwoher und hat häufig einen engen Bezug zur Persönlichkeit und zur Haltung des Eigentümers. Ein wenig origineller, aber wahrer Satz ist, dass ich Wurzeln haben muss. Wenn ich keine Wurzeln habe, kann auch kein Baum wachsen, der wind- und wetterfest ist. Bäume sind ein Sinnbild für Unternehmen, sie wachsen und breiten sich aus, sofern sie vorher ihren Platz gefunden haben und diesen behaupten können. Tradition hilft mir dabei, meine Wurzeln und meine Haltung zu finden und zu erhalten. Diese kann sehr unterschiedlich aussehen, denn genau das macht ja die tolle Vielfalt der Bäume aus.

Tradition und Zukunft bedingen einander. Mit Blick in die Zukunft, welchen großen Herausforderungen werden wir Ihrer Meinung nach gegenüberstehen?

Eine große Herausforderung stellt die Vereinbarkeit von Familie und Beruf und eine damit einhergehende problematische Verschiebung des Eltern-Mandats dar. Ich glaube, elterliche Erziehung kann nicht delegiert werden. Im Gespräch mit vielen jungen berufstätigen Frauen höre ich immer wieder, dass sie ihre Kinder selbst erziehen möchten. Das hat viel mit unserer anthropologischen Entwicklung zu tun, dass wir es als unsere natürliche Aufgabe erachten, unseren Kindern „Nestwärme" zu geben. Kinder zu erziehen ist dabei oftmals schwieriger, als einen Beruf auszuüben, da ich in meinem ganzen Menschsein permanent gefordert bin. Im beruflichen Alltag kann ich zwischen kognitiven und handwerklichen Tätigkeiten variieren, aber in der Erziehung bin ich rundum seelisch, körperlich und geistig gefordert. Dadurch erhalte ich aber auch für mich selbst enorme Entwicklungsmöglichkeiten. Es ist von großer Bedeutung, sich der Herausforderung zu stellen, Frauen wie auch Männern die Rückkehr in den Beruf nach der Elternzeit mit schonenden Übergängen und ohne Restriktionen und Nachteilen zu ermöglichen. Eltern durchlaufen einen Reifungsprozess, der dem Unternehmen und auch der gesamten Menschheit zugutekommt.

Es gilt darüber hinaus in den Primärbereich und die Bildung nach der Elternphase wesentlich mehr zu investieren und eine ganzheitliche Bildung zu forcieren. Eine Bildung, die nicht nur intellektuell, sondern auch emotional und handwerklich anspricht, ganz im Sinne von Pestalozzi mit „Kopf, Herz und Hand". Gerade angesichts der schnelllebigen und dynamischen Veränderungen im Zuge der Digitalisierung und Globalisierung wird die Ausübung nur eines Berufes konstant über die gesamte Lebensspanne hinweg immer unwahrscheinlicher. Wir werden uns neue Möglichkeiten erschließen und Flexibilität und Mobilität erhalten müssen. Umso bedeutender wird es sein, sich selbst in den ersten Bildungsphasen umfassend in allen Facetten kennenzulernen und zu reflektieren, welche Talente und Kompetenzen man mitbringt. Dieser Prozess der Selbsterkenntnis muss in das Schulsystem fest implementiert werden, damit die Menschen zukünftigen Herausforderungen adäquat begegnen können und wieder

*belastbarer werden. Mein Eindruck ist, dass die Resilienz beziehungsweise Belastbar-
keit in den vergangenen Jahrzehnten abgenommen hat, weil auf der einen Seite mehr
Wissen und Möglichkeiten zur Auswahl stehen, aber auf der anderen Seite der praktische
Umgang mit dieser Vielfalt und Freiheit vernachlässigt wurde und die Menschen
Schwierigkeiten haben, sich zurechtzufinden.*

Wie können Unternehmen oder wir als Gesellschaft diesen Herausforderungen begegnen
und einen Beitrag für eine nachhaltige Zukunft leisten?

*Grundlegend ist die Erkenntnis, dass es unterschiedliche Menschentypen mit unter-
schiedlichen Bedürfnissen gibt. Analog zum Sport muss ich auch als Unternehmer
schauen, wen ich in der Mannschaft habe und wer welchen Antrieb und/oder
Förderung zu einer bestimmten Zeit in bestimmten Situationen braucht. Dabei muss ich
darauf achten, Traditionen und Werte zu bewahren, aber zugleich Möglichkeiten der
Erneuerung bieten und vorantreiben – hierbei ist die gesunde Mischung entscheidend.
Als Unternehmer muss ich Freiräume für experimentelles Denken und interdisziplinäres
Arbeiten schaffen. Es muss ein Klima beziehungsweise eine Kultur entstehen, in der sich
Generationen zuhören und voneinander lernen, sich Hierarchien nivellieren und ein
wertschätzendes Miteinander entsteht. Dieses Miteinander darf nicht von Konkurrenz-
denken geprägt sein, sondern von der Frage: „Was kann ich von dem anderen verstehen
und begreifen, was ich bis jetzt anders gesehen habe?" So kann der Wille gemeinsam
ein Klima zu schaffen, in dem Neues entsteht. Dies könnte man mit einer biologischen
Vokabel umschreiben und „Zellerneuerung" nennen. Von Zeit zu Zeit wird es nötig sein,
sich von überholten Denkmodellen und Ansichten zu verabschieden, also bestimmte
Dinge abzustoßen, um neuen Denk- und Handlungsweisen wieder Platz zu machen. Da
jeder Mensch eine individuelle Wertehierarchie hat, ist auch jeder Einzelne gefordert,
in einem kontinuierlichen Reflexionsprozess zu überprüfen, ob und inwieweit sich
die eigenen Werte geändert haben oder ändern müssen. Anschließend müssen diese
individuellen Wertehierarchien in generationenübergreifenden Dialogen thematisiert
und diskutiert werden. Nur dann erhält das ‚Wertekorsett‘, das ich mir selbst anlege,
genügend Flexibilität, um es bei Bedarf anzupassen, ohne dass mir dabei die Luft
wegbleibt. Flexibilität darf dabei jedoch niemals Integrität und Authentizität infrage
stellen. Wir müssen lernen, die positiven Kräfte unseres Denkens noch zu verstärken
und Potenziale des Dialogs, Austauschs und Netzwerkens produktiver zu nutzen und
sie nicht als „Quatsch-Clubs" zu missbrauchen. Wir müssen dafür Sorge tragen, dass
kybernetisch-systemisches Denken nicht nur oberflächlich thematisiert wird und auf der
Ebene eines normativ motivierten Leitgedankens verbleibt, sondern in Wissenschaft und
Unternehmenspraxis mehr Kraft investiert wird, um einen Schub in die nötige Richtung
zu geben. Da muss ich mir auch an die eigene Nase fassen, denn alles kann man besser
machen.*

5   Fazit – mit Haltung und System enkelfähig sein

Das Gespräch mit der Familienunternehmerin Christiane Underberg verdeutlicht, dass der interdisziplinäre und transdisziplinäre Austausch einen wesentlichen Beitrag für die zukünftige Mittelstands- und CSR-Forschung liefern kann. Das aus dem angloamerikanischen Raum stammende Konzept der CSR scheint zumindest namentlich noch nicht hinreichend beim deutschen Mittelstand angekommen zu sein. Sollen Menschen sowie Unternehmen dazu veranlasst werden, für ihr jeweiliges Handeln Verantwortung zu übernehmen, bedarf es einer kognitiven und emotionalen Ansprache gleichermaßen. Der Begriff Enkelfähigkeit stellt eine erste Möglichkeit dar, das Sinnstiftende gesellschaftlicher Unternehmensverantwortung stärker in den Fokus zu rücken. Neben den Systemen Politik und Markt wird vor allem die Zivilgesellschaft maßgeblich zu einer verantwortungsvollen, nachhaltigen Entwicklung beitragen können. Umso bedeutender scheint es, sich in zukünftigen Forschungsvorhaben der Frage zu widmen, inwieweit Veränderungen des Terminus CSR gesteigerte motivationale Effekte bei Unternehmen und insbesondere bei Individuen erzeugen können. Das Verständnis und Gefühl, Teil eines Gesamtsystems zu sein, mit allen damit einhergehenden Rechten, aber auch Verpflichtungen, wird auf gesamtgesellschaftlicher Ebene noch weiter auszubauen sein, um Probleme wie Umweltverschmutzung, Ausbeutung oder Korruption nicht mehr nur zu bekämpfen, sondern im Vorfeld zu vermeiden. Auch Unternehmen sind noch stärker gefordert, CSR nicht als reaktive Maßnahme gegen auftretende Herausforderungen und Probleme zu missbrauchen und sogenanntes Greenwashing zu betreiben. Vielmehr geht es darum, das antizipative Potenzial von CSR zu nutzen und es als „Vorausschau des Möglichen" zu begreifen. Dazu bedarf es jedoch neben dem nach vorne gerichteten, funktionsbereich-, abteilungs- und generationenübergreifenden Blick von Unternehmern auch stets Phasen der Reflexion und Konsolidierung, um sowohl der Dynamik der Arbeitswelt gerecht zu werden als auch der notwendigen Stabilität eines Unternehmens gerecht zu werden. Dies darf gerade in Familienunternehmen, die in einem Spannungsverhältnis von Tradition und Innovation agieren, nicht vernachlässigt werden. Die herausragende Bedeutung einer werte- und zukunftsorientierten Unternehmensführung scheint dabei unbestreitbar. Vor allem die eigene Haltung von Unternehmern wird entscheidend dafür sein, ob und inwieweit CSR in einem Unternehmen Berücksichtigung findet. Für zukünftige Weiterbildungen im Bereich gesellschaftlicher Unternehmensverantwortung scheint es daher unerlässlich, dass entsprechende Akteure im Bildungsbereich nicht ausschließlich auf die Vermittlung von Fachwissen setzen, sondern stets auch eine ganzheitliche Persönlichkeitsentwicklung ermöglichen und fördern. Wertschätzendes Miteinander, Diversität als Chance, Lernen durch Freiraum und Fehler, offene Kommunikation und Vernetzung sind nur einige Beispiele für Themen und Inhalte, die es im Zuge von CSR zu berücksichtigen und zu vermitteln gilt. Angesichts der Herausforderungen der VUCA-Welt[18] bietet Haltung zugleich den notwendigen Halt und trägt zur individuellen und organisationalen Resilienz bei. Vor dem Hintergrund zunehmender Volatilität und Komplexität gerät ein einfaches Ursache-Wirkungs-Denken an seine Grenzen. An die Stelle von Komplexitätsreduzierung und eindeutigen Lösungswegen tritt ein kybernetisch-systemisches Denken, welches sowohl für die wissenschaftliche Auseinandersetzung als auch praktische Umsetzung von CSR aussichtsreich sein kann. Trotz vielfältiger gegenwärtiger und zukünftig erwartbarer Herausforderungen zeigen Familienunternehmen wie die Semper idem Underberg AG, dass nachhaltiger Unternehmenserfolg und Prosperität mit gesellschaftlicher Unternehmensverantwortung einhergehen kann. Das Gespräch mit Familienunternehmerin Christiane Underberg liefert wichtige Anregungen und ist zugleich ein Plädoyer für gesellschaftliche Verantwortung. Mit dem Willen und der Überzeugung, nachfolgenden Generationen eine Welt zu überlassen, in der eine enkelfähige Zukunft möglich ist, regt der Leitgedanke „Alles kann man besser machen!" mehr denn je zum Nachdenken und Nachmachen an.

Literatur

Altenburger R, Schmidpeter R (2018) Die gesellschaftliche Verantwortung von Familienunternehmen. Strategische Herausforderungen im Spannungsfeld von Tradition und Innovation. In: Altenburger R, Schmidpeter R (Hrsg) CSR und Familienunternehmen. Gesellschaftliche Verantwortung im Spannungsfeld von Tradition und Innovation. Springer Gabler, Berlin, S 1–17

Balderjahn I (2013) Nachhaltiges Management und Konsumentenverhalten. UVK Verlagsgesellschaft mbH, Konstanz

Berlemann M, Jahn V (2014) Ist der deutsche Mittelstand tatsächlich ein Innovationsmotor?, 67 Jhg. Leibniz-Institut für Wirtschaftsforschung an der Universität München, München, S 22–28

Berlemann M, Engelmann S, Leßmann C, Schmalholz H, Spelsberg H, Weber H (2007) Unternehmensnachfolge im sächsischen Mittelstand. Ifo Dresden Studie 40. Leibniz-Institut für Wirtschaftsforschung an der Universität München, München

BMAS – Bundesministerium für Arbeit und Soziales (2010) Nationale Strategie zur gesellschaftlichen Verantwortung von Unternehmen (Corporate Social Responsibility – CSR). Aktionsplan CSR der Bundesregierung. https://www.bundesregierung.de/Content/DE/StatischeSeiten/Breg/Nachhaltigkeit/_SubsiteInhalte/_Anlagen/2010-12-07-aktionsplan-csr.pdf;jsessionid=5D44F825A1ABC9D9C0E98F1008F7455E.s7t2?__blob=publicationFile&v=2. Zugegriffen: 15. Mai 2019

BMAS – Bundesministerium für Arbeit und Soziales (2011) Die DIN ISO 26000. „Leitfaden zur gesellschaftlichen Verantwortung von Organisationen". Ein Überblick. https://www.bmas.de/SharedDocs/Downloads/DE/PDF-Publikationen/a395-csr-din-26000.pdf%3F__blob%3DpublicationFile. Zugegriffen: 15. Mai 2019

Carroll AB, Buchholtz AK (2003) Business & society. Ethics and stakeholder management, 5. Aufl. South Western, Mason

---

[18]VUCA steht als Akronym für die zunehmende Volatilität (volatility), Unsicherheit (uncertainty), Komplexität (complexity) und Mehrdeutigkeit (ambiguity) der Unternehmenswelt.

Curbach J (2009) Die Corporate-Social-Responsibility-Bewegung. VS Verlag, Wiesbaden

Eichholz V (2007) Gesellschaftliches Engagement in kleinen und mittelständischen Unternehmen in Deutschland – aktueller Stand und zukünftige Entwicklung. Gewerbe- und Innovations-Zentrum Lippe-Detmold, Detmold

Europäische Kommission (2001) Europäische Rahmenbedingungen für die soziale Verantwortung der Unternehmen (Grünbuch). Europäische Kommission, Brüssel

Europäische Kommission (2011) Eine neue EU-Strategie (2011–2014) für die soziale Verantwortung der Unternehmen (CSR). https://ec.europa.eu/transparency/regdoc/rep/1/2011/DE/1-2011-681-DE-F1-1.Pdf. Zugegriffen: 15. Mai 2019

Fahrenschon G, Kirchhoff AG, Simmert DB (2015) Mittelstand – Motor und Zukunft der deutschen Wirtschaft. Erfolgskonzepte für Management, Finanzierung und Organisation. Springer Gabler, Wiesbaden

Felden B, Hack A (2014) Management von Familienunternehmen: Besonderheiten – Handlungsfelder – Instrumente. Springer Gabler, Wiesbaden

Hauff V (1987) Unsere gemeinsame Zukunft. Der Brundtland-Bericht der Weltkommission für Umwelt und Entwicklung. Eggenkamp, Greven

Heider AK (2017) Unternehmenskultur und Innovationserfolg in Familienunternehmen. Springer Gabler, Wiesbaden

Hentze J, Thies B (2012) Unternehmensethik und Nachhaltigkeitsmanagement. Haupt, Bern

Institut für Mittelstandsforschung (2019) KMU-Definition des IfM Bonn. https://www.ifm-bonn.org/definitionen/kmu-definition-des-ifm-bonn/. Zugegriffen: 15. Mai 2019

ISO 26000 (2010) International Standard ISO 26000. Guidance on social responsibility, Lignes directrices à la responsabilité sociétale. ISO 26000

Karcher F (2018) Der Mittelstand – Motor der deutschen Wirtschaft – und dessen Finanzierungsmöglichkeiten. In: Dimler N, Peter J, Karcher B (Hrsg) Unternehmensfinanzierung im Mittelstand. Lösungsansätze für eine maßgeschneiderte Finanzierung. Springer Gabler, Wiesbaden, S 21–33

Kirchdörfer R (2011) Definition Familienunternehmen. Stiftung Familienunternehmen. https://www.familienunternehmen.de/de/definition-familienunternehmen. Zugegriffen: 15. Mai 2019

Klein SB (2010) Familienunternehmen: theoretische und empirische Grundlagen. Books on Demand

Kuttner M, Feldbauer-Durstmüller B (2018) Qualitativ-empirische Fallstudien zu Corporate Social Responsibility in Familuenunternehmen. Zusammenfassung und Ausblick. In: Altenburger R, Schmidpeter R (Hrsg) CSR und Familienunternehmen. Gesellschaftliche Verantwortung im Spannungsfeld von Tradition und Innovation. Springer Gabler, Berlin, S 18–40

Loew T, Ankele K, Braun S, Clausen J (2004) Bedeutung der internationalen CSR-Diskussion für Nachhaltigkeit und die sich daraus ergebenden Anforderungen an Unternehmen mit Fokus Berichterstattung. Endbericht. future e. V., Münster

Michelsen G, Adomßent M (2014) Nachhaltige Entwicklung: Hintergründe und Zusammenhänge. In: Heinrichs H, Michelsen G (Hrsg) Nachhaltigkeitswissenschaften. Springer Gabler, Berlin, S 3–59

Müller-Vogg H (2019) Hätschelkinder statt Widerstandskämpfer: „Fridays for Future" wird immer grotesker. https://www.focus.de/politik/deutschland/kommentar-von-hugo-mueller-vogg-haetschelkinder-statt-widerstandskaempfer-fridays-for-future-werden-immer-grotesker_id_10593476.html. Zugegriffen: 15. Mai 2019

Otto S (2007) Bedeutung und Verwendung der Begriffe nachhaltige Entwicklung und Nachhaltigkeit. Eine empirische Studie. Dissertation, Universität Bremen

Pirmanschegg P (2016) Die Nachfolge in Familienunternehmen. Aus Konflikten lernen. Springer VS, Wiesbaden

Plate M, Groth T, Ackermann V, von Schlippe A (2011) Große deutsche Familienunternehmen. Generationenfolge, Familienstrategie und Unternehmensentwicklung. Vandenhoeck & Ruprecht GmbH, Göttingen

Polterauer J (2010) Unternehmensengagement als „Corporate Citizenship". Zum Stand der empirischen Corporate Citizenship-Forschung in Deutschland. In: Backhaus-Maul H, Biedermann C, Nährlich S, Polterauer J (Hrsg) Corporate Citizenship in Deutschland. Gesellschaftliches Engagement von Unternehmen. Bilanz und Perspektiven, 2. Aufl. VS Verlag, Wiesbaden, S 203–239

Schanz H (1996) Forstliche Nachhaltigkeit. Sozialwissenschaftliche Analyse der Begriffsinhalte und Funktionen. Universität Freiburg, Institut für Forstökonomie, Freiburg

Schatilow L (2014) Politische Kommunikation deutscher Familienunternehmen. Pilotstudie zur Differenzierung von Unternehmenstypen in der politischen Interessenvertretung. Springer VS, Wiesbaden

Schneider A (2015) Reifegradmodell CSR – eine Begriffserklärung und -abgrenzung. In: Schneider A, Schmidpeter R (Hrsg) Corporate Social Responsibility. Verantwortungsvolle Unternehmensführung in Theorie und Praxis, 2. Aufl. Springer Gabler, Berlin, S 21–42

Schultz F (2011) Moralische und moralisierte Kommunikation im Wandel: Zur Entstehung von Corporate Social Responsibility. In: Raupp J, Jarolimek S, Schultz F (Hrsg) Handbuch CSR. Kommunikationswissenschaftliche Grundlagen, disziplinäre Zugänge und methodische Herausforderungen. Mit Glossar. Springer VS, Wiesbaden, S 19–44

Sharma P, Chrisman JJ, Gersick KE (2012) Twenty-five years of family business review: reflections on the past and perspectives oft he future. Fam Bus Rev 25(1):5–15

Stehr C (2015) Die Heilbronner Erklärung zur gesellschaftlichen Verantwortung. German Graduate School of Management and Law. https://www.ggs.de/executive-education/heilbronner-erklaerung-csr/. Zugegriffen: 15. Mai 2019

Stehr C, Hartmann S (2018) CSR in Familienunternehmen: Nutzen und Risiken. In: Altenburger R, Schmidpeter R (Hrsg) CSR und Familienunternehmen. Gesellschaftliche Verantwortung im Spannungsfeld von Tradition und Innovation. Springer Gabler, Berlin, S 41–58

Stiftung Familienunternehmen (2011) Die volkswirtschaftliche Bedeutung der Familienunternehmen. https://www.familienunternehmen.de/media/public/pdf/publikationen-studien/studien/Volkswirtschaftliche-Bedeutung_Studie_Stiftung_Familienunternehmen.pdf. Zugegriffen: 15. Mai 2019

Stiftung Familienunternehmen (2016) Daten, Fakten, Zahlen zur volkswirtschaftlichen Bedeutung von Familienunternehmen. https://www.familienunternehmen.de/de/daten-fakten-zahlen. Zugegriffen: 15. Mai 2019

Underberg C, Underberg-Ruder H, Keller K (2018) Werteorientiertes Familienunternehmen in Veränderungsprozessen – klar, kooperativ, kommunikativ. In: van Lier KHB (Hrsg) Ohne Familie ist kein Staat zu machen. Zeit zum Umdenken. Herder, Freiburg

Underberg C (2019) Über Underberg. https://www.underberg.com/ueber/familienunternehmen/. Zugegriffen: 15. Mai 2019

Verfürth N (2016) Individuelle Verantwortung in Unternehmen. Ethische Entscheidungsprozesse als Voraussetzung für Corporate Social Responsibility. Springer VS, Wiesbaden

Vitols K (2011) Nachhaltigkeit – Unternehmensverantwortung – Mitbestimmung. Ein Literaturbericht zur Debatte über CSR. Forschung aus der Hans-Böckler-Stiftung, Mitbestimmung und wirtschaftlicher Wandel, Bd 127. edition sigma, Berlin

Wimmer R (2009) Familienunternehmen. In: von Schlippe A, Rüsen T, Groth T (Hrsg) Beiträge zur Theorie des Familienunternehmens. Schriften zu Familienunternehmen, Bd 1. Josef Eul, Köln, S 1–17

Zirnig D (2009) Corporate social rersponsibility – Definitorische Abgrenzung. Instrumente und betriebswirtschaftliche Erfolgswirkungen. Diplomica, Hamburg

Martin Florian Müller, M.A. ist für den Bereich Personalent-
wicklung und wissenschaftliche Fort-/Weiterbildung in einem
Gesundheitskonzern verantwortlich. Seit seinem Studium der
Erwachsenenbildung und Organisationsforschung arbeitet er als
Dozent an Universitäten und Hochschulen. In seiner Forschung und
Handlungspraxis widmet er sich Fragestellungen und Themen zur
Verantwortung, Resilienz und Systemstabilität von Organisationen.

Prof. Dr. Katrin Keller weist langjährige Beratungs- und
Trainingserfahrungen in den Bereichen Führung, Kommunikation
und Personal- sowie Organisationsentwicklung auf. Ferner ist sie als
Professorin für Gesundheitspädagogik und Personalentwicklung an
der FOM Hochschule tätig und verantwortet als Vorstands- und
Direktoriumsmitglied im Interdisziplinären Zentrum für Gesundheitswissenschaften den bildungswissenschaftlichen Bereich.

Den entscheidenden Schritt voraus sein – Corporate Responsibility-Management in der Mahnke Gruppe

Laura Cremer

1   Einführung

Die Schlagworte Umweltverschmutzung, Ressourcenverknappung, Klimawandel, unfaire Arbeitsbedingungen und unzureichende Arbeitsstandards prägen unseren Handelsalltag. Das ist nicht verwunderlich, denn Deutschland gilt laut den neuesten Zahlen des Bundesministeriums für Wirtschaft und Energie (BMWi) als „weltweit drittgrößter Warenexporteur (hinter China, USA) und -importeur (hinter USA, China)" (BMWi 2019, S. 1). Nach China (11,8 %) und den USA (10,9 %) belief sich der Anteil Deutschlands am Welthandel (Warenexporte und -importe in USD) im Jahr 2018 auf 7,2 % (BMWi 2019, S. 1).

Die Unternehmen, die im Welthandel aktiv sind, bewegen sich in einem großen Akteursgeflecht inmitten dynamischer, global vernetzter und komplexer Lieferketten. Hinzu kommt, dass sich die internationalen Handelsströme nach Richtung, Umfang und Struktur stetig verändert haben: Etablierte Produktionsstandorte wie Bangladesch und China in der Textilindustrie geraten zunehmend unter Druck, neue Textilfabriken entstehen z. B. in Äthiopien und Kambodscha, das Wachstum der Schwellenländer schreitet im Zuge der Globalisierung weiter rapide voran und Ländern wie Brasilien, China, Indien, Indonesien, Mexiko und Südafrika wird eine immer wichtigere Rolle im Welthandel zugeschrieben (HWWI 2019; BMZ 2019). Eine umweltfreundliche und sozialverträgliche Ausgestaltung der Lieferketten stellt in diesem Kontext eine zentrale Herausforderung für die Hersteller und Importeure von Waren dar.

Generell lässt sich die fortlaufende Etablierung des Themas Nachhaltigkeit in den verschiedenen Warengruppen innerhalb des Handels auf unterschiedliche Trends und

L. Cremer (✉)
Mahnke Gruppe, Mülheim an der Ruhr, Deutschland
E-Mail: laura-cremer@web.de

© Springer-Verlag GmbH Deutschland, ein Teil von Springer Nature 2021
M. Schmitz (Hrsg.), *CSR im Mittelstand,* Management-Reihe Corporate Social Responsibility, https://doi.org/10.1007/978-3-662-61957-5_13

Entwicklungen zurückführen, die alle miteinander verbunden sind und sich gegenseitig bedingen. Zum einen erzwingen die zuvor skizzierten globalen Entwicklungen geradezu ein Umdenken von den Akteuren am Markt, zum anderen kommen Probleme wie der Klimawandel und seine Folgen, Ressourcenverknappung, Biodiversitätsverluste, Süßwassermangel oder auch Entwaldung und Wüstenbildung hinzu. Diese und andere Veränderungen erfordern von Handels- und Produktionsunternehmen wie der Mahnke Gruppe frühzeitige Anpassungen und die aktive Übernahme von unternehmerischer Verantwortung, um gewisse Produkte, wie etwa Fisch- und Meerestiere, Gemüsekonserven, Dekorationsfiguren aus Holz oder Textilien aus Baumwolle weiterhin langfristig und konkurrenzfähig am Markt anbieten zu können.

Die erhöhte Aufmerksamkeit, die die allgemeine Öffentlichkeit dem Thema Nachhaltigkeit zukommen lässt, sowie veränderte Nachfrage- und Konsummuster sind weitere Faktoren, die den Ansatz des Handels erklären, die Thematik zunehmend in den Fokus zu rücken. So achten Verbraucher beim Einkauf tendenziell beispielsweise vermehrt auf Siegel und Standards, die nachhaltige Produkte ausweisen, vermeiden unnötig viel Plastikverpackung, kaufen wieder vermehrt in Hofläden und ähnlichen Einrichtungen ein oder setzen auf Recycling und Do-it-Yourself-Aufwertung (Upcycling) von bereits gebrauchten Produkten (Ernährungs Umschau 2019; UBA 2018; Bruttel 2014).

Ein weiterer Faktor, der einen nachhaltigen Konsum begünstigt, ist die Digitalisierung und die damit verbundene schnelle Verbreitung von Informationen. Durch soziale Medien, 24-Stunden-Nachrichtenzyklen und die Diversifikation der Verbreitungskanäle (Print, Hörfunk, Social Media) ist der Konsument von heute schneller und besser informiert und hierdurch auch sensibilisiert. Verstärkt wird dieses Phänomen beispielsweise durch Kampagnen von Nichtregierungsorganisationen (NGOs), die ihre Botschaften ebenfalls effektiver verbreiten können. Gleichzeitig führen einzelne Katastrophen oder größere Missstände häufig zu schnellen oder umfassenden Veränderungen. Ein gutes Beispiel für diesen Effekt im Handel betrifft den Rohstoff Palmöl. So erfreute sich Palmöl jahrelang größter Beliebtheit als Bestandteil einer großen Bandbreite an Produkten (u. a. Kartoffelchips, Kerzen, Kosmetika, Salben, Süßigkeiten). Dies führte zu einer immer größeren Ausweitung der weltweiten Anbauflächen – circa 19 Mio. Hektar Fläche waren es laut dem World Wide Fund For Nature (WWF) im Jahr 2018 – und mit der Ausweitung und Intensivierung des Anbaus wurden auch die Probleme und Missstände immer deutlicher. Dies führte zu einer Reihe von NGO-Kampagnen, so z. B. von Greenpeace oder auch von Brot für alle, Rettet den Regenwald e. V., dem WWF, Robin Wood oder Amnesty International. Je nach Schwerpunkt der NGO wurden in diesen Kampagnen die sozialen Missstände auf den Plantagen oder die Umweltauswirkungen thematisiert. Die Initiative des WWF führte dann zu Beginn der 00er-Jahre zur Gründung des Roundtable on Sustainable Palm Oil (RSPO). Auch der Fokus der großen Einzelhandelsketten auf den Einsatz von mehr nachhaltig produziertem Palmöl lässt sich durch diese Kampagnen und das daraus resultierende gesteigerte Bewusstsein der Konsumenten für diese Thematik erklären.

Das Beispiel Palmöl ist nur eines von vielen, das eine Veränderung der Industrie und Konsumenten in unserer Gesellschaft hin zu mehr Nachhaltigkeit verdeutlicht. Es zeigt auch auf, dass den Handelsketten bei der Übernahme von unternehmerischer Verantwortung eine Schlüsselposition zukommt. Sie bündeln eine große Marktmacht, stehen unter kritischer Beobachtung der allgemeinen Öffentlichkeit und befinden sich in engen Wechselbeziehungen mit vielen Akteuren entlang ihrer Lieferketten. Zudem bilden sie die wichtige Schnittstelle zum Endverbraucher und können in ihrer Rolle nachhaltige Konsummuster stark beeinflussen.

Corporate Social Responsibility[1] (CSR) ist, auch gemäß unserer Erfahrung, mittlerweile fest im Handelsalltag angekommen. Insbesondere die Eigenmarkenzulieferer stehen unter wachsendem Druck, die Anforderungen ihrer Kunden zu erfüllen. Ob Großkonzern oder kleine und mittlere Unternehmen (KMU) – es muss zunehmend im Sinne der Nachhaltigkeit gehandelt werden, nicht nur, weil die Anforderungskataloge der Handelsketten dies mittlerweile teils zwingend verlangen. Da Unternehmen auch ein Teil der Gesellschaft sind, geht es bei der Übernahme von unternehmerischer Verantwortung nicht darum, ob, sondern wie CSR in der Praxis umgesetzt wird. Es gilt, CSR-Maßnahmen in das Tagesgeschäft zu integrieren und darüber die Weichen auf langfristigen Unternehmenserfolg einzustellen.

2 Über die Mahnke Gruppe

Die Mahnke Unternehmensgruppe wurde in den späten 1960er-Jahren gegründet und agiert heute als ein über mehrere Generationen gewachsenes, mittelständisch strukturiertes Familienunternehmen. Unter einer einheitlichen Führung mit Hauptsitz in Mülheim an der Ruhr (Mülheim) betreuen die operativen Tochtergesellschaften klar definierte Produktsegmente. In den Warengruppen Lebensmittel, Textilien, Hartwaren und Pflanzen, Kosmetik sowie Reinigungs- und Hygieneartikel beliefern die Tochterunternehmen der Gruppe mit weltweit über 800 Mitarbeitern[2] in Produktion, Logistik, Vertrieb, Abwicklung und Verwaltung namhafte, internationale Einzelhandelsketten im Discount und Vollsortiment sowie Fachmärkte mit Gütern des täglichen Bedarfs.

In der Mahnke Gruppe wird der Begriff Corporate Responsibility (CR) übergreifend für die Übernahme von unternehmerischer Verantwortung verwendet. Das CR-Management im Unternehmen hat für uns folgende Bedeutung:

---

[1]Corporate Social Responsibility (CSR, auch: CR, Corporate Responsibility).

[2]Für den Lesefluss des Textes und aus Gründen der Vereinfachung wird fortan die männliche Form für personenbezogene Hauptwörter verwendet. Die personenbezogenen Bezeichnungen in männlicher Form verstehen sich als geschlechtsneutral und beziehen sich gleichermaßen auf die weibliche Form.

„Wir haben uns das Ziel gesetzt, CR in der Mahnke Gruppe fest zu etablieren und Anerkennung für das Thema zu schaffen, damit es fester Bestandteil unserer Unternehmenskultur wird. Somit bestimmt CR auch die Art und Weise, wie wir das Tagesgeschäft erledigen" (Klaus Mahnke, Inhaber und Geschäftsführer Mahnke Gruppe).

Für die Übernahme und Wahrnehmung unserer unternehmerischen Verantwortung sind zunächst einmal alle Mitarbeitenden, insbesondere die Inhaber und Geschäftsführenden, innerhalb ihres Aufgabenbereichs zuständig. Die fachliche Betreuung sowie strategische und inhaltliche Bearbeitung des Themenfeldes CR wird innerhalb der Mahnke Gruppe von der gleichnamigen Fachabteilung verantwortet – zentral auf Gruppenebene sowie spezifisch in den einzelnen Tochtergesellschaften an den jeweiligen Unternehmensstandorten.

Seinen historischen Anfangspunkt fand das CR-Management der Mahnke Gruppe in der Tochtergesellschaft Florett Textil GmbH & Co. KG (Florett Textil), die seit mehr als 35 Jahren auf die Produktion und den Handel mit Textilien spezialisiert ist. Anfänglich noch aus der Qualitätsmanagementabteilung (QM) heraus bearbeitet, nahmen die CR-Anforderungen nach dem Zusammensturz des mehrstöckigen Gebäudekomplexes Rana Plaza[3] in Bangladesch ab April 2013 rapide zu. Nach den Ereignissen von Rana Plaza gelobten die internationalen Mode- und Handelsketten Besserung, und schon drei Wochen nach dem Unglück unterzeichneten Gewerkschaften und Branchenvertreter einen Aktionsplan, der besseren Brandschutz und mehr Gebäudesicherheit bringen sollte, den sogenannten „Accord on Fire and Building Safety in Bangladesh" (kurz: Bangladesh Accord).

Das Unglück rund um Rana Plaza führte global zu erhöhten Kundenanforderungen hinsichtlich der Einhaltung von Sozialstandards in den Lieferketten für Textilien und Schuhe und schließlich dazu, dass in der Florett Textil im Jahr 2015 die erste CR-Manager-Position geschaffen wurde. Bereits im darauffolgenden Jahr machte es insbesondere die Detox-Kampagne von Greenpeace, die seit 2011 die Textil- und Bekleidungsindustrie zum nachhaltigen Handeln auffordert, erforderlich, eine zweite CR-Manager-Position zu schaffen, um die Umweltanforderungen (u. a. Chemikalienmanagement) in den Lieferketten anforderungsgerecht umzusetzen.

Eine ähnliche Entwicklung fand parallel in den Warengruppen Lebensmittel und Hartwaren (auch Non-Food genannt) statt. Die CR-Kundenanforderungen aus der Warengruppe Textil im Bereich Sozialstandards (engl. Social Compliance) wurden ab Ende 2015 auch verstärkt auf diese beiden Bereiche übertragen und die weitere Bearbeitung aus fachlicher Sicht wie auch mit Blick auf die zur Verfügung stehenden Kapazitäten war

---

[3]Am 24.04.2013 stürzte in Bangladesch der marode achtstöckige Gebäudekomplex Rana Plaza ein, in dem mehrere Textilfabriken untergebracht waren, die u. a. für bekannte Modeketten in Europa produzierten. Rana Plaza war der größte Fabrikunfall in der Geschichte des Landes, 1134 Menschen starben, über 2000 wurden teils schwer verletzt (Business & Human Rights Resource Centre 2019).

somit seitens der QM-Abteilungen nicht mehr machbar. Die Entwicklungen auf Kunden-seite erforderten somit zwischen 2016 und 2017 die Schaffung von je einer neuen CR-Manager-Steller in den Tochtergesellschaften Clama GmbH & Co. KG (Clama) und Ovibell GmbH & Co. KG (Ovibell) der Mahnke Gruppe.

Darüber hinaus traf die Geschäftsführung der Gruppe die Entscheidung, zusätz-lich eine Stelle für das gruppenübergreifende CR-Management zu schaffen. Hauptziel-setzung seinerzeit war, die Konzeption der CR-Strategie für die Mahnke Gruppe sowie ein effektives Projekt- und Schnittstellenmanagement mit den verschiedenen Fach- und Funktionsbereichen der Mahnke Gruppe. Zudem galt es, die Tochtergesellschaften der Mahnke Gruppe, die über keine gesonderte CR-Funktion verfügten, im operativen Geschäft fachlich zu unterstützen.

Heute arbeiten am zentralen Standort in Mülheim neun Personen im CR-Management, aufgeteilt auf drei Tochtergesellschaften, in denen zentrale CR-Anforderungen vorherrschen. Die CR-Manager berichten direkt an die jeweilige Geschäftsführung. Sie sind schwerpunktmäßig für die Bearbeitung folgender Themen zuständig:

- Erarbeitung und anschließende Umsetzung der gruppenübergreifenden CR-Strategie
- Erfolgsmessung und Bewertung von durchgeführten Maßnahmen sowie stetige Weiterentwicklung des CR-Managements
- Formulierung der eigenen CR-Leitlinien zur Orientierung im Tagesgeschäft und zur Schaffung von interner und externer Transparenz, beispielsweise mittels Einkaufs-politiken für kritische[4] Rohstoffe, die in den Produkten und/oder Verpackungen zum Einsatz kommen (u. a. Baumwolle, Holz, Fisch und Meerestiere, Palm(kern)öl) – immer in Übereinstimmung mit den geltenden Kundenanforderungen,
- Überwachung der Sozial- und Umweltstandards in den Wertschöpfungsketten, inklusive regelmäßiger Besuche der Lieferanten/Produzenten in den Herstellungs-ländern
- Fachliche Führung der CR-Mitarbeiter in den Auslandsbüros und Koordinierung von Aktivitäten im Hinblick auf die relevanten CR-Thematiken
- Betriebliches Umweltmanagement an den eigenen Unternehmensstandorten (u. a. Energie- und Klimamanagement, Biodiversitätsschutz)
- Recherchetätigkeiten rund um das Thema Nachhaltigkeit und Ableitung von Hand-lungsempfehlungen

---

[4]Natürliche Ressourcen und hier insbesondere Rohstoffe sind nicht per se kritisch, sondern werden erst aufgrund verschiedener Umstände, Zusammenhänge und Wechselwirkungen als solche bewertet. Diesbezüglich spielen verschiedene Faktoren eine Rolle: Verfügbarkeit des Rohstoffs, Schlüsselbedeutung des Rohstoffs aus wirtschaftsstrategischer Sicht für bestimmte Industrien, Ver-fügbarkeit von Ersatzstoffen, Auswirkungen auf soziale oder ökologische Aspekte beim Anbau, Abbau und der Weiterverarbeitung etc. Diese Punkte verdeutlichen, dass ein Rohstoff nicht unbedingt allgemeingültig als „kritisch" gelten muss.

- Interne Kommunikation von CR-Belangen zur Information, Sensibilisierung und Motivation der Mitarbeiter
- Aufbau externer Netzwerke zum fachlichen Austausch und zur Förderung des Stakeholder-Dialogs, Identifikation von möglichen Kooperationspartnern
- Externe Kommunikation des CR-Engagements

„Wir stellen in unserem Tagesgeschäft – dem Handel mit Lebensmitteln – kontinuierlich fest, dass das Bewusstsein für CR und Nachhaltigkeit seitens der Kunden und Konsumenten – und damit auch die an uns gestellten Anforderungen und Erwartungen – zunehmen. Diese betreffen die unterschiedlichsten Themen entlang unserer Wertschöpfungsketten: von kritischen Erntemethoden in Südeuropa hin zu Produktionsbedingungen in der Weiterverarbeitung über die Verpackungsmaterialien unserer Produkte bis hin zum Thema Food Waste. Ähnlich sieht es in den anderen Tochterfirmen aus. So erweitert sich das Aufgabenfeld für uns CR Manager laufend" (Anne Stemmer, CR-Manager Clama).

Um eine konforme Ausrichtung der Unternehmensgruppe nach innen und außen sicherzustellen, stehen die Verantwortlichen miteinander in engem Kontakt. Der Austausch findet u. a. im Rahmen von CR-Zirkel-Meetings statt, die einmal im Monat stattfinden und an denen neben den CR-Managern ein Vertreter der Geschäftsleitung sowie je nach Themenschwerpunkt Kollegen aus verschiedenen Fach- und Funktionsbereichen regelmäßig teilnehmen, die wichtige Schnittstellen zum CR-Management bilden (u. a. Einkauf, Personalwesen, Qualitätsmanagement). Zudem werden Dokumente gemeinschaftlich erarbeitet, die gruppenübergreifende Gültigkeit besitzen, beispielsweise die Energie- und Klimapolitik, die Einkaufspolitiken Baumwolle und Holz oder das CR-Handbuch der Mahnke Gruppe.

Darüber hinaus werden die CR-Manager am Standort in Mülheim von den Kollegen in den eigenen Auslandsbüros in Bangladesch und China durch die Übernahme der folgenden Aufgaben unterstützt:

- Vermittlung der geltenden Sozial- und Umweltstandards der Mahnke Gruppe sowie der spezifischen Kundenanforderungen an die Produktionspartner, mit denen zusammengearbeitet wird.
- Durchführung von Capacity-Building-Maßnahmen (dt. Kapazitätsaufbau). Capacity Building versteht sich im CR-Kontext als Wissensaufbau und ist im CR-Management ein wichtiges Tool. Darunter fallen in der Mahnke Gruppe Maßnahmen wie die Durchführung von Schulungen für die Mitarbeiter in unseren eigenen Büros und für unsere Produktionspartner zu geltenden Anforderungen und Sozial- und Umweltstandards. Unsere Produktionspartner sollen durch das Capacity Building besser nachvollziehen können, warum CR-Anforderungen an sie gestellt werden und welche Vorteile durch die Umsetzung für sie erwachsen. Gleichzeitig möchten wir sie in die Lage versetzen, eigenständig Mittel und Wege zu finden, um die geltenden Anforderungen in ihren Produktionsstätten zu implementieren.

- Sicherstellung von Transparenz und kontinuierlicher Verbesserung in den Produktionsstätten sowie regelmäßige Überprüfung der geltenden eigenen CR-Anforderungen, u. a. durch interne Audits. Zudem werden die Produktionspartner bei der Vorbereitung, Durchführung und Nachbereitung von externen Audits fachlich unterstützt.
- Regelmäßiger Austausch über geltende Anforderungen, die aktuelle Gesetzeslage, neue spezifische Themenschwerpunkte und Herausforderungen in den Produktionsländern.

Wie der vorausgegangene Einblick in den Aufbau der CR-Organisation in der Mahnke Gruppe erkennen lässt, hatte die Etablierung des CR-Managements in der Unternehmensgruppe hauptsächlich extrinsische Gründe; nämlich die Erfüllung von Kunden- und Konsumentenanforderungen.

3 Konzentration auf das Wesentliche

Eine große Herausforderung, der nicht nur die Mahnke Gruppe als KMU, sondern jedes Unternehmen gegenübersteht, ist die Integration des CR-Managements in die Kernwertschöpfungsprozesse. Zu Beginn der gruppenübergreifenden CR-Arbeit im Unternehmen wurde die Abteilung von den internen Stakeholdern vordergründig als Cost-Center wahrgenommen und kritisch beäugt. Auch das ist sicher keine Seltenheit.

> „Der Herausforderung, der wir zu Beginn gegenüberstanden, war nicht der Megatrend ‚Nachhaltigkeit' an sich, sondern ein Verständnis für die Arbeit der CR-Abteilung zu kreieren und interne Akzeptanz dafür zu schaffen, dass das Unternehmen langfristig vom CR-Management profitieren wird" (Laura Cremer, CR-Manager Mahnke Gruppe).

Der Ansatz, der zur Begegnung der Integrationsherausforderung herangezogen wurde, war die Erarbeitung einer CR-Strategie für die Mahnke Gruppe. Aufgabenstellung war es, ein strategisches Konzept zu entwickeln, das den aktuellen und künftigen Weg aufzeigt und in dem sich die operativen Tochtergesellschaften wiederfinden.

Die CR-Strategie wurde im Zeitraum von Juni 2017 bis April 2019 maßgeblich durch die CR-Manager mit Unterstützung der verschiedenen Fach- und Funktionsbereiche in den Tochtergesellschaften erarbeitet. In der Entwicklung der CR-Strategie wurde methodisch in sieben Arbeitsschritten vorgegangen:

1. **Aufnahme des Status quo und Materialsammlung (interne und externe Analyse)**
   - Interne Analyse (Stärken und Schwächen, Interviews mit den Geschäftsführern, Mapping von Hotspots in den Wertschöpfungsketten)
   - Umfeldanalyse (Prüfung der vorherrschenden Kundenanforderungen, Markt- und Wettbewerbsanalyse, Rechtskataster, Trendrecherche zu Nachhaltigkeitsthemen, die aktuell polarisieren, Chancen und Risiken)

– SWOT-Analyse (Zusammenführung von Stärken/Schwächen und Chancen/ Risiken) und Ableitung von strategischen Herausforderungen
– Stakeholder-Analyse
– Begutachtung von Best-Practice-Beispielen

2. **Inhaltliche Prüfung der gängigsten CR-Standards und -Leitlinien**
– Internationale Leitlinien, die oft auch als Vorlage für die Gesetzgebung dienen; u. a. UN-Leitprinzipien für Wirtschaft und Menschenrechte/Nationaler Aktionsplan „Wirtschaft und Menschenrechte" (NAP), OECD-Leitsätze für multinationale Unternehmen
– Standards für die nichtfinanzielle Berichterstattung; u. a. ISO 26000 – Social Responsibility, Deutscher Nachhaltigkeitskodex (DNK), Global Reporting Initiative (GRI Standards), UN Global Compact (UNGC)
– Internationale Entwicklungsziele der Vereinten Nationen (UN), die auch ein etabliertes Tool in der CR-Unternehmenskommunikation sind; Sustainable Development Goals (SDGs)

3. **Bestimmung des Grobkonzepts für die CR-Strategie der Mahnke Gruppe**
– Verdichtung aller gesammelten Informationen
– Vorbestimmung und schriftliche Ausarbeitung der potenziellen CR-Handlungsfelder der Mahnke Gruppe durch das CR-Team als Ausgangspunkt

4. **Wesentlichkeitsanalyse (auch Materialitätsanalyse genannt)**
– Bewertung, welche aktuellen und zukünftigen Nachhaltigkeitsthemen für die Mahnke Gruppe insgesamt und die einzelnen Tochtergesellschaften relevant und wesentlich sind
– Nicht nur in der Mahnke Gruppe ist die Wesentlichkeitsanalyse ein erprobtes und zentrales Instrument im CR-Management. Sie unterstützt dabei, den Wirkungskreis der eigenen Geschäftätigkeit unter Betrachtung der gesamten Wertschöpfungskette und aus Sicht der Stakeholder tiefergehend zu verstehen. Zudem wird ein Referenzrahmen mit klaren Prioritäten geschaffen, der in regelmäßigen Abständen auf Entwicklungen und Veränderungen hin überprüft werden kann (Systain 2018).
– Die Wesentlichkeitsanalysen wurden im Strategiefindungsprozess mit der gruppenübergreifenden Geschäftsführung und den Geschäftsführern der einzelnen Tochtergesellschaften durchgeführt. Sie dienten der inhaltlichen Schwerpunktsetzung je Tochter und bildeten die Grundlage für die anschließende Festlegung der CR-Handlungsfelder für die Mahnke Gruppe. In die Bewertung der Themen flossen die gesammelten Informationen und Ergebnisse aus den vorherigen Arbeitsschritten ein.

5. **Finalisierung der CR-Handlungsfelder**
– Diskussion und detaillierte Feedbackschleife mit den Inhabern/der gruppenübergreifenden Geschäftsführung zur Erörterung und Identifikation der finalen CR-Handlungsfelder – immer in Bezug auf die Ergebnisse der Wesentlichkeitsanalysen und hinsichtlich der unternehmerischen Zielsetzungen

- Bestimmung von vier CR-Handlungsfeldern und Formulierung des Titels der CR-Strategie für die Mahnke Gruppe durch die Inhaber/gruppenübergreifende Geschäftsführung gemeinsam mit den CR-Managern
- Ausformulierung der inhaltlichen Schwerpunkte für die definierten CR-Handlungsfelder durch die CR-Manager und anschließende Freigabe durch die Inhaber/gruppenübergreifende Geschäftsführung

6. **Sorgfaltsprüfung**
   - Prüfung der CR-Strategie samt Handlungsfeldern hinsichtlich Aktualität, Thementiefe, Plausibilität, Konsistenz und Wechselwirkungen
7. **Interne Präsentation und gemeinsame Ausarbeitung von Aktionsplänen**
   - Termine zur internen Vorstellung der CR-Strategie mit den Geschäftsführern der einzelnen Tochtergesellschaften
   - Erstellung von Ziel- und Maßnahmenkatalogen für die einzelnen Handlungsfelder. Die Ziele und Maßnahmen, die die CR-Strategie mit Leben füllen, wurden gemeinsam mit den Geschäftsführern und Mitarbeitern verschiedener Abteilungen und Verantwortungsebenen in den jeweiligen Tochtergesellschaften identifiziert.

3.1 CR-Strategie der Mahnke Gruppe

Heute bildet die CR-Strategie den Handlungsrahmen für die Übernahme unternehmerischer Verantwortung in der Mahnke Gruppe. Über die von der Geschäftsführung mittels Wesentlichkeitsanalyse definierten und anschließend vom CR-Team ausgearbeiteten vier Handlungsfelder *Social Compliance, Environmental Compliance, Nachhaltige Sortimentsgestaltung* und *Stakeholdermanagement* bearbeiten wir wesentliche Themen und Zukunftsfragestellungen systematisch mit einer klaren Fokussierung auf das Kerngeschäft. Wie eingangs erwähnt, hat sich in der Praxis gezeigt, dass die CR-Strategie ein essenzieller und wichtiger Baustein für die Verankerung von CR in der Unternehmensgruppe ist (Abb. 1).

Die Handlungsfelder haben folgende inhaltliche Schwerpunkte:

- **Social Compliance** – Teil unserer gesellschaftlichen Verantwortung ist eine menschenwürdige Beschäftigung an unseren Standorten und in unseren Wertschöpfungsketten. Das umfasst u. a. ethische Geschäftspraktiken sowie die Einhaltung der geltenden gesetzlichen Anforderungen, wie z. B. Arbeitssicherheit, Verbot von Kinder- und Zwangsarbeit sowie faire Entlohnung. Als Hersteller und Importeur kommen wir unserer Sorgfaltspflicht nach, indem wir beispielsweise gemeinsam mit unseren Partnern die Umsetzung von Sozialstandards in den Produktionsstätten kontinuierlich weiterverfolgen. Durch gemeinsamen Aufbau von Kompetenzen und mit der Durchführung von Sozialaudits bei ausgewählten Lieferanten wollen wir systematische Verbesserungen herbeiführen und sicherstellen. Wir orientieren uns an international anerkannten Standards und Vorgaben wie den ILO-Kernarbeitsnormen

Abb. 1 Handlungsfelder der Mahnke Gruppe CR-Strategie

und den Sustainable Development Goals (SDGs) der Vereinten Nationen. An unseren eigenen Standorten werden Sozialbelange über die Einhaltung des Mahnke-Gruppe-Verhaltenskodex[5] berücksichtigt. Durch die fortschreitende Umsetzung des amfori BSCI Code of Conduct und die Einhaltung von Kundenanforderungen üben wir einen direkten, positiven Einfluss auf die Umsetzung der Sozialstandards[6] in unseren Lieferketten aus.

- **Environmental Compliance**[7] – Die Mahnke Gruppe repräsentiert durch die Tochterunternehmen ein vielfältiges Sortiment an Produkten, die tagtäglich durch uns produziert und gehandelt werden. Dazu werden Ressourcen zu Endprodukten weiterverarbeitet, transportiert, konsumiert und am Ende ihres Lebenszyklus in der Regel recycelt oder entsorgt. Entlang unserer globalen Wertschöpfungsketten entstehen somit unweigerlich negative Umwelteinwirkungen wie Ressourcenverbrauch, Abfall, Abwasser und damit verbunden auch direkte und indirekte Treibhausgasemissionen. In den letzten Jahren war zudem erkennbar, dass der Raubbau an der Erde Umweltrisiken wie Wasserverschmutzung oder extreme Wetterereignisse birgt. Diese wiederum beeinflussen unsere Geschäftstätigkeit, beispielsweise durch Ernteausfälle, steigende Rohstoffpreise oder Lieferkettenunterbrechungen.

---

[5]https://cr.kmmahnke.com/mahnke-cr/social-compliance/

[6]Wichtiger Standardgeber für Sozialstandards in der Lieferkette für die Tochtergesellschaften der Mahnke Gruppe und auch unsere Kunden ist je nach Geschäftsfeld und Produktionsländern der BSCI-Code-of-Conduct im Rahmen der amfori-Mitgliedschaften. Neben dem etablierten amfori-BSCI-Standard gibt es im Bereich Social Compliance auch andere Standards, die ebenfalls verbreitet sind und teils in der Mahnke-Unternehmensgruppe Anwendung finden, wie u. a. der Bangladesh Accord, das Sedex Members Ethical Trade Audit (SMETA) und SA8000.

[7]https://cr.kmmahnke.com/mahnke-cr/environmental-compliance/

Der *Schutz unseres Planeten* ist eines der Leitprinzipien der SDGs, zu dessen Einhaltung sich die UN-Mitgliedstaaten im Rahmen der Agenda 2030 verpflichtet haben (UN 2019). Als Unternehmen fühlen wir uns ebenso dazu aufgefordert, Umweltthematiken an unseren Standorten wie auch entlang der globalen Wertschöpfungsketten zu managen. Zum Schutz der Umwelt und für künftige Generationen verfolgen wir achtsame Wirtschaftsweisen, intelligentes Ressourcen- und Produktionsmanagement sowie Maßnahmen zum Informationsaustausch und Wissensaufbau in den Produktionsländern und an unseren Standorten. Der Schlüssel zum langfristigen Erfolg durch stetige Verbesserung sind dabei unsere Mitarbeiter, eine konstruktive Kooperation mit unseren Partnern und Lieferanten sowie ein gutes Prozessmanagement für effektivere Abläufe.

- **Nachhaltige Sortimentsgestaltung** – Durch das wachsende Gesundheits- und Umweltbewusstsein der Verbraucher hat sich ein nachhaltiges Produktangebot mittlerweile fest in den Regalen des Handels und in den Portfolios unserer Kunden etabliert. Zur Sicherung unseres Kerngeschäfts haben wir uns den Ausbau und die Weiterentwicklung immer nachhaltigerer Sortimente zum Ziel gesetzt. Ein großer Hebel von CR setzt bei den Produkten an, denn wir haben als Produktions- und Handelsunternehmen mit Zugriff auf den Massenmarkt zumindest teilweise eine Einflussmöglichkeit, innovative Produkte auf den Markt zu bringen, die nachhaltig für Mensch und Umwelt in der Herstellung und Nutzung sind.

  Dieser Verantwortung wollen wir im Rahmen unseres Produktmanagements in Kooperation mit unseren Partnern nachkommen. Dabei betrachten wir den gesamten Produktlebenszyklus. Die Tochtergesellschaften der Mahnke Gruppe nutzen für eine Reihe ihrer Produkte bereits Rohstoffe aus nachweislich verantwortungsvollen Quellen. Diese Artikel sind zum Teil durch Produktstandards und -labels gekennzeichnet. Zusätzlich zur Schonung von Ressourcen sowie der Förderung von nachhaltigen Anbau-, Aufzucht- und Fangmethoden werden hier auch Querschnittsthemen aus dem Bereich der sozialen Verantwortung einbezogen. Neben der Erreichung einer erhöhten Kundenzufriedenheit soll auch dazu beigetragen werden, soziale und ökologische Standards entlang unserer globalen Lieferketten fest zu verankern und den Konsum nachhaltiger Produkte in der Gesellschaft weiter zu fördern.

- **Stakeholdermanagement** – Als Produktions- und Handelsunternehmen kommen wir mit einer Vielzahl von Akteuren in Berührung. Diese Interaktion geht weit über unsere Standorte und sogar unsere Landesgrenzen hinaus und betrifft die vor- und nachgelagerten Wertschöpfungsketten. Nicht nur wir haben einen gewissen Einfluss auf unsere Stakeholder. Als Kunde, Lieferant, Mitarbeiter, Dienstleister, Endverbraucher oder Anwohner üben die Stakeholder Einfluss auf die Mahnke Gruppe aus.

  Im Rahmen unseres Stakeholdermanagements wird nicht nur die Legitimität dieser Einflussnahme diskutiert, sondern auch die Art und Weise, wie wir die Beziehungen zu unseren Stakeholdern gestalten. Durch konstruktive Dialoge wollen wir unserer gesellschaftlichen Verantwortung nachkommen und gleichzeitig unsere Stakeholder-Beziehungen aktiv steuern. Darüber hinaus möchten wir durch freiwilliges soziales

Engagement unseren gesellschaftlichen Beitrag leisten. Unsere Aktivitäten werden durch die Dimensionen Umwelt, Soziales und die Verbindung zu unserem Kerngeschäft bestimmt. Neben lokalen Projekten wollen wir auch mit unseren Partnern in den Ländern strategisch aktiv werden, in denen unsere Artikel produziert werden. Somit sichern wir auch die gesellschaftliche Akzeptanz des Unternehmens. Verantwortlicher Umgang bedeutet dabei auch ehrlicher Umgang. Durch regelmäßige Berichterstattung über das CR-Management schaffen wir Transparenz und fördern die Verankerung der Thematik – intern wie extern.

Die Umsetzung der CR-Strategie erfolgt zentral auf Gruppenebene und in den Tochtergesellschaften. Die Themen, die in den einzelnen Handlungsfeldern als wesentlich eingestuft werden, ergeben sich aus den Produkten, die produziert und gehandelt werden, den eingesetzten Rohstoffen, den sozialen und ökologischen Hotspots, die an den eigenen Standorten und entlang der Wertschöpfungsketten vorliegen, und den aktuell vorherrschenden Marktbedingungen. Zukünftig hilft uns auch eine Fortschrittsdokumentation dabei, unseren Zielerreichungsgrad transparent darzustellen und zu kommunizieren.

3.2   Zwischenfazit

Seit der Etablierung der CR-Abteilung im Jahr 2016 und der Einführung der CR-Strategie im Frühjahr 2019 wurden eine Reihe von Maßnahmen durchgeführt und es kann folgendes Zwischenfazit mit Blick auf die Integrationsherausforderung gezogen werden:

- Die CR-Abteilung wird noch immer eher als Cost-Center und nicht als Profit-Center wahrgenommen. Jedoch konnte mittlerweile bewiesen werden, dass die Abteilung durchaus ihre Daseinsberechtigung im Unternehmen hat, u. a. aufgrund folgender Entwicklungen:
  - In einem Warenbereich wird die Festsetzung des Einkaufsvolumens durch die Kunden für das nächste Geschäftsjahr auch unter Berücksichtigung der CR-Performance vorgenommen.
  - Durch die Steigerung der Ressourceneffizienz und einer teils geringeren Inanspruchnahme von Rohstoffen konnte eine Optimierung in den Herstellungsprozessen erreicht werden.
  - CR-Management ist für die Mahnke Gruppe – wie auch für viele andere Unternehmen – Risikomanagement. Im Zuge des CR-Managements werden unsere Wertschöpfungsketten unter Betrachtung einer Vielzahl ökonomischer, ökologischer und sozialer Fragen immer wieder, im engen Austausch mit dem Einkauf und/oder Produktmanagement, intensiv analysiert. Eine wichtige Prämisse ist die Sicherstellung von Transparenz. Damit einher geht die große Herausforderung, alle

Aspekte und insbesondere potenziell problem- und risikobehaftete Themenfelder und Entwicklungen im Blick zu halten. Eine intensivere Überwachung der Sozial- und Umweltstandards in den Lieferketten mittels interner Audits und Capacity Building führte zu mehr Transparenz. Dadurch konnten Rückschlüsse gezogen werden, viele potenzielle Risiken identifiziert und vor dem Eintreten ausgeräumt werden.

– Die Einführung eines Energiemanagementsystems führte durch die Aufnahme des Status quo, darauffolgende Analyse und anschließende Energieeffizienzmaßnahmen zu Kosteneinsparungen.

– Der Mythos, dass sich die Kunden und damit auch der Endverbraucher nicht für Nachhaltigkeit interessieren – und gerade dann, wenn die Produkte den Massenmarkt und keine Nische ansprechen – konnte intern widerlegt werden, indem mittlerweile viele nachhaltige Alternativen erfolgreich bei den Kunden platziert werden konnten, beispielsweise Toilettenpapier aus recycelten Getränkekartons, Bekleidung aus Bio-Baumwollfasern und ohne Plastikverpackung oder Dekorationsartikel, die nach dem FSC®-Standard zertifiziert sind.

– Es kommen stetig neue Themen hinzu, die sich dem Fachbereich CR zuordnen lassen und es besteht Bedarf an Expertise.

• Anfänglich wurden viele Maßnahmen, die bereits in der Vergangenheit implementiert wurden, thematisch nicht dem CR-Management zugeordnet (beispielsweise Energiemanagement oder freiwilliges soziales Engagement). Mit der Etablierung der CR-Funktionen im Unternehmen wurde ein Rahmen geschaffen, der die Komplexität reduziert, die das Thema mit sich bringt. Zudem können einzelne Aktivitäten einem Handlungsfeld der CR-Strategie zugeordnet und dann entsprechend herausgestellt und optimiert werden.

• CR-Themen sind lästig und man möchte seinen Mitarbeitern diese nicht zumuten. In dieser Denkweise liegt der Fehler, denn genervt sind Mitarbeiter höchstens von der Art und Weise, wie Nachhaltigkeit im Unternehmen umgesetzt wird. Übergestülpte oder vorgetäuschte Nachhaltigkeit ist dabei der falsche Weg. Besser ist es, wenn das Thema gemeinsam erarbeitet wird und so eine Integration in die Kernwertschöpfungsprozesse stattfindet. In der Mahnke Gruppe ist dies beispielsweise durch verpflichtende CR-Eingangspräsentationen für alle derzeitigen und neuen Mitarbeiter oder die Umsetzung von kleinen Projekten, sogenannten Leuchtturmprojekten, an den Unternehmensstandorten (u. a. Umstellung des Kopierpapiers auf Recyclingpapier, Einsatz nachhaltigerer Verbrauchsmaterialien) gelungen. Mittels dieser Maßnahmen konnte das Bewusstsein für das Thema Nachhaltigkeit geschärft und das CR-Management greifbarer gemacht werden. Zudem findet dieses auch vor der Haustüre und nicht nur in den weiter entfernten Wertschöpfungsketten und Produktionsstätten statt.

• Durch die gemeinsame Erarbeitung von Aktionsplänen im Zuge der CR-Strategiearbeit in den Tochtergesellschaften wurden die vier Handlungsfelder mit Leben gefüllt. Das Aufsetzen von Zielen, zugehörigen Maßnahmen und deren Fortschritts-messung ist ein wichtiges Instrument, um das Wesentliche nicht aus dem Blick zu verlieren, Verantwortungsbewusstsein zu schaffen und Dringlichkeit zu kreieren. Nur so kann das CR-Management weiter zielführend vorangebracht werden.

4   Von der Strategie zur praktischen Umsetzung

„Papier ist geduldig" bzw. mit Blick auf das CR-Management: „Aktionspläne sind geduldig." Die gesteckten Ziele und Maßnahmen in konkretes Handeln umzusetzen – auch das ist eine typische Herausforderung im CR-Management. Hier kommen wieder die CR-Manager ins Spiel, deren Aufgabe es auch ist, die geplanten Maßnahmen im Blick zu behalten und deren Umsetzung zu steuern.

Zur Evaluierung der in den Aktionsplänen definierten Maßnahmen und zur Über-prüfung der Zielerreichung werden gemeinsam mit der Geschäftsleitung – soweit mög-lich und sinnvoll – im Vorhinein Zielwerte festgelegt. Dabei handelt es sich meist um eine Kombination aus qualitativen und quantitativen Kennzahlen. Eine Softwarelösung unterstützt uns bei der Erfassung der benötigten Zahlen, Daten und Fakten sowie bei der anschließenden Auswertung. Die Messung der CR-Aktivitäten schafft gemeinhin Trans-parenz, fördert und beschleunigt die Integration von Nachhaltigkeitsthemen in das Kern-geschäft und verleiht dem CR-Management auch einen stärkeren ökonomischen Ansatz.

Nachfolgend werden für drei Tochtergesellschaften der Mahnke Gruppe längerfristig ausgerichtete Projekte und einzelne Maßnahmen aus dem CR-Management vorgestellt, die über gesetzliche Anforderungen hinausgehen und Best-Practice-Charakter haben.

Sustify-Pilotprojekt der Florett Textil in Bangladesch

Für Textilimporteure ist die Einhaltung von Arbeits- und Sozialstandards in den Wert-schöpfungsketten ein unerlässlicher Bestandteil des CR-Managements. Ein von der Florett Textil initiiertes dreimonatiges Pilot-Trainingsprogramm zum Thema Arbeits-sicherheit für rund 150 Mitarbeiter fand ab Mitte August 2019 über einen Zeitraum von zwölf Wochen in der Textilfabrik Muazuddin Textile Ltd. (Muazuddin) in der Nähe von Dhaka, Bangladesch statt.

Das Trainingsprogramm, das den Namen *Sustify* trägt, ist eine digitale Trainingsplatt-form, die genutzt wird, um die Arbeiter direkt zu schulen, um das Verständnis für CR-Themen im Fabrikalltag zu erhöhen. Üblicherweise werden solche Trainingsprogramme auf Fabrik-Managementebene durchgeführt und adressieren nicht direkt die Arbeiter. Unser Ansatz unterscheidet sich von herkömmlichen Schulungsmaßnahmen, denn die Lerninhalte werden mittels spielerischer, interaktiver Elemente (viele Bilder, wenig Text) digital vermittelt. Die Inhalte passen sich, basierend auf einem intelligenten Algorith-mus, dem individuellen Lernfortschritt der Anwender an. Die Arbeiter führen den Log-in mittels Gesichtserkennung durch. Mehrsprachigkeit und Audiofunktion stellen

Abb. 2 Auftakt des digitalen Pilot-Trainingsprogramms *Sustify* der Florett Textil im Sommer 2019 in einer Textilfabrik in Bangladesch

sicher, dass die gesamte Belegschaft erreicht und ausgebildet werden kann. Die Lerninhalte, die für den Fabrikalltag relevant sind, werden in kleinen Einheiten von maximal 15 Minuten bereitgestellt, damit die Mitarbeiter nicht allzu lange an ihren Arbeitsplätzen fehlen (Abb. 2).

> „CR ist in der Florett Text mittlerweile zu einem geschäftskritischen Faktor geworden und faire Arbeitsbedingungen in unseren Wertschöpfungsketten sind essenziell. Alle unsere Produktionsstätten verfügen über eine Auditierung im Bereich Social Compliance. Basis dafür sind unsere eigenen, aber auch externe Sozialstandards. Transparenz schaffen wir durch systematische Steuerung unseres Lieferantenpools, immer in enger Abstimmung mit den Kollegen in den jeweiligen Produktionsländern. Unser Fokus bei der Verbesserung der Arbeitsbedingungen liegt auf den Aspekten Kommunikation, Kooperation, Training und partnerschaftliche Zusammenarbeit. Neben den gängigen Zielgruppen, wie Top- und Midmanagement, HR- und CR-Verantwortlichen, wollen wir auch explizit die Personen erreichen, die bei der Verbesserung der Arbeitsbedingungen vor Ort eine zentrale Rolle einnehmen: die Arbeiter in den Produktionsstätten" (Nicole Hartmann, CR-Manager – Social Compliance Florett Textil).

Detox-Academy der Florett Textil

Environmental Compliance (auch unternehmerischer Umweltschutz) bildet neben Social Compliance eine der Kernthematiken im CR-Management der Florett Textil. Vor allem in der Textilveredlung hinsichtlich der eingesetzten Chemikalien fallen hohe Umweltbelastungen an. Diese gilt es zu minimieren. Die aktive Mitarbeit an Kampagnen wie Detox von Greenpeace trägt zur Gestaltung eines zunehmend nachhaltigeren Sortiments bei und ist in der Florett Textil eine wichtige CR-Maßnahme.

Im Rahmen der Detox-Academy der Florett Textil werden ausgewählte Lieferanten in Workshops von uns zum Thema Chemikalienmanagement geschult. Bisher haben rund 30 Nassproduktionsstätten (sogenannte Tier-2-Lieferanten) die Detox-Academy durchlaufen. Diese besteht aus einem Workshop, in dem sich die Lieferanten mit dem

Abb. 3 Umsetzungserfolg der Detox-Academy der Florett Textil in China; Chemikalienlager vorher und nachher

Thema Chemikalienmanagement auseinandersetzen, flankiert durch individuelle Fabrikbesuche, bei denen Erlerntes in der Praxis vertieft und der Status quo in den Fabriken erfasst wird. Beizeiten werden die Fabriken erneut besucht und der Fortschritt wird dokumentiert. Ziel des Programms ist es, nicht nur den Status der Fabriken zu erfassen – so wie viele Branchenstandards es tun –, sondern individuelle Hilfestellung zu geben. Die Dokumentation der Entwicklungen der Nassproduktionsstätten hilft der Florett Textil bei der Analyse einer Fabrik. Hierdurch kann aus CR- und Beschaffungssicht besser beurteilt werden, welches Risikopotenzial besteht und welche Form der Unterstützung noch benötigt wird.

Auch wenn noch ein langer Weg zu gehen ist, konnten bisher einige wichtige Verbesserungen erzielt werden, insbesondere was den Umgang mit und den Einsatz[8] von Chemikalien, das Transparenzlevel oder die Bereitstellung angemessener persönlicher Schutzausrüstung für die Fabrikmitarbeiter angeht. Auch größere Investitionen, wie der Aufbau eines modernen Chemikalienlagers und eines automatischen Dosiersystems für Farbstoffe, wurden bereits seitens einiger Lieferanten getätigt (Abb. 3).

„Durch die Detox-Academy konnten wir Wissenslücken im Bereich des Chemikalienmanagements feststellen und diese gezielt durch Trainings und Workshops schließen. Damit schaffen wir eine Win-win-Situation. Zum einen erzielen wir sicherere Arbeitsbedingungen für die Menschen vor Ort und minimieren die negativen Auswirkungen auf die Umwelt, zum anderen reduzieren wir Risiken innerhalb unserer Wertschöpfungsketten und unter-

---

[8]Gemäß den geltenden MRSL- und RSL-Verbotslisten. „Die Manufacturing Restricted Substances List (MRSL) listet Chemikalien auf, deren Einsatz im Produktionsprozess auf festgelegte Dosierungen beschränkt oder komplett verboten ist. Die Restricted Substances List (RSL) bezieht sich hingegen nur auf das Endprodukt und listet Substanzen oder Stoffgruppen auf, die im Endprodukt nur noch eingeschränkt oder gar nicht nachweisbar sein dürfen." (Bündnis für nachhaltige Textilien 2019).

Abb. 4 Social-Compliance-Workshops der Ovibell im Herbst 2019 in China, die unter dem Motto *Beyond Auditing* standen

stützen unsere Kunden bei der Erreichung ihrer eigenen Nachhaltigkeitsziele" (Laura Arsić, CR-Manager – Environmental Compliance Florett Textil).

CR-Workshops der Ovibell in China

Unter dem Motto *Beyond Auditing* hat das Ovibell-CR-Team zu Social-Compliance-Workshops in China eingeladen. Mehr als 30 Businesspartner und Lieferanten der Ovibell, darunter aber auch Geschäftspartner der Florett Textil, sind dem Aufruf gefolgt und haben an den Workshops teilgenommen. Insgesamt wurden drei Workshops durchgeführt, die im Herbst 2019 stattfanden (Abb. 4).

Mit den Workshops geht die Ovibell über das reine Social-Compliance-Monitoring (d. h. Dokumentenprüfungen und Überwachung von Fabriken vor Ort mittels Audits), das in der Handelsbranche üblich und in einigen Bereichen bereits eine vorgeschriebene Kundenanforderung ist, hinaus. Die Lieferanten werden durch offenen Austausch dabei unterstützt, die geltenden Anforderungen zu verinnerlichen und zielgerichtet umzusetzen. Die Workshops unterstützen also konkret dabei, die Ovibell-Sozialstandards und die Standards der Kunden in die Lieferketten und Wertschöpfungsprozesse zu transportieren sowie die Performance der Fabriken kontinuierlich zu verbessern.

Die Workshops hatten je eine Dauer von circa vier Stunden. Die Inhalte wurden eigenständig vom Ovibell-CR-Team aus dem Headquarter in Mülheim erarbeitet und zusammen mit den chinesischen Kollegen aus dem Ovibell-Büro in Ningbo auf Chinesisch und Englisch vorgetragen. Die Workshops wurden in kleinen Gruppen mittels vieler interaktiver Formate umgesetzt. In Gruppenspielen waren die Teilnehmer beispielsweise gefragt, CR-Fachbegriffen die richtigen Definitionen zuzuordnen oder CR-Prozesse aus dem Produktionsalltag darzustellen. Das Format ermöglichte eine aktive Teilnahme, förderte einen offenen Erfahrungsaustausch und das gegenseitige Lernen. Bestärkt durch das positive Feedback am Ende der Workshops plant die Ovibell, diese Maßnahme im kommenden Jahr mit anderen Teilnehmern zu wiederholen.

„Wir sind der Überzeugung, dass Monitoring immer durch angemessenes und auf die Bedürfnisse der Lieferanten angepasstes Capacity Building begleitet werden muss. Dadurch geben wir unseren Lieferanten die Möglichkeit für einen Austausch auf Augenhöhe, bieten aktive Unterstützung und stellen unsere Anforderungen in einem praktischen Kontext dar. Außerdem erhalten wir darüber mehr Transparenz und können ein effektiveres Lieferanten-management, immer in enger Zusammenarbeit mit unserer Einkaufsabteilung, sicherstellen" (Lisa Janke, CR-Manager, Ovibell).

Fishery Improvement Project in Marokko

Die Clama ist Mitglied des Lenkungsausschusses der Importeure eines Fishery Improvement Project (FIP) (dt. Fischereiverbesserungsprojekt) der Organisation „Sustainable Fisheries Partnership" (SFP), welches auf eine Zertifizierung nach dem Standard des Marine Stewardship Council (MSC) von Sardinen in Marokko hinarbeitet. Das FIP „Morocco sardine – pelagic trawl and seine" (dt. „Marokkanische Sardine – Pelagisches Schleppnetz und Wadennetz") besteht seit 2014 und betrifft, gemäß der Unterteilung der Food and Agricultural Organisation of the United Nations (FAO), Teile des Fanggebiets 34 (Mittlerer Ostatlantik) vor Marokko (Fishery Progress 2020). Bis heute konnten für die betroffenen Fanggebiete wichtige Verbesserungen im Management erzielt werden, wie z. B. im Hinblick auf die Erfassung der Bestände oder auch die Etablierung von Befischungsregelungen, sodass das Projekt in den letzten Jahren die Bewertung „A – Advanced Progress" von SFP erreichen konnte und nun in die MSC-Zertifizierung übergehen wird.

FIPs sind ein mittlerweile etablierter Weg, um das nachhaltige Management von Fischbeständen zu fördern, da die Nachfrage nach verantwortungsvoll gefangenen und produzierten Fischen und Meerestieren stetig weiter steigt (FAO 2018, S. 3 ff.). Die Projekte haben das Ziel, Fischbestände auf eine Zertifizierung (z. B. MSC) vorzu-bereiten und werden fast ausschließlich als Multi-Stakeholder-Initiativen betrieben. Da die Anzahl an bestehenden FIPs stetig zunimmt und diese Projekte unterschiedlich auf-gebaut sind, hat der MSC Kriterien für „glaubwürdige" FIPs entwickelt (MSC 2020).

Für den Fortbestand des Handelszweiges Fisch und Meerestiere der Clama sind intakte Ökosysteme und gesunde Bestände unerlässlich. Um diese zu erhalten bzw. zu fördern, hat sich die Clama einer Reihe von Prinzipien verpflichtet. Beispielsweise wird eine Erhöhung des Anteils nachhaltiger und zertifizierter Ware im Produktportfolio angestrebt, der Handel mit gefährdeten oder geschützten Arten ausgeschlossen und die Rückverfolgbarkeit der Warenströme, insbesondere bzgl. Fangperiode, Fanggebiet, Fangschiff und weiterer Verarbeitung sichergestellt (Clama 2018).

Nochmals wichtig zu betonen ist, dass die erfolgreiche Umsetzung von CR-Aktivi-täten nur dann gelingen kann, wenn die Agenda gemeinschaftlich von allen Abteilungen getragen und bearbeitet wird. In der Mahnke Gruppe wäre eine CR-Struktur beispiels-weise in Form eines rein integrierten CR-Managementansatzes, d. h. ohne CR-Manager, jedoch noch nicht möglich. Aktuell wird eine Fachabteilung gebraucht, die die Thematik beharrlich vorantreibt.

5 Ausblick

Ein CR-Management zu schaffen, das intern gelebt und konsequent umgesetzt wird, ist sicher die zentrale Herausforderung, der die Mahnke Gruppe aktuell noch gegenübersteht. Entwicklungen im Bereich der Nachhaltigkeit wie neue Kundenanforderungen, verbindliche gesetzliche Vorgaben oder eine Verschärfung der Standards auf Produktebene helfen dabei und sind mitunter willkommene externe Treiber aus Sicht der CR-Manager. Zudem können die Konsumenten ein wichtiger Verstärker sein. Eine Bewusstseinsveränderung in der Gesellschaft ist jedoch ebenso notwendig. Weg von der „Viel-für-wenig"-Mentalität hin zu einer Bereitschaft der breiten Masse, bewusster und nachhaltig zu konsumieren.

Dennoch reichen die genannten externen Treiber nicht aus, um CR erfolgreich in die Unternehmensprozesse zu integrieren. Allem voran steht das Commitment der Geschäftsführung, insbesondere, um die Integrationsherausforderung zu bewältigen und damit das unternehmerische Nachhaltigkeitsmanagement nicht zum Greenwashing wird. Für die CR-Manager gilt, sich zu vernetzen und proaktiv und ständig den Dialog mit den internen Stakeholdern an den kritischen Schnittstellen zu suchen. Die Organisation wartet nicht darauf, CR-Management zu betreiben. Dafür muss gesorgt werden.

Was sich seit der Etablierung der CR-Abteilung in der Mahnke Gruppe erkennen lässt, ist, dass das CR-Management eine strategische Ausrichtung und Fokus erfordert. Mit der Etablierung der CR-Positionen in der Unternehmensgruppe wurde ein wichtiges Zeichen gesetzt – Know-how wurde in das Unternehmen geholt und Ressourcen zur Verfügung gestellt.

Die Zielsetzung für das CR-Management darf nicht ausschließlich die Berichterstattung, das Erfüllen von gesetzlichen Mindeststandards oder freiwilliges soziales Engagement sein. Die Wahrnehmung muss sich dahingehend weiterentwickeln, dass die Fachabteilung als Impulsgeber für die Erschließung neuer grüner Märkte wahrgenommen wird, die Entwicklung von nachhaltigen Produkten forciert, unbequeme Fragen stellt, Risiken aufdeckt und Wettbewerbsvorteile aufzeigt. Es erfordert aber auch durchaus Zeit, bis sich nachweislich positive Effekte einstellen. Die Unternehmensführung muss gewillt sein, diese Zeit einzuräumen.

> „CR ist als Gesamtkonzept zu verstehen: Ökonomische, ökologische und soziale Entwicklungen dürfen nicht voneinander getrennt oder gegeneinander ausgespielt werden. Ich bin überzeugt, dass der Business Case für Nachhaltigkeit existiert. Wir arbeiten jeden Tag daran, diesen Beweis anzustellen." (Dr. Thomas Rosa, Geschäftsführer Mahnke Gruppe)

Das Thema Nachhaltigkeit steht nicht still, ist ständig in Bewegung. Hinzu kommen die im Eingangstext erwähnten Herausforderungen des Welthandels. Im Spannungsfeld zwischen Bewahren und Neugestalten, in dem sich auch das CR-Management der Mahnke Gruppe (als mittelständisches Familienunternehmen) bewegt, gilt es, diesen

Spagat zu schaffen und am Puls der Zeit zu bleiben, die Organisation jedoch nicht zu überfordern.

Mit der CR-Strategie, den zugehörigen vier fest umrissenen Handlungsfeldern und Aktionsplänen wurden die Weichen für die Mahnke Gruppe und ihre Tochtergesellschaften gestellt.

Zielsetzung ist es nicht, die Mahnke Gruppe in ein Pionierunternehmen der Nachhaltigkeit umzuwandeln, beispielsweise im Vergleich zu Markenherstellern, die zu Recht Nachhaltigkeit in ihre Markenpositionierung integrieren. Dafür ist das Geschäftsumfeld der Mahne Gruppe – als Eigenmarkenlieferant von Versorgungsartikeln des täglichen Bedarfs – zu verschieden.

Wir haben uns das Ziel gesetzt, in unserem Geschäftsfeld den entscheidenden Schritt voraus zu sein, damit zeitnah und vorbereitet gehandelt werden kann. Daher müssen wir die wesentlichen Themen im Blick behalten. Es gilt, Probleme und Schwierigkeiten, mit denen Nachhaltigkeitsthemen oft in Verbindung gebracht werden, in Potenziale und Geschäftschancen zu übersetzen. Als mittelständisches Handels- und Produktionsunternehmen können auch wir einen zentralen Beitrag für eine zukunftsfähige Welt und Wirtschaft von morgen leisten, indem wir ökologische und sozialverträgliche Wertschöpfungsketten gestalten, innovative Produkte in die Handelslandschaft bringen und somit auch nachhaltige Konsummuster beeinflussen. Eine gute Positionierung zu diesen Themen soll natürlich auch die Zukunftsfähigkeit der Unternehmensgruppe sichern.

Nicht in alte Denk- und Entscheidungsmuster verfallen und einen stetig wachsenden Anteil von Produkten und Verpackungsmaterialien aus nachweislich nachhaltigen Quellen und/oder recycelten Materialien in den Produktportfolios der Tochtergesellschaften etablieren, mehr Transparenz in den Lieferketten (insbesondere in den tieferen Wertschöpfungsstufen) schaffen, eine nichtfinanzielle Berichterstattung aufsetzen, die zu einem KMU passt und dabei den zunehmenden Stakeholder-Erwartungen gerecht wird sowie sich auf die Auswirkungen und Folgen des Klimawandels aus dem Blickwinkel der verschiedenen Tochtergesellschaften effektiv vorzubereiten – das ist ein Auszug aus den vielfältigen Herausforderungen im CR-Management auf globaler und lokaler Ebene, denen wir uns in der Mahnke Gruppe aktuell gegenübersehen. Natürlich bedarf es auch Kunden, die gewillt sind, die eigenen Nachhaltigkeitsziele in ihre Einkaufsentscheidungen zu übertragen, sodass die Lieferanten für ihre Nachhaltigkeitsaktivitäten in Form von Aufträgen belohnt werden.

Mehr Nachhaltigkeit ist also gefragt, und genau das macht den Reiz aus, sich tagtäglich für das Thema einzusetzen.

Abkürzungsverzeichnis

BSCI   Business Social Compliance Initiative
CR   Corporate Responsibility
CSR   Corporate Social Responsibility
dt.   Deutsch

engl.	Englisch
FIP	Fishery Improvement Project
FSC®	Forest Stewardship Council
KMU	kleine und mittlere Unternehmen
MSC™	Marine Stewardship Council
NGO	Nongovernmental Organisation (dt. Nichtregierungsorganisation)
OECD	Organisation for Economic Co-operation and Development (dt. Organisation für wirtschaftliche Zusammenarbeit und Entwicklung)
QM	Qualitätsmanagement
RSPO	Roundtable on Sustainable Palm Oil
SDGs	Sustainable Development Goals
u. a.	unter anderem
UN	United Nations (dt. Vereinte Nationen)
vgl.	vergleiche
WWF	World Wide Fund For Nature
z. B.	zum Beispiel

Literatur

Brot für alle (2018) Land Grabbing. Palmöl anstatt Nahrung in Indonesien. https://brotfueralle.ch/thema/land-grabbing/palmoel-indonesien/. Zugegriffen: 8. Nov. 2019

Bruttel O (2014) Verankerung von Nachhaltigkeit in der Bevölkerung. Nachhaltigkeit als Kriterium für Konsumentscheidungen. ÖkologischesWirtschaften 29:41–45

BMWi (Bundesministerium für Wirtschaft und Energie) (2019) Fakten zum deutschen Außenhandel. https://www.bmwi.de/Redaktion/DE/Publikationen/Aussenwirtschaft/fakten-zum-deuschen-aussenhandel.pdf?__blob=publicationFile&v=28. Zugegriffen: 9. Nov. 2019

Business & Human Rights Resource Centre (2019) 6. Jahrestag des Einsturzes des Rana Plaza-Gebäudes in Bangladesch. https://www.business-humanrights.org/de/6-jahrestag-des-einsturzes-des-rana-plaza-geb%C3%A4udes-in-bangladesch. Zugegriffen: 14. Nov. 2019

BMZ (Bundesministerium für wirtschaftliche Zusammenarbeit und Entwicklung) (2019) Schwellenländer: Wichtige Partner für die internationale Zusammenarbeit für nachhaltige Entwicklung. https://www.bmz.de/de/laender_regionen/schwellenlaender/index.html. Zugegriffen: 9. Nov. 2019

Bündnis für nachhaltige Textilien (2019) Verbotslisten. https://www.textilbuendnis.com/know-how/branchen-risiken/chemikalien-und-umweltmanagement/mrsl-rsl/. Zugegriffen: 13. Nov. 2019

Clama (2018) Einkaufspolitik Fisch und Meerestiere. https://mahnke-cr.de/food/. Zugegriffen: 21. Jan. 2020

Ernährungs Umschau (2019) Lebensmittel- und Getränkeindustrie: Food-Trends zur Anuga 2019. M510

Fishery Progress (2020) Morocco sardine – pelagic trawl and seine/Maroc sardine – chalut pélagique et senne. https://fisheryprogress.org/fip-profile/morocco-sardine-pelagic-trawl-and-seine-maroc-sardine-chalut-p%C3%A9lagique-et-senne. Zugegriffen: 21. Jan. 2020

Food and Agriculture Organization of the United Nations (FAO) (2018) The state of world fisheries and aquaculture 2018 – meeting the sustainable development goals. Rome. Licence: CC BY-NC-SA 3.0 IGO.

HWWI (Hamburgisches WeltWirtschaftsInstitut) (2019) Konjunktur, Weltwirtschaft und Internationaler Handel. https://www.hwwi.org/forschung/konjunktur-weltwirtschaft-und-internationaler-handel.html. Zugegriffen: 9. Nov. 2019

Marine Stewardship Council (MSC) (2020) Fishery improvement projects. https://www.msc.org/for-business/fisheries/developing-world-and-small-scale-fisheries/fips. Zugegriffen: 21. Jan. 2020

Rettet den Regenwald e. V. (2018) Palmöl – ein umstrittenes Alltagsprodukt. https://www.regenwald.org/themen/palmoel. Zugegriffen: 8. Nov. 2019.

Robin Wood (2018) Kein Raubbau für Palmöl! https://www.robinwood.de/schwerpunkte/palm%C3%B6l. Zugegriffen: 8. Nov. 2019

Systain (2018) Whitepaper: 7 Erfolgsfaktoren für eine gute Wesentlichkeitsanalyse. Die Wesentlichkeitsanalyse als zentrale Grundlage einer Nachhaltigkeitsstrategie

Umweltbundesamt (UBA) (2018) „Grüne" Produkte: Marktzahlen. https://www.umweltbundesamt.de/daten/private-haushalte-konsum/konsum-produkte/gruene-produkte-marktzahlen#textpart-1. Zugegriffen: 9. Nov. 2019

United Nations (UN) (2019) The sustainable development goals report 2019. https://unstats.un.org/sdgs/report/2019/The-Sustainable-Development-Goals-Report-2019.pdf. Zugegriffen: 14. Nov. 2019

WWF (2018) Palmöl. https://www.wwf.de/themen-projekte/landwirtschaft/produkte-aus-der-landwirtschaft/palmoel/. Zugegriffen: 8. Nov. 2019

Laura Cremer, Manager Corporate Responsibility, Mahnke Gruppe (KM Mahnke GmbH & Co. KG) arbeitet seit mittlerweile zehn Jahren im unternehmerischen Nachhaltigkeitsmanagement. In ihrer Position als Manager Corporate Responsibility (CR) verantwortet sie seit 2017 das übergreifende Nachhaltigkeitsmanagement der Mahnke Gruppe, einem familiengeführten mittelständischen Handels- und Produktionsunternehmen. CR-Strategiearbeit, die Weiterentwicklung von Sozial- und Umweltstandards in den Wertschöpfungsketten und eine zunehmend nachhaltigere Sortimentsgestaltung bilden die Schwerpunkte ihrer Arbeit. Zuvor war sie für das Unternehmen Interface tätig, das als Pionier auf dem Gebiet der unternehmerischen Nachhaltigkeit gilt und weltweit führend in der Herstellung modularer Bodenbeläge ist. Seinerzeit hatte sie eine Schlüsselrolle bei der Schaffung einer „Can-do"-Kultur, worüber viele der für das Jahr 2020 anvisierten europäischen Nachhaltigkeitsziele vorzeitig erreicht werden konnten.

Laura Cremer studierte Betriebswirtschaftslehre mit dem Schwerpunkt International Business in den Niederlanden und absolvierte den MBA Sustainability Management an der Leuphana Universität Lüneburg.

CSR als unternehmerische Disziplin bei der Raith GmbH

Rebecca Jacob

Der Anfang

Streng genommen war am Anfang der Kunde, der uns im Laufe der Jahre bei öffentlichen Ausschreibungen oder Audits zunehmend zu CSR-Themen befragte: Mindestlohn, Konfliktmineralien, Verhaltenskodex. Durch solche Anforderungen konnten wir uns lavieren, weil wir anders als etwa Konsumgüterhersteller mit wenigen Wettbewerbern auf einem übersichtlichen Markt agieren. Da reichte es meistens, individuelle Erklärungen zu diesen Themen abzugeben; CSR im Sinne von Strategien oder Standards war nicht erforderlich.

Dabei war die Raith GmbH als typischer Mittelständler immer schon verantwortungsvoll: ein Geschäftsführer, der für seine Leute sorgt. Mitarbeiter, die sich für die Produkte begeistern. Hightech-Produkte, die Wissenschaftler auf der ganzen Welt befähigen, an Zukunftsthemen zu forschen. Begrenzte Ressourcen, mit denen wir sorgsam umgehen müssen – sowohl beim Personal als auch im finanziellen Sinne. Es gab also CSR-Maßnahmen, aber keine Stakeholder-Analyse, CSR-Strategie, gezielte CSR-Kommunikation.

Die Raith GmbH ist ein weltweit führender Hersteller von Präzisionstechnologie für Nanofabrikation, Elektronenstrahllithographie, direkte Ionenstrahlfabrikation, Nanoengineering und Reverse Engineering. Bei unseren Kunden handelt es sich vorwiegend um Universitäten und Forschungsinstitute, aber auch um Industrieunternehmen, die Nanotechnologie in bestimmten Anwendungsbereichen einsetzen. Sie entwickeln mit unseren Anlagen die Technologien von morgen, vom winzigen Halbleiterbauelement bis hin zu kleinsten Hologrammen. Service und Support sind ein entscheidender Bestandteil unserer Lösungen. Daher sind wir neben den Produktionsstandorten in Dortmund und

R. Jacob (✉)
Raith GmbH, Dortmund, Deutschland
E-Mail: Rebecca.Jacob@raith.de

© Springer-Verlag GmbH Deutschland, ein Teil von Springer Nature 2021
M. Schmitz (Hrsg.), *CSR im Mittelstand,* Management-Reihe Corporate Social
Responsibility, https://doi.org/10.1007/978-3-662-61957-5_14

Best, Niederlande, mit eigenen Niederlassungen in China, Indien, Hong Kong, Korea und den USA vertreten. Zusätzlich verfügen wir über ein Netzwerk an Service- und Vertriebspartnern, z. B. in Großbritannien, Israel und Singapur.

2016 verkaufte unser bisheriger Finanzinvestor seine Anteile an der Raith GmbH. Ein Interessent für die Anteile war die capiton AG aus Berlin, eine Private-Equity-Firma mit Fokus auf mittelständische Unternehmen. Im Rahmen der Due Diligence wurden die üblichen Finanzkennzahlen und Marktanalysen überprüft, wir passten ins Portfolio. Für unsere Geschäftsführung eher unerwartet fragte capiton zusätzlich nach unserem Nachhaltigkeitskonzept.

capiton hat sich auf dem Finanzmarkt als ein Akteur etabliert, der seine Portfolios langfristig und nachhaltig ausrichtet[1] – eine Ausrichtung, die in Deutschland bei Family Offices und einigen Versicherungsgesellschaften nachgefragt wird, die aber auch dem Trend vorgreift, Nachhaltigkeit gesetzlich vorzugeben, z. B. durch den Aktionsplan der EU zu Sustainable Finance.[2] capiton lässt im Rahmen einer Due Diligence stets ein Environmental Social-Governance-(ESG)-Audit durchführen. Dazu wurde in Zusammenarbeit mit einem spezialisierten Beratungsunternehmen ein Analyse- und Ratingsystem entwickelt, das „bei der Beurteilung und der Bewertung von ESG-Risiken und -Chancen von potenziellen Investments sowie der Integration von ESG in die Organisationsstrukturen und Unternehmensabläufe von unseren Portfoliounternehmen"[3] unterstützt. Zusätzlich zur Bestandsaufnahme gibt der Auditor Handlungsempfehlungen für den Investitionszeitraum ab. Diese werden in jährlichen, verpflichtenden Audits überprüft und gehen zusammen mit allem anderen in das Portfolio-Controlling ein.

In diesem Due-Diligence-Audit saß ich dann und merkte, wie gut wir eigentlich sind und wie schade es ist, dass das gar nicht immer so deutlich wird! Ich merkte aber auch, dass wir etwas ändern müssen, wenn wir den Handlungsempfehlungen – und damit den Erwartungen unseres potenziellen Investors – nachkommen möchten. Unsere Kunden und unsere Unternehmenskultur hatten zwar schon zu CSR beigetragen, Fahrt nahmen wir aber erst mit unserem neuen Investor auf.

Der Plan

Es war klar, dass wir uns anders aufstellen mussten, um unser ESG-Scoring zu verbessern. Zum einen mussten wir spätestens zu jedem Audit wissen, wo wir stehen. Zu Nachhaltigkeit gab es kein Management-Cockpit! Zum anderen gab es Handlungsempfehlungen, die man nicht konkret einem Fachbereich zuweisen konnte und damit schwer in unserer Organisation umzusetzen waren.

---

[1] https://www.capiton.de/unternehmen/unternehmerische-verantwortung/
[2] https://ec.europa.eu/info/business-economy-euro/banking-and-finance/sustainable-finance_en
[3] https://www.capiton.de/unternehmen/unternehmerische-verantwortung/

- Beispiel 1: Als kleines Unternehmen haben wir keine dedizierten Abteilungen für Recht und Qualitätsmanagement. Dadurch war es schwierig, einen Verhaltenskodex für Lieferanten zu etablieren: Der Einkauf hat zwar den Draht zum Lieferanten, ist aber nicht ausgerichtet auf generelle juristische Fragestellungen oder die Umsetzung von Standards beim Lieferanten. Durch die Kooperation Einkauf – CSR ließ sich diese Lücke schließen.
- Beispiel 2: Um eine Energieberatung durchzuführen, mussten wir Facility Management (Strom verbrauchen, Stromverbrauch messen), Einkauf (Strom kaufen) und Verwaltung (Fördergelder für die Energieberatung beantragen) an einen Tisch bekommen. Hier trat CSR als Ideengeber und „Einlader" auf.

Hinzu kam: Über die Anforderungen des Investors hinaus würden, wenn wir uns „offiziell" mit CSR beschäftigen, weitere Stakeholder Erwartungen äußern:. Mitarbeiter würden erwarten, dass es Maßnahmen für sie gibt, zum Beispiel in der Gesundheitsvorsorge. Um glaubhaft zu sein, würden wir Mitarbeitern, Kunden und Lieferanten mit *sichtbaren* CSR-Maßnahmen aufwarten müssen. Wir hattben aber keine Ressourcen, um jeden Wunsch sofort zu befriedigen. Es bedurfte also von Anfang an der gezielten Steuerung und Kommunikation von Maßnahmen.

Um diese Steuerung auf den Weg zu bringen, wurde die Position des Managers für Compliance & CSR geschaffen, eine neue Position im Unternehmen, die ich bis heute neben meiner Aufagbe als Leiterin Auftragsabwicklung und Exportkontrolle ausfülle. Meiner Erfahrung nach ist es typisch für KMU, dass CSR in Personalunion mit anderen Aufgaben übernommen wird, z. B. im Qualitätsmanagement oder der Personalabteilung. Das färbt vermutlich die Ausprägung dieser Position: Ein Personaler wird sich bei CSR auf Personalthemen fokussieren, ein QMler auf das Prozessmanagement, ein Vertriebler wird die Kommunikation besonders gut ausfüllen. Diese Fokussierung birgt Risiken, z. B. durch die einseitige Ausrichtung oder die stärker begrenzte Ressource. Ein eindeutiger Vorteil ist, dass mit der Besetzung der Stelle bereits auf die Bedürfnisse des Unternehmens und der Stakeholder eingegangen werden kann.

Im zweiten Schritt suchte ich ein Konzept, nach dem ich mein Vorgehen aufbauen konnte. Es musste schlank sein, um beim Management anzukommen und von mir bewältigt zu werden. Es musste sich an bestehende Unternehemensstrukturen anpassen und die betroffenen Fachbereiche ansprechen. Jeder sollte verstehen können, was sein Beitrag zu CSR ist (dass er überhaupt einen Beitrag dazu leistet und dies nicht Aufgabe einer „Kümmererstelle" ist!). Es musste zu den ESG-Kriterien der Finanzinvestoren passen. Und es sollte eine Art Standard sein, aus dem heraus ich auch ein international verständliches Konzept entwickeln kann.

So landete ich beim Deutschen Nachhaltigkeitskodex (DNK), dessen Berichtsstandard für Mittelständler sehr leicht umzusetzen ist. Er greift Leistungsindikatoren aus GRI und EFAS auf, ohne zwingend zu einer Zertifizierung nach diesen Standards zu führen. Zentraler Bestandteil des DNK ist der strategische Ansatz mit Wesentlichkeitsanalyse und Zielprozess. Basierend auf der Strategie werden Prozesse, Umweltaspekte und gesellschaftliche Aspekte bewertet. Diese Vorgehensweise ist für Kaufleute und Manager nachvollziehbar, sie haben so etwas im Blut.

Die Umsetzung

Einmal im Jahr überprüfe ich nun das Unternehmen anhand der DNK-Kriterien. Dazu führe ich Interviews mit den zuständigen Fachbereichen und der Führungsebene durch, in denen wir sowohl über die Ergebnisse des vergangenen Jahres als auch über die Planung des nächsten Jahres sprechen. Die Struktur des Berichts strukturiert dabei auch das Interview:

- Strategie (Gibt es neue Erwartungen der Stakeholder? Gibt es eine neue strategische Ausrichtung des Unternehmens, die einen CSR-Kontext hat?)
- Prozesse (Hat sich etwas an unseren Standards geändert? Haben wir CSR-relevante Aufgaben anders verteilt?)
- Umwelt (Wie hat sich unser Ressourcenverbrauch entwickelt? Planen wir Maßnahmen, um den Ressourcenverbrauch zu ändern?)
- Gesellschaft (Wie sehen unsere Diversity-Kennzahlen aus? Planen wir neue Gesundheitsmaßnahmen?)

Allein die Tatsache, dass ich diese und ähnliche Fragen stelle, führt dazu, dass sich Führungskräfte und Fachbereiche mit den CSR-Aspekten ihrer Tätigkeit auseinandersetzen. Einige Fachbereiche denken CSR mittlerweile sogar im laufenden Betrieb mit; sie treffen Entscheidungen im Sinne unserer CSR-Strategie oder beraten sich bei Entscheidungen automatisch mit mir. Bei anderen ist ein jährliches „Plan – Do – Check" nach Management-Lehrbuch bereits ausreichend, um eine Verbesserungsmaßnahme („Act") herbei zu führen.

Das strategieorientierte Konzept führt meiner Erfahrung nach automatisch dazu, dass man sich auf die für das eigene Unternehmen wichtigen Themen fokussiert. Wenn man wie wir hauptsächlich in Europa und den USA einkauft, rückt die Fairness in der Lieferkette auf der Prioritätenliste nach unten, weil in der ersten Stufe der Lieferkette bereits die hohen gesetzlichen Standards dieser Länder greifen. Ansprüche der Mitarbeiter an ihr Arbeitsumfeld sind dagegen in einem Unternehmen wie Raith von großer Bedeutung, um die hochqualifizierten Kräfte an das Unternehmen zu binden und die hohe intrinsische Motivation zu erhalten. Im Rahmen der strategischen Analyse fällt auch auf, wo es zwar Ansätze gäbe, unser Einfluss aber sehr beschränkt ist. So können wir auf die Verwendung von Konfliktmineralien in elektronischen Bauteilen als kleiner Abnehmer kaum Einfluss nehmen, sondern setzen auf die gesetzliche Verpflichtung der Importeure durch EU-Gesetzgebung.[4]

---

[4]https://www.europarl.europa.eu/news/de/press-room/20170308IPR65672/konfliktmineralien-verbindliche-sorgfaltspflicht-fur-importeure-beschlossen

Die Ergebnisse der jährlichen Überprüfung fließen in einen Nachhaltigkeitsbericht und in das externe ESG-Audit. Das Scoring aus dem Audit fließt zusammen mit Bewertungen von Markt und Finanzen in das Rating durch den Investor. Ein verbessertes ESG-Rating wird als Wertsteigerung des Unternehmens verstanden.

Die Herausforderungen

Auch wenn sich die Vorgehensweise etabliert hat, läuft es bei uns nicht ohne Hindernisse.

Es ist zum Beispiel nicht einfach, alle Stakeholder für CSR zu gewinnen.

- Der subjektive Nutzen: Der Öko-Kollege ist begeistert, wenn sein Bürokaffee auf einmal aus fairem Handel kommt, der Kollege nebenan hätte die erhöhten Einkaufskosten lieber auf seinem Gehaltsbrief. So etwas haben Entscheider im Blick. Selbst wenn sie selbst eine Maßnahme befürworten, müssen sie die potenziellen Einwänder ihrer Stakeholder bei ihrer Entscheidung berücksichtigen. Wird sich der Kollege an den teuren Kaffee gewöhnen oder brauchen wir eine Infokampagne? (Nach einigen Rückschlägen bin ich überzeugt, dass das Kaffee-Sourcing die Gemüter nicht weniger erhitzt als der Ausgang des Revierderbys.)
- Der objektive Nutzen: Der Nutzen vieler Maßnahmen ist schwer messbar, kaum spürbar oder nach relativ neuen Maßstäben zu bewerten. Preis und Lieferfähigkeit sind klassische Kriterien, sich für einen Stromtarif zu entscheiden. Worin besteht der objektive Nutzen, zu Ökostrom zu wechseln? Sobald ich aber eine CO_2-Bilanz erstelle oder das Unternehmen gar nach seinem CO_2-Fußabdruck bewertet wird (z. B. im ESG-Rating des Investors), verschiebt sich der Blick auf den Nutzen von Ökostrom.

Wir haben also eine heterogene, volatile Motivation bei Mitarbeitern und Management, einen Beitrag zur Nachhaltigkeit zu leisten.

Geld spielt auch immer eine Rolle: Wenn die Ressourcen begrenzt sind und der Nutzen einer Maßnahme nicht überzeugend aufgezeigt werden kann (oder der Nutzen nicht monetär ist), sind kostenintensive Maßnahmen nur schwer umsetzbar. Gute Erfahrungen haben wir mit Maßnahmen gemacht, die kostenneutral sind, z. B. der Einführung von ans Trinkwassernetz angeschlossenen Wasserspendern als Ersatz für gekauftes Mineralwasser. Bei genau dieser Maßnahme habe ich aber auch einen großen Fehler gemacht: Ich habe die Aufgabe eines Fachbereichs übernommen. Anstatt den Einkauf mit einer solchen Anschaffung zu beauftragen, habe ich selbst Angebote über Wasserspender eingeholt und einen Auftrag erteilt. Ich bin aber kein Einkäufer, ich kann nicht Märkte analysieren, verhandeln, die Eingangslogistik gewährleisten. Entsprechend mühsam lief der Prozess, da kam Ware zu spät, die Wasseranschlüsse stimmten nicht, der Techniker war nicht verfügbar, die Rechnungen stimmten nicht – alle Beteiligten waren genervt. Ich kann von Glück sagen, dass mittlerweile unsere Mitarbeiter mit den Wasserspendern halbwegs zufrieden sind, egal, wie ökologisch und logistisch sinnvoll sie sind.

Aktionismus statt gezielter Steuerung ist immer ein Problem, das gilt für CSR genauso wie für alle anderen Unternehmensbereiche. Ich hatte ein Ökoprofitprojekt[5] bei Raith erlebt, das überaus gut gemeint war, mich aber in gewisser Hinsicht enttäuscht zurückließ: Wir hatten eine Abfallbilanz erstellt und Mülltrennung in den Büros auf den Weg gebracht. Wir hatten Leuchtmittel gezählt und die Leistung der Durchlauferhitzer gemessen. Aber wir hatten nicht ernsthaft über die Umweltauswirkungen unserer Produkte gesprochen oder den Umgang mit Compliance-Risiken analysiert. Wie konnten wir einen Ökoprofitmaßnahmenplan herausgeben, ohne über Ziele gesprochen zu haben? Ich darf mich in meinem „Streben nach Nachhaltigkeit" nicht in die ideologischen Stromschnellen stürzen, die mich auf und ab wirbeln. Ich muss analysieren, wo ich hin will, das Boot passend aufs Wasser setzen und gezielt paddeln. Alles andere ist Verschwendung. Ich brauche also Ziele (lang-, mittel- und kurzfristig) und Strategien (Wie erreiche ich die Ziele?). Das steht so in jedem BWL-Handbuch und trifft aus meiner Sicht auch auf CSR-Themen zu. Der Rat für Nachhaltige Entwicklung muss es genauso sehen, sonst hätte er im Deutschen Nachhaltigkeitskodex nicht das Kapitel „Strategie" an erste Stelle gesetzt. Das Kapitel fällt wahrscheinlich den Unternehmen besonders leicht, die einen Strategieprozess im engeren betriebswirtschaftlichen Sinne haben. Die kleinen und mittelständischen Unternehmen, deren Geschäftsleitungen geniale Ideen haben, deren Mitarbeiter effizient und schnell auf den Markt reagieren, haben das in der Regel nicht. Ich will nicht sagen, dass bei Raith die Geschäftsleitung immer geniale Ideen hat und die Mitarbeiter nur effizient sind – aber einen durchdringenden Strategieprozess haben wir auch nicht. Das setzt dem DNK-Ansatz Grenzen. Wie soll ich eine Nachhaltigkeitsstrategie entwickeln, wenn ich meine langfristigen Unternehmensziele nicht auf alle Fachbereiche heruntergebrochen habe? Ich behelfe mir, indem ich die Zielableitung nur im Rahmen des jährlichen CSR-Assessments durchführe.

- Beispiel: Unser erklärtes Ziel ist es, eine lebenslange Partnerschaft mit unseren Kunden, Lieferanten und Mitarbeitern einzugehen. Ob und wie ein Verhaltenskodex für unsere Lieferanten dazu einen Beitrag leisten kann, beurteilt der Einkaufsleiter im Gespräch mit mir.

Ohne den Blick auf die unternehmerische Ausrichtung kann ich nicht entscheiden, was für mich wichtig und richtig ist. Die Aufgabe eines strategischen Prozesses ist es, diesen Blick zu ermöglichen und die Vernetzung mit allen Hierarchiebenen und Abteilungen sicherzustellen. Das ist für die neue unternehmerische Disziplin CSR genauso wichtig wie für die Klassiker Produktion oder Buchhaltung.

Womit wir bei einer weiteren Herausforderung sind: CSR ist für viele Unternehmen etwas Neues. Für jedes hippe Ökomodelabel in Berlin ist es vermutlich Alltag, sich mit CSR auseinanderzusetzen. In einem mittelständischen Maschinenbauunternehmen hat

---

[5]https://www.oekoprofit-nrw.de/

CSR in der Regel (noch) keinen festen Platz. In welchem BWL-Kurs soll der Unternehmer gelernt haben, dass er dafür einen Platz im Organigramm schaffen muss? Welche Bank sagt ihm, dass Nachhaltigkeit den Unternehmenswert erhöht? Welcher Kunde (Achtung, hier besteht ein großer Unterschied zum Konsumgütermarkt!) steht vor der Tür des Mittelständlers und fordert auf großen Transparenten die grüne Revolution? Der Bogen, den ich von Fridays for Future zum mittelständischen Maschinenbauer schlagen muss, ist verdammt lang. Er ist so lang, dass die Implementierung von CSR in einem solchen Unternehmen vor allem zwei Dinge braucht: Optimismus und einen langen Atem.

Die Chancen
Diesen Herausforderungen stehen allerdings überzeugende Chancen gegenüber.

Dass mein Arbeitsbereich sehr neu ist, eröffnet mir die Möglichkeit, ihn angepasst auf unsere Unternehmenskultur zu gestalten. So binden wir mittlerweile die Fachbereiche sehr stark ein, was das Verantwortungsbewusstsein dort erhöht, die Maßnahmenlast gut verteilt und die Experten ihre Wunder vollbringen lässt (anders als in meinem Wasserspender-Fiasko). Wenn ich mir mit besagtem langem Atem nach und nach einen Platz neben den „Klassikern" erarbeiten muss, hat das zum Vorteil, dass die Kollegen Zeit haben, sich an die neue unternehmerische Disziplin zu gewöhnen. CSR bricht nicht über Nacht über das Unternehmen herein, sondern es entsteht aus dem Unternehmen heraus. Und unter uns: Die Gestaltung dieses Neulands zusammen mit meinen Kollegen ist für mich persönlich eine Bereicherung, es macht Spaß.

Manchmal fehlen mir die Strukturen eines klassischen Managementsystems wie der ISO-Qualitätsnorm oder einem einjährlichen Strategieprozess. Andererseits sind wir ohne diese Systeme womöglich in manchen Situationen agiler, besser. Manchmal ergibt sich von heute auf morgen die Chance, eine Verbesserung vorzunehmen – und wir ergreifen sie unbürokratisch und schnell. Wir entwickeln zurzeit einen strategischen Prozess mit dem Ziel, Vision, Strategie, Ziele und Maßnahmen über alle Unternehmensbereiche in Einklang zu bringen. Eine ISO-Zertifizierung streben wir ebenfalls in den nächsten Jahren an. Ich bin gespannt, wie sich diese Veränderungen auf unser CSR-Management auswirken.

Kosten und Nutzen zu bewerten, ist die Aufgabe eines Unternehmers. Seine Aufgabe ist es, den wirtschaftlichen Erfolg des Unternehmens sicherzustellen, um damit die Arbeitsplätze zu erhalten. Das ist unternehmerische Verantwortung, wie sie im Begriff „Corporate Social Responsbility" steckt. Wirtschaftsethiker sollen darüber philosophieren, was „Erfolg" in diesem Sinne ist und wie viel davon nötig ist, um die Arbeitsplätze zu erhalten. Ich sehe zunächst nur: Ein Unternehmen, das wirtschaftlich Erfolg hat, hat Kapazitäten für CSR. Diese Kapazitäten sollten so genutzt werden, dass sie zum Unternehmen passen und damit einen Nutzen für das Unternehmen haben. Ein Unternehmen, das den Druck vom Konsumenten-, Finanz- oder Fachkräftemarkt spürt, wird erkennen, dass es sich mit seiner sozialen Verantwortung auseinandersetzen muss. Es wird aber immer in einem betriebswirtschaftlich sinnvollen Rahmen handeln.

- Beispiel: Wir haben einen konzernweiten Verhaltenskodex für die Mitarbeiter trotz der Kosten dafür eingeführt: Compliance-Risiken werden minimiert, Verhaltensweisen werden in einer Corporate Culture angeglichen und für Kunden erwartbar, das ESG-Rating verbessert sich. Imkern auf dem Hausdach konnte diese Nutzen nicht aufweisen.

Kommunikation nimmt erstaunlich viel Raum in meiner Tätigkeit ein: Worüber sprechen wir? Mit wem? Wofür sollten wir trommeln, wo still sein? Hier sind mir die regionalen CSR-Netzwerke eine große Hilfe, z. B. über das CSR-Kompetenzzentrum Ruhr. Dort kann ich mich mit anderen CSRlern kollegial austauschen. Über die unterschiedlichen Branchen und Unternehmensgrößen hinweg sind viele Herausforderungen ähnlich. Was den einen drückt, hat der andere vielleicht schon gut gelöst. Erstaunlich oft dreht es sich dabei um Kommunikation. Vielleicht liegt das daran, dass CSRler unter einem größeren Rechtfertigungsdruck stehen als Vertreter anderer Unternehmensbereiche. „Ökostrom? Boah, was das kostet!" Da kommt man schnell in die Defensive. Im Austausch mit anderen CSR-lern lerne ich, in die Offensive zu gehen (CSR-Maßnahmen stelle ich den Mitarbeitern online in einem Projektmanagement-Tool zur Verfügung, sie dürfen dort vorschlagen, diskutieren, mitlesen) und in der Defensive die richtigen Argumente zu finden („Wir haben uns für Ökostrom entschieden, weil ein geringerer CO_2-Ausstoß unser ESG-Rating erheblich verbessert und ein verbessertes Rating steht für einen erhöhten Unternehmenswert!").

Der Fokus
Meiner Erfahrung nach lassen sich die Herausforderungen gestalten. Natürlich können wir nicht von heute auf morgen alle Wunschmaßnahmen umsetzen. Und der CSR-Manager kann das schon gar nicht alleine! Eine CSR-Abteilung funktioniert meines Erachtens besonders gut, wenn sie sich nach den Grundsätzen „Fokus" und „Vernetzung" versteht:

- Fokus auf die richtigen CSR-Themen
- Vernetzung mit den Unternehmenszielen
- Fokus auf die wichtigsten Stakeholder
- Vernetzung mit Management und Fachbereichen

So eine Abteilung kann analog zum Controlling (oder QM) aufgestellt werden: Daten sammeln, Daten analysieren, Missstände aufdecken, Kosten und Nutzen von Maßnahmen abwägen, das Management beraten, Fokusthemen auswählen, die richtigen Fachleute und Entscheider zusammenbringen. Wenn die CSR-Abteilung das Unternehmen „durchdringt", kann verantwortungsvolle Unternehmensführung das Unternehmen durchdringen. Der CSR-Manager hilft dabei als Sparringspartner des Managements und Fankurve des Fachbereichs. Und eines Tages ist er hoffentlich entweder obsolet oder völlig normaler Teil des Organigramms.

Frau Rebecca Jacob studierte Betriebswirtschaftslehre und ist seit 2009 bei der Raith GmbH als Leiterin des Orderdesks für Auftragsabwicklung, Exportkontrolle und Zollthemen zuständig. 2017 wurde sie zusätzlich zur Managerin für Compliance & CSR ernannt. Zusammen mit der Geschäftsleitung entwickelte sie das CSR-Konzept des Unternehmens und rollt es im Raith Konzern aus. Sie ist außerdem zuständig für die CSR-Berichterstattung und die jährlichen ESG-Audits. Zudem wurde sie im Jahr 2020 vom Landeswirtschaftsministerium zur CSR-Botschafterin ernannt.

Nachhaltigkeit aus der Historie erwachsen – die Temafa GmbH

Jörg Morgner und Jens Boldt

1 Einleitung

Dieser Artikel wurde aus der Perspektive zweier Autoren – dem Geschäftsführer und dem Qualitätsmanagementleiter – geschrieben und bietet somit die Möglichkeit, das Thema Nachhaltigkeit aus zwei wesentlichen Perspektiven eines mittelständischen Unternehmens zu beleuchten und darzustellen.

Wer ist Temafa?
Temafa ist ein Maschinenbauer, der Anlagen zum Mischen von Fasern für die Non-Woven-Industrie konzipiert und baut und stellt die erste Prozessstufe einer Non-Woven-Linie dar. Non-Woven sind nicht gewebte Textilien, wie beispielsweise Kunstleder, Vileda Reinigungstücher, Feuchtetücher.

Die Temafa ist seit Generationen ein Familienunternehmen, dessen Grundstein durch Wilhelm Morgner, meinem Ururgroßvater, 1874 in Werdau (Ostdeutschland) durch einen Reparaturbetrieb gelegt wurde. 1949 wurde Temafa dann in Westdeutschland, genauer in Bensberg bei Köln, gegründet.

Wir können auf eine lange Geschichte mit großen Höhen und Tiefen zurückblicken. Hierzu ein Beispiel: Während wir Anfang der 1990er-Jahre noch über 200 Mitarbeiter zählten, mussten wir durch große Krisen bis zum Jahr 2005 bis auf 58 Mitarbeiter abbauen, um einen Neustart zu ermöglichen. Derzeit sind wir wieder 87 Mitarbeiter und können auf eine erfolgreiche, aber auch schwierige Zeit zurückschauen.

J. Morgner · J. Boldt (✉)
Temafa, Bergisch Gladbach, Deutschland
E-Mail: j.boldt@temafa.de

J. Morgner
E-Mail: j.morgner@temafa.de

© Springer-Verlag GmbH Deutschland, ein Teil von Springer Nature 2021
M. Schmitz (Hrsg.), *CSR im Mittelstand,* Management-Reihe Corporate Social Responsibility, https://doi.org/10.1007/978-3-662-61957-5_15

2 Die Sicht des Geschäftsführers – Was verstehen wir bei der Temafa Maschinenfabrik GmbH unter Nachhaltigkeit?

Aus Sicht der Temafa gibt es eine einfache Definition: Mach die Welt besser, als Du sie vorgefunden hast. Dieses Verständnis bezieht sich auf alle Bereiche in einem Unternehmen: ob es um Neuinvestitionen geht und energiesparende Maschinen eingekauft werden, ob es um den Verzicht auf Plastikbecher geht, ob es um den respektvollen Umgang miteinander geht, sei es in Konflikten oder in einer wertschätzenden Kommunikation, ob es um die Führungskultur geht.

2.1 Ist Nachhaltigkeit der Master zu jeder Zeit?

Wie die Einleitung darlegt, ist ein Abbau der Mitarbeiter von über 200 Mitarbeitern (1990) auf 58 (Jahr 2005) dramatisch. Im Jahr 2003, in dem die Firma so gut wie insolvent war, wurden mittels eines Sanierers radikale Schritte eingeleitet, wie beispielsweise die 40-Stundenwoche, Lohn- und Gehaltskürzung, weiterer Abbau der Mitarbeiterschaft um 30 %. In solchen nahezu aussichtslosen Zeiten, wo es ums Überleben der Firma geht, gibt es keine Tabus und nur ein Ziel: Die Fixkosten müssen dem Umsatz angepasst werden. In solchen Zeiten spielt die Nachhaltigkeit eine untergeordnete Rolle, da der Fokus nur auf ein Zielt gerichtet ist: das Überleben der Firma.

2.2 Wann ist der richtige Zeitpunkt für Nachhaltigkeit

Solange keine existenzbedrohende Situation im Unternehmen vorliegt, sollte Nachhaltigkeit immer Platz im Unternehmen und der Unternehmensstrategie haben, denn Nachhaltigkeit bedeutet Zukunftssicherung. Auf die Temafa bezogen bedeutete dies, dass sich nach der Sanierung die ersten Erfolge im Jahr 2003 wieder einstellten. Sobald eine Firma wieder nachhaltig erfolgreich ist, muss sich der Fokus vom Überlebenskampf auf die Zukunft richten. Während einer Krise lebt man von der Substanz, um zu überleben. In guten Zeiten gilt es die Firma für schlechte Zeiten vorzubereiten und da kommt die Nachhaltigkeit zwingend ins Spiel. Wie kann die Firma nachhaltig überleben, wie können wir die Mitarbeiterschaft nachhaltig gewinnen, wie können wir die Ressourcen schonen oder besser noch effizienter einsetzen? Diesen Fragen sind wir in den letzten Jahren intensiv nachgegangen. Hierbei unterscheiden wir zwischen der **sachlichen Nachhaltigkeit** und der **empathischen Nachhaltigkeit.**

Die **sachliche Nachhaltigkeit** ist recht einfach mit entsprechenden finanziellen Mitteln umzusetzen und bedarf lediglich etwas Planungsaufwand. Darunter verstehen wir z. B. die Einsparung der Energiekosten im Bereich Heizungsanlagen, Beleuchtung und Maschineninvestitionen. Hierzu bildeten wir beispielsweise eine Projektgruppe, die sich mit der Erstellung eines Energiesparplans beschäftigte, sich bei verschiedenen möglichen Lieferanten erkundigt und Angebote einholt. Auf diese Weise konnten wir die Energiekosten im Bereich der Beleuchtung um 70 %, die Heizkosten um 30 %, den Gasverbrauch um 20 % reduzieren. Auch wenn der ROI bei diesen Investitionen zwischen vier und sieben Jahren lag, so steht nicht ein schneller ROI im Vordergrund, sondern die Nachhaltigkeit und das Schonen der Ressourcen.

Deutlich schwieriger stellt sich die Angelegenheit im Bereich der empathischen Nachhaltigkeit dar. Hierunter verstehen wir Konfliktmanagement, Führungskultur, wertschätzende Kommunikation, Teambildung, respektvoller Umgang miteinander etc. Dies sind Themen, die für die Mitarbeiterschaft abstrakter sind als eine sachliche Nachhaltigkeit und die Herausforderung besteht darin, dass diese Themen von der Mitarbeiterschaft selber gelebt werden müssen. Es ist wie der Karneval in Köln. Man kann es schwer erklären, man muss es erleben. Und genau darin besteht die Schwierigkeit: Mitarbeiter für etwas zu begeistern, das ihnen in den meisten Fällen zu abstrakt ist oder nicht verstanden wird.

2.2.1 Beispiel für das Potenzial der empathischen Nachhaltigkeit

In Firmen mit langer Tradition entsteht über die Jahrzehnte eine distinktive Unternehmenskultur, die durch die Menschen im Unternehmen und durch die Gesellschaft beeinflusst wird. Vor 30 Jahren war es völlig normal, dass Strukturen in den Firmen stark hierarchisch geprägt waren. Der Vorgesetzte und der Meister sind die Entscheider, ein Lehrling hat keinen Einfluss auf Entscheidungen. Wenn also in einem Unternehmen eine solche Struktur vorliegt und man in solchen Systemen schon jahrelang arbeitet, wird man ein Teil dieses Systems und handelt, wie es gelernt wurde. Wenn nun ein Kulturwandel gewünscht wird, in dem sich die Mitarbeiterschaft auf Augenhöhe begegnet, egal ob Chef, Meister oder Lehrling, muss sich das über Jahre Gelernte und Verinnerlichte ändern.

An dieser Stelle möchte ich ein Beispiel anbringen. Wir hatten einen Kolonnenführer, der mit einer sehr strengen Hand seine Kolonne (Team) führte und seine Kolonne sehr gut im Griff hatte. Für die Firma war dies sehr gut und effizient. In dieser Kolonne gab es einen Lehrling, der hart angegangen wurde. Viele stecken dies weg, manche nicht. Dieser Lehrling wurde aufgrund des Umgangs sehr unsicher, machte Fehler, traute sich nichts zu. Aufgrund der überschaubaren Leistung überlegten wir, den Lehrling nicht zu übernehmen. Da wir sehr viel Arbeit hatten, übernahmen wir ihn trotzdem, mussten ihn aber in eine andere Kolonne mit einem anderen Kolonnenführer versetzen. In den folgenden Monaten entpuppte sich der Lehrling, welcher nun Geselle war, als ein sehr guter Schlosser und Projektmanager. Engagiert, mitdenkend und gute Qualität abliefernd. Dieses Beispiel machte deutlich, wie wichtig der richtige Ton, Empathie und Umgang miteinander sind. Wir verlieren wertvolle Potenziale, die im Unternehmen stecken, wenn dies vom Unternehmen ignoriert wird. Hierbei bin ich durch das Buch „Die stille Revolution" von Bodo Janssen inspiriert worden, welche das enorme Potenzial durch einen radikalen Kulturwandel aufzeigt (Janssen 2016). Die Temafa beschäftige einen Kolonnenführer, der mit einem sehr strengen Führungsstil seine zugeteilte Kolonne (Team) führte. Für die Firma selber war dies auf den ersten Blick sehr gut und effizient. In dieser Kolonne gab es jedoch einen Lehrling, der unter dem autoritären Führungsstil litt, was sich durch Unsicherheiten, Fehler und sinkendes Selbstbewusstsein bemerkbar machte. Trotz der durchschnittlichen Leistungen und aufgrund der starken Auftragslage übernahmen wir den Lehrling dennoch, versetzten ihn jedoch in eine andere Kolonne. In den folgenden Monaten entwickelte sich der Lehrling, welcher nun Geselle war, zu einem sehr guter Schlosser und Projektmanager. Engagiert, mitdenkend und qualitätsorientiert. Dieses Beispiel machte deutlich, wie wichtig der richtige Ton, Empathie und Umgang miteinander sind. Ein Unternehmen verliert wertvolles Potenzial wenn wir nicht die individuellen Stärken unserer Mitarbeiter verstehen und diese richtig einsetzen. Hierbei bin ich durch das Buch „Die stille Revolution" von Bodo Janssen inspiriert worden, wo das enorme Potenzial durch einen radikalen Kulturwandel aufgezeigt wird.

2.2.2 Wie kann ein Kulturwandel zu empathischer Nachhaltigkeit umgesetzt werden?

Wie eben beschrieben, sind wir von unserer Erfahrung über die Jahre oder Jahrzehnte in einer Firma geprägt und haben uns an bestimmte Routinen, Verhaltensweisen und Abläufe gewöhnt. Wenn nun eine Unternehmenskultur verändert werden soll, ist dies für alle eine große Herausforderung, da die über Jahre angeeigneten Verhaltensweisen geändert werden müssen. Neues Lernen heißt, sich damit beschäftigen und auseinanderzusetzen und das neben dem Arbeitsalltag. Daher erscheint die eigene Routine sehr wichtig, da die bekannten Arbeitsprozesse aus der eigenen Sicht heraus effizient abgearbeitet werden können. Dass es aber langfristig sehr wichtig ist, agil zu bleiben, sich permanent zu hinterfragen, zu verbessern und zu verändern, muss entsprechend vermittelt werden. Bezogen auf einen Kulturwandel sind aus meiner Sicht folgende Voraussetzungen zu schaffen:

1. **Der Vorgesetzte** muss eine hohe Bereitschaft zeigen, die neue Kultur zu leben und sich im Laufe des Kulturwandels zurückzunehmen. Zudem muss man bereit sein, die entsprechenden Ressourcen zur Verfügung zu stellen, sowohl monetär als auch durch Freistellung der Mitarbeiter für Workshops und Fortbildungen.
2. Es ist zwingend notwendig, einen **externen Berater** heranzuziehen, der entsprechende Erfahrungen im Bereich Kulturwandel/Rethinking hat, um den Wandel vollumfänglich zu begleiten.
3. **Verbündete.** Es ist zwingend notwendig, dass im Unternehmen Personen hinter dem Wandel stehen und hierfür brennen. Nur über Multiplikatoren ist es möglich, die Kultur von innen heraus zu wandeln. Die Schwierigkeit ist es als Chef, die richtigen Personen zu finden, da die meisten Mitarbeiter dazu neigen, dem Chef nicht zwingend seine wahre Meinung mittzuteilen, wenn der Chef für eine Sache brennt und der Mitarbeiter anderer Meinung ist.

4. **Kleine Projekte für erreichbare Ziele suchen.** Wir haben mit kleinen Projekten angefangen So erarbeiteten die Kolonnenführer in enger Zusammenarbeit mit dem Berater, was Führung bedeutet, wie man mit Konflikten umgeht und was eine wertschätzende Kommunikation ist etc.
5. **Skalierung des Projekts** mit dem Führungskreis. Nach ca. sechs Monaten wurde uns vorgeschlagen, das Thema Führung, Konfliktmanagement, Moderation, wertschätzende Kommunikation etc. auf die Führungsebene auszubreiten. Die Erfolge mit dem Kolonnenführer haben uns ermutigt, mit weiteren Führungskräften (14 Personen) in drei ganztägigen Workshops die Themen zu erarbeiten. Mir persönlich war dieser Schritt zu schnell, aber ich hatte großes Vertrauen in die Beraterin, die uns diesen Schritt empfohlen hat. Man konnte gut von Workshop zu Workshop erkennen, wie die große Skepsis zu Beginn von den meisten Teilnehmenden wich und die großen Potenziale erkannt wurden.
6. **Change-Management.** Finden Besprechungen oder Schulungen statt, so kommen in Firmen Gerüchte auf. Daher ist es sehr wichtig, wie und wann die gesamte Firma über den stattfinden Kulturwandel informiert wird. Dies muss von den Teilnehmenden erarbeitet und gemeinsam beschlossen werden, damit alle die gleiche Sprache sprechen. Hier ist die Beraterin gefragt, das richtige Timing zu wählen und die Gruppe die entsprechenden Ziele erarbeiten zu lassen.
7. **Zurückhaltung des Chefs.** Mit der Zeit bekommt das Ganze eine eigene Dynamik, in der sich der Chef langsam zurücknehmen sollte. So werden beispielsweise Besprechungen von den Mitarbeitern moderiert, obwohl der Chef anwesend ist und er früher klassisch der Moderator war.
8. **Wertschätzende Kommunikation.** Das mächtigste Werkzeug der Menschheit ist die Sprache. Hierüber werden Menschen bewegt, vereint und emotional angesprochen. In einem Unternehmen ist dies nicht anders. Je nachdem, wie ich mein Gegenüber anspreche, entsteht entweder Widerstand oder die Bereitschaft zuzuhören und mitzumachen.

3 Die Erfahrung des QM-Leiters – die Sicht eines Abteilungsleiters

Nach der ausführlichen Unternehmensvorstellung unseres Geschäftsführers möchte ich kurz auf meine Aufgaben wie auch auf meine ersten Berührungspunkte bei diesem sehr spannenden Thema eingehen. Gerade bei der Steigerung von Qualität, beim gemeinsamen Lösen von Problemen und auch bei einem Wandel der Führungskultur steht das Thema Nachhaltigkeit ganz oben auf der Liste. Es geht hierbei darum, ein Verständnis im Unternehmen zu schaffen, wodurch wir auf vielen älteren Prozessen neu aufbauen. Nachhaltigkeit heißt hier nicht in alte Muster zu fallen, aber auch zu wissen, dass es ohne diese nie zu dem positiv gewandelten neuen Stand gekommen wäre. Nun folgen ein paar Aufgaben meinerseits, die das Thema Nachhaltigkeit und dessen Wichtigkeit für uns hervorheben.

3.1   Nachhaltiger Wandel der Führungskultur

Ein wesentlicher Punkt einer nachhaltigen Unternehmensorganisation findet sich im antizipierten Wandel unserer Führungskultur, die im Wesentlichen auf einer wertschätzenden Kommunikation aufbaut. Kennzahlen wie die Krankenquote und die Reklamationsquote geben nicht nur bekannt, wie oft ein Mitarbeiter gesundheitlich ausfällt oder wie hoch die Qualität unserer Maschinen ist – hierbei geht es um einiges mehr. Es geht um die Zufriedenheit der Mitarbeiter. Natürlich sind nicht alle Krankheitsausfälle auf die Zufriedenheit zurückzuführen, jedoch gibt es Signale, die auf eine Unzufriedenheit hinweisen können. Ausgelöst durch Konflikte zwischen Mitarbeitern in unserem Unternehmen, die zu einer Unzufriedenheit führten, haben wir uns intensiv mit den möglichen Entstehungsgründen auseinandergesetzt. Aus unserer Sicht ist es wichtig, nicht nur die Symptome einer Unzufriedenheit zu reduzieren, sondern einen Rahmen zu schaffen, indem Unzufriedenheit möglichst gar nicht entsteht.

Die erste identifizierte Dimension findet sich in der Führungskultur. Wie führe ich und wie führen meine Kollegen ihre Abteilungen? Durch Hilfe einer externen Beraterin entwickelten wir hierfür einen Workshop, indem alle Führungskräfte zusammenkamen, um gemeinsam die Begrifflichkeit der „Führung" neu zu definieren. Im Zuge der Entwicklung dieser Definition war einer der wesentlichen Fragen, was unsere Mitarbeiter von Führungskräften erwarten und wie Führungskräfte Mitarbeiter bestmöglich unterstützen und befähigen können, gemeinsame Ziele zu erreichen. Explizit geht es dabei um Bedürfnisse der Mitarbeiterschaft, ihre Arbeit selbstständig zu gestalten und sich in das Unternehmen einzubringen. Hierfür ist die Kommunikation entscheidend. Wie kommuniziere ich, ohne mein Gegenüber zu verletzen oder Missverständnisse aufkommen zu lassen? Wodurch entstehen Konflikte und wie gehe ich mit einem Konflikt um, sodass es nicht eskaliert? Solche Fragen wurden besprochen und anhand von Rollenspielen trainiert. Als Resultat haben wir eine „kollegiale Beratung" eingeführt, bei welcher wir im Führungskreis zusammensitzen. Hier hat jeder die Möglichkeit, ein aktuelles Problem anzusprechen und sich den Rat seiner Kollegen beizuziehen. Nicht nur organisatorische Fragen werden hier geklärt, sondern auch die erlernten Methoden durch die Workshops anzuwenden und bei auftretenden Problemen gemeinsam mit seinen Kollegen auszuwerten und zu überlegen, wie es anders gehen könnte.

Obwohl wir noch am Anfang des Kulturwandels stehen, erkennen wir bereits jetzt positive Auswirkungen. Besonders der Zusammenhalt unter der Belegschaft hat sich in kurzer Zeit stark verbessert. Die Einbeziehung der Mitarbeiter wie auch eine neue Herangehensweise beim Thema Kommunikation mit klaren Zielvereinbarungen führen die Mitarbeiter in den Bereich der Selbstverwirklichung und Weiterentwicklung. Natürlich ist dies auch generationsabhängig. Besonders ältere Mitarbeiter verhalten sich oftmals zurückhaltend und verschlossen, wenn es um neue Herangehensweisen geht. Durch den wachsenden Anteil einer neuen Generation werden besonders die wandelnden Bedürfnisse und Anforderungen erkennbar. Gleichzeitig wird deutlich, dass man dadurch das Potenzial, neue Fachkräfte gewinnen zu können und bereits im Unternehmen vorhandene Fachkräfte halten zu können, enorm steigern kann.

Aus der operativen Ebene heraus sind wir täglich an der wandelnden Front. Allein durch die beschriebenen Workshops sind wir heute in der Lage, ganz anders auf die Mitarbeiterschaft einzugehen. Wir haben gelernt, sich Zeit zu nehmen, genau hinzuhören und sich in die verschiedenen Perspektiven der Mitarbeiter hineinzuversetzen, wie auch die eigene Führungspersönlichkeit immer wieder zu hinterfragen.

Als kleines Beispiel habe ich letztes Jahr ein Projekt übernommen und möchte damit verdeutlichen, wie ich in meiner Abteilung eine Art von neuer Mitarbeiterführung integriert habe: Aus der Perspektive des Projektmanagements gesehen, habe ich ein Team aufgestellt, welches sich in Teilprojekte gegliedert hatte. Die Mitarbeiter konnten sich die Teilprojekte auswählen, in denen sie sich wie auch ihre Stärken widerspiegelten. Am Ende dieses ersten internen Kick-off haben wir wöchentliche Meetings festgelegt, um die getroffenen Vereinbarungen abzugleichen. Das Ziel war also klar definiert, nur die einzelnen Schritte waren von jedem Mitarbeiter frei zu gestalten. Es wurde sechs Monate vor Liefertermin gemeinsam mit den Mitarbeitern eine Projektplanung erstellt. Durch diese gemeinsame Zeitplanung haben wir einen erfolgreichen Abschluss des Projektes erreicht. Dieses Beispiel hat uns gezeigt, dass wir uns auf einem sehr guten Weg befinden, um nachhaltig unsere Vereinbarung umzusetzen. Abschließend ist es wichtig zu erwähnen, dass man erkennen muss, dass jeder unterschiedliche Charaktereigenschaften besitzt. Jeder handelt aus einem bestimmten Grund. Zudem ist nicht nur eine Sichtweise richtig, sondern je nach Standpunkt verändern sich Sichtweisen, wobei jede davon seine Berechtigung hat. Verschiedene Sichtweisen nachzuvollziehen, ist einer unserer Faktoren, um nachhaltige Prozesse zu implementieren.

3.2   Nachhaltiges Konfliktmanagement

Eine erste wichtige Erkenntnis ist, dass Konflikte ein natürlicher Bestandteil einer Unternehmenskultur sind. Konflikte bedeuten nicht immer etwas Negatives – sie können genauso gut etwas Positives bedeuten oder aus etwas Negativem in etwas Positives verwandelt werden. Entsteht ein Konflikt durch einen internen Ablauf, der die Zufriedenheit der Mitarbeiter negativ beeinflusst oder wodurch es zu Fehlern in der Produktion führt, kann man anhand einer gemeinsamen Prozessbeschreibung aus einem negativen Konflikt etwas Positives schaffen. Um hierbei nachhaltig entgegenzuwirken, ist unser Qualitätsmanagement damit beauftragt, genau solche Konflikte zu erkennen, zu analysieren und in gemeinsamen Besprechungen abzuwandeln. Es ist immer schwer, Änderungen in Prozessen durchzuführen, weil viele Prozesse seit Jahren existieren. Es gibt Mitarbeiter, die sich damit abgefunden haben und diese Konflikte in ihren Arbeitsalltag mit integriert haben. Hierbei müssen die Mitarbeiter mehr miteinbezogen werden und anhand von individuellen Ideen den Prozess neu gestalten.

Abgesehen von Konflikten, die durch einen Prozess entstehen, gibt es Konflikte auf der zwischenmenschlichen Ebene. Ähnlich zu behandeln wie der oben beschriebene Konflikt, spielen hierbei eine wertschätzende Kommunikation und ein respektvoller Umgang miteinander eine wichtige Rolle. Wir zeigen in unserem Unternehmen nicht mit dem Finger auf andere, wir setzen uns gemeinsam an einen Tisch und unterhalten uns offen über Konflikte, die hin und wieder aufkommen. Auch wenn es nicht immer einfach ist, sind wir dank unseren Workshops auf eine neue Art der Kommunikation gestoßen, die uns hilft, Konflikte nicht eskalieren zu lassen, sondern eher zu lösen und daraus eine Art von Wertschöpfung zu schaffen. Dennoch ist es eine große Herausforderung, der wir anfangen mussten, uns zu stellen und in Zukunft weiterhin werden. Gerade in Strukturen und Verhaltensweisen, die seit Jahrzehnten im Unternehmen bestehen und auch uns zu dem Unternehmen wachsen ließen, welches wir heute sind, ist es anfangs sehr mühsam, erweiterte Wege einzuschlagen. Man hat sich sehr an die gefestigten Abläufe gewohnt und sieht nicht immer auf den ersten Blick den Sinn einer Veränderung. Doch auch wir müssen uns ständig hinterfragen und uns den Faktoren der Zeit anpassen, um erfolgreich zu bleiben. Wir reißen keine alten Strukturen ein, sondern bauen auf diesen Strukturen auf. Ohne Vergangenheit gibt es keine Zukunft und um erfolgreich in der Zukunft zu stehen, müssen wir uns in der Gegenwart hinterfragen und an uns arbeiten.

3.3   Nachhaltige Prozessoptimierung

Einer der ersten Berührungspunkte mit dem Thema Nachhaltigkeit ergab sich durch die Auseinandersetzung mit dem Themenfeld der Fehleranalyse, mit besonderem Fokus auf die aufkommenden Reklamationen durch Kunden. Durch eine relativ neu geschaffene Position des Qualitätsmanagements hatten wir die Möglichkeit, Fehler genauer zu hinterfragen und abzustellen. Auch wenn wir uns schon vorher auf die zum Beispiel auftretenden Fehler konzentriert haben, ging es hierbei meist um eine schnelle Korrektur beim Kunden, ohne den Fehler nachhaltig und in dem Fall strategisch zu verfolgen. Und damit kommen wir auch schon zu einem Punkt meiner alltäglichen Arbeit „Nachhaltige Prozessoptimierung". Die Herausforderung besteht aus meiner Sicht hierbei aus mehreren Faktoren: Zum einen sind es die Arbeitskollegen, die für etwas Neues begeistert werden müssen, denn sie sind ein wichtiger Bestandteil bei der Findung von Lösungsansätzen. Wahrscheinlich kennen viele aus eigener Erfahrung bei der Anwendung von neuen Methoden eine gewisse Skepsis, die in der Mitarbeiterschaft aufkommt. Veränderungen werden nicht immer positiv gesehen und somit ist es umso wichtiger, die Kollegen mitzunehmen und ihnen die Skepsis zu nehmen. Ein distinktiver Faktor ist dabei die Schaffung von Bewusstsein, dass wir an etwas Positivem arbeiten, von dem alle profitieren. Nur wie funktioniert es in der Praxis: Wie es auch in unzähligen Lehrbüchern steht, ist das Miteinbeziehen der Mitarbeiterschaft ein wichtiger Punkt. Gerade um Prozesse nachhaltig zu verbessern, müssen die Ideen und Vorstellungen der Kollegen wahrgenommen und geprüft werden. Um unsere Prozesse nachhaltig zu wandeln und im Kern zu integrieren, haben wir dazu verschiedene Methoden eingeführt.

3.3.1 Flowboard

Bereits durch meinen Vorgänger wurden sogenannte Flowboards eingeführt. Diese Flowboards sind ein wesentlicher Bestandteil der Fertigung, um allen Mitarbeitern und deren Ideen einen Raum zu schaffen. Das Flowboard funktioniert wie folgt:

Jeder Mitarbeiter hat die Möglichkeit, anhand von Verbesserungsvorschlägen die Abläufe wie auch unsere Produkte mitzugestalten und zu optimieren. An jedem Flowboard sind Formulare angebracht, die von den Mitarbeitern ausgefüllt werden können und an denen entsprechende Kategorien wie Problem, Idee, Test, Lösung angebracht werden können. Die QM-Abteilung wertet die Formulare aus und verteilt diese an die entsprechende Fachabteilung. Es wird eine Frist von zwei Wochen gesetzt, in der der Lösungsvorschlag der entsprechenden Abteilung geprüft wird. Anschließend wird das Formular mit einer ausführlichen Begründung an das Flowboard angebracht und ist somit für alle Mitarbeiter sichtbar. Nach einem Monat werden die Formulare von der QM-Abteilung eingesammelt und in einem Ordner aufbewahrt. Zudem findet wöchentlich eine Auswertung der gesammelten Formulare statt, die bei einem QM-Zirkel den Mitarbeitern vorgestellt wird. Hierdurch erreichen wir mit Verbesserungsvorschlägen alle betroffenen Abteilungen. Natürlich kommt es nicht immer zu einem Zuspruch der Belegschaft, dennoch schaffen wir hier eine wichtige Diskussionsgrundlage, wobei sich eine Verbesserung auch abwandeln kann durch einen Zuwachs von Ideen der weiteren Belegschaft. Der Mitarbeiter mit den meisten Verbesserungsvorschlägen wird für sein Engagement belohnt. So hat jeder Mitarbeiter die Möglichkeit, etwas zu ändern und sich in das Unternehmen miteinzubringen. Wichtig ist es, dass wir aus dem QM-Bereich jeden Vorschlag ernst nehmen und diesem gewissenhaft nachgehen und jedem Mitarbeiter das Gefühl vermitteln, dass er Teil eines Entwicklungsprozesses ist.

3.3.2 QM-Zirkel

Während sich das Flowboard vermehrt auf die kurzfristige Integration von Verbesserungsvorschlägen der Mitarbeiterschaft bezieht, haben wir zudem einen QM-Zirkel entwickelt. Der QM-Zirkel ist eine Besprechung, bei der anhand von kundenseitigen Reklamationen ein Gremium aus Fach- und Führungskräften einberufen wird, die diese auftretende Ursache gemeinsam lösen. Die Moderation und Vorbereitung dieser Besprechung wird von mir und meinem QM-Team erarbeitet und ausgeführt. Meist werden anhand von Bildern durch eine PowerPoint-Präsentation die entstandenen Fehler aufgezeigt. Zu jedem Punkt findet eine strukturierte Diskussionsrunde statt, in dem gemeinsame Lösungsvorschläge festgehalten und im weiteren Prozess zu Zielvereinbarungen weiterentwickelt werden. Hierbei entstehen neue Arbeitsanweisungen oder Standardänderungen, welche, bevor sie wirksam werden, von jeder betreffenden Abteilung im Unternehmen gelesen und gegengezeichnet werden. Unser Ziel ist es hierbei, Prozesse nachhaltig zu optimieren, indem wir alle betreffenden Mitarbeiter einbezogen haben. Die vorgetragenen QM-Zirkel werden nach jeder Sitzung für die gesamte Mitarbeiterschaft in einem für alle zugänglichen Laufwerk digital abgelegt und gespeichert. Durch diese neue Methode wurden Prozesse im Unternehmen hinterfragt und nachhaltig abgewandelt.

3.3.3 Strukturierung des Arbeitsumfeldes

Für uns definiert sich der Bereich der Prozessoptimierung nicht nur durch die Hinterfragung einzelner Prozesse, sondern auch durch die Gestaltung von Arbeitsplätzen. Jeder Mitarbeiter hat die Möglichkeit, seinen Arbeitsplatz so zu gestalten und auszurüsten, dass er seine Arbeiten sorgfältig, gewissenhaft und in einem auf seine Bedürfnisse angepassten Umfeld ausführen kann. Wir verbringen alle viel Zeit an unserem Arbeitsplatz und möchten uns natürlich auch an diesem Ort wohl fühlen. Oft hat die Zeit einen wesentlichen Einfluss auf die Ordnung und Sauberkeit unserer Arbeitsplätze und damit meine ich nicht den schnellen Sprung ins Wochenende, sondern eher den Termindruck, wodurch Ordnung und Sauberkeit leiden.

Ein Beispiel aus der Fertigung: Um die Montagezeit einer Maschine zu gewährleisten und damit den Liefertermin einzuhalten, wird ein Team mit weiteren Kollegen aufgestockt. Die Grundordnung des Einzelnen wird dadurch erschwert. Dadurch gehen Werkzeuge verloren oder werden an andere Stellen verlegt. Es beginnt eine Suche, um Arbeitsprozesse fertigzustellen, die Zeit kostet und zu Frustrationen führen kann. Um hier einen Fokus zu setzen, haben wir ein Bewertungssystem ausgearbeitet, dass auf die Abteilungen zugeschnitten wurde. Diese Bewertung wurde nach den Faktoren Ordnung, Sauberkeit und Kennzeichnung erstellt. Zusammen mit den einzelnen Abteilungsleitern haben wir Checklisten mit Kriterien erstellt, die für unsere Kollegen wichtig sind, aber im selben Maße auch für uns in der QM-Abteilung. Die Bewertung findet jeden Freitag nach Betriebsschluss statt. Das QM-Team geht mit den Checklisten durch jede Abteilung und bewertet diese nach den festgelegten Kriterien. In jeder Abteilung hängen drei Punkte in Grün, Gelb und Rot, die über die letzte Bewertung Auskunft geben. Hierbei kommt es zu einem weiteren sehr wichtigen Punkt: unsere Kunden. In Bezug auf unsere Fertigung ist dies gleichzeitig auch unser „Showroom" für unsere Kunden, die zu Besuch bei uns im Hause sind. Am Ende des Monats findet eine Auswertung aller Abteilungen statt. Die Abteilungen mit den meisten grünen Punkten bekommen ein gemeinsames Mittagessen auf Kosten der Geschäftsleitung. Obwohl anfänglich belächelt, sind diese Prozesse heute nicht mehr wegzudenken. Jeder Mitarbeiter möchte, wenn er aus seinem wohlverdienten Wochenende wiederkehrt, einen grünen Punkt vorfinden. Es ist ein fester Bestandteil geworden und die Dimensionen der Ordnung und Sauberkeit werden nicht nur gelebt, sondern auch hinterfragt und durch neue Aspekte ergänzt. Für die Kennzeichnung von Bauteilen war es zudem sehr wichtig, unsere Vorräte ordentlich zu beschriften, um zum Beispiel Bauteile, die sehr identisch aussehen (z. B. linke Seite, rechte Seite), nicht zu vertauschen. Dadurch entsteht auch eine Art von Fehlervermeidung, gerade bei nicht richtig gelieferten Bauteilen können je nach Kundensitz enorm hohe Kosten auftreten.

3.3.4 Organisationshandbuch

Durch viele neue Strukturen, die in den letzten Jahren entstanden sind, unter anderem auch bedingt durch unsere sehr bewegende Vergangenheit mit Blick auf die Personalreduzierung in einzelnen Abteilungen, haben wir zusammen mit einem externen Unternehmensberater einen digitalen IST-Stand unserer Struktur geschaffen. Hierdurch wird ersichtlich, wie die Abteilungen zueinanderstehen, wo sich die Schnittstellen befinden und wer welche Aufgabe hat. Dieser digitalisierte Workflow wurde gemeinsam mit den Abteilungsleitern erarbeitet. Zudem wurden die Schnittstellen klar benannt und definiert mit den anfallenden Verantwortlichkeiten. Auch hier greifen unsere Hilfsmittel, wie zum Beispiel der QM-Zirkel, wodurch neue Prozessbeschreibungen entstehen können und diese wiederum in den Workflow integriert werden. So ist es für jeden Mitarbeiter ersichtlich, welche Verantwortlichkeiten an den Schnittstellen herrschen sowie jeweilige Definitionen der anfallenden Arbeiten. Wichtig aus meiner Sicht sind die Prozessbeschreibungen in Zusammenarbeit mit den Fachexperten aus dem jeweiligen Bereich. Hierbei zeigt sich auch, dass eine Prozessbeschreibung schnell geschrieben ist. Um diese jedoch nachhaltig zu integrieren, müssen im Unternehmen weitere Feedbackrunden abgehalten werden, um zu prüfen, ob alles hinreichend umgesetzt wurde und ob die Änderung wirkungsorientiert geplant wurde.

3.3.5 Auftragsnachbesprechung

Da wir in unserer Branche auf sehr viele Kundenwünsche eingehen oder Anpassungen an unseren Maschinen vornehmen müssen, ist ein eingehender Auftrag ein wachsender Prozess. Die perfekt auf den Kunden spezifizierte Maschine ist meist mit vielen Details verbunden und somit entsteht die explizite Herausforderung, alles bis ins kleinste Detail umzusetzen. Hierbei ist es notwendig, diese Kundenwünsche nachhaltig zu befriedigen, indem wir dokumentieren, welche Maschine mit welchen Bestandteilen die richtige für unseren Kunden ist. Durch Einführung einer Auftragsnachbesprechung halten wir zum einen fest, was und wie für den Kunden eingesetzt wurde und was beim nächsten Mal zu optimieren gilt im Bereich Konstruktion und Fertigung. An der Besprechung nehmen neben unserem Vertreter aus dem Auftragsmanagement auch ein Vertreter aus der Konstruktion wie auch aus der Fertigung und dem QM-Bereich teil. Im Idealfall auch einer unserer Monteure, der beim Kunden die Inbetriebnahme durchgeführt hat. Diese Besprechung wird dokumentiert und zusammengefasst und für alle öffentlich in einem Laufwerk abgelegt. Dadurch haben wir uns das Ziel gesetzt, nachhaltig und möglichst optimal auf unsere Kunden eingestellt zu sein und keine Wünsche mehr offenzulassen.

4   Fazit

Grundsätzlich haben wir für uns festgestellt, dass das Thema Nachhaltigkeit durch jeden Prozess miteingebunden werden muss. Unsere Vergangenheit hat uns gezeigt, wie wichtig es ist, neue Grundsätze der Nachhaltigkeit im Unternehmen zu verankern. Ein nachhaltiges Management, welches sich durch Faktoren wie nachhaltige Führung und Organisation aufstellt, ist heute nicht mehr vom Markt wegzudenken. Jeder nachhaltige Schritt, den wir gehen, ist ein Schritt in eine bessere Zukunft für das Unternehmen, die Gesellschaft und die Umwelt. Das Verständnis jedes Einzelnen muss hierfür geweckt werden, um gemeinsam neue Strukturen zu schaffen und die Nachhaltigkeit voll und ganz zu integrieren. Durch Hilfsmittel wie unser Flowboard und unser Organisationshandbuch haben wir es geschafft, Verbesserungen von Arbeitsabläufen wie auch neue Ideen an unseren Produkten nachhaltig einzusetzen. Anfangs ist das Thema mit viel Arbeit verbunden und stellt genügend Komplikationen dar, die gemeistert werden müssen, doch aus unserer bisherigen Erkenntnis lohnt es sich, diesen Weg zu beschreiten. Jedes Unternehmen hat eine Verantwortung, die durch ein nachhaltiges Management wahrgenommen werden muss. Dadurch wird nicht nur das Unternehmen erfolgreich, sondern auch die Umwelt mit allen Faktoren positiv beeinflusst.

Literatur

Temafa Maschinenfabrik GmbH (2020). https://www.temafa.com/
Janssen B (2016) Die stille Revolution: Führen mit Sinn und Menschlichkeit. Ariston, München

Dr. Jörg Morgner hat an der RWTH Aachen Maschinenbau mit der Vertiefung Textiltechnik studiert mit dem Abschluss Diplom-Ingenieur. Im Anschluss arbeitete er als wissenschaftlicher Mitarbeiter am Institut für Textil- und Verfahrenstechnik in Denkendorf, wo er auch promovierte. Seit 2001 ist er bei der Temafa Maschinenfabrik GmbH zunächst als Technischer Leiter und seit 2009 als Geschäftsführer beschäftigt. In dieser Funktion hat er sich zukunftsorientiert und intensiv mit dem Wandel der Unternehmenskultur, der Nachhaltigkeit, dem Mehrwert eines offenen Betriebsklimas, dem Konfliktmanagement und dem Umgang auf zwischenmenschlicher Ebene beschäftigt, mit der Zielsetzung, dass sich jeder Mitarbeiter zur Verbesserung des Unternehmens einbringen sollte.

Jens Boldt hat eine Ausbildung zum Konstruktionsmechaniker Fachrichtung Stahl- und Metallbau bei der Temafa Maschinenfabrik GmbH absolviert. Anschließend hat er sich bei der Rhein-Erft Akademie berufsbegleitend zum Industriemeister Metall weitergebildet. Seitdem leitet er die Ausbildung für Konstruktionsmechaniker, Industriekaufleute und ist ehrenamtliches Mitglied im Prüfungsausschuss der IHK Köln. Zudem war er mehrere Jahre in der Arbeitsvorbereitung tätig und vertrat zusätzlich die Betriebsleitung in allen Bereichen. Heute ist seine Kernaufgabe im Unternehmen die Leitung der Qualitätsmanagement-Abteilung, bei der er seiner Leidenschaft für das Planen, Organisieren und nachhaltige Optimieren von Prozessen nachkommt.

Impulse und Fallbeispiele von Netzwerkakteuren und Verbänden

Nachhaltigkeitsmanagement in Genossenschaften – ein Praxisbericht

Klara Marquardt

1 Nachhaltigkeitsmanagement in Genossenschaften

1.1 Motivation und Notwendigkeit

Genossenschaften haben in Deutschland eine lange Geschichte, die mit den ersten Genossenschaftsgründungen von Friedrich Wilhelm Raiffeisen und Hermann Schulze-Delitzsch im Jahr 1864 begann. Mittlerweile sind rund 20 Mio. Menschen in Deutschland Mitglied in einem der 7500 genossenschaftlichen Unternehmen. Am häufigsten werden in Deutschland Genossenschaften in den Bereichen Bankenwesen, Landwirtschaft, Wohnungsbau und im Energiesektor gegründet. Darüber hinaus gibt es viele Waren-, Dienstleistungs- und Konsumgenossenschaften (Lebensmittel, Handwerk, Konsumgüterhandel). Die Grundidee einer Genossenschaft entspricht ohne Zweifel Kriterien einer nachhaltigen Entwicklung. Gemeinschaftlich einer Tätigkeit nachgehen, die alle Mitglieder sozial, kulturell und wirtschaftlich fördert, in der Gemeinschaft etwas schaffen, dass alleine nicht geschaffen werden kann, demokratisches Miteinander und solidarische Selbsthilfe; das ist Genossenschaft.

Die soziale Verantwortung von Genossenschaften ist durch Lokalität entstanden. Menschen aus direkter Umgebung schließen sich zusammen, um soziale, kulturelle oder wirtschaftliche Vorteile zu generieren. Genossenschaften haben eine unmittelbare soziale Verantwortung ihren Mitgliedern gegenüber und sie agieren lokal. Daher liegt auch die Förderung ihrer Region in ihrem Interesse. Sie spenden an ansässige Vereine und Organisationen und gehen Kooperationen mit Bildungsträgern und Gemeinden ein. Auch der Dialog mit der Nachbarschaft ist Teil ihrer sozialen Verantwortung.

K. Marquardt (✉)
Bauverein der Elbgemeinden eG, Hamburg, Deutschland
E-Mail: k.marquardt@bve.de

© Springer-Verlag GmbH Deutschland, ein Teil von Springer Nature 2021
M. Schmitz (Hrsg.), *CSR im Mittelstand,* Management-Reihe Corporate Social
Responsibility, https://doi.org/10.1007/978-3-662-61957-5_16

Ob eine Genossenschaft überhaupt ein Nachhaltigkeitsmanagement braucht oder ob sie nicht ohnehin aus ihrem ureigenen Zweck schon nachhaltig handelt, mussten wir beim Bauverein der Elbgemeinden eG (BVE) schon häufig diskutieren. Aus unserer Sicht sollten sich auch Genossenschaften mit Fragen einer nachhaltigen Entwicklung auseinandersetzen. Ob diese Arbeit in Form einer Stabstelle, einer beauftragten Person oder eines Gremiums geleistet wird, ist zunächst zweitrangig. Genossenschaften sind geschäftlich tätig, so wie jedes andere Unternehmen verbrauchen sie Ressourcen und beeinflussen Menschen in ihrem Umfeld mit ihrem Handeln. Zu hinterfragen, welche negativen Auswirkungen in Form von zum Beispiel Klimaschäden sie mit dem Verfolgen ihres Geschäftszwecks verursachen und wie ihr Einfluss auf viele Menschen möglichst positiv sein kann, liegt in ihrer Verantwortung.

1.2   Chancen für Genossenschaften

Genossenschaften kennen soziale Belange, wie in Abschn. 1.1 beschrieben, nicht erst seit dem Bekanntwerden des Nachhaltigkeitsmodells, sie sind fester Bestandteil ihres Wesens. Es stellt sich die Frage, ob soziale Verantwortung in Genossenschaften demnach als gegeben betrachtet werden kann und worin die Chance für Genossenschaften bei Einführung eines Nachhaltigkeitsmanagements liegt, wenn sie ohnehin schon viele Nachhaltigkeitskriterien erfüllen. Die Chance liegt in der strategischen Bearbeitung von Themen im Bereich Nachhaltigkeit. Der strategische Aufbau eines Nachhaltigkeitsmanagements ermöglicht Genossenschaften sich im Rahmen ihrer Geschäftstätigkeit nicht nur idealistisch und historisch bedingt mit Nachhaltigkeitsthemen auseinanderzusetzen, sondern diese sinnvoll und langfristig in ihre Strukturen aufzunehmen. Die Basisanalysen des Nachhaltigkeitsmanagements, wie Benchmark-, Stakeholder- und Wesentlichkeitsanalysen ermöglichen es Genossenschaften zunächst zu verstehen, wie andere Unternehmen auf dem Gebiet agieren, wie weitreichend ihre Geschäftsentscheidungen sind, welche Menschen sich in ihrem Umfeld bewegen und vor allem welche Themen ihren Stakeholdern am wichtigsten sind. Sie erweitern ihren Blick nicht nur für Nachhaltigkeitsthemen, sondern auch für andere Projekte und geschäftliche Entscheidungen. In einem weiteren Schritt können sie sich mit diesen Ergebnissen strukturell auseinandersetzen, Entscheidungen, Ziele und Maßnahmen ableiten. Auch Umweltmanagementsysteme bieten Strukturen, um Nachhaltigkeitsthemen geordnet zu bearbeiten. Das Umweltmanagementsystem „Ökoprofit" für kleine und mittelständische Unternehmen wird in Abschn. 2.2 vorgestellt. Es ist auch für Kleinstunternehmen umsetzbar und bedarf keiner Vollzeitstelle oder gar einer Abteilung.

Neben der Möglichkeit strukturelle Nachhaltigkeitsarbeit zu leisten, haben Genossenschaften einen weiteren Vorteil bei der Einführung eines Nachhaltigkeitsmanagements. Genossenschaften sind in der Regel sehr gut untereinander vernetzt. Sie schaffen mithilfe von Verbänden und Arbeitskreisen Räume, in denen sie sich austauschen und gegenseitig unterstützen. Da sie Nachhaltigkeitsarbeit aus intrinsischer Motivation leisten und nicht, um Wettbewerbsvorteile auf dem Markt zu erreichen, spielt der Konkurrenzgedanke eine untergeordnete Rolle. Inhalte, Erfahrungen und Vorgehensweisen können sie daher transparent teilen. Die Chance liegt demnach auch im offenen Austausch über Themen im Bereich Nachhaltigkeit, in der Unterstützung von Genossenschaften, die wenig Kapazitäten für die Durchführung von Analysen etc. haben und im Lernen von Genossenschaften, die Nachhaltigkeitskriterien bereits in ihren Strukturen etabliert haben.

2 Aufbau eines Nachhaltigkeitsmanagements beim Bauverein der Elbgemeinden (BVE)

2.1 Den Grundstein legen

Als Hamburgs größte Wohnungsbaugenossenschaft mit derzeit über 22.000 Mitgliedern und mehr als 14.000 Wohnungen verursachen wir bei der Durchführung von Bauvorhaben und der Verwaltung unseres Bestands negative Auswirkungen, vor allem auf ökologische Kreisläufe. Darüber hinaus bewegen sich sehr viele Menschen um unsere Genossenschaft herum, die von Entscheidungen des BVE beeinflusst werden. Diese Verantwortung nehmen wir wahr und stellen uns dieser.

Dieses Bewusstsein führte beim BVE zu vielen Überlegungen, etwa, wie die Genossenschaft einen Beitrag zur nachhaltigen Entwicklung leisten kann und wie wir sie gleichzeitig zukunftsfähig gestalten können. Ein Ergebnis dieser Überlegungen war die Schaffung der Stelle „Nachhaltigkeitsmanagement", um gegenwärtige und künftige Herausforderungen intern zu bearbeiten. Besonders wichtig finden wir, Themen rund um eine nachhaltige Entwicklung intern zu identifizieren, zu verstehen und schließlich umzusetzen. Dabei setzen wir auf Partnerschaften, gehen in den direkten Austausch und lassen uns gerne durch externes Fachwissen unterstützen; gänzlich aus der Hand geben möchten wir Nachhaltigkeitsbelange jedoch nicht.

Nachdem die Stelle in die operativen Geschäftsprozesse eingegliedert war, wurde zunächst eine Benchmarkanalyse erstellt. Hierfür wurden mehrere relevante Unternehmen und Genossenschaften aus der Baubranche mittels einer Literaturrecherche auf vorher ausgewählte Nachhaltigkeitskriterien hin untersucht. Mithilfe eines Punktesystems konnten die Organisationen im nächsten Schritt bewertet werden. Ziel der Analyse war es, den BVE hinsichtlich seiner Nachhaltigkeitsaktivitäten gegenüber vergleichbaren Unternehmen und Genossenschaften einzuordnen und Organisationen zu identifizieren, von denen wir lernen können, weil sie sinnvolle Nachhaltigkeitsarbeit leisten.

Ein weiterer Baustein in der Implementierung eines Nachhaltigkeitsmanagements in unsere Genossenschaft war die Erarbeitung eines Stakeholder-Universums. Die Darstellung zeigt alle Personen und Gruppen, die der BVE mit seiner Geschäftstätigkeit beeinflusst und all jene, die ihn wiederum beeinflussen. Das Stakeholder-Universum entstand mithilfe von Kolleginnen und Kollegen aus allen Abteilungen im Rahmen eines internen Workshops. Auch der Austausch über die Intensität und die Qualität der Beziehungen zu einzelnen Anspruchsgruppen waren Teil der Stakeholder-Analyse. Die Ergebnisse der Untersuchung erleichtern die Arbeit an Projekten, da deutlich wird, welche Menschen der BVE mit unterschiedlichen Entscheidungen berührt.

Das Kernstück der „Grundsteinlegung" für eine konstruktive Nachhaltigkeitsarbeit in unserer Genossenschaft ist die Wesentlichkeitsanalyse. Für die Beantwortung der Frage „Welche Themen aus dem Bereich Nachhaltigkeit sind für den BVE wesentlich?" haben wir uns bewusst viel Zeit genommen. Da wir kein authentisches Bild des BVE wiedergeben können, ohne die Menschen um uns herum einzubeziehen, haben wir eine umfassende Befragung unserer Anspruchsgruppen durchgeführt. Nachdem wir mit Mitarbeitenden Stakeholder des BVE identifiziert hatten, befragten wir diese in unterschiedlichen Formaten. Die meisten Anspruchsgruppen wurden über eine Online-Befragung um ihre Einschätzung gebeten. Mit einigen Gruppen, beispielsweise den Mitarbeitenden, führten wir persönliche Interviews beziehungsweise Workshops durch. Auch die BVE KIDS, die Kindergenossenschaft des BVE, konnten ihre Perspektive über einen kindgerechten Fragebogen einbringen. Die Ergebnisse der Untersuchung, die Wesentlichkeitsmatrix, dienen uns nicht ausschließlich für die Ausrichtung des Fokus der Nachhaltigkeitsarbeit, sie helfen uns, in den unterschiedlichsten Projekten Prioritäten zu setzen.

Die beschriebenen Analysen erachten wir als essenzielle Grundlagenarbeit, um auf Basis ihrer Ergebnisse bei künftigen Projekten im Nachhaltigkeitsbereich auf einen inhaltlichen Rahmen zurückgreifen zu können.

2.2   Einführung des Umweltmanagementsystems Ökoprofit

Ökoprofit ist ein Umweltmanagementsystem für kleine und mittelständische Unternehmen. Entwickelt wurde es in Graz, um Betriebe zu unterstützen, ihre Umwelt- und Klimaschutzleistung strukturiert zu verbessern und ein Umweltmanagement zu etablieren. Die Stadt München hat das Projekt Ökoprofit in Deutschland initiiert, die Stadt Hamburg ist Lizenznehmerin. Bei dem einjährigen Einsteigerprogramm trafen wir uns jeden Monat mit elf weiteren teilnehmenden Unternehmen zu thematischen Workshops, wie „Energie und Emissionen" oder „Wasser". Ein wichtiger Erfolgsfaktor des Programms ist die gemeinschaftliche Annäherung an das Thema betrieblicher Umweltschutz. Bei den zehn praktischen Workshops gab es viel Gelegenheit, sich mit anderen engagierten Organisationen auszutauschen und voneinander zu lernen. Diese werden von beauftragten Umweltberatungen durchgeführt, die die Teilnehmenden auch vor Ort in der Einführung von Ökoprofit-Strukturen unterstützt. Bei mehreren Terminen machten sich die Beraterinnen und Berater ein Bild von der BVE-Verwaltung und dem Servicebetrieb, in dem Handwerker in fünf verschiedenen Gewerken arbeiten. Gemeinsam wurden Verbesserungspotenziale identifiziert und ihre Umsetzung geplant.

Ein wesentlicher Teil der Vorbereitungen auf das Audit war die Erhebung von Daten und der Aufbau eines Controllingsystems. Da die Umweltkennzahlen in verschiedenen Abteilungen gesammelt werden, ist ihre Beschaffung komplex und ein Konzept notwendig. Die vorgegebene Struktur der Ökoprofit-Dokumentation ist beim Sammeln der Daten und ihrer Organisation sehr hilfreich.

Die zweite große Herausforderung bei der Einführung des Umweltmanagementsystems lag in der Kommunikation. Unser Anspruch war es, alle Kolleginnen und Kollegen vor und während des Einführungsprozesses mit relevanten Informationen zu versorgen, mit dem Ziel, dass alle wissen, was das Ökoprofit-Programm beinhaltet und mit welcher Motivation es eingeführt wird. Die Vorkenntnisse und der Zugang zu Nachhaltigkeitsthemen sind bei den Mitarbeitenden sehr unterschiedlich, wodurch die Anforderung entsteht, die diversen Informationsbedarfe zu befriedigen. Da die Arbeitsplätze beim BVE sehr vielfältig sind, wurden verschiedene Medien für die Kommunikation gewählt. Zum einen wurden regelmäßig News im Intranet und auf der Website veröffentlicht, zum anderen wurde durch Aushänge und Vorstellung in verschiedenen Gremien kommuniziert. Auch bei der externen Kommunikation haben wir die Zielgruppen berücksichtigt und in unserer Mitgliederzeitschrift „BVE aktuell" niedrigschwellige Artikel publiziert, die unsere Mitglieder, auch wenn sie sich nicht dezidiert mit Belangen des Umweltmanagements auseinandersetzen, verstehen. Teilweise haben wir auf unserer Website auch technische Daten bereitgestellt, um Stakeholder mit Informationen zu versorgen, die entsprechende Ansprüche an den BVE erheben.

Nachdem die Workshop-Reihe beendet war, folgte die Ökoprofit-Prüfung. Bestandteile der Prüfung sind die Vollständigkeit und die Plausibilität der erstellten Dokumente und der Besuch einer Prüfkommission, die sich vor Ort relevante Bereiche ansieht und umgesetzte Maßnahmen bewertet. Die Experten der Prüfkommission können über Prüfinhalte hinaus sehr hilfreiche Tipps in den Ökoprofit-Themenbereichen geben.

Nach der bestandenen Prüfung können die zertifizierten Unternehmen am Ökoprofit-Club teilnehmen. Bei den regionalen Club-Treffen, die sechsmal im Jahr stattfinden, werden Fachbeiträge zu bestimmten Themen angeboten. Darüber hinaus gibt es Gelegenheit, sich untereinander auszutauschen und Netzwerke aufzubauen. Diesen Austausch finden wir besonders wertvoll und schätzen die Möglichkeit, Erfahrungen mit engagierten Partnern zu teilen und sich gemeinsam Herausforderungen zu stellen.

Ökoprofit bietet uns einen Rahmen, in dem wir lernen können, unsere Geschäftsprozesse so zu gestalten, dass der Umwelt möglichst wenig Schaden zugefügt wird. Mit Unterstützung der Umweltberatung konnten wir Strukturen schaffen, die es uns ermöglichen, Nachhaltigkeitskennzahlen zu erheben und zu überwachen. Darüber hinaus konnten wir Partnerschaften eingehen und unseren Mitarbeitenden und Mitgliedern vermitteln, wie wichtig eine gute Datenbasis für die Bewertung von Maßnahmen und der eigenen Umweltleistung ist.

2.3   Nachhaltigkeitsbericht und Standards

Nachdem, vor allem dank der Arbeit der „Global Reporting Initiative", ein internationaler Konsens zu Nachhaltigkeitsberichterstattung geschaffen wurde, haben sich unterschiedliche Stellen Gedanken zu spezifischen Nachhaltigkeitskriterien in der Wohnungswirtschaft gemacht und diese publiziert.

Besonders wertvoll für die Nachhaltigkeitsberichterstattung des BVE ist die Arbeitshilfe 73 „Nachhaltigkeitsberichterstattung in der Wohnungswirtschaft" des Bundesverbands deutscher Wohnungs- und Immobilienunternehmen e. V. (GdW) aus dem Jahr 2013. Diese enthält Vorschläge für die Kommunikation von Kriterien, die nur für die Wohnungswirtschaft relevant sind und bietet somit einen Rahmen, verschiedene Berichte aus der Branche zu vergleichen und die Berichtserstattung transparent zu gestalten. Grundlage für die Arbeitshilfe ist das Sustainability-Reporting-Framework der Global Reporting Initiative und das Corporate-Social-Responsibility- Berichtskonzept des European Housing Network (EURHONET).

Darüber hinaus ist der Leitfaden zur branchenspezifischen Ergänzung des Deutschen Nachhaltigkeitskodex (DNK) aus dem Jahr 2014, erstellt vom Rat für Nachhaltige Entwicklung (RNE), sehr hilfreich für unsere Berichterstattung. Der Kodex besteht aus 20 Kriterien zur nichtfinanziellen Performance von Unternehmen und Organisationen und bietet Ihnen damit einen Einstieg in die Nachhaltigkeitsberichterstattung. Ergebnis ist die DNK-Erklärung, die auf der Website des DNK veröffentlicht wird. Aus der Wohnungs- und Immobilienbranche nutzt mittlerweile die Mehrheit der Unternehmen, die ihre Nachhaltigkeitsarbeit berichtet, die Struktur des DNK.

Die internationale „Global Reporting Initiative" veröffentlichte im Jahr 2011 neben den allgemeingültigen Leitlinien G3.1 die Sektorenleitlinie „Construction and Real Estate Sector Supplement" (CRESS). Diese bieten eine Ergänzung im Hinblick auf Kennzahlen, die spezifisch für die Bauindustrie und Gebäude sind.

Der erste Nachhaltigkeitsbericht des BVE entspricht den GdW- und den DNK-Kriterien und ist an die GRI-Indikatoren angelehnt. Nachdem wir unseren ersten Bericht in einer separaten Publikation veröffentlicht haben, werden wir in Zukunft integriert berichten. Für uns ist Nachhaltigkeitsarbeit kein Zusatzthema. Wir wollen, dass nachhaltige Aspekte in allen Prozessen mitgedacht werden, daher ist die Publikation von integrierten Berichten für uns sinnvoll.

3   Erfolgsfaktoren und Herausforderungen

3.1   Partizipative Prozesse als Erfolgsfaktor

Im Mittelpunkt einer Genossenschaft stehen Menschen. Ihre Bedürfnisbefriedigung ist genossenschaftlicher Zweck. Als einen wichtigen Erfolgsfaktor eines Nachhaltigkeitsmanagements verstehen wir beim BVE Partizipation aller Stakeholder. Als wichtigste

Beteiligte unserer Nachhaltigkeitsarbeit verstehen wir unsere Kolleginnen und Kollegen und unsere Mitglieder. Aus diesem Grund haben wir beim Aufbau unseres Nachhaltigkeitsmanagements ein Nachhaltigkeitskomitee und einen Nachhaltigkeitsbeirat gegründet.

Wir haben alle Kolleginnen und Kollegen des BVE gefragt, ob sie Interesse haben, freiwillig während ihrer Arbeitszeit an Themen der Nachhaltigkeit mitzuarbeiten. Wir freuen uns sehr, dass sich 15 Personen aus verschiedenen Abteilungen gemeldet haben, die seitdem Teil des Komitees sind. Das Komitee trifft sich einmal im Monat, um aktuelle Projekte und Themen zu diskutieren. Es werden Lösungen für Herausforderungen gefunden, Positionen entwickelt und neue Ideen eingebracht. Die Mitglieder des Komitees bringen nicht nur Ideen und Gedanken aus ihren Fachbereichen und ihrer Arbeitsrealität in die Sitzungen ein, sie fungieren gleichzeitig als Multiplikator, indem sie erarbeitete Inhalte in das Kollegium tragen. Die Sitzungen des Komitees sind immer für alle Interessierten offen. Kolleginnen und Kollegen steht es frei, einmal teilzunehmen oder regelmäßig.

Der Nachhaltigkeitsbeirat besteht aus einem Mitglied des Aufsichtsrats und neun Genossenschaftsmitgliedern, die teilweise auch in der Mitgliedervertretung aktiv sind. Bei den zwei jährlichen Treffen haben sie Gelegenheit, uns ihre externen Auffassungen näherzubringen. Uns beim BVE bietet dieses Format wiederum die Möglichkeit, unsere Arbeit immer wieder an die Bedürfnisse unserer Mitglieder anzupassen.

Miteinander reden, sich offen austauschen und einen gemeinsamen Konsens finden, das sind die unmittelbaren Ziele unserer Nachhaltigkeitsgremien. Mit den Gremien wird sichergestellt, dass insofern authentische Nachhaltigkeitsarbeit geleistet wird, als dass alle Perspektiven, die die Genossenschaft ausmachen, einbezogen werden.

3.2   Herausforderungen

Eine große Aufgabe, vor der wir bei unserer Arbeit immer wieder stehen, ist die Vereinbarung der Interessen unserer Mitglieder. Anders als bei vielen produzierenden Unternehmen, die klar definierte Zielgruppen für ihre Produkte ansprechen können, sind die Bedürfnisse unserer Genossenschaftsmitglieder sehr unterschiedlich. Alter, Mobilitätsverhalten, Gesundheitszustand, Lebenssituation und andere Eigenschaften, die für das Wohnen eine Rolle spielen, divergieren stark. Die Vielfalt der Menschen in der Genossenschaft führt zu einem vielfältigen Angebot beim BVE. Beispielsweise ist das Sozialmanagement sowohl auf die Interessen älterer Menschen als auch auf jene von Kindern und Jugendlichen spezialisiert und kann bei gesundheitlichen Problemen aller Art die richtigen Kontakte vermitteln. Unsere Publikationen bieten wir nicht nur online an, sondern entscheiden uns bewusst dafür, sie auch zu drucken, um kein Mitglied auszuschließen. Selbstverständlich betrifft diese Vielfalt auch unsere Wohnungen. Der BVE vermietet Wohnungen für Menschen mit unterschiedlichem Assistenzbedarf, barrierearme Wohnungen, Wohnungen für Jugendliche, für Familien und Einzelpersonen. Je nach Bewohner/in variieren die Grundrisse und Ausstattungen der Wohnungen.

Es ist wichtig, dass man sich im Rahmen seiner Nachhaltigkeitsarbeit mit den Themen beschäftigt, die die größte Hebelwirkung haben. Das bedeutet für den BVE unter anderem, zu überlegen, welches klimabedingte Verbesserungspotenzial er für über 14.000 Wohnungen hat. Rund ein Drittel des Bestands wird mit Strom und Wärme aus Quartiersstrommodellen versorgt. Das sind in den meisten Fällen Heizzentralen mit Blockheizkraftwerken und Wärmepumpen. Die Wärmeversorgung der anderen zwei Drittel ist sehr unterschiedlich. Daraus resultiert die Aufgabe, Zahlen und Daten betreffend die Verbräuche in den Wohnungen zu erheben und zu dokumentieren. Die Vielzahl an Wohnungen macht das Controlling komplex. Es gilt, die Datenlage so aufzubereiten, dass sinnvolle Kennzahlen gebildet werden können, die als Indikator für nötige Maßnahmen herangezogen werden und Aufschluss über umgesetzte Maßnahmen geben können. Der BVE bildet Kennzahlen über seinen Bestand zunächst über Baualtersklassen, da die Aussagekraft über verschiedene Wohnungen, die in einer bestimmten Zeitspanne gebaut wurden, am größten ist.

Der große Vorteil von Genossenschaft kann gleichzeitig eine Hürde sein: Vielfalt. Um die Vielfalt zu nutzen und nicht über sie zu stolpern, sind Strukturen und übergeordnete Strategien sowie Definitionen von Projektzielsetzungen wichtig.

4   Zwischen Tradition und Zukunftsfähigkeit

4.1   Seit über 100 Jahren in Bewegung

Der Bauverein der Elbgemeinden wurde im Jahr 1899 gegründet. Wie viele andere Genossenschaften kann er auf eine lange Geschichte zurückblicken und wurde durch viele historische Ereignisse geprägt. Die Motivation zur Gründung des BVE war die Wohnungsnot Ende des 19. Jahrhunderts. Die Bevölkerung wuchs Mitte des Jahrhunderts sehr schnell. Zudem mussten tausende Wohnungen weichen, um den Hamburger Freihafen in der Speicherstadt bauen zu können. Zu dieser Zeit wurden Wohnungsbaugenossenschaften zur Selbsthilfe gegründet. Über die Jahrzehnte musste sich der BVE den jeweils politischen Gegebenheiten und dem sich ständig ändernden Wohnungsmarkt anpassen.

Die Genossenschaft musste demnach schon immer flexibel sein und ein offenes Ohr für soziale, politische und wirtschaftliche Veränderungen haben. Trotz der langen Geschichte und der historisch gewachsenen Prozesse und Strukturen möchte sich der BVE Trends stellen und auch in Zukunft anpassungsfähig bleiben. Im 21. Jahrhundert liegen die Aufgaben vor allem in den Bereichen Klima und Nachhaltigkeit, Demografie und Digitalisierung. Der BVE begegnet ihnen mit dem Leitgedanken „Heute für morgen denken". In der Wohnungsbranche ist dieser Grundgedanke nicht neu, der vorausschauendes Denken, hohe Qualität und Anpassungsfähigkeit voraussetzt. Konkret bedeutet das, dass wir uns die Frage stellen, was morgen die Bedürfnisse unserer Mitglieder sind. Brauchen wir mehr Spielplätze für junge Familien oder mehr günstigen

Wohnraum mit Serviceleistungen, damit ältere Menschen so lange wie möglich selbstbestimmt wohnen können? Welche Baustoffe verbauen wir und welche Energietechnik ist auch morgen noch effizient und ressourcenschonend? Wie strukturieren wir Prozesse sinnvoll mit digitalen Möglichkeiten, die zu unserer Arbeit passen?

Um diese Fragen mit der nötigen Sorgfalt und Qualifikation zu bearbeiten und Antworten geben zu können, gibt es beim BVE eine Vollzeitstelle, die sich um den Bereich Nachhaltigkeitsmanagement kümmert und eine Stelle, die für Themen rund um digitale Prozesse verantwortlich ist.

4.2 Nachhaltigkeit und Digitalisierung unter einem Dach

Die zwei Themenbereiche Nachhaltigkeit und Digitalisierung haben viele Gemeinsamkeiten. Die entscheidende Parallele ist, dass sie beide Veränderung bedeuten. In beiden Themenbereichen gibt es nie Stillstand, beide entwickeln sich ständig weiter. Getrieben von Technik, wissenschaftlichem Fortschritt, gesellschaftlichen Trends und Bedürfnissen verändern sich die Anforderungen von Nachhaltigkeits- und Digitalisierungsarbeit kontinuierlich. Dieses Verständnis der Begriffe setzt voraus, dass die Arbeit rund um diese Themen nie abgeschlossen ist und dass Strukturen so geschaffen werden, dass sie erstens Belange der Nachhaltigkeit und Digitalisierung immer berücksichtigen und dass sie zweitens flexibel und anpassungsfähig sind.

Beim BVE arbeiten die beiden Stellen zusammen, um Synergien zu erreichen und Kompetenzen sinnvoll zu bündeln. Somit wird ein Raum geschaffen, in dem Ideen und Innovationen wachsen können. Die Abteilung kann sich auf Trends aus verschiedenen Bereichen vorbereiten und übergeordnete Ziele, Strategien und Maßnahmen entwickeln, um mit diesen umgehen zu können.

5 Fazit

Ein strategisches Nachhaltigkeitsmanagement ist auch für Genossenschaften ein sinnvolles Instrument, um die eigene Umweltleistung strukturell zu verbessern und den Einfluss auf die beteiligten Menschen möglichst positiv zu gestalten. Besonders wertvoll bei der Einführung eines Nachhaltigkeitsmanagements sind schon erprobte Strukturen, die um eigene Arbeitsprozesse erweitert werden können. Ein eigenes Controllingsystem für Nachhaltigkeitskennzahlen oder eigene Berichtsstrukturen können im Rahmen von vorhandenen Grundgerüsten, wie Ökoprofit, mit leistbarem Aufwand implementiert werden. Der transparente Austausch mit anderen Genossenschaften und Unternehmen, die keine oder sehr gute Nachhaltigkeitsarbeit leisten, gibt die Möglichkeit, die eigene Arbeit zu reflektieren und daran zu wachsen. Ein wesentlicher Erfolgsfaktor im Nachhaltigkeitsmanagement ist die Partizipation aller Stakeholder. Mitbestimmung und Demokratie sind nicht nur für ein genossenschaftliches Miteinander unabdingbar, sondern auch für funktionierende nachhaltige Strukturen. Da wiederum die Interessen für ökologische und soziale Themen bei den Stakeholdern unterschiedlich groß sind, gilt es herauszufinden, in welchem Rahmen und Umfang Nachhaltigkeitsprojekte kommuniziert werden müssen, um alle zu erreichen. Um nach einer langen Geschichte zukunftsfähig zu bleiben und nicht in alten Traditionen verhaftet zu sein, sollten Genossenschaften den Mut finden, Veränderungen offen zu begegnen und Strukturen so zu schaffen, dass sie anpassungsfähig sind und Synergien hervorbringen.

Literatur

Ahrend K-M (2016) Geschäftsmodell Nachhaltigkeit: Ökologische und soziale Innovationen als unternehmerische Chance. Springer Gabler, Berlin, S 190 f.

Allgeier M (Hrsg) (2011) Solidarität, Flexibilität, Selbsthilfe. Zur Modernität der Genossenschaftsidee. VS Verlag für Sozialwissenschaften, Springer Fachmedien, Wiesbaden

Auswärtiges Amt Berlin und FAZIT Communication GmbH (2018). https://www.deutschland.de/de/topic/wirtschaft/genossenschaften-beispiele-aus-deutschland-und-weltweit. Zugegriffen: 1. Okt. 2019

Bundesministerium der Justiz und Verbraucherschutz (BMJV) (2019) Genossenschaftsgesetz. https://www.gesetze-im-internet.de/geng/. Zugegriffen: 3. Okt. 2019

Bundesverband deutscher Wohnungs- und Immobilienunternehmen (GdW) (2013) Gdw Arbeitshilfe 73: Nachhaltigkeitsberichterstattung in der Wohnungswirtschaft, Berlin

Bundesverband deutscher Wohnungs- und Immobilienunternehmen (GdW) (2015) Leitfaden zur branchenspezifischen Ergänzung des Deutschen Nachhaltigkeitskodex. Orientierungshilfe für Wohnungsunternehmen, Berlin

Contzen H (1881) Geschichte, Literatur und Bedeutung der Nationalökonomie oder Volkswirtschaftslehre. Verlag von F. & P. Lehmann, Berlin, S 42 ff.

Deutscher Genossenschafts- und Raiffeisenverband e. V. (2019) Genossenschaften in Deutschland. https://www.genossenschaften.de/. Zugegriffen: 15. Okt. 2019

European Housing Network (EUROHNET) (2019) A European CSR framework for public and social housing providers. https://www.eurhonet.eu/1947-2/eurho-gr/. Zugegriffen: 4. Okt. 2019

Global Reporting Initiative (GRI) (2019) GRI standards. https://www.globalreporting.org/standards/. Zugegriffen: 3. Okt. 2019

Global Reporting Initiative (GRI) (2019) GRI's history. https://www.globalreporting.org/information/about-gri/gri-history/Pages/GRI's%20history.aspx. Zugegriffen: 10. Okt. 2019

Rat für Nachhaltige Entwicklung (RNE) (2019) Leitfaden zum Deutschen Nachhaltigkeitskodex. Orientierungshilfe für Einsteiger, Berlin

Schröder C, Walk H (Hrsg) (2014) Genossenschaften und Klimaschutz. Akteure für zukunftsfähige, solidarische Städte. Springer VS, Wiesbaden

Klara Marquardt studierte nach einem entwicklungspolitischen Freiwilligenjahr in Ecuador International Business Spanisch an der Hochschule Trier und Santiago de Chile. Ihren Master in Global Studies mit den Schwerpunkten Wirtschaftsethik und Umweltmanagement absolvierte sie in Graz. Nachdem sie die Nachhaltigkeitsabteilung der Bewerbungsgesellschaft Hamburg 2024 (Olympische Spiele Hamburg) unterstützte, arbeitet sie seit 2016 mit viel Überzeugung und Herz als Nachhaltigkeitsmanagerin beim Bauverein der Elbgemeinden eG.

Unternehmensverantwortung in Mainfranken

Sascha Genders

1   Einleitung

Corporate Social Responsibility (CSR) ist ein vielschichtiges Thema mit langer Historie (Behringer und Meyer 2011, S. 15 ff.), unterschiedlichen Definitionen und stetem Wandel. CSR beschreibt die Wahrnehmung der Verantwortung unternehmerischen Handelns für die Gesellschaft (Europäische Kommission 2011, S. 7). Im Kern von CSR steht aus Sicht der Unternehmen die Frage nach der Art und Weise des Handelns und dessen Konsequenzen.

CSR umfasst vier Handlungsfelder: Ökologie/Umwelt, Ökonomie/Markt, Gemeinwesen sowie Arbeitsplatz (BIHK 2016, S. 2). Eng verbunden ist CSR mit dem Begriff des ehrbaren Kaufmanns. Letzterer wird dem verantwortungsvoll agierenden Unternehmer als innere Antriebsfeder zugeschrieben. Aufgrund der in der Persönlichkeit verankerten Charaktereigenschaften – Verantwortungsbewusstsein, Verlässlichkeit, Loyalität und Ehrlichkeit – handelt der Unternehmer verantwortungsvoll. Das Leitbild des ehrbaren Kaufmanns ist Ausgangspunkt und Orientierungsmaßstab von CSR (BIHK 2016, S. 3).

In den letzten Jahren zeigt sich ein Paradigmenwechsel in der Ökonomie (Schmidpeter 2015, S. 135 f.). Die Fragestellung unternehmerischer Verantwortung wird zunehmend weniger als Widerspruch zu betriebswirtschaftlichem Erfolg gesehen. Unternehmen schaffen Mehrwerte für sich und Dritte zugleich. Begründbar ist dies nicht nur in neuen Geschäftsmodellen und Markterschließungen aufgrund veränderter Nachfragestrukturen, auch sich wandelnde gesellschaftliche, politische und regulatorische

S. Genders (✉)
IHK Würzburg, Würzburg, Deutschland
genders.sascha@gmail.com

© Springer-Verlag GmbH Deutschland, ein Teil von Springer Nature 2021
M. Schmitz (Hrsg.), *CSR im Mittelstand,* Management-Reihe Corporate Social
Responsibility, https://doi.org/10.1007/978-3-662-61957-5_17

Rahmenbedingungen lassen die Wahrnehmung ihrer gesellschaftlichen Verantwortung zunehmend zur Legitimationsgrundlage für Unternehmen werden.

Die im Frühjahr 2020 auftretende Corona-Pandemie und der globale Shutdown vieler Wirtschaftssektoren mit massiven Folgen für die Weltwirtschaft hat zugleich eine Diskussion über ein „Wirtschaftssystem der Zukunft" entfacht. Nebst Themen wie Digitalisierung oder New Work spielen insbesondere die Facetten rund um Unternehmensverantwortung, Nachhaltigkeit und CSR eine wichtige Rolle, die den politischen Diskurs weiter verschärfen dürften und den genannten Paradigmenwechsel weiter stärken könnten.

2   Wirtschaftsregion Mainfranken

Die Region Mainfranken liegt im Herzen Deutschlands zwischen den Metropolen Frankfurt am Main und Nürnberg. Sie umfasst mit rund 7054 km^2 den größten Teil des Regierungsbezirks Unterfranken und grenzt an die Bundesländer Baden-Württemberg, Hessen sowie Thüringen. In Mainfranken leben rund eine Million Menschen. Lebensader ist der Fluss Main, der die beiden Zentren Würzburg mit rund 126.000 Einwohnern und Schweinfurt mit rund 53.000 Einwohnern verbindet. Hinzu kommen die Oberzentren Bad Kissingen und Bad Neustadt an der Saale sowie Mittelzentren wie Haßfurt, Kitzingen oder Lohr am Main und Marktheidenfeld.

Die Wirtschaftsregion Mainfranken ist gut aufgestellt. Gründe hierfür sind neben der geografischen Zentralität die gute Verkehrsanbindung oder etablierte Hochschulen und Forschungsinstitute. Und nicht zuletzt die Heterogenität der Wirtschaft mit regionalen Schwerpunkten – die Industrienähe in der Stadt Schweinfurt, die Gesundheitswirtschaft in den nordöstlichen Landkreisen Rhön-Grabfeld und Bad Kissingen, der Tourismusbereich im Landkreis Kitzingen oder der Medienstandort Würzburg. Eine regionale Arbeitslosenquote im Jahr 2019 von zuletzt 2,6 % im Jahresdurchschnitt und eine Anzahl an knapp 390.000 sozialversicherungspflichtig Beschäftigten (IHK 2020) gehen einher mit fast 91.000 gewerblichen Unternehmen aus Industrie, Handel und Handwerk (IHK 2020; HWK 2020). Hierunter fallen Großunternehmen, die Vielzahl der Unternehmen ist jedoch kleinerer und mittlerer Art, oftmals familiengeführt, zugleich nicht selten in ihren Nischen Weltmarktführer. Laut letztem Standortreport der IHK Würzburg-Schweinfurt beurteilen die Unternehmen die Region mit der Durchschnittsschulnote 2,45. 76,7 % der Unternehmen würden sich wieder für den Standort entscheiden (IHK 2016, S. 6).

Wie jede Region hat auch Mainfranken Herausforderungen zu meistern, die ursächlich den Megathemen Demografie, Digitalisierung und Interaktivität geschuldet sind: So verändern sich – nebst Alterung und Bevölkerungsrückgang in den ländlichen Regionen bei Urbanisierung in den regionalen Zentren – nicht nur die Strukturen der Städte und Gemeinden mit Folgen für Flächenbedarfe oder Infrastruktureinrichtungen. Gerade der Fachkräfteengpass wird immer mehr zum Hemmschuh wirtschaftlicher Entwicklung.

Auch der Generationenwechsel im Zuge der Unternehmensnachfolge wird stets drängender, nicht zuletzt einer stets geringeren Anzahl an Existenzgründern geschuldet (IHK 2019, S. 13 ff.). Die Digitalisierung bringt zahlreiche Herausforderungen mit sich, angefangen bei der notwendigen Qualifizierung der Menschen bis hin zur passenden Infrastruktur. Die zunehmende Interaktivität und Vernetzung verändert ferner das Miteinander. Eine immer stärkere Kleinteiligkeit und die nicht zuletzt durch soziale Medien ermöglichte Teilhabe an Entscheidungsprozessen sind spürbar. Meinungen und Ansichten können schnell geteilt, Emotionen und Stimmungen verbreitet werden, zugleich steigt die Erwartungshaltung auf Einbindung. Befragungen der Unternehmerschaft bestätigen diese Herausforderungen (IHK 2016).

3 Rolle der Wirtschaftskammer und Gründe für Thematisierung von CSR

CSR ist Wesenskern einer Industrie- und Handelskammer (IHK). Aufgabe der IHKs ist laut § 1 IHK-Gesetz, das „Gesamtinteresse der ihnen zugehörigen Gewerbetreibenden [...] wahrzunehmen, für die Förderung der gewerblichen Wirtschaft zu wirken und dabei die wirtschaftlichen Interessen [...] abwägend und ausgleichend zu berücksichtigen [...]." Es obliegt ihnen, „[...] für Wahrung von Anstand und Sitte des ehrbaren Kaufmanns zu wirken (IHKG)."

Der Deutsche Industrie- und Handelskammertag (DIHK) e. V. in Berlin als Dachorganisation der 79 IHKs in Deutschland definiert als Markenkern: „Gemeinsam unternehmen wir Verantwortung (DIHK 2015)." Die IHKs verfolgen einen ganzheitlichen Auftrag, sind Dienstleister und Interessenvertreter zugleich, setzen Impulse und fördern die Vermittlung unternehmerischen Handelns, befähigen Menschen und unterstützen Wachstum und Vielfalt – über Grenzen hinweg. Der DIHK hat ferner im Rahmen des Berliner CSR-Konsens zur Unternehmensverantwortung in Liefer- und Wertschöpfungsketten mitgewirkt, mit dem die Kammern explizit einen Beitrag zur Unternehmensverantwortung leisten. Nebst Sensibilisierung und Information gehört hierzu zum Beispiel die Unterstützung von Dialogplattformen sowie die „verstärkte Beratung, Schulungen und Veranstaltungen, um Unternehmen [...] zu unterstützen [...]" (BMAS 2018, S. 8).

Auch für den Bayerischen Industrie- und Handelskammertag (BIHK) e. V. gilt der Markenkern. Zudem ist für die neun bayerischen IHKs als eines der übergeordneten Exzellenzthemen der „ehrbare Kaufmann" als Kernkompetenz definiert. Ergänzend zu den Exzellenzthemen, die die prioritären Inhalte der IHK-Arbeit abbilden, definiert der BIHK das „Wirken für das Leitbild des ehrbaren Kaufmanns" nebst Selbstorganisation der Wirtschaft, Gesamtinteressenvertretung und Servicedienstleistungen als Kernaufgabe der bayerischen IHKs. Diese bekennen sich zum Leitbild des ehrbaren Kaufmanns, was ein „klares, aktives Eintreten für Fairness und Nachhaltigkeit im Wirtschaftsleben" mit sich bringt, ebenso wie das Transparentmachen von Regeln und die Vorbildfunktion der Wirtschaftskammern (BIHK 2018a, S. 3).

Die IHK Würzburg-Schweinfurt als eigenverantwortliche öffentlich-rechtliche Körperschaft definiert als Leitbild: „Die IHK verbindet Menschen und Wirtschaft in Mainfranken." Eine der IHK-Kernkompetenzen lautet: „Ansehen des Unternehmertums stärken." Im Rahmen ihrer Strategie „Mainfranken 2030" wird ferner explizit angestrebt, dass mainfränkische Unternehmen das Leitbild des ehrbaren Kaufmanns leben. Und nicht zuletzt im Zuge des 175-jährigen Jubiläums der IHK im Jahr 2018 wurde die Relevanz des unter dem Markenkern propagierten Stellenwerts gemeinsamer Wahrnehmung von Verantwortung betont. Neben den gesetzlichen Vorgaben hatte die IHK-Organisation insgesamt und jede IHK für sich selbst im Rahmen der Eigenverantwortung CSR in das Portfolio des eigenen Wirkens integriert.

Bei der Fragestellung, wie CSR seitens der IHK konkret umgesetzt wird, sind zwei Blickrichtungen zu unterscheiden: Die interne Sichtweise legt den Fokus auf die Implementierung und den Aufbau einer eigenen CSR-Strategie in der Organisation. Dies dient nicht nur der eigenen Verantwortungswahrnehmung. Auch als Vorbild ist diese Auseinandersetzung mit CSR relevant, ist es nicht zuletzt Aufgabe einer IHK, mit Weitsicht wirtschaftliche Entwicklungen und Trends proaktiv zu gestalten. Gerade mit Blick auf die sich wandelnde Sicht der Ökonomie kann die Aufgabe der Wirtschaftskammern in einer Funktion als „Change-Maker" gesehen werden, um Impulse mit Blick auf gesellschaftliche und wirtschaftliche Kernfragen zu schaffen (Oberholzer 2016, S. 240). Neben der internen Sicht legt die externe Betrachtungsperspektive nahe, wie CSR mit Blick auf die relevanten Stakeholder – im Fokus fortfolgend insbesondere die Mitgliedsunternehmen – verankert wird. An hiesiger Stelle geht es ausschließlich um zweitgenannten Sachverhalt: Mit welchen Schritten wurde CSR in der Region Mainfranken bis dato etabliert beziehungsweise wie wird es weiter etabliert?

Warum macht es aus Sicht der IHK Sinn, CSR und Unternehmensverantwortung zu fördern? Die Antwort ist einfach: CSR hilft, die Herausforderungen der in der Region ansässigen Unternehmen und somit des Wirtschaftsstandortes (siehe oben) teilweise zu lösen. Wenn mainfränkische Unternehmen laut IHK-Standortreport als Schwäche des Standortes zum Beispiel das Bild des Unternehmers in der Öffentlichkeit sowie das Verständnis der Politik für betriebliche Angelegenheiten und deren Engagement zur Stärkung des Wirtschaftsstandortes nennen, kann mit dem Bekenntnis und dem (Vor-) Leben unternehmerischer Verantwortungsübernahme positiv auf das Image des Unternehmers hingewirkt werden. Wenn Unternehmen kritisieren, die Innovations- und Gründungsdynamik sei ein Risiko, so kann beispielsweise mittels des Themenfelds Social Entrepreneurship dazu beigetragen werden, eine neue Gründungsdynamik zu entfalten. Wenn Unternehmen die Hürden für den weltweiten Waren- und Dienstleistungsverkehr als Risiken einstufen, kann die Auseinandersetzung mit dem CSR-Handlungsfeld Markt und insbesondere mit nachhaltigem Lieferkettenmanagement dazu beitragen, die für die Wirtschaftskammer relevanten Stakeholder auf dem Weg in eine erfolgreiche Zukunft zu begleiten. Wenn Infrastrukturen wie Energie oder Verkehrswege als Hürden betrachtet werden, dann können Themen wie Ressourceneffizienz, umweltschonende Logistik oder neue Formen der Mobilität ein Schritt zur Lösung der Herausforderungen sein. Und wenn die Verfügbarkeit und Qualität von Mitarbeitern bemängelt wird, ist die Auseinandersetzung mit dem CSR-Handlungsfeld Arbeitsplatz sinnvoll.

Dass Unternehmen in Mainfranken diese Sicht, nämlich die (Teil-)Lösungsfähigkeit von Herausforderungen des Standorts mithilfe von CSR-Handlungsmaßnahmen sehen, zeigt eine Umfrage der IHK aus dem Jahr 2017. Danach sind wesentliche Zielsetzungen für Unternehmen für die Auseinandersetzung mit CSR der Einfluss auf die Zufriedenheit der eigenen Mitarbeiter, der Imageaufbau, eine Erhöhung der Kundenzufriedenheit, ein positiver Einfluss auf die Umwelt und der Einfluss auf die Gesellschaft durch das eigene Handeln (IHK 2017, S. 10).

4 Fünf strategische Ansatzpunkte zur regionalen CSR-Implementierung

Die IHK verfolgt das Ziel, CSR im Sinne unternehmerischer Verantwortung in Mainfranken zu implementieren. Dies tut sie im Interesse ihrer Mitgliedsunternehmen. In den letzten Jahren wurde eine Reihe von Maßnahmen umgesetzt, es wurden positive ebenso wie negative Erfahrungen gesammelt. Fortfolgend wird aufgezeigt, wie und mit welchen Schritten die Zielsetzung der Implementierung von CSR in Mainfranken vorangetrieben wurde.[1]

Die Tätigkeitsfelder einer IHK umfassen drei Aufgabengebiete: die Erfüllung staatlicher Aufgaben, die Gesamtinteressenvertretung sowie die Erbringung von Dienstleistungen für die gewerbliche Wirtschaft. Konkret betrifft dies Themen im Kontext von Aus- und Weiterbildung, Existenzgründung und Unternehmensförderung, Außenwirtschaft, Umwelt und Energie, Recht und Steuern oder Innovation und Standortpolitik.

Erstmals konzeptionell wurde sich in der IHK Würzburg-Schweinfurt bewusst mit „Unternehmensverantwortung/CSR" im Jahr 2009 auseinandergesetzt. Seither wurden zahlreiche Maßnahmen, Initiativen und Projekte etabliert. Kategorisieren lassen sich diese ex post nach bis heute gewachsenen fünf Ansatzpunkten (Genders 2020, S. 375 ff.):

---

[1]Die Ausführungen können nicht abschließend und umfassend sein. Es werden weitgehend ausschließlich ausgewählte Maßnahmen dargestellt, die in der Region selbst durch die IHK implementiert wurden beziehungsweise unterstützt wurden. Maßnahmen außerhalb der Region, zum Beispiel im Rahmen der IHK-Organisation, finden ebenso wenig detailliert Berücksichtigung wie mit Blick auf die Region jedwede Maßnahme genannt werden kann, die direkt oder indirekt der CSR-Thematik zugeordnet werden kann.

- Analytik
- Qualifizierung
- Sensibilisierung
- Netzwerke
- Engagement

Erstens zielt die IHK darauf ab, Wissen in Sachen CSR zu schaffen (Analytik). Zweitens sollen Informationen sowie praktisch anwendbares Wissen zu CSR in die Region und die Unternehmerschaft transferiert werden (Qualifizierung). Dies kann indirekt durch Informationsbereitstellung oder direkt, beispielsweise durch eigene Qualifizierungs- und Weiterbildungsangebote, erfolgen. Drittens ist für die Relevanz von CSR zu werben (Sensibilisierung). Umsetzbar ist dies zum Beispiel dank regionaler Leuchtturmprojekte, durch die Würdigung erfolgreicher Best-Practice-Unternehmer, durch themenspezifische Wettbewerbe oder die Integration von CSR in das Tagesgeschäft, von der Existenz- gründungsberatung bis hin zur Interessenvertretung. Viertens sind Netzwerke rund um CSR zu stärken, entweder durch Mitwirken der IHK in bestehenden Netzwerken und die dortige Platzierung von CSR-Themen oder durch die Etablierung eigener Netzwerke mit unterschiedlichen Stakeholdern. Fünftens und letztens geht es um die Frage, wie dauer- haft für die Wahrnehmung unternehmerischer Verantwortung und Engagement geworben werden kann, entweder durch das Vorleben von CSR oder zum Beispiel durch eine Stärkung des Ehrenamts. Im Nachfolgenden werden diese fünf strategischen Ansatz- punkte detailliert beschrieben.

Die Umsetzung der CSR-Implementierungsschritte seit dem Jahr 2009 ist ein permanenter, sich stets ändernder Prozess. Dass heute vorliegende Maßnahmen nicht per se zu Beginn der aktiven Thematisierung realisiert wurden, ist einerseits der Tatsache geschuldet, dass die Auseinandersetzung mit CSR in der Praxis der IHK ein Thema von vielen ist. Andererseits jedoch – und dies ist nach Ansicht des Autors entscheidend – ist die Auseinandersetzung mit CSR ohnehin ein Dauerthema, das niemals final abgeschlossen wird und – dies ist wesentlich – dieses Thema diffundiert vielmehr in alle weiteren unternehmerischen Entscheidungen und ist somit im Idealfall systemimmanent. Entscheidend ist vielmehr, dass seit rund zehn Jahren Weichen für eine Verankerung von Unternehmensverantwortung in Mainfranken gestellt werden. Ferner ist der Erfolg von CSR immer auch abhängig von Veränderungen in den Köpfen der Entscheider und dies braucht Zeit und Kontinuität.

Die fünf strategischen Ansatzpunkte sind mit Blick auf die einzelnen Maßnahmen inhaltlich verzahnt, so dient zum Beispiel die Analytik dazu, gewonnenes Wissen durch Qualifizierungen zu vermitteln oder auf dessen Grundlage für Themen zu sensibilisieren. Durch das Aufzeigen von Best-Practice-Beispielen können wiederum Inhalte kommuniziert werden.

4.1   Analytik

„Analytik" generiert Wissen. Informationen und Daten werden analysiert, inter-
pretiert und Entscheidungsgrundlagen für die IHK-Arbeit und interessierte Stakeholder angeboten. Die Sensibilisierung für Themen und die Verankerung von CSR
bedürfen als Grundlage der regionalen Informationsbeschaffung und einer permanenten
Sachstandsanalyse, was die IHK konsequent umsetzt. Zu Gute kommt ihr hierbei die Tatsache, dass sie die Interessen von rund 66.000 Gewerbetreibenden in Mainfranken ver-
tritt, auf Grundlage von deren Daten sich entsprechende Informationen gewinnen lassen.

Im Frühsommer 2015 untersuchte die IHK im Projekt „Nachhaltiges Mainfranken
2030" mit der Hochschule für angewandte Wissenschaften Würzburg-Schweinfurt
(FHWS) vor dem Hintergrund des durch die Vereinten Nationen im Herbst des Jahres
etablierten Zielkatalogs für nachhaltiges Wirtschaften – Sustainable Development Goals
(SDGs) – den Stellenwert der dem Katalog zugrunde liegenden Inhalte. Man erhoffte
sich Impulse für die damalige Diskussion in Mainfranken (Bolsinger 2015). Ergebnis
war zum Beispiel, dass Ziele wie gesellschaftliche Stabilität, Frieden und Gerechtigkeit sowie verantwortungsvolle Unternehmensführung und Sicherung von Menschenrechten als besonders wichtig durch die Unternehmen eingeschätzt wurden, noch vor
nachhaltiger Energieversorgung, Infrastruktur oder verantwortungsbewusster Aus- und
Weiterbildung. Ferner gab es klare Bekenntnisse, dass Nachhaltigkeitsziele idealerweise durch Kooperationen realisiert werden sollten. Zugleich stellte sich heraus, dass
Potenziale bestehen, Transparenz hinsichtlich der in der Region handelnden Akteure und
Partner in Sachen Nachhaltigkeit zu schaffen, da viele Unternehmen diese nicht kennen.
Die Ergebnisse wurden bei einem Informationsabend präsentiert.

Im Jahr 2016 wurden rund 2000 Betriebe in Mainfranken zu grundlegenden
Themen rund um CSR befragt und die Ergebnisse in der Reihe „Wirtschaftspolitische
Perspektiven" zu Jahresbeginn 2017 mit dem Titel „Unternehmerische Verantwortung
in Mainfranken – Unternehmensbefragung zum ehrbaren Kaufmann und zu Corporate
Social Responsibility" veröffentlicht. Hierbei zeigten sich folgende Ergebnisse: Die
Themen der vier Handlungsfelder Arbeitsplatz, Gemeinwesen, Ökonomie und Ökologie haben auf der einen Seite für neun von zehn Unternehmen eine wichtige oder sehr
wichtige Bedeutung. Andererseits haben sich nur vier von zehn Unternehmen bereits
aktiv mit CSR auseinandergesetzt. Ein Drittel informiert und berichtet über eigene
CSR-Maßnahmen. Als bedeutende Handlungsfelder von CSR sehen die Betriebe insbesondere Maßnahmen zur Wahrnehmung von Kundeninteressen, die Berücksichtigung
von Umwelt- und Sozialstandards in der eigenen Produktion sowie bei Lieferanten und
das betriebliche Gesundheitsmanagement an. Für die IHK waren die Aussagen, dass
viele Betriebe CSR nicht aktiv und strategisch umsetzen und in der Folge nicht darüber
kommunizieren, Anlass dazu, weiterführende Aktivitäten zu verwirklichen.

Integriert wurde die CSR-Analytik explizit in den Standortreport Mainfranken Ende des Jahres 2016. Dort äußerten die befragten 3500 Unternehmen, dass sie das Selbstverständnis des ehrbaren Kaufmanns als wesentliche Stärke der Region sehen. Auch in der im Jahr 2021 geplanten Neuauflage des Standortreports Mainfranken wird das Thema berücksichtigt.

Die Agenda 2030 der Weltgemeinschaft mit den Zielsetzungen für eine nachhaltige Entwicklung war Gegenstand einer Befragung, die Ende des Jahres 2017 auf bayerischer Ebene der IHKs umgesetzt und im März des Jahres 2018 veröffentlicht wurde (BIHK 2018b). Befragt wurden 5300 Unternehmen. Positiv und ein Signal für die Relevanz des Themas in Mainfranken war die hohe Teilnehmerquote an der Umfrage von rund einem Drittel aller kontaktierten Unternehmen. Die Auswertung zeigt, dass Werte und persönliche Haltung wesentlich unternehmerisches Engagement prägen. Zunehmend werden auch betriebswirtschaftliche Aspekte als Treiber für CSR genannt. Für die Zukunft sehen die Betriebe neben Digitalisierung insbesondere Umweltthemen wie Energie und Rohstoffe, Klimawandel sowie Recycling und Abfallvermeidung als relevant an. Im Segment des nachhaltigen Lieferkettenmanagements investiert bereits jedes vierte Unternehmen in Schulung und Entwicklung von Lieferanten. Eines von zehn Unternehmen arbeitet mit Organisationen in Lieferländern zusammen, um Sozial- und Umweltstandards in der Lieferkette zu fördern. An die Politik gerichtet, artikulieren Unternehmen die Erwartungshaltung einer Verlässlichkeit politischen Handelns. Zwei von drei Unternehmen sprechen sich für steuerliche Anreize für nachhaltige Produkte und Dienstleistungen aus.

Um das Thema Start-up und CSR in Mainfranken zu analysieren, wurde im Jahr 2018 im Zuge der Existenzgründungsberatungen in der IHK ein Kurzfragebogen an Gründungswillige, Existenzgründer sowie Unternehmensnachfolger verteilt. Befragt wurde insbesondere nach der Bedeutung der vier CSR-Handlungsfelder Ökonomie, Ökologie, Arbeitsplatz und Gemeinwesen zum aktuellen Zeitpunkt und in Zukunft. Im Ergebnis werden alle Themen als bedeutsam angesehen, wobei dem Handlungsfeld Arbeitsplatz die höchste Bedeutung zuteil kommt. Mit Blick auf die Zukunft zeigt sich, dass sich die Prioritäten verschieben, das Thema der Ökonomie gewinnt an Bedeutung. Alle auf Grundlage der Zielsetzung „Analytik" gewonnenen Informationen sind relevant für die Anpassung der IHK-Dienstleistungen rund um das Thema CSR. Zugleich dienen die Erkenntnisse dazu, Wissen zu teilen, Trends aufzuzeigen und Entscheidungsgrundlagen für Stakeholder wie Unternehmen, Politik und Öffentlichkeit zu schaffen.

4.2   Qualifizierung

Ziel von „Qualifizierung" ist es, Wissen in die Unternehmerschaft zu transferieren. Dies kann indirekt durch das Anbieten von Fachinformationen und ähnlichen Unterstützungsangeboten erfolgen, zugleich direkt in Form von Qualifizierungs- und Weiterbildungsmaßnahmen. Hierzu zählen sowohl eigene Angebote der IHK als auch Angebote Dritter.

Indirekte Qualifizierung und Informationsbereitstellung durch die IHK für Interessierte erfolgt mit Blickrichtung auf CSR vielschichtig. Hierzu zählen eigene Publikationen als auch die Nutzung von Drittangeboten, zum Beispiel der zur Verfügung gestellte „Praxisleitfaden für kleine und mittelständische Unternehmen", ein Leitfaden zur Anspruchsgruppenanalyse oder zu Möglichkeiten der Berichterstattung mit dem Deutschen Nachhaltigkeitskodex (DNK). Auch organisationseigene Produkte wie Merkblätter zum „Nachhaltigen Lieferkettenmanagement", zum Nationalen Aktionsplan für Wirtschaft und Menschenrechte oder den CSR-Berichtspflichten. Weiterhin werden aktuelle CSR-Themen über IHK-eigene Medien wie das Magazin „Wirtschaft in Mainfranken", über Social-Media-Kanäle, die Internetseite und weitere Kanäle stetig platziert. Der IHK-Newsletter sieht eine Rubrik „CSR und Nachhaltigkeit" vor. Seit Mitte 2018 wird dem Stellenwert von CSR in Mainfranken zudem mittels eigener Landingpage (www.unternehmensverantwortung-mainfranken.de) Rechnung getragen.

Direkte Qualifizierung erfolgt durch Weiterbildungs- und spezifische Qualifizierungsangebote. Angeboten wurde zum Beispiel der Zertifikatslehrgang CSR-Manager/in (IHK) über ein regionales Gründerzentrum, bei dem Teilnehmer Basiswissen und Konzepte ebenso erlernen wie Instrumente und Managementprozesse. Erfolgreich angeboten wird diese Qualifizierungsmaßnahme von anderen IHKs. Um zielgruppenspezifisch Know-how fernab von reinen Sensibilisierungsveranstaltungen zu vermitteln, wurde 2018 erstmals – mit Blick auf die Zielgruppe Start-ups – ein Workshop mit dem Titel „CSR für Start-ups und Existenzgründer – Verantwortungsvoll starten" initiiert, dieser wurde im Jahr 2019 mit dem Fokus „CSR und KMU" erweitert. Um gerade Jungunternehmern die Chancen der Wahrnehmung unternehmerischer Verantwortung nahezubringen, wurde bereits im Jahr 2013 unter dem Titel „Werte und ehrbarer Kaufmann" ein Fachseminar für Existenzgründer im jährlichen Seminarkatalog angeboten, in Ergänzung zu etablierten Themen wie Buchhaltung, Finanzplanung, Steuern oder Marketing. Und letztlich wurde auch im Zuge der alljährlich stattfindenden Gründermesse Mainfranken, die regelmäßig im Rahmen der bundesweit stattfindenden Gründerwoche Deutschland in Würzburg initiiert wird, 2019 auch erstmals das Thema CSR platziert.

Das Thema CSR-Qualifizierung wird seit einigen Jahren intensiv auch mit Partnern bearbeitet. Ein stellvertretend zu nennender Ansatz ist das Projekt „Gründen macht Schule", mit dem der IHK-Fachbereich Existenzgründung und Unternehmensförderung Grundlagenwissen zur Selbstständigkeit in Schulen vermittelt, ebenso wie den Stellenwert von verantwortungsvollem Unternehmertum. Die gute Zusammenarbeit mit den Schulen ist ein wichtiger Baustein zur Verstetigung unternehmerischen Denkens bei jungen Menschen im Sinne des ehrbaren Kaufmanns. Ein Meilenstein war im Jahr 2019 mithilfe ein Veranstaltungstandem mit der gemeinnützigen Initiative STARTUP TEENS, um unternehmerisches Denken bei Jugendlichen zu fördern. Leuchtturmcharakter hat des Weiteren eine Kooperation mit der Fakultät Wirtschaftswissenschaften der Hochschule für angewandte Wissenschaften Würzburg-Schweinfurt (FHWS). Zielsetzung dieser Zusammenarbeit ist die Integration von CSR-Themen aus Sicht der Wirtschaft in bestehende Angebote der Hochschule. Seit dem Jahr 2016 referiert die IHK

hierbei im Rahmen der Vorlesung zur Unternehmensethik über „CSR: Unternehmensverantwortung in Mainfranken", um den Studierenden die Bedeutung von CSR aus
Sicht der Unternehmen zu vermitteln. Seit Oktober 2018 ist diese Vorlesung ferner in
die Virtuelle Hochschule Bayern integriert. Weiterhin finden vor Ort ausgewählte Vor-
lesungen im Zuge unterschiedlicher Formate statt, beispielsweise mit dem Fokus „Social
Entrepreneurship in Mainfranken". Zuletzt wurde der Jahresauftakt 2020 der FHWS im
Bereich Wirtschaftsethik unter diesem Aspekt aufgegriffen.

4.3   Sensibilisierung

Ziel der „Sensibilisierung" ist es, für die Relevanz von CSR zu werben. Im hiesigen
Kontext geht es dabei ausschließlich um den Bereich Kommunikation. Dies wird konkret
in drei Formen getan: Schaffung von Sichtbarkeit von CSR-Themen, zum Beispiel durch
Leuchtturmprojekte mit hoher medialer Aufmerksamkeit, Vergegenwärtigung und Wertschätzung regionaler Best-Practice-Beispiele, wie dies durch Preisverleihungen und
Wettbewerbe gelingt, Integration von CSR als Bestandteil anderer Dienstleistungen, sei
es in der Beratung oder bei der Interessenvertretung. Die Säule Sensibilisierung ist von
enormer Bedeutung. Nur wer Menschen vom Mehrwert gelebter CSR überzeugt, schafft
es, die Region nachhaltig positiv zu gestalten.

Eine wesentliche Aufgabe einer IHK bei der Etablierung von CSR war und ist
es, Glaubwürdigkeit zu schaffen. Einer der ersten Schritte im Jahr 2009 war es daher,
das Thema in den Köpfen der Menschen zu verankern. Sensibilisierung von CSR als
umfassender Begriff impliziert sowohl das Erklären als auch das Aufklären darüber, was
CSR ist und eben nicht ist, als auch die Thematisierung von CSR-Inhalten, die Schaffung
von Transparenz und Sichtbarkeit von CSR in all seinen Facetten. Damit einher geht
die Annahme, dass bei entsprechender Kenntnis Nachahmer gefunden werden (im Falle
der Sichtbarkeit) oder verstanden wird (im Falle von Erklärung), weswegen die aktive
Auseinandersetzung mit CSR positiv ist (oder die Kommunikation bereits in den Unternehmen implementierter CSR-Maßnahmen bedeutsam ist). Die Notwendigkeit, CSR „zu
erklären", ist sicherlich der nicht vorhandenen eindeutigen Definition geschuldet.

Die IHK hat bereits im Jahr 2009 gemeinsam mit einem regionalen Medienunter-
nehmen das Veranstaltungsformat „Mainfränkische Wirtschaftsgespräche" initiiert.
An insgesamt acht Terminen wurde jährlich (im ersten Jahr an drei Terminen) in verschiedenen Regionen Mainfrankens ein CSR-Themenschwerpunkt im Rahmen einer
großen Publikumsveranstaltung präsentiert. Nebst Fachvorträgen – regelmäßiger Redner
war unter anderem Pater Anselm Grün, Benediktinermönch und Autor – wurden in
Podiumsdiskussionen aktuelle CSR-Trends diskutiert, zum Beispiel Verantwortung,
Werte, Wandel in der Arbeitswelt, Nachhaltigkeit und Tradition, Resilienz oder Frauen
in der Wirtschaft. Nicht zuletzt dank prominenter Diskutanten aus dem Management
regionaler Unternehmen wie der Bionade GmbH, der Brose Unternehmensgruppe, der
Koenig & Bauer AG, der memo AG, der Vogel Communications Group GmbH & Co.KG

oder der Warema Renkhoff SE war die Reihe „Mainfränkische Wirtschaftsgespräche" ein wichtiger Baustein mit hoher Öffentlichkeitswirksamkeit, um CSR in Mainfranken zu platzieren. Insgesamt verzeichnete das Format rund 2000 Gäste. Weitere Interessierte wurden über die relevanten Medien erreicht. Seit 2020 wird einmal pro Quartal im Mitgliedsmagazin der IHK „Wirtschaft in Mainfranken" über ein Best-Practice-Beispiel im Rahmen eines Unternehmensporträts berichtet.

CSR-Sensibilisierung wird im Rahmen IHK-eigener Netzwerk- und Informationsplattformen seit Beginn forciert. Dies gilt für Formate, die sich ausschließlich mit CSR beschäftigen, als auch für solche, in denen einzelne CSR-Inhalte integriert wurden. Explizites Format war zum Beispiel das im Jahr 2013 begonnene Unternehmerfrühstück. Im Jahr 2015 warf die IHK zusammen mit der Hochschule für angewandte Wissenschaften Würzburg-Schweinfurt (FHWS) einen Blick in ein „Nachhaltiges Mainfranken 2030". Ab dem Jahr 2016 wurden im Rahmen einer bayernweiten Roadshow des BIHK Inhalte platziert, unter anderem unter den Titeln „Mit Transparenz Vertrauen schaffen: CSR-Berichtspflichten in der Praxis" und „Unternehmerische Verantwortung: Wirtschaft und Menschenrechte". 2017 wurden „Werte im Finanzsektor" thematisiert. Das Thema CSR wurde zuletzt auch im Rahmen des Mainfränkischen Mittelstandstags – einem der regionalen Veranstaltungshöhepunkte – in den Vordergrund gestellt. Im Jahr 2020 wurden Webinare zu Themen wie „Nachhaltige Beschaffung" oder „5 Jahre Sustainable Development Goals" durchgeführt.

Das Aufzeigen von Erfolgsbeispielen im Sinne der Wertschätzung und Glaubwürdigkeit wurde im Jahr 2011 erstmals gemeinsam mit den Wirtschaftsjunioren (WJ) aufgegriffen. Die WJ sind das größte Netzwerk junger Unternehmer und Führungskräfte in Deutschland. In Mainfranken gibt es sechs Regionalkreise. Die Etablierung von CSR als Projekt der WJ in Mainfranken mit Unterstützung der IHK erfolgte mit dem Unternehmerpreis „Regionis". Mit Unterstützung der Julius-Maximilians-Universität Würzburg sowie einer Expertenjury wurde die Auszeichnung an das Unternehmen medienwirksam verliehen, dass die sogenannten „strategischen Erfolgspositionen" der WJ Deutschland – in Bildung investieren, Beruf und Familie leben, auf ehrbares Unternehmertum setzen, Innovationsstark und ressourcenbewusst handeln, Netzwerke knüpfen und nutzen – am erfolgreichsten umsetzt. Bis heute wurden in den Jahren 2012, 2014 und 2016 drei weitere Auszeichnungen vergeben. Die CSR-Handlungsfelder spiegeln sich in den Wettbewerbskategorien wider und schaffen Aufmerksamkeit für verantwortungsvolles Unternehmertum.

Weitere regionale Ehrungen tragen dazu bei, Best Practice in Sachen CSR transparent zu machen. So engagiert sich die IHK im Rahmen der Region Mainfranken GmbH und des von der Standortagentur der sieben mainfränkischen Landkreise, der beiden kreisfreien Städte Würzburg und Schweinfurt sowie der Wirtschaftskammern regelmäßig verliehenen Nachhaltigkeitspreis Mainfranken. Und auch bei dem im Jahr 2018 verliehenen Gründerpreis Mainfranken von IHK und WJ wurde beispielsweise durch die Auszeichnung eines Gründerteams aus dem Kontext von Social Entrepreneurship die Thematik CSR platziert. 2019 und 2020 wurde im Zuge des Start-up-Preises Würzburg unter Beteiligung der WJ der „Local-Hero"-Preis vergeben, der regionale Verantwortung von Existenzgründern kürte.

Letzter an dieser Stelle zu nennender Aspekt ist die Sensibilisierung und Kommunikation von CSR durch Integration in das Tagesgeschäft der IHK. Hierbei bieten sich vielschichtige Ansatzpunkte. So ist die IHK – auch dank der Säule „Analytik" – gefragte Expertin bei Veranstaltungen Dritter, um mittels Fachvorträgen und durch das Mitwirken an Podiumsdiskussionen die Expertise der Unternehmerschaft einzubringen. Im Jahr 2017 wurde beispielsweise beim regionalen Netzwerk „Würzburg: Wertevoll!" zum Thema „Ehrbares Unternehmertum in Mainfranken" referiert. In den Beratungen – zum Beispiel für Existenzgründer – ist die Thematik CSR zusehends Gegenstand. Hierbei fällt auf, dass gerade bei der neuen Existenzgründergeneration ein Bewusstsein für CSR vorhanden ist, ferner wird die unternehmerische Chance durch CSR gesehen. Ein weiterer Ansatz ist die Kommunikation von CSR-Themen im Zuge der Wahrnehmung der Gesamtinteressenvertretung. In zahlreichen Gesprächen mit politischen Entscheidern wird stetig auf die Bedeutung unternehmerischer Verantwortung verwiesen. Und auch im politischen Prozess der Interessenvertretung, wie zuletzt im Falle des Themas Sorgfaltspflichtengesetz, wurden die Interessen der regionalen Wirtschaft artikuliert.

4.4   Netzwerke

„Netzwerke" helfen durch das Zusammenwirken relevanter Stakeholder, CSR in der Region zu verankern. Hierbei bieten sich zwei Ansatzpunkte: das Engagement in bestehenden Netzwerken, beispielsweise, um Expertise und Wissen dort einzubringen, sowie der Ansatz, eigene Netzwerke zu schaffen.

Die IHK engagiert sich in einer Vielzahl an Netzwerken. Eine Stärke der IHK ist ihre Mitgliederstruktur aus regionalen gewerblichen Unternehmen, darüber hinaus ihr eigenes Netzwerk der bundesweit tätigen IHKs, aggregiert auf Ebene der Bundesländer, auf Bundesebene, in Brüssel oder global über das Netzwerk der Auslandshandelskammern an etwa 140 Standorten in über 90 Ländern. Nebst der eigenen Organisation ist jede IHK in den Regionen mit zahlreichen Akteuren vernetzt, sei es mit politischen Vertretern und Institutionen, Kommunen, Wirtschaftsförderern, Verwaltungen, den Agenturen für Arbeit, den Arbeitgeberverbänden und Gewerkschaften, Hochschulen, Forschungseinrichtungen, Gründerzentren oder NGOs.

Die IHK hat sich frühzeitig dafür entschieden, sich in den CSR-nahen Gremien aktiv zu engagieren, um den Austausch in beide Richtungen – von Mainfranken in die Welt, als auch von den Ebenen des Bundes beziehungsweise des Freistaates Bayern nach Mainfranken – zu forcieren. Zu Jahresbeginn 2017 wurde in der DIHK-Arbeitsgruppe CSR/Ehrbarer Kaufmann über „Ehrbarer Kaufmann und CSR in Mainfranken – Von der Theorie in die Praxis" referiert. Innerhalb Mainfrankens gibt es eine Reihe CSR-themenspezifischer Netzwerke. Hierbei gibt es unterschiedliche Grade der Institutionalisierung der Netzwerke – von informellen Arbeitskreisen bis hin zu Vereinsstrukturen – mit verschiedenen Zusammensetzungen der Teilnehmer – rein institutionelle Akteure und/oder gewerblich aktive Unternehmen. So ist die IHK beispielsweise regelmäßig Gast im Netzwerk „Würzburg: Wertevoll!". Sie engagiert sich im „Umweltpakt Bayern" innerhalb des CSR-Handlungsfelds Ökologie oder hat mit Partnern eine Allianz „Fachkräfte für Mainfranken" ins Leben gerufen, um im Themenfeld Arbeitsplatz Belange wie die Vereinbarkeit von Familie und Beruf, Inklusion oder Integration zu fördern.

Ein bedeutsamer Schritt war im Oktober 2018 eine durch die Hochschule für angewandte Wissenschaften Würzburg-Schweinfurt (FHWS), Fakultät Wirtschaftswissenschaften, Julius-Maximilians-Universität Würzburg, Wirtschaftswissenschaftliche Fakultät, Handwerkskammer für Unterfranken sowie IHK unterzeichnete Absichtserklärung zur „Förderung der Wahrnehmung unternehmerischer Verantwortung in der Region Mainfranken". Die Institutionen bekennen sich dazu, proaktiv den Wirtschaftsraum Mainfranken und die Rahmenbedingungen der vor Ort relevanten Interessengruppen mit Blick auf CSR positiv gestalten zu wollen. Konkret verfolgt die Partnerschaft die Ziele, bei Wirtschaft, Politik und Gesellschaft zur Stärkung der Verantwortungsregion Mainfranken und den Mehrwert in der Region zu werben, Erwartungshaltungen für adäquate Rahmenbedingungen in der Region gegenüber Politik und Gesellschaft zu formulieren, um den relevanten Anspruchsgruppen einen Zugang zum Thema Unternehmensverantwortung zu bieten beziehungsweise Letzteres zu stärken. Des Weiteren soll der Stellenwert von Unternehmensverantwortung in relevanten Gremien kommuniziert werden, unter anderem unterstützt durch Best-Practice-Beispiele regionaler Unternehmen. Auch gilt es, mögliche gemeinschaftliche Forschungs-, Studien-, Lehr- und sonstige Kooperationsprojekte zu sondieren, Plattformen zum Austausch von Expertisen aus unternehmerischer Praxis sowie aus Forschung und Lehre zur Stärkung der Vernetzung zwischen Wirtschaft, Wissenschaft und Gesellschaft zu entwickeln und den Technologie- und Wissenstransfers durch gemeinsame Qualifizierungs-, Informations- und Netzwerkveranstaltungen sowie im Rahmen von Gastvorträgen und Lehrtätigkeiten zu stärken. Gestärkt wurde diese „Verantwortungsregion Mainfranken" dadurch, dass sich 2019 mit dem Beitritt der Region Mainfranken GmbH auch kommunale Akteure für das Thema verpflichteten und seither im Einklang mit den Gründungspartnern CSR in Mainfranken weiter stärken. Der Erstsemesterauftakt im Wintersemester 2019 an der Hochschule für angewandte Wissenschaften wurde im Zuge dieser Partnerschaft auch seitens der IHK mittels eines Impulsvortrags begleitet. Ein sich in jüngerer Vergangenheit ergebender Schritt, der letztlich die Arbeit der Verantwortungsregion Mainfranken auf Grundlage dieser kommunalen Akteure vertieft, ist das 2020 ins Leben gerufene Wertebündnis Würzburg, in dem nebst den beiden Wirtschaftskammern insbesondere Stadt und Landkreis Würzburg aktiv sind.

4.5   Engagement

Das strategische Ziel „Engagement" möchte zur Wahrnehmung unternehmerischer Verantwortung animieren. Wesentlicher Aspekt ist hierbei Engagement für das Ehrenamt. Dass das Ehrenamt durch Unternehmen in Mainfranken einen hohen Stellenwert hat, zeigt sich an vielen Stellen. Stellvertretend seien an dieser Stelle und mit Blick auf die IHK lediglich aus-zugsweise die in der Kammer selbst ehrenamtlich engagierten Unternehmen betont. Rund 4000 Personen engagieren sich als Prüfer in der Aus- und Weiterbildung, rund 450 gewählte Unternehmer sind Mitglieder der verschiedenen IHK-Gremien sowie Ausschüsse und gestalten als Vertreter der mainfränkischen Unternehmerschaft die Leitplanken der IHK im Sinne der gewerblichen Wirtschaft mit. Über 600 WJ setzen sich im Namen der jungen Wirtschaft für den Standort ein. Und auch in anderen Themenfeldern, zum Beispiel im seit Mitte des Jahres 2016 etablierten Mentorenprogramm für Start-ups, gibt es zahlreiche Unterstützer. Ehrenamtliches Engagement ist nicht inhaltlich deckungsgleich mit CSR, nichtsdestotrotz zeigt die Wahrnehmung ehrenamtlicher Aufgaben durch Unternehmer – sei es in der IHK, in Verbänden oder an anderer Stelle –, dass man sich seiner Verantwortung bewusst ist und die sich bietenden gestalterischen Möglichkeiten ergreift. Diese Wahr-nehmung inklusive Berücksichtigung von Interessen Dritter wiederum ist fester Bestandteil des hiesigen CSR-Verständnisses.

5   Fazit und Ausblick

Die IHK Würzburg-Schweinfurt verfolgt seit dem Jahr 2009 konzeptionell das Ziel, CSR in Mainfranken zu etablieren. Mit Blick auf die externe Wirkung in Richtung Unternehmen sind die CSR-Maßnahmen im engeren Sinne an einer im Zeitverlauf gewachsenen fünfteiligen Strategie orientiert: Analytik, Qualifizierung, Sensibilisierung, Netzwerke sowie Engagement. Die einzelnen Maßnahmen verfolgen unterschiedliche Zielsetzungen, sind zugleich eng miteinander verzahnt. Im Status quo ist die Umsetzung mit Blick auf die externe Sicht (Fokus der Anspruchsgruppe Mitgliedsunternehmen) weit vorangeschritten. CSR hat sich in den Köpfen vieler Unternehmer (und der Öffentlichkeit) etabliert, hierzu hat auch die IHK nebst weiteren Partnern beigetragen. Da CSR jedoch keine zu erreichende Zielmarke kennt, sondern definitorisch aus einem permanenten Wandel und Weiterentwicklung besteht, erfolgen stets weitere Schritte. Auch gibt es nach wie vor viele Themen, die tiefergehend im Zuge des CSR-Kontexts beleuchtet werden könnten. Aufbauend auf den realisierten Bausteinen gilt es daher aus Sicht des Autors, Themen zu vertiefen oder zu verstetigen und zugleich Mechanismen zu schaffen, um neue Themen angehen zu können.

CSR in Mainfranken wird zukünftig weiterhin mit denjenigen Herausforderungen zu kämpfen haben, die sich bereits in den letzten zehn Jahren gezeigt haben. Insofern lohnt es sich abschließend, diese kurz aufzuzeigen:

„CSR ist Sozialgedöns", „CSR versteht doch kein Mensch", „CSR ist nur alter Wein in neuen Schläuchen", so oftmals lautende Vorurteile von Personen, die sich (noch) nicht aktiv mit CSR auseinandergesetzt haben. Wenn hingegen die Frage nach der Wertschätzung der Mitarbeiter, nach dem Umgang mit Abfall oder dem Gebaren von Geschäftspartnern gestellt wird, zeigt sich, dass sich nahezu alle mittelständischen Unternehmen bereits mehr oder minder aktiv mit Teilbereichen von CSR beschäftigen und diese auch leben. Jedoch wird dies nicht mit CSR in seiner Ganzheitlichkeit assoziiert. Dies wiederum hat die Folge, dass strategische Fragestellungen nicht gelöst werden können. In der Praxis bestand und besteht die wesentliche Herausforderung demnach gerade mit Blick auf den Mittelstand darin, aufzuklären darüber, was CSR ist und welche Chancen es in ganzheitlicher, strategischer Betrachtung bietet. Nicht zuletzt die Verdeutlichung betriebswirtschaftlicher Vorteile ist zu betonen. Dies entkräftet das nicht seltene Argument, mit CSR beschäftige man sich, wenn Zeit sei, zurzeit sei es jedoch wichtiger, dem Tagesgeschäft und der Umsatzerzielung nachzukommen. Gerade in den Pandemiezeiten ist dieses Argument selbstredend umso gewichtiger. Das Schaffen von Verständnis, der Abbau von Unkenntnis und die Beseitigung von Misstrauen ist ein wichtiger Ansatzpunkt für die Zukunft, der zugleich aber stetig Herausforderung war. Die ökonomischen Herausforderungen rund um die Corona-Krise mögen das Potenzial haben, in dieser Perspektive etwaige Prozesse verstärken zu können.

Die zweite Herausforderung bei der Implementierung von CSR bestand und besteht darin, klarzumachen, dass es nicht darum geht, bürokratischen Mehraufwand zu schaffen. Oftmals wird mit Blick auf das Stichwort CSR eine neue Berichtspflicht befürchtet. CSR stelle eine Belastung für Unternehmen dar, was vom Kerngeschäft abhalte und nur Kosten erzeuge. Inwieweit ein Mehraufwand existiert und welche Verbindlichkeiten entstehen in direkter oder indirekter Art – erlaubt sei der Hinweis auf den in der IHK-Beratungspraxis erkennbaren Kaskadeneffekt im Zuge der CSR-Berichtspflichten[2] – sei an dieser Stelle nicht weiter berücksichtigt. Insofern dies der Fall sei, ist dies kritisch zu hinterfragen. In der Praxis zeigt sich per se, dass die administrative Belastung der Unternehmer deutlich zugenommen hat. Dem steht die in der Aktualität diametrale Tendenz entgegen, dass mangels Umsetzungstiefe und Geschwindigkeit zur Verankerung von CSR durchaus stetig mehr Verpflichtung gefordert wird. Zurückkommend auf den Bereich CSR insgesamt ist zu betonen, dass CSR im hiesigen Verständnis dann relevant ist, wenn es durch Unternehmen über gesetzliche Anforderungen und andere Notwendigkeiten – zum Beispiel durch den Druck von NGOs und Öffentlichkeit – hinaus erfolgt (Schneider 2015, S. 31 ff.). Auch dies ist Teil des genannten Erklärens.

Literatur

Behringer S, Meyer K (2011) Motivation zu nachhaltigem Handeln in kleinen und mittleren Unternehmen und deren Einfluss auf den langfristigen Unternehmenserfolg. In: Professor Dr. Jörn-Axel-Meyer (Hrsg) Nachhaltigkeit in kleinen und mittleren Unternehmen, Jahrbuch der KMU-Forschung und -Praxis 2011 in der Edition „Kleine und mittlere Unternehmen".

---

[2]Der Kaskadeneffekt beschreibt die Tatsache, dass im Zuge von bestehenden Berichtspflichten hierzulande in der Regel zunächst nur größere Unternehmen angesprochen werden, diese die ihnen obliegenden Anforderungen jedoch zum Beispiel innerhalb von Lieferketten an ihre Zulieferer weiterreichen und entsprechende Anforderungen auf den in der Lieferkette vorgelagerten Stufen entstehen.

Deutsches Institut für kleine und mittlere Unternehmen, Josef Eul Verlag GmbH, Lohmar, S 15 ff.

BIHK (2016) Der Ehrbare Kaufmann Verantwortung lohnt sich. Bayerischer Industrie- und Handelskammertag (BHK) e. V., München

BIHK (2018a) Verantwortung verbindet – Leistungsbilanz 2017 der bayerischen IHKs. Bayerischer Industrie- und Handelskammertag (BHK) e. V., München

BIHK (2018b) Verantwortungsvolles Wirtschaften in Bayern, IHK-Umfrageergebnisse. Bayerischer Industrie- und Handelskammertag (BHK) e. V., München

BMAS (2018) Berliner CSR-Konsens zur Unternehmensverantwortung in Liefer- und Wertschöpfungsketten, beschlossen am 25. Juni 2018 in Berlin. Nationales CSR-Forum der Bundesregierung, Bundesministerium für Arbeit und Soziales, Berlin

Bolsinger HJ (2015) Vortrag Wirtschaft in Mainfranken: Impulse für eine Architektur der Nachhaltigkeit. Volkswirtschaftslehre & Wirtschaftsethik, Hochschule für angewandte Wissenschaften Würzburg-Schweinfurt, Würzburg

DIHK (2015) Sie haben es in der Hand – Die Zukunft der IHK-Organisation. Deutscher Industrie- und Handelskammertag e. V. (DIHK), Berlin

Europäische Kommission (2011) Eine neue EU-Strategie (2011–2014) für die soziale Verantwortung der Unternehmen (CSR), Mitteilung der Kommission an das Europäische Parlament, den Rat, den Europäischen Wirtschafts- und Sozialausschuss und den Ausschuss der Regionen, KOM/2011/0681 endgültig

Genders S (2020) CSR & Institutionen – Eine Zusammenfassung. In: Genders S (Hrsg) CSR und Institutionen – Etablierung unternehmerischer Verantwortung in Wirtschaft, Politik und Gesellschaft. Springer Gabler, Berlin, S 375–384

HWK (2020) Zahlen, Daten, Fakten – kompakt 2019. Handwerkskammer für Unterfranken (HWK), Würzburg

IHK (2016) IHK-Standortreport Mainfranken 2016 – Ergebnisse einer Unternehmensumfrage, Stand 12/2016, Dr. Sascha Genders, M.Sc. Elena Fürst, B.Sc. Maximilian Benz. IHK Würzburg-Schweinfurt, Würzburg

IHK (2017) Unternehmerische Verantwortung in Mainfranken – Unternehmensbefragung zum ehrbaren Kaufmann und zu corporate social responsibility, Stand 02/2017, Dr, Sascha Genders. IHK Würzburg-Schweinfurt, Würzburg

IHK (2019) Gründeratlas Mainfranken 2019, Schriftenreihe der IHK Würzburg-Schweinfurt, Dr. Sascha Genders. IHK Würzburg-Schweinfurt, Würzburg

IHK (2020) Wirtschaftsatlas Mainfranken. IHK Würzburg-Schweinfurt, Würzburg. www.wirtschaftsatlas-mainfranken.de. Zugegriffen: 2. Juni 2020

IHKG (2020) Gesetz zur vorläufigen Regelung des Rechts der Industrie- und Handelskammern, IHK-Gesetz. https://www.gesetze-im-internet.de/ihkg/. Zugegriffen: 2. Juni 2020

Oberholzer K (2016) Wirtschaftskammern: Impulsgeber, Change-Manager, Bremser? Thesen zur Rolle von intermediären Organisationen auf dem Weg zu mehr Nachhaltigkeit? In: Schram B, Schmidpeter R (Hrsg) CSR und Organisationsentwicklung – Die Rolle des Qualitäts- und Changemanagers. Springer Gabler, Berlin, S 235–245

Schmidpeter R (2015) CSR, Sustainable Entrepreneurship und Social Innovation – Neue Ansätze der Betriebswirtschaftslehre. In: Schneider A, Schmidpeter R (Hrsg) Corporate social responsibility – Verantwortungsvolle Unternehmensführung in Theorie und Praxis, 2., ergänzte und erweiterte Aufl. Springer Gabler, Berlin, Heidelberg, S 135–160

Schneider A (2015) Reifegradmodell CSR – eine Begriffserklärung und –abgrenzung. In: Schneider A, Schmidpeter R (Hrsg) Corporate social responsibility – Verantwortungsvolle Unternehmensführung in Theorie und Praxis, 2. Aufl. Springer Gabler, Berlin, S 21–42

Dr. Sascha Genders, LL. M. Eur. ist promovierter Volkswirt und Magister des Europäischen Rechts. Er ist tätig als stv. Hauptgeschäftsführer der IHK Würzburg-Schweinfurt und verantwortet im Einklang als Bereichsleiter die Ressorts Standortpolitik sowie Existenzgründung und Unternehmensförderung der IHK. Mit Unternehmensverantwortung beschäftigt sich Dr. Genders seit 2009. Er war Lehrbeauftragter der Hochschule für angewandte Wissenschaften Würzburg-Schweinfurt (FHWS), freiberuflicher Dozent und publiziert zu wirtschaftswissenschaftlichen Themen. Zuletzt hat er das Buch „CSR und Institutionen – Etablierung unternehmerischer Verantwortung in Wirtschaft, Politik und Gesellschaft" in der CSR-Management-Reihe von Springer Gabler veröffentlicht. Er ist Ansprechpartner der mainfränkischen Wirtschaftskammer für das Thema Corporate Social Responsibility (CSR)/Ehrbarer Kaufmann. 2017 absolvierte er den CSR-Managementlehrgang (IHK).

Das CSR-Kompetenzzentrum Ruhr

Julia-Marie Degenhardt, Arne Elias, Peter Kromminga,
Detlev Lachmann, Michel Neuhaus und Caroline Zamor

1 CSR im Ruhrgebiet – besondere Herausforderungen und Chancen in der Metropole Ruhr

Industrie, Bergbau und rauchende Schlote haben das Bild vom Ruhrgebiet geprägt. Der größte Ballungsraum in Deutschland mit rund 5 Mio. Menschen zwischen Duisburg und Hamm blickt heute auf einen weitestgehend abgeschlossenen Strukturwandel zurück. Mit der Schließung der Zeche Prosper Haniel in Bottrop und dem

J.-M. Degenhardt
Centrum für bürgerschaftliches Engagement e. V., Mülheim an der Ruhr, Deutschland
E-Mail: Julia.Degenhardt@cbe-mh.de jmdegenhardt@posteo.de

A. Elias Dr. · D. Lachmann
Wirtschaftsförderung Dortmund, Dortmund, Deutschland
E-Mail: arne.elias@stadtdo.de

D. Lachmann
Wirtschaftsförderung Dortmund, Dortmund, Deutschland
E-Mail: detlev.lachmann@stadtdo.de

P. Kromminga (✉) · C. Zamor
UPJ, Berlin, Deutschland
E-Mail: peter.kromminga@upj.de

C. Zamor
UPJ, Berlin, Deutschland
E-Mail: caroline.zamor@upj.de

M. Neuhaus
EN-Agentur, Hattingen, Deutschland
E-Mail: neuhaus@en-agentur.de

© Springer-Verlag GmbH Deutschland, ein Teil von Springer Nature 2021
M. Schmitz (Hrsg.), *CSR im Mittelstand*, Management-Reihe Corporate Social
Responsibility, https://doi.org/10.1007/978-3-662-61957-5_18

anstehenden Kohleausstieg der Bundesrepublik neigt sich ein Stück Geschichte, und lange Zeit Kernbestandteil regionaler Identität des Ruhrgebiets, dem Ende zu. Dem Auftreten von Knappenvereinen[1] und der Organisation von St. Barbara Festen[2] wird in Zukunft mehr ein Gefühl von Folklore als von Tradition anhaften. Die Zukunft der Region liegt nicht mehr in Kohle, Bier und Stahl, sondern in Wissen, Vielfalt, Technologie und Kooperation. Die Stärke des Ruhrgebiets liegt mehr und mehr im erfolgreichen Zusammenspiel von kleinen und mittelständischen Unternehmen. Damit wird die alleinige Abhängigkeit vom wirtschaftlichen Erfolg großer Unternehmen überwunden.

Das historische gesellschaftliche Engagement von Unternehmenspersönlichkeiten und großen Unternehmen im Zuge der Industrialisierung ist noch heute vielerorts im Stadtbild und im Umfeld der ehemaligen Produktionsstätten, insbesondere in Form von Wohnungsbau, sichtbar. Oft existieren die alten Produktionsstätten nicht mehr, charakteristische Kolonien prägen aber noch vielerorts Ortschaften und Quartiere. Gerade hier wird aber auch sichtbar, dass der Strukturwandel des Ruhrgebiets nicht nur zu grundlegenden Veränderungen der Wirtschaftsstruktur geführt hat, sondern gleichzeitig auch soziale Ungleichheit verfestigt und neue Armut und städtische Segregation hervorgebracht hat. Gleichzeitig ist der Arbeitsmarkt im Ruhrgebiet von einem hohen Bedarf an Fachkräften geprägt. Auch um auf diesem Markt für potenzielle Fachkräfte attraktiv zu sein, ist eine von Verantwortung und Engagement geprägte Unternehmenskultur ein entscheidender Faktor.

Dieser beschriebene Strukturwandel im Ruhrgebiet hat auch zur Folge, dass sich hier eine große Diversität bezüglich Branchen und auch Größen der Unternehmen findet. Es gibt neben einigen großen Konzernen zahlreiche kleine und mittelständische Unternehmen (KMU), Start-ups, Familienbetriebe etc., die unterschiedliche Ansätze und Motive in Bezug auf Corporate Social Responsibility (CSR) haben.

Dass „Eigentum verpflichtet", und da das Kapital im deutschen Wirtschaftssystem eine besondere Verantwortung trägt, hat es Eingang in Grundgesetz und Sozialgesetzgebung gefunden. Das aktuelle Verständnis von CSR buchstabiert dies aus, indem es über das Postulat der Freiwilligkeit hinausgeht und die Verpflichtung zu unternehmerischer Verantwortung auf alle Bereiche der Unternehmenstätigkeit bezieht, vom Verhalten im Markt über die Beziehungen zu den Beschäftigten, die Umwelt, zum gesellschaftliche Umfeld, aber auch bezogen auf die Prozesse im Unternehmen, aktuell insbesondere zu beobachten in der Debatte um Corporate Digital Responsibility. Darüber hinaus wird die Perspektive einer nachhaltigen Entwicklung im Sinne der Nachhaltigkeitsziele der Vereinten Nationen immer bedeutender für weitsichtige Unternehmen, die darauf setzen, mit Produkt- und Dienstleistungsinnovationen Lösungen für Nachhaltigkeit zu entwickeln.

Um für unternehmerische Verantwortung bzw. CSR in der Region zum einen Bewusstsein zu schaffen, aber auch Unternehmen, denen ihre Verantwortung bereits

---

[1]Knappe ist eine Bezeichnung für einen Bergmann.

[2]Die heilige Barbara war Schutzpatronin der Bergleute und wird am 4. Dezember im Ruhrgebiet mit zahlreichen Festen und Umzügen verehrt (WAZ 2016).

bewusst ist, bei der Entwicklung ihrer eigenen CSR-Strategie und CSR-Maßnahmen zu unterstützen, haben sich vier Partner im CSR-Kompetenzzentrum Ruhr zusammengeschlossen.

2 Das CSR-Kompetenzzentrum Ruhr – vier starke Partner, ein Ziel

Um ein Projekt in einer Region mit diversen Unternehmen erfolgreich durchzuführen und Wirkung zu erzielen, braucht es kompetente, erfahrene und gut vernetzte Partner, die mit ihren Kontakten und ihrer regionalen Bekanntheit die richtigen Unternehmen und auch Multiplikatoren ansprechen und für die Idee begeistern.

Um dieses Ziel zu erreichen, hat sich ein Projektkonsortium aus vier unterschiedlichen Organisationen zusammengefunden: das bundesweite Corporate Citizenship und CSR-Netzwerk UPJ mit Sitz in Berlin, die Wirtschaftsförderung Dortmund, die Wirtschaftsförderung Ennepe-Ruhr (EN-Agentur) und das Centrum für bürgerschaftliches Engagement e. V. in Mülheim an der Ruhr.

Dabei konnten UPJ und das CBE auf Erfahrungen, Ansätze und Formate aus bereits durchgeführten regionalen Projekten zur Förderung von CSR bei kleinen und mittleren Unternehmen, u. a. im Rahmen des aus Mitteln des Europäischen Sozialfonds durchgeführten Projektes CSR Regio.Net, zurückgreifen.

Primäres Ziel des CSR-Kompetenzzentrums Ruhr ist es, kleine und mittlere Unternehmen der Region Ruhr aus verschiedenen Branchen durch einen vielfältigen, bedarfsorientierten Angebots- und Maßnahmenmix dabei zu unterstützen, Kompetenzen zur strategischen und organisatorischen Verankerung von CSR auf- und auszubauen. Hierdurch soll ein spürbarer Beitrag zu einer nachhaltigen Entwicklung in der Region geleistet werden.

Dabei verfolgt das CSR-Kompetenzzentrum folgende Teilziele:

- Sensibilisierung von mittelständischen Unternehmen zur Bedeutung von CSR als strategisches Unternehmenskonzept und ganzheitliches Managementansatz.
- Vermittlung von Kenntnissen an Vertreter mittelständischer Unternehmen zu praktischen Handlungsoptionen, Verfahren und Instrumenten in den CSR-Handlungsfeldern Markt, Umwelt, Arbeitsplatz, Gemeinwesen sowie zu Fragen der CSR-Strategieentwicklung, Verankerung, Organisation und Kommunikation von CSR im eigenen Betrieb.
- Vermittlung von Wissen über aktuelle Entwicklungen im Bereich CSR und Nachhaltigkeit, die für mittelständische Unternehmen relevant sind, wie etwa Initiativen von Politik, Wirtschaft und Zivilgesellschaft.
- Ermittlung des CSR-Status-quo und Benchmarking von mittelständischen Unternehmen zur Bewertung ihrer CSR-Leistung, zu Stärken, Schwächen, Chancen und

Risiken sowie Handlungsmöglichkeiten und entsprechenden praktischen Umsetzungs-
schritte.

- Peer-to-peer-Lernen von Vertretern mittelständischer Unternehmen zur Entwicklung
  einer CSR-Strategie und zur organisatorischen Verankerung im Unternehmen.
- Vernetzung von mittelständischen Unternehmen zur Förderung des Know-how-
  Transfers zu praktischen CSR-Umsetzungsfragen und branchenspezifischen Aspekten.
- Beteiligung mittelständischer Unternehmen an sektorenübergreifender gesellschaftlicher Problemlösung auf lokaler Ebene im Zusammenwirken mit anderen Unternehmen sowie Organisationen aus Zivilgesellschaft und der öffentlichen, v. a. der
  kommunalen Verwaltung.

Zur Zielerreichung verfolgt das CSR-Kompetenzzentrum Ruhr konzeptionell
einen bedarfsorientierten und aktivierenden Unterstützungsansatz. Der Angebots-
und Maßnahmenmix des Kompetenzzentrums berücksichtigt zum einen sowohl
die allgemeinen Herausforderungen mittelständischer Unternehmen bei der Auseinandersetzung mit CSR, ermöglicht zum anderen aber auch, den spezifischen Herausforderungen und Bedarfe unterschiedlicher Betriebe gerecht zu werden. Das Spektrum
der Angebote ist dabei insbesondere auch an die unterschiedliche Größe und personelle
Leistungsfähigkeit der Unternehmen angepasst. Die angesprochenen Unternehmen
können etwa zwischen Einstiegsangeboten wie einem CSR-Check oder umfassenderen
und zeitlich aufwendigeren Angeboten, wie z. B. einer Workshopreihe zur CSR-
Qualifizierung oder einer Teilnahme an einer Peer-Learning-Gruppe wählen. Die
Angebote und Maßnahmen sind dabei so gestaltet, dass sie neben dem unmittelbaren
Kompetenzerwerb und -ausbau die Unternehmen auch langfristig und über die Projekt-
laufzeit hinaus in die Lage versetzen, CSR eigenständig in der Organisation weiter
voranzubringen. („Capacity Building").

Die vier Partner bringen unterschiedliche Kompetenzen in das Projekt ein und übernehmen unterschiedliche Aufgaben.

2.1 UPJ – Netzwerk für Corporate Citizenship und CSR

UPJ ist das Netzwerk engagierter Unternehmen und gemeinnütziger Mittler-
organisationen in Deutschland. Im Mittelpunkt stehen Projekte, die zur Lösung
gesellschaftlicher Probleme beitragen, indem sie neue Verbindungen zwischen Unternehmen, gemeinnützigen Organisationen und öffentlichen Verwaltungen schaffen.

Diese Akteure unterstützt der gemeinnützige UPJ e. V. darüber hinaus mit
Informationen und Beratung bei der Entwicklung und Umsetzung ihrer Corporate
Citizenship und Corporate Social Responsibility-Aktivitäten.

UPJ wurde 1996 gegründet und versteht Corporate Social Responsibility als Beitrag von Unternehmen zu einer nachhaltigen Entwicklung, der durch verantwortliche Praxis in den Handlungsfeldern Markt, Umwelt, Mitarbeiter und Gemeinwesen

umgesetzt wird. Im Vordergrund des unternehmerischen Engagements im Gemeinwesen (Corporate Citizenship) stehen neue soziale Kooperationen, in denen Akteure aus Staat, Wirtschaft und Zivilgesellschaft im eigenen Interesse ihre Rollen neu bestimmen, ihre Ressourcen und spezifischen Kompetenzen bündeln und gemeinsam neue Lösungswege für gesellschaftliche Probleme suchen.

- Vernetzung: UPJ koordiniert ein bundesweites CSR-Unternehmensnetzwerk, in dem sich mehr als 40 mittelständische und große Unternehmen zusammengeschlossen haben, um Unternehmensengagement und -verantwortung im eigenen Unternehmen und in der Wirtschaft voranzubringen.
- Information: Mit der informativen Website, übersichtlichen Leitfäden sowie Workshops und Fachveranstaltungen bietet UPJ Einsteigern und Fortgeschrittenen umfassende, praxisorientierte Informationen über Corporate Citizenship und CSR.
- Beratung: Unternehmen, Organisationen und Verwaltungen bietet UPJ individuelle Unterstützung bei der Entwicklung von Strategien und Konzepten für CSR und Corporate Citizenship sowie eine effektive Begleitung bei der Projektumsetzung und -auswertung.
- Projekte: Mit innovativen Projekten gibt UPJ eigene Impulse zur Verbreitung neuer sozialer Kooperationen und verantwortlicher Unternehmensführung. Alle Projekte sind darauf ausgelegt, das Feld weiterzuentwickeln und erfolgreiche Konzepte zu übertragen.

UPJ verfügt über langjährige Erfahrung und Expertise mit der Umsetzung regionaler CSR-Projekte. Den Startpunkt setzte hier unter anderem das Projekt CSR Regio.Net im Jahr 2011, welches in acht Regionen deutschlandweit umgesetzt wurde und bis heute in Wiesbaden von UPJ durchgeführt wird. Weitere auf Regionen fokussierte Programme wie die CSR-Praxistage für mittelständische Unternehmen zu verantwortlichen Lieferketten und Nachhaltigkeitsberichterstattung folgten. Diese Erfahrung und Expertise bringt UPJ in die Projektleitung, fachliche Steuerung und Koordination des CSR-Kompetenzzentrums Ruhr ein.

2.2 Wirtschaftsförderung Dortmund

Dortmund hat den Strukturwandel hinter sich gelassen und sich in den letzten Jahren zum Technologie- und Wissensstandort entwickelt. Die Weichen dazu wurden mit der Gründung der TU Dortmund im Jahr 1968 gestellt. Damals arbeiteten ca. 70.000 Menschen im Bergbau, der Stahlproduktion oder in der Brauereiindustrie. Heute studieren über 50.000 Menschen an den Dortmunder Hochschulen. Die Arbeitsplatzverluste bei Kohle, Bier und Stahl sind mittlerweile in einem breiten Unternehmensmix kompensiert. Das TechnologieZentrumDortmund ist seit mehr als 30 Jahren eine renommierte Adresse für technologieorientierte Jungunternehmen und Start-ups. Über

300 KMU mit rund 10.000 Beschäftigten wandeln hier – teils in Kooperation mit der benachbarten Wissenschaft – ihre Forschungs- und Entwicklungsideen in marktfähige Produkte. Dortmund ist ein prosperierender Standort für Zukunftsbranchen wie Informationstechnologien (IT), Mikro-/Nanotechnologie und Logistik geworden (dortmund.de 2019).

Die Arbeit der Wirtschaftsförderung Dortmund unterstützt die Dortmunder Unternehmen bei der weiteren Entwicklung des Wirtschaftsstandortes. Als agiler Netzwerker in der Stadtgesellschaft schafft sie Rahmenbedingungen und gibt Impulse zur weiteren positiven Entwicklung. Seit 2013 unterstützt die Wirtschaftsförderung auch Unternehmen, die den CSR-Gedanken noch breiter in der Stadt verankern wollen und sich im CSR-Netzwerk Dortmund zusammengeschlossen haben.

Netzwerke sind in Dortmund ein wesentlicher Faktor für gemeinschaftlichen Erfolg. Es ist eben auch eine Tradition des Miteinanderredens und der kooperativen Arbeit an stadtgesellschaftlichen Herausforderungen, die dazu geführt hat, dass Dortmund den Strukturwandel besser gemeistert hat als andere Städte. Dass hier Stadtgesellschaft und Verwaltung mit Wirtschaft und Wissenschaft auf Augenhöhe zusammenarbeiten, führt hier nicht nur zu sozialen Innovationen, es ist gelebte Normalität.

Das Thema CSR hat im Social Innovation Center der Wirtschaftsförderung Dortmund einen festen Platz gefunden. Als Querschnittsthema der Arbeit des Teams sollen sozial innovative Ideen und Projekte angeschoben werden, die insbesondere darauf einwirken sollen, erstens die Vereinbarkeit von Familie und Beruf, aber auch Arbeit und Pflege zu verbessern, zweitens den Übergang von Schule in Arbeit insbesondere durch engere Kooperationen zwischen Schule und Wirtschaft zu verbessern und drittens Arbeit und Wirtschaft dauerhaft in den Quartieren zu verankern und neue Wege für Leben, Wirtschaft und Arbeit im direkten Wohn- und Lebensumfeld der Menschen zu finden.

Das CSR-Netzwerk Dortmund hat in den Jahren seit der Erstunterzeichnererklärung unter der Schirmherrschaft von Oberbürgermeister Ullrich Sierau vom 26.09.2013 zunehmend Dynamik entfaltet. Seit 2019 hat sich das Netzwerk im „Bewusst wie e. V." zusammengeschlossen und den Anspruch, die im Bereich CSR aktiven Unternehmen in Dortmund als Unternehmensverbund zusammenzubringen, um gemeinsam Dortmund zu einer CSR-Metropole werden zu lassen.

Die Herausforderungen, vor der die Stadt weiterhin steht, lassen sich auch weiterhin nur kooperativ bearbeiten. Die Verantwortung der Unternehmen für die Gestaltung der Stadt ist in Dortmund bei kleinen und großen Unternehmen gelebte Praxis. Im Rahmen des CSR-Kompetenzzentrums nimmt die Wirtschaftsförderung diesen Handlungsfaden auf und entwickelt ihr eigenes Angebot für erfolgreiche Kooperationen, von und mit Unternehmen und die breitere Verankerung des CSR-Gedankens in der Stadtgesellschaft und in den Quartieren weiter.

2.3   EN-Agentur

Die Wirtschaftsförderungsagentur Ennepe-Ruhr GmbH (EN-Agentur) ist eine kreisweit agierende Wirtschaftsförderungsgesellschaft. Ihr Geschäftsgebiet ist der Ennepe-Ruhr-Kreis mit seinen neun Städten und rund 325.000 Einwohnern. Der Ennepe-Ruhr-Kreis erstreckt sich am südlichen Rand des Ruhrgebietes. Er grenzt an die Städte Dortmund und Bochum und bildet mit einer Fläche von 409 Quadratkilometern eine Art Übergangszone vom Ruhrgebiet zum Bergischen Land, zum Rheinland und zu Südwestfalen.

Ziele der Wirtschaftsförderungsagentur Ennepe-Ruhr GmbH sind die langfristige Sicherstellung von Rahmenbedingungen für eine wirtschaftliche Wettbewerbsfähigkeit der Unternehmen im Kreis sowie die Schaffung guter Voraussetzungen für die Sicherung und den Aufbau von Arbeits- und Ausbildungsplätzen.

Dazu bietet die EN-Agentur beispielsweise Fördermittelberatungen für Existenzgründer und Bestandsunternehmen an und vermarktet Gewerbeflächen im Kreisgebiet. Gleichzeitig fallen die Entwicklung der Leit- und Wachstumsbranchen, die Förderung der Zusammenarbeit von Hochschul- und Wissenseinrichtungen mit den heimischen Unternehmen und die Förderung der Tourismus- und Freizeitwirtschaft in ihren Zuständigkeitsbereich. Zusätzlich bildet die Bearbeitung strukturpolitisch bedeutsamer Themen, wie die Fachkräfteentwicklung, die Technikförderung für Kinder und Jugendliche, der demografische Wandel sowie der Klimaschutz und die Energie- und Ressourceneffizienz ein wichtiges Handlungsfeld.

Im November 2017 wurde mit dem Projekt „CSR-Kompetenzzentrum Ruhr" ein weiteres wichtiges Themenfeld in das Portfolio der EN-Agentur aufgenommen.

Die Betriebsstruktur des Ennepe-Ruhr-Kreises ist durch kleine und mittelständische Familienbetriebe geprägt. Daher spielen die Mitarbeiterbindung und die Ausbildung und Förderung der eigenen Fachkräfte seit jeher eine große Rolle für die heimischen Unternehmen. Viele der Unternehmen setzen bereits punktuell CSR-Maßnahmen um, allerdings bislang ohne eine übergeordnete Strategie. Hier gibt es ein großes Potenzial, das durch die Arbeit des CSR-Kompetenzzentrums gefördert werden soll.

Wirtschaftlich charakteristisch für den EN-Kreis ist im gewachsenen historischen Kontext auch heute noch das produzierende Gewerbe. Der Anteil von 37 % an der Gesamtzahl der sozialversicherungspflichtigen Beschäftigten verdeutlicht die Relevanz dieses Wirtschaftssektors (IT.NRW 2019, S. 15).

Viele der Unternehmen aus diesem Wirtschaftssektor sind Zulieferer für größere Unternehmen, beispielsweise für Automobilhersteller. Aufgrunddessen gewinnen das Thema CSR und entsprechende Zertifikate und Berichtspflichten für die Unternehmen im Kreis zunehmend an Bedeutung.

2.4   Centrum für bürgerschaftliches Engagement

Das Centrum für bürgerschaftliches Engagement (CBE) ist ein 2001 gegründeter gemeinnütziger Verein mit dem Ziel, freiwilliges Engagement in Mülheim an der Ruhr und in der Region zu fördern. Als Freiwilligenagentur besteht die klassische Aufgabe des CBE darin, gemeinnützige Organisationen zu beraten und unterstützen, Interessierte durch individuelle Beratung in ein passendes Ehrenamt zu vermitteln und die Bedingungen für freiwilliges Engagement in der Region zu verbessern.

Das CBE ist mit 18 Mitarbeitenden im Vergleich zu zwei bis drei Mitarbeitenden in anderen Städten im Ruhrgebiet deutlich ressourcenstärker aufgestellt und entwickelt, basierend auf seiner langjährigen Erfahrung, eine Vielzahl von Projekten mit und für Freiwillige. Dabei besteht die Kernkompetenz des CBEs darin, gesellschaftliche Bedarfe und Veränderungen zu erkennen und entsprechende Lösungsansätze und Angebote zu entwickeln. Ein Beispiel hierfür ist ein Patenprogramm für ausbildungsinteressierte Jugendliche, die für die Übergangszeit vom Ende der neunten Klasse bis in eine Ausbildung einen Paten zur Seite gestellt bekommen. Das CBE führt dafür nicht nur die Projektkoordination in Mülheim durch, sondern stellt auch die Koordinierungsstelle AusbildungsPaten NRW, die bei der Initiierung neuer Patenprojekte und der Begleitung und Vernetzung bestehender Projekte unterstützt.

Ein besonderer Fokus liegt außerdem auf dem Bereich Unternehmensengagement. So kooperiert das CBE schon lange mit Unternehmen und entwickelt gemeinsam Formate, um das gesellschaftliche Engagement von Unternehmen zu unterstützen. Das kann die Form einer Beratung zu Engagementformaten und -strategien sein, die Organisation von individuellen Social Days, bei denen sich ein Team von Mitarbeitenden in einer gemeinnützigen Organisation engagiert oder ein Engagement mit Auszubildenden als Teil eines Angebots für soziales Lernen im Rahmen der Ausbildung in einem Unternehmen. Weiterhin organisiert das CBE verschiedene Einsteigerformate, die es Unternehmen ermöglichen, in ein Engagement hineinzuschnuppern und erste Erfahrungen zu sammeln. Dazu gehören die Mülheimer Engagement Tage, die einmal im Jahr in der ganzen Stadt mit verschiedenen Projekten bei gemeinnützigen Organisationen stattfinden und für Privatpersonen wie für Mitarbeitende aus Unternehmen offen sind, oder auch der Ruhrdax, der ebenfalls einmal im Jahr einen Marktplatz bietet, auf dem Unternehmen und gemeinnützige Einrichtungen sich in zwei Stunden begegnen, sich kennenlernen und kleine Kooperationen, sogenannte Matches, vereinbaren können. Der Ruhrdax wandert jedes Jahr in eine andere Stadt im Ruhrgebiet und deckt so die ganze Region ab. Ausgerichtet wird diese Veranstaltung vom Netzwerk Ruhrgebiet, das einen Zusammenschluss vieler Freiwilligenagenturen aus dem Ruhrgebiet darstellt und vom CBE koordiniert wird.

Über das Thema Unternehmensengagement hinaus, das im CBE lange Tradition hat, hat sich in der Zusammenarbeit mit Unternehmen zunehmend ein Bedarf für eine weitreichendere Auseinandersetzung mit der gesellschaftlichen Verantwortung von

Unternehmen entwickelt. Da das CBE als Mittlerorganisation schon seit 2008 Mitglied im UPJ-Netzwerk ist, ergab sich 2013 die Möglichkeit, das Projekt CSR Regio.Net in Kooperation mit UPJ für das Ruhrgebiet umzusetzen.[3] Dieses Projekt war ein Vorläufer des CSR-Kompetenzzentrums Ruhr und hatte ähnliche Zielsetzungen und Ansätze. Das Projekt lief erfolgreich bis 2015 mit einem Kreis von elf Unternehmen und hinterließ den Bedarf, ein ähnliches Angebot weiterzuführen. Diese Möglichkeit bot sich 2017 mit dem CSR-Kompetenzzentrum Ruhr und die Erfahrungen aus CSR Regio.Net flossen in die Konzeption für das CSR-Kompetenzzentrum mit ein.

Nach der erfolgreichen Durchführung der ersten CSR-Qualifizierungsreihe in Mülheim ergab sich von den Teilnehmenden der Bedarf, weiterhin in Kontakt zu bleiben und eine Austausch- und Netzwerkplattform im Expertenkreis zu CSR im Ruhrgebiet zu bekommen. Auf diesen Wunsch hin richtete das CBE einen CSR-Stammtisch ein, zu dem Teilnehmende der CSR-Ruhr-Formate, aber auch die damaligen Teilnehmenden von CSR Regio.Net eingeladen wurden. Dieser Stammtisch trifft sich nun viermal jährlich bei den teilnehmenden Unternehmen und bietet eine geschlossene und vertrauliche Runde von Unternehmen, die sich auf fortgeschrittener Ebene mit dem Thema CSR und Nachhaltigkeit auseinandersetzen. Eine besondere Rolle kommt hier der kollegialen Beratung zuteil, die als besonders bereichernd von den Teilnehmenden empfunden wurde.

3 Ein bedarfsorientierter Angebotsmix für CSR-Einsteiger und -Fortgeschrittene

Das CSR-Kompetenzzentrum Ruhr unterstützt Unternehmen bei der systematischen Einführung und Umsetzung von CSR mit einem bedarfsorientierteren Angebotsmix für CSR-Einsteiger und -Fortgeschrittene:

CSR-Praxisbesuche
Im Rahmen der CSR-Praxisbesuche werden „CSR-erfahrene" mittelständische oder auch große Unternehmen besucht und stellen ihre CSR-Strategie sowie ausgewählte praktische Aktivitäten vor. Je nach Unternehmen werden die Praxisbesuche auch thematisch fokussiert. Im Anschluss kann bei einem zwanglosen Get-together nachfragt, diskutiert und genetzwerkt werden.

CSR-Qualifizierungsreihen
Inhalte der vierteiligen Workshopreihe sind die Einführung in die CSR-Handlungsfelder (Markt, Umwelt, Arbeitsplatz, Gemeinwesen), die Vorstellung entsprechender Good-

---

[3]Weitere Informationen über CSR Regio.Net Ruhrgebiet sind verfügbar unter www.csrregio.net/regionale-netzwerke/ruhrgebiet.

Practice-Beispiele, CSR-Instrumente und -Handwerkszeuge sowie die Auseinander-setzung mit Fragen der CSR-Strategieentwicklung sowie Verankerung, Organisation und Kommunikation von CSR. Die einzelnen Workshops der Qualifizierungsreihen bauen aufeinander auf und qualifizieren die Teilnehmenden umfassend im Bereich CSR, ver-mitteln praxisrelevantes Anwendungswissen zur Umsetzung von CSR im eigenen Betrieb und ermöglichen den Erfahrungsaustausch untereinander. Eine vertrauensvolle Atmosphäre erlaubt, Probleme und Herausforderungen bei der Umsetzung von CSR im eigenen Unternehmen offen anzusprechen und zu diskutieren.

Peer-Learning-Gruppen zur CSR-Strategieentwicklung und CSR-Check-up
In der vierteiligen Workshopreihe entwickeln die Unternehmen vor Ort in kleinen Gruppen eigenständig Ansätze, Prioritäten und Maßnahmen für ihre jeweilige CSR-Strategie und die organisatorische Verankerung im Unternehmen. Vor dem ersten Work-shop durchlaufen die teilnehmenden Unternehmen den CSR-Check-up[4] als Grundlage für die Arbeit in der Gruppe. Der erste Workshop dient einer Einführung zum Vorgehen und zu Schritten der CSR-Strategieentwicklung. Zudem erhalten die Teilnehmenden eine methodische Einführung in die Wesentlichkeitsanalyse verbunden mit der Aufgabe, bis zu einem der nächsten Workshops eine betriebsbezogene Wesentlichkeitsanalyse unter Einbeziehung von Stakeholder-Erwartungen durchzuführen.

Themen- oder branchenspezifische Vertiefungsworkshops
Die Themen-/Vertiefungsworkshops sind inhaltlich voneinander unabhängig und bauen nicht aufeinander auf. Welche Themen und Branchen im Detail behandelt werden, wird im Laufe des Projekts entsprechend den Bedarfen der Unternehmen vor Ort entschieden. Die Workshops können sich sowohl auf CSR-Handlungsfelder, spezifische CSR-Managementthemen oder Branchen beziehen.

Online-Seminare zu aktuellen Themen von CSR und Nachhaltigkeit
Die Online-Seminare bieten den mittelständischen Unternehmen komprimierte und fokussierte Informationen zu aktuellen CSR-Themen, wie z. B. dem Nationalen Aktionsplan Wirtschaft und Menschenrechte, rechtliche Themen, z. B. im Rahmen von Transparenzpflichten, bestimmte Standards, wie etwa Berichterstattungs- oder Managementstandards oder Initiativen der Wirtschaft zu bestimmten Nachhaltigkeits-themen.

---

[4]Der CSR-Check-up ist ein Online-Analyse- und Benchmarking-Werkzeug für Mittelständler. Er unterstützt Unternehmen dabei, eine strategische Herangehensweise an eine verantwortliche Unter-nehmensführung zu entwickeln und deckt alle CSR-Themen ab.

4 Wir packen an – sektorenübergreifende Stadtteilprojekte in benachteiligten Quartieren

Herausforderungen, wie die Förderung des sozialen Zusammenhalts und der nachhaltigen Entwicklung in einem Stadtteil, können i. d. R. nicht alleine von einzelnen Akteuren aus Wirtschaft, Zivilgesellschaft oder Verwaltung gelöst werden. Vielmehr bedarf es innovativer sozialer Kooperationen, in die Akteure aus unterschiedlichen gesellschaftlichen Sektoren ihre spezifischen Kompetenzen einbringen, um gemeinsam an einer Lösung zu arbeiten. Ein sektorenübergreifendes Vorgehen, in das Unternehmen einbezogen sind, ist für alle Beteiligten i. d. R. jedoch neu und bisher selten erprobt.

Im Rahmen des CSR-Kompetenzzentrums Ruhr werden aus diesem Grund drei solcher sektorenübergreifenden Projekte umgesetzt, mit dem Ziel lokale Wirtschaftsunternehmen in Dortmund, Witten und Mülheim an der Ruhr zu aktivieren und Kooperationen zwischen den Unternehmen und zivilgesellschaftlichen Organisationen aufzubauen.

4.1 Tag des wiederbelebten Ladenlokals – Projekt Dortmund

Was hat CSR eigentlich mit dem Quartier zu tun? Mit Blick auf die oben skizzierten Traditionslinien unternehmerischer Verantwortung vielleicht sogar mehr, als zu Beginn offensichtlich ist. Dass Unternehmen in verschiedenster Weise in ihr Quartier wirken, liegt auf der Hand, aufgrund der räumlichen Nähe zwischen Arbeitsplatz und Lebensmittelpunkt war auch das unternehmerische Engagement hier am wirkungsvollsten.

Der Strukturwandel hat auch in den Quartieren Spuren hinterlassen. Insbesondere der Abschied vom Bergbau hat zu einer zunehmenden Entkopplung der Wohnquartiere von einzelnen Arbeitsorten geführt. Hinzu kommt die Ansiedlung neuer Einkaufszentren und zunehmender Online-Handel, was im Ergebnis dazu führt, dass alte Nebenzentren und Ladenlokale zunehmend leer stehen. Ein Beispiel dafür ist Lindenhorst, wo diese Prozesse zu einer größeren Leerstandsmisere auf einer ehemals stark belebten Straße geführt haben.

Um mit einem kreativen Versuch einen neuen Impuls für die Leerstandsbeseitigung und eine positive Quartiersentwicklung zu setzen, soll nun im Sommer 2020 an einem Wochenende der „Tag des wiederbelebten Ladenlokals" stattfinden.

Dabei sollen nicht nur die Eigentümer, sondern auch verschiedene Verbände, Vereine, Organisationen und städtische Dienststellen und nicht zuletzt natürlich auch die Bewohner eingebunden werden. Insbesondere für die ansässigen Unternehmen ist es Teil ihrer Verantwortung, die Quartiere, aus denen sie ihre Arbeitskräfte rekrutieren, als lebenswerte Orte zu erhalten.

Wir sehen dies als eine gute Chance, erfahrbar zu machen, wie stark positive Aufenthaltsqualität und ein gutes Lebensgefühl durch eine lebendige Straße miteinander verbunden sind. Die Bergstraße selbst und ihre Akteure können zeigen, welches Potenzial darin zu stecken vermag.

Hierbei soll das gesamte Quartier einen spürbaren Ruck erleben, der auch die Eigentümer ermutigen soll, offensiver in der Bewirtschaftung ihrer Immobilien zu sein als bislang.

Es soll aber nicht dabei bleiben, an ein paar Tagen im Jahr nostalgisch auf die vergangene Blütezeit alter Ladenlokale zurückzublicken. Das leer stehende Ladenlokal soll den Rahmen bieten, um neue Kooperationen im und für das Quartier anzugehen und alte und neue Verbindungen zwischen Wirtschaft und Quartier zu knüpfen. Im Fokus steht dabei die Beziehung lokaler Unternehmen zu lokalen Lernorten und die Verantwortung der Unternehmen für die lokale Rekrutierung ihrer Arbeitskräfte. In Zeiten ausgedehnter Debatten zur Ausbildungsreife von Schülern können lokale Unternehmen hier sinnvoll gesellschaftliche Verantwortung übernehmen.

Das leer stehende Ladenlokal ist dann mehr als ein Vehikel zur Kommunikation dieser lokal verankerten Verantwortung: Es bleibt die Hoffnung, dem Trend von mehr und mehr Leerständen durch die Stärkung lokaler Wirtschaftskreisläufe zu begegnen.

4.2   Projekt Ennepe-Ruhr im Wittener Stadtteil Heven-Ost/ Crengeldanz

Im Rahmen des CSR-Stadtteilprojekts im Ennepe-Ruhr-Kreis fokussiert sich die EN-Agentur räumlich auf den Stadtteil Heven-Ost/Crengeldanz in Witten. Witten ist mit 98.776 Einwohnern (Stand 2018) die einwohnerstärkste Kommune des Kreises.

Der Stadtteil Witten Heven-Ost/Crengeldanz wird bereits seit 2013 über das Förderprogramm „Soziale Stadt" mit Mitteln des Bundes unterstützt. Die einzelnen Maßnahmen des Förderprojektes wurden in einem integrierten Handlungskonzept fixiert und zielen hauptsächlich auf städtebauliche Erneuerungen ab. Ziel ist es, die soziale Infrastruktur im Quartier zu stärken und eine nachhaltige und zukunftsfähige Entwicklung zu gewährleisten.

Die EN-Agentur möchte die bereits bestehenden Strukturen des Förderprojektes nutzen, um so Synergieeffekte zu schaffen. Daher steht sie seit der Konzipierung des Stadtteilprojektes in engem Austausch mit dem lokalen Quartiersmanagement, das die Fördermaßnahmen vor Ort umsetzt.

Der Ansatz der Wirtschaftsförderung zielt auf die Schaffung nachhaltiger und langfristiger Partnerschaften zwischen lokalen Unternehmen und sozialen Einrichtungen im Stadtteil ab. Konkret wurden in Abstimmung mit dem Quartiersmanagement drei soziale Einrichtungen aus dem Projektgebiet in Witten ausgewählt.

Zu den Einrichtungen zählt die Wittener Tafel, die Lebensmittel und Dinge des täglichen Bedarfs zu erschwinglichen Preisen an bedürftige Menschen verteilt. Als weitere soziale Organisationen wurden der „Gripsclub", eine Betreuungseinrichtung für Schulkinder, sowie das „Abrakadabra Tanztheater", ebenfalls eine Einrichtung für Kinder und Jugendliche, ausgewählt.

In enger Abstimmung mit dem Quartiersmanagement und den sozialen Einrichtungen wurden verschiedene, niederschwellige Unterstützungsbedarfe identifiziert. Diese Bedarfe reichen von einzelnen Sachspenden bis hin zur regelmäßigen Unterstützung bei der Arbeit der Einrichtungen vor Ort. Gleichzeitig sollen auch die Unternehmen von dem Engagement profitieren, beispielsweise durch eine gesteigerte Arbeitgeberattraktivität.

Die Aufgabe der EN-Agentur ist es, die verschiedenen Anfragen der Einrichtungen aufzubereiten und den Kontakt zwischen der lokalen Unternehmerschaft und den ausgewählten sozialen Einrichtungen herzustellen. In diesem Zuge werden einzelne Projektideen zugeordnet und koordiniert. Dadurch soll die Übernahme von lokaler Verantwortung für die Unternehmen so einfach wie möglich gestaltet werden.

Im Nachgang werden die Ergebnisse des Stadtteilprojektes evaluiert und mögliche Folgeprojekte diskutiert. Im Idealfall werden sich die Kooperationen verselbstständigen und im Zuge der praktischen Zusammenarbeit neue Ideen entstehen.

4.3 „Gemeinsam für Eppinghofen"– Projekt Mülheim

Da sich im Ruhrgebiet die sozialen Probleme häufig in einzelnen Stadtteilen kumulieren, wurde das Format der sektorenübergreifenden Engagementprojekte in benachteiligten Stadtteilen als wichtiger Bestandteil eines ganzheitlichen CSR-Ansatzes in das Konzept des CSR-Kompetenzzentrums Ruhr mit aufgenommen. In Mülheim wurde der Stadtteil Eppinghofen ausgewählt, da dieser als „Ankommensstadtteil" besondere Herausforderungen birgt. Hohe Fluktuation, Sozialhilfebetroffenheit, viele kinderreiche Familien und Menschen mit Migrationshintergrund und geringer Teilhabe sind der Grund für vielfältige Projekte und Aktivitäten von gemeinnützigen Initiativen und Organisationen, die zu einem lebenswerteren Stadtteil beitragen möchten.

Zur Unterstützung der Arbeit dieser Projekte und Organisationen wurde vom CBE eine Adaption eines niederländischen Engagementformats namens „Die Herausforderung"[5], das in Deutschland bereits in Saarbrücken[6] erfolgreich umgesetzt wird, als Stadtteilprojekt entwickelt.

Die Grundidee dieses Formats besteht darin, dass eine kleine Gruppe von gut vernetzten und in der Stadtgesellschaft angesehenen Unternehmern und Profinetzwerkern sich als sogenannte „Matchinggruppe" zusammenfindet und verschiedene

---

[5]Weitere Informationen zu dem Konzept im Allgemeinen sind zum Beispiel verfügbar unter https://www.upj.de/projekte_detail.98.0.html?&tx_ttnews[tt_news]=3551&tx_ttnews[backPid]=8 &cHash=815be22b3a.

[6]Weitere Informationen zu der Saarbrücker Herausforderung sind verfügbar unter www. saarbruecker-herausforderung.de.

Unterstützungsbedarfe von gemeinnützigen Projekten und Organisationen vorgestellt bekommt. Diese Matchinggruppe sucht dann geeignete Unternehmen in ihrem Netzwerk, die sie herausfordern, einen dieser kleinen Unterstützungsbedarfe als freiwilliges Engagement zu erfüllen. So entsteht ein Multiplikationseffekt, der Unternehmensengagement auch an Unternehmen heranträgt, die sich bisher noch nicht damit beschäftigt haben. Es entsteht somit mit relativ leichten Mitteln ein großer Mehrwert für den Stadtteil und die Stadtgesellschaft als Ganze.

Die Abwandlung dieses Ansatzes „Gemeinsam für Eppinghofen" sammelte in Kooperation mit dem Stadtteilmanagement Unterstützungsbedarfe der gemeinnützigen Projekte und Organisationen, die sich für ein lebenswertes Eppinghofen einsetzen und stellte eine geeignete Matchinggruppe aus sieben Unternehmern und Profinetzwerkern zusammen. Die gesammelten Unterstützungsbedarfe beinhalten sowohl Sachspenden, Beratungsanfragen und gemeinsame Anpackaktionen, die alle einen überschaubaren Umfang haben, um als Einsteigerformat niedrigschwellig und ohne zu viel Aufwand umgesetzt werden zu können. Beispiele für die Bedarfe sind u. a. eine Transporthilfe für Bierzeltgarnituren in Form eines kleinen Wagens für eine Bürgerorganisation, die häufig Veranstaltungen im Stadtteil ausrichtet oder sich daran beteiligt. Oder auch die gemeinsame Neugestaltung von Blumenkübeln entlang einer der größten Hauptstraßen im Stadtteil, die seit Jahren nicht gepflegt wurden, in Zusammenarbeit von Mitarbeitenden aus Unternehmen und Kindern aus einem Jugendzentrum in Eppinghofen.

Bei einem gemeinsamen Treffen mit CBE und Stadtteilmanagement wurden der Matchinggruppe sowohl der detaillierte Ablauf des Projekts als auch die einzelnen Organisationen und Unterstützungsbedarfe anhand von Steckbriefen vorgestellt und diskutiert. Zur Zeit der Verfassung dieses Texts befindet sich das Projekt in der Vermittlungsphase, in der die Matchinggruppe nach geeigneten Unternehmen für die verschiedenen Bedarfe sucht. Die ersten Kontakte wurden bereits hergestellt, aber eine abschließende Evaluierung ist noch nicht möglich. Dennoch zeigt dieses Format großes Potenzial und die Besonderheiten des Ansatzes lösten auf allen Seiten Interesse und Aufmerksamkeit aus. Dieses Format eignet sich jedoch nur bedingt für eine einmalige Durchführung, da bei regelmäßigen Treffen und der kontinuierlichen Umsetzung von kleinen Kooperationen der Aufwand zur Erläuterung des Ansatzes und der einzelnen Rollen zunehmend geringer wird und der Ablauf somit vermutlich deutlich effizienter und weniger betreuungsintensiv wird.[7]

---

[7]Aktuelle Informationen über die Weiterentwicklung des Projekts sind verfügbar unter www.cbe-mh.de/index.php?id=117.

5 Ausblick – Transfer

Die CSR-Kompetenzzentren werden durch das Ministerium für Wirtschaft, Innovation, Digitalisierung und Energie des Landes Nordrhein-Westfalen aus Mitteln des Europäischen Fonds für regionale Entwicklung (EFRE) für einen Zeitraum von bis zu drei Jahren gefördert. Ein wesentliches Ziel ist die Verstetigung von Strukturen und der Transfer von Formaten, die sich als erfolgreich erwiesen haben.

Für Dortmund ist das CSR-Netzwerk zu nennen, welches sich durch die Gründung des Vereins „Bewusst wie e. V." im Mai 2019 institutionalisiert hat. Das CSR-Netzwerk Dortmund wurde 2013 unter der Schirmherrschaft von Oberbürgermeister Ullrich Sierau ins Leben gerufen. Das Ziel ist es, den Nachhaltigkeitsgedanken für und in Dortmund weiterhin zu stärken. Mehr als 200 Unternehmen, darunter auch große Unternehmen wie WILO, Green IT oder der BVB, haben sich dem Verein angeschlossen.

In der Region Ennepe-Ruhr arbeiten seit dem Jahr 2011 die Wirtschaftsförderungsagentur Ennepe-Ruhr GmbH und ihre Partner, die AVU AG und die Stadtwerke Witten GmbH, im Netzwerk Energie-Effizienz-Region EN (EER EN) daran, die bundesdeutschen Klimaschutzziele im Ennepe-Ruhr-Kreis umzusetzen. Um den neuen Herausforderungen unserer Zeit – an erster Stelle dem Klimawandel – gerecht zu werden, stellt sich das Netzwerk nun breiter auf, bietet für Industrie und Gewerbe in der Region ein wesentlich breiteres Portfolio an und fokussiert sich noch stärker auf die Themen der effizienteren Verwendung von Ressourcen und Materialien in Unternehmensprozessen. Unter dem neuen Namen „ZEERO" wollen die bestehenden und neuen Partner erreichen, dass die Ennepe-Ruhr-Region im Jahr 2050 klimaneutral ist. Das Netzwerk bietet für Industrie und Gewerbe in der Region ein breites Portfolio an Dienstleistungen an und fokussiert sich noch stärker auf die Themen der effizienteren Verwendung von Ressourcen und Materialien in Unternehmensprozessen.

Das Centrum für bürgerschaftliches Engagement (CBE) e. V. ist mit den Projekten Ruhrdax, der 2020 in Bochum stattfindet, Corporate-Volunteering-Projekten wie den Social Days für Unternehmen in dem Feld CSR seit vielen Jahren aktiv und hat mit dem CSR-Stammtisch eine neue CSR-Initiative etabliert. Der CSR-Stammtisch entstand aus dem Wunsch einiger CSR Ruhr-Unternehmen, weiterhin eine Austauschplattform für ihre Themen zu haben, sich kollegial beraten zu können und neue Impulse zu bekommen. Das CBE wird das Thema CSR über den Projektzeitraum hinaus in der Region weiter vorantreiben und Lösungen für Unternehmen anbieten, CSR-Maßnahmen zu entwickeln und umzusetzen und den CSR-Stammtisch weiterführen.

Bei UPJ sind CSR und Corporate Citizenship Kern aller bestehenden und zukünftigen Aktivitäten und Projekte. Formate wie die Peer-Learning-Strategiereihe wird UPJ zukünftig in mehreren Regionen Deutschlands anbieten. Darüber hinaus haben sich Formate wie die CSR-Qualifizierungsreihe und die CSR-Vertiefungsworkshops im Projekt bewährt.

Speziell im Ruhrgebiet ist UPJ Teil des Moderatorenteams für das Thema „Ehrenamt" der Ruhr-Konferenz des Landes NRW.

UPJ in den aktuellen CSR-Themen aktiv. Zu nennen sind hier Corporate Digital Responsibility, Kreislaufwirtschaft, verantwortliche Lieferketten und Sustainable Finance, für die UPJ als Partner für Unternehmen, öffentliche Verwaltungen und die Zivilgesellschaft agiert. Speziell für Unternehmen ist UPJ bundesweit über sein Unternehmensnetzwerk, dem auch mehrere Unternehmen aus dem Ruhrgebiet angehören, aktiv und offen für neue Mitglieder, die CSR im eigenen Unternehmen, aber auch in der Region voranbringen wollen.

Literatur

IT.NRW (2019) Profil Ennepe-Ruhr-Kreis (Langfassung). https://www.it.nrw/sites/default/files/komm-unalprofile/l05954.pdf. Zugegriffen: 20. Aug. 2019

dortmund.de (2019) https://www.dortmund.de/de/wirtschaft/start_ws/index.html

WAZ, Ernst A (2016) Warum die Heilige Barbara im Ruhrgebiet so wichtig ist. www.waz.de/region/rhein-und-ruhr/warum-die-heilige-barbara-im-ruhrgebiet-so-wichtig-ist-id208863275.html

Julia-Marie Degenhardt ist Projektleiterin beim Centrum für bürgerschaftliches Engagement e. V. im Bereich Unternehmensengagement und hier v. a. für die Projekte CSR-Kompetenzzentrum Ruhr und Ruhrdax verantwortlich. Außerdem ist sie nebenamtliche Lehrkraft für Business Ethics an der Hochschule der Deutschen Bundesbank. Zuvor war Frau Degenhardt als wissenschaftliche Mitarbeiterin der Professur für Wirtschaft und Ethik an der Universität Vechta in Lehre und Forschung in den Bereichen der Nachhaltigkeit, Wirtschafts- und Unternehmensethik, CSR und Social Entrepreneurship tätig. Weitere Praxiserfahrungen umfassen Tätigkeiten als Beraterin im Inhouse-Consulting bei zwei großen, internationalen Unternehmen in Dänemark sowie in den Bereichen nachhaltige Regionalentwicklung, Wirtschaftsförderung und Beratung von Sozialunternehmen. Julia-Marie Degenhardt hat ihre Bachelor- und Masterabschlüsse in Europastudien und internationalem Recht, Wirtschaft und Management in Dänemark erworben und hat außerdem in den USA, Kanada und Österreich gelebt.

Dr. Arne Elias ist Teammanager im Social Innovation Center der Wirtschaftsförderung Dortmund und auch für das CSR-Kompetenzzentrum Ruhr verantwortlich. Er ist Mitglied des Vorstands des Bewusst wie e. V. Er studierte Geschichte, Politikwissenschaft, Erziehungswissenschaft an den Universitäten Paderborn und Duisburg-Essen und promovierte in Bildungswissenschaften. Vorher war er Projektmanager des KoSi-Lab der Wirtschaftsförderung in Dortmund. Bis 2017 war er an der Uni Duisburg-Essen wissenschaftlicher Mitarbeiter und arbeitete zu den Themen Professionalisierung und Prekarisierung der Beschäftigung in der Weiterbildung.

Peter Kromminga ist der Projektleiter des CSR-Kompetenzzentrums Ruhr. Er ist seit 2003 Geschäftsführer von UPJ. Er ist neben der betriebswirtschaftlichen Steuerung von UPJ fachlich gesamtverantwortlich für das UPJ-Arbeitsfeld Corporate Social Responsibility für die Zielgruppe der Wirtschaftsunternehmen mit öffentlich geförderten Projekten, wie CSR Regio.Net, CSR-Ruhr und den CSR-Praxistagen zu verantwortlichen und transparenten Wertschöpfungsketten mit dem bundesweiten CSR-Unternehmensnetzwerk von UPJ mit großen und mittelständischen Unternehmen und Qualifizierungs- und Beratungsprojekten für mittelständische und große Unternehmen. Ergebnisse seiner Arbeit sind in zahlreichen Fach- und Unternehmenspublikationen erschienen und fließen in Referenten- und Expertentätigkeiten ein, z. B. als Mitglied im Nationalen CSR-Forum, das die Bundesregierung bei der Entwicklung der nationalen CSR-Strategie und deren Umsetzung berät.

Detlev Lachmann ist Projektleiter im Social Innovation Center der Wirtschaftsförderung Dortmund und hier für die Projekte CSR-Netzwerk Dortmund Bewusst wie e. V., für das CSR- Kompetenzzentrum Ruhr sowie für Quartiersentwicklungen zuständig. Zuvor war Detlev Lachmann im Dienstleistungszentrum Wirtschaft Firmenberater und Projektmanager für das CSR-Netzwerk Dortmund, die gewerblichen Interessengemeinschaften Saarlandstraße sowie Märkische Straße und das Dortmunder Unternehmerfrühstück tätig. Detlev Lachmann ist Diplom-Verwaltungswirt und seit 1977 bei der Stadt Dortmund in verschiedenen Fachbereichen tätig.

Michel Neuhaus studierte in Aachen und erlangte 2016 seinen Bachelorabschluss in Angewandter Geografie. Schwerpunktmäßig konzentrierte er sich im Rahmen seines Bachelorstudiums auf die Bereiche Betriebs- und Volkswirtschaftslehre. Aufgrund seines Interesses an regionalwirtschaftlichen Zusammenhängen im Kontext der Nachhaltigkeit vertiefte er sich im Rahmen des Masterstudiengangs Wirtschaftsgeografie, ebenfalls an der RWTH Aachen.

Parallel zu seinem Masterstudium nahm Herr Neuhaus im Februar 2018 seine Tätigkeit bei der Wirtschaftsförderung des Ennepe-Ruhr-Kreises auf und betreut dort seitdem das EFRE-Projekt „CSR-Kompetenzzentrum Ruhr".

In Kooperation mit der EN-Agentur fertigte er 2019 zum Oberthema „Transformation der Wirtschaftsförderung im digitalen Zeitalter" seine Masterarbeit an und untersuchte dabei insbesondere den Transformationsprozess der Wirtschaftsförderungsagentur.

Caroline Zamor ist seit Anfang 2018 Projektmanagerin des CSR-Kompetenzzentrums Ruhr. Weitere Projekte sind der CSR-Risiko-Check von MVO Nederland, dem Helpdesk Wirtschaft und Menschenrechte der Bundesregierung und UPJ. Sie bringt Berufs-erfahrung aus den Bereichen Consulting, Einzelhandel und Key Account Management sowie Non-Profit-Management mit. Sie ver-fügt über einen Master in International Business und einen Bachelor in Textile and Clothing Management. Zuvor war sie mehrere Jahre als Key Account Managerin bei Fairtrade Deutschland und Fairtrade Max Havelaar in der Schweiz, als Produktmanagerin bei dem Unter-nehmen HB Protective Wear (Hersteller von PSA – persönlicher Schutzausrüstung) sowie in der internationalen Corporate-Responsibility-Abteilung bei Aldi Süd tätig. Zu ihren Fachgebieten gehören verantwortliches (internationales) Lieferkettenmanagement und CSR-Strategieentwicklung.

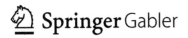